트위터
X

트위터 X

트위터를 둘러싼 440억 달러의 싸움

커트 와그너 지음 | 강동혁 옮김

BATTLE FOR THE BIRD

문학동네

제스, 잭, 페이턴

내가 가장 좋아하는 사람들에게

일러두기

- 본문 중 각주는 모두 옮긴이주다.
- 신문, 잡지, 앨범, 정기간행물 등은《 》로, 영화, 방송 프로그램, 곡 등은 〈 〉로, 단행본은『 』로, 문서는「 」로 표기했다.
- 외래어 표기는 국립국어원 외래어표기법을 따랐으나, 인명 및 회사명 등에서 통용되는 표기가 있을 경우 이를 참조했다.
- 본문 중 고딕체는 원서에서 이탤릭체 및 대문자로 강조한 부분이다.

저자의 말

이 책은 150명 이상의 사람들과 나눈 대화와 인터뷰를 바탕으로 썼다. 그중 115명 이상은 트위터에서 일했거나 트위터에 조언을 해주었던 사람들이다. 대부분의 정보원이 자유롭게 발언하고 싶다며 익명을 요구했으므로 이름은 공개할 수 없다. 그러나 내가 트위터 역사에서 거의 모든 단계의 관련자들과 이야기한 것은 분명하다. 그중에는 상급 경영자, 관리자, 이사회 임원들도 있었다. 2023년 12월 기준, 전직 직원 다수는 여전히 트위터 혹은 일론 머스크와 법적 분쟁을 벌이고 있다. 그래서 기록을 남기기를 주저하는 이들도 있었다.

책을 쓰기로 마음먹기 한참 전부터 수년간 트위터에 대해 취재했다. 이 책에 등장하는 사람들의 공개 인터뷰 수십 시간을 시청하고 청취했으며, 법정 서류와 재정 관련 기록, 내부 이메일과 프레젠테이션 수백 페이지를 읽었다.

몇 차례 연락을 시도했지만, 잭 도시와 일론 머스크 둘 다 이 책에 참여하지 않기로 했다.

이 이야기를 할 수 있도록 나를 믿어준 모두에게 감사한다.

차례

3부
트위터 전쟁

4부
트위터 2.0

서론

2022년 4월 25일, 잭 도시가 마침내 트위터를 세계 최고의 부자에게 매각했다. 이날 도시는 제이지(Jay-Z)에게서 약 3억 달러에 사들인 음악 스트리밍 서비스 타이달(TIDAL)을 열고 라디오헤드의 〈모든 것이 제자리에(Everything in Its Right Place)〉를 띄웠다.[1]

도시는 몇 년간 이날을 꿈꿔왔다. 트위터를 치워버리고 싶어서가 아니었다. 오히려 그 반대였다. 그는 언제나 트위터를 사랑했으며, 초창기부터 회사에 계속 관여하고자 이를 악물고 싸웠다. 다른 사람들이 그를 쫓아내려 했을 때도 말이다. 그러나 트위터는 도시를 슬프게 하는 존재가 되고 말았다. 트위터라는 제품은 2006년, 최대 140글자로 자신의 근황을 공유하는 단순한 앱으로 만들어졌는데 곧 함정에 빠졌다. 여기엔 트위터의 공동창업자이자 트위터 사용자인 도시에게도 일부 책임이 있었다. 트위터 서비스가 성장하고 사용자가 많아지면서 회사는 성장을 유지하고자 더 많은 직원을 고용하고 더 많은 사무실을 열었으며, 수억 달러의 벤처 자본을 받아들였다. 2013년, 트위터 주식회사는 뉴욕 증권거래소에 상장해 더 많은 투자자에게 더 많은 돈을 벌어다주기 위한 무한 경쟁에 참여했다. 트위터의 이런 이야기는 독특한 것이 아니다. 회사야 늘 벤처 자본을 받아들여 상장한다. 바로 그런 방식으로 기업이 만들어진다. 특히 실리콘밸리라는 경쟁적이고 수익성 좋은 세계에서는 더욱 그렇다. 도시를 포함해 돈을 번 사람들은 다 그런 방식으로 돈을 벌었다.

도시가 슬퍼진 것은 트위터가 월스트리트의 쳇바퀴에 속하지 않는다는 단호한 믿음 때문이었다. 트위터에는 단순히 이윤을 내는 기계가 되는 것 이상의 잠재력이 있었다. 트위터는 **세계적 의식**(global consciousness), 즉 사람들이 생각하고 의사소통하고 문제를 해결하는 직접적인 통로였다. 짧은 글 한 토막에 인류를 담아내는 트위터는 뉴스를 온라인에 전파하는 가장 빠른 방법이었다. 트위터와 비슷한 것은 없었다.

시간이 지나면서 월스트리트가 이를 망치기 시작했다. 적어도 도시가 생각하기에는 그랬다. 기업이 된다는 것은 사람들을 불편하게 하는 공격적인 트윗을 걸러내고 게시물을 팩트체크해 광고주들의 비위를 맞춘다는 뜻이었다. 그 말은 회사에 압력을 가하는 정치인들, 트위터가 할 수 있는 일과 할 수 없는 일에 관해 요구하는 사람들과 거래한다는 의미이기도 했다. 타임머신을 발명할 수만 있다면 도시는 2006년으로 돌아가 인터넷 프로토콜로서의 트위터, 즉 모두가 월드와이드웹을 기반으로 무언가를 만들 수 있게 하는 기술과 유사한 형태로 트위터를 만들었을 것이다. 그랬다면 투자자들이 압박할 '회사'도, 세상에 어떤 종류의 게시물이 존재해야 하고 존재해서는 안 되는지 같은 불가능한 결정을 내릴 책임이 있는 '사주(社主)'도 없었을 것이다. 도시는 하나의 아이디어가 회사로 바뀐 것이 트위터의 '원죄'라고 생각했다. 그게 가장 후회스러웠다.[2]

이것이 2022년 4월 25일 월요일, 도시가 그토록 행복해했던 이유다. 그의 우상인 일론 머스크가 440억 달러에 트위터를 인수해 월스트리트로부터 빼앗아 비상장 기업으로 만들 계획이었다. 머스크는 전기차 회사인 테슬라와 로켓 회사인 스페이스X 등 세계를 변화시키는 기업들을 경영하고 있었으며, 그런 기업에 트위터를 추가할 생각이었다. 세계 최고의 부자로서 그는 트위터의 수익성에 대해서는 관심이 없다고 밝혔다. 그의 목표는 트위터를 "최대한의 신뢰를 받으며, 광범위하게 모두를 포괄하는" 플랫폼, 언론의 자유를 위한 요새로 만드는 것이었다. 그러면 테슬라가 화석연료의 필요성을 없애고 스페이스X가 인간을 여러 행성에 사는 종족으로 변모시키는 것과 같은 방식으로 트위터 역시 문명을 보존하는데 도움이 될 터였다. 머스크는 "우리가 공적 플랫폼으로서 트위터의 신뢰도를 제고할 수 있다면 문명이 처한 위험은 줄어든다"[3]고 말했다.

머스크는 도시의 모든 기준에 맞았다. 그는 트위터가 인류를 위해 할 수 있는 역할에 신경을 썼을 뿐 아니라 트위터에서 열심히 활동하는 사용자이기도 했다. 머스크는 트위터를 위대한 서비스로 만드는 모든 특이하고 미묘한 차이를 이해했다. 도시는 머스크와의 거래가 발표된 날 이런 트윗을 올렸다. "나는 누구도 트위터를 소유하거나 운영해서는 안 된다고 믿습니다. 하지만 트위터가 기업이어서 발생하는 문제를 해결할 때는 일론이 내가 신뢰하는 유일한 답입니다. 나는 의식의 빛을 확장하겠다는 그의 사명을 믿습니다."[4]

트위터를 인수하겠다는 머스크의 결정은 우연한 것이 아니었다. 도시는 몇 주에 걸쳐 머스크가 회사에 들어오도록 개인적인 압력을 행사했다. 공개적으로나 개인적으로나 트위터의 이사회에 악담을 퍼부으며, 트위터가 사명을 달성하기 위해서는 비상장 기업으로 남아야 한다는 믿음을 공유했다. 머스크도 분명히 동의했다. 그는 트위터를 주주들이 팔아넘기기에 유리한, 이른바 '매도자 친화적(seller-friendly)' 매물로 만든 뒤, 결국 자신이 손에 넣을 때까지 집요하게 압박했다.

거래가 공식적으로 발표되고 4분 뒤, 도시는 친구에게 개인 메시지를 보냈다. "고맙습니다. ♥" 머스크는 이렇게 답장했다. "난 기본적으로 당신 조언에 따른 거예요!" 도시의 답장은 이랬다. "나도 알아요. 고맙습니다. 이게 유일하게 옳은 길이에요. 이 방법이 통할 수만 있다면 난 뭐든지 계속하겠습니다."[5]

자유를 원했던 파란 새의 추락

트위터는 종종 구글, 아마존, 애플, 메타 등 다른 주요 인터넷 기업과 같은 맥락에서 언급된다. 어떻게 보면 적절한 일이다. 트위터는 몇 년간 사회적·문화적으로 두드러진 영향력을 행사했기에 다른 테크 거물과 비슷하게 취급될 수 있었다. 일론이 회사를 매입한 2022년 중반에 트위터의 일일 사용자 수는 거의 2억 4천만 명에 육박했다. 전 세계 인구에 비하면 소수이지만 트윗은 사실상 모든 곳에 있었다. TV 방송에서는 뉴스 보도중에 트윗을 보여주었고, 신문과 잡지에서는 트윗을 인쇄했으며, 라디오 방송에서는 트윗을 읽어주었다. 트위터에서 어떤 일이 일어나면 보통 어떤 식으로든 대중에게 전달되었다.

트위터는 몇 년 동안 체급을 넘어서는 강펀치로 문화와 정치에서 대격변을 일으켰다. 중동에서 '아랍의 봄'으로 알려진 봉기가 일어났을 때 막강한 뉴스의 진원지였고, #BlackLivesMatter나 #MeToo 같은 문화 운동에도 도움을 주었다. 또한 트위터는 부유한 권력자들의 확성기이자 세계 지도자와 그 유권자들을 연결하는 조직이었다. 2017년부터 2021년까지 트위터는 현직 미국 대통령의 의식의 흐름을 매일 생중계했다. 트위터가 온 세상이 읽을 수 있도록 매일 발표되는, 대통령의 디지털 일기장이었던 셈이다. 트위터에서 소식이 너무 빠르게 전달되는 바람에 언론 지형이 완전히 바뀌었다. 트위터가 존재하는 한, **지금 이 순간** 세상에 무슨 일이 일어나고 있는지 알아볼 가장 빠른 방법이 바로 트위터라는 점은 논란의 대상이 될 수 없는 분명한 사실이었다.

트위터를 운영한다는 것은 전 세계적인 발언에 관해 어마어마한 권력과 통제력을 행사한다는 뜻이었다. 이것이 바로 도시를 대단히 불편하게 하고, 머스크가 상당한 재산을 쏟아붓도록 한 요소였다. 둘은 세계인의 대화를 규제한다는 것은 누구도 고마워하지 않을 뿐 아니라 불가능한 작업임을 어렵사리 배웠다.

하지만 기업으로서 트위터는 그리 성과가 좋지 못했다. 몇 년간 세계의 관심을 끌었지만, 그 관심으로 무엇을 해야 할지 몰랐다. 대부분의 사람들은 다른 테크 대기업과 비교했을 때 트위터가 얼마나 작은 회사인지 모른다. 머스크가 2022년 4월에 440억 달러라는 과한 돈을 치르고 트위터를 매입했을 때, 페이스북의 시가총액은 5400억 달러였다. 그것도

7개월 전 시가총액의 절반에 불과했다. 구글의 모기업인 알파벳의 가치는 거의 1조 5천억 달러에 달했다. 이를 보면 영향력이 언제나 금전 가치와 일치하는 것은 아니다.

어떤 면에서는 잭 도시의 말이 옳았다. 트위터는 월스트리트의 기대에 발맞추기 위해 끝없이 노력했다. 자신보다 열 배는 큰 기업들과 비슷한 야심을 품고 있었다. 그 말은 트위터가 이런 기업들과 같은 수많은 문제를 처리해야 하지만, 그런 문제를 해결할 만한 자원은 갖지 못했다는 뜻이기도 했다. 이에 대해서는 8년간 CEO로 트위터를 운영했으며 처음부터 이사회의 구성원이었던 도시에게 상당한 책임이 있었다. 도시가 CEO로 복귀한 2015년에 트위터는 숨통이 끊어지기 직전이었으나, 도시는 회사를 살살 다시 살려냈다. 이 점에 대해서는 도시를 인정해주어야 한다. 그러나 도시가 아무리 월스트리트나 트위터의 사업 모델에 대해 온갖 불평을 쏟아내도, 이는 어느 정도 자업자득이었다. 도시의 동료들은 그가 책임자의 자리에 있으면서도 돈을 버는 데 전혀 관심이 없어 보이자 실망했다. 안 그래도 어려운 월스트리트의 게임인데, 그 게임은 참여하는 데 별 관심이 없는 사람에게는 더욱 어렵다.

이런 면에서 보면 트위터를 비상장 기업으로 만드는 것이 반드시 나쁜 생각만은 아니었다. 도시는 그냥 잘못된 억만장자에게 내기를 걸었을 뿐인지도 모른다. 그가 머스크를 "내가 신뢰하는 유일한 답"이라고 부른 이후로 거의 모든 것이 해체되기 시작했다. 머스크는 트위터와 그 경영진을 공개적으로 물어뜯으며 몇 달을 보낸 끝에, 공식적으로 마무리되기 직전이던 거래를 완전히 중단하려고 들었다. 머스크는 도시의 도움으로 만들어진 트위터의 따뜻하고 포근한 기업문화를 몇 주 만에 망가뜨렸다. 트위터의 작지만 안정적인 광고사업은 결국 파탄날 지경이었다. "최대한의 신뢰를 받으며, 광범위하게 모두를 포괄하는" 플랫폼을 제공하겠다는 머스크의 약속은 아직 실현되지 않았다. 트위터의 초창기 경영진이자 이사회 임원 중 한 명인 제이슨 골드먼은 나중에 도시가 날린 "의식의 빛" 트윗을 "세월이 지나면서 빛이 바랜 최악의 트윗"[6]이라고 불렀다. 도시 자신도 머스크와의 계약을 체결하고 1년이 지난 2023년 4월, 상황이 자신의 예상과는 다르게 흘러갔다고 인정했다. "완전히 망했다"[7]고.

머스크가 트위터를 매수한 이유를 한 가지로 설명할 수는 없다. 현실에서는 여러 요소가 작용했다. 트위터는 2021년 도널드 트럼프 대통령의 계정을 영구적으로 정지했다. 이는 도시와 그의 회사에 큰 상처를 남긴 결정이었으며, 트위터를 비판하는 사람들에게 이 회사가 세계에서 가장 소중한 자유인 '언론의 자유'를 파괴하려 든다는 확신을 심어주었다. 머스크가 오기 2년 전, 도시는 암호화 화폐인 비트코인 같은 다른 관심사에 빠져 트위터에서 발을 빼기 시작했다. 그 탓에 다른 사람이 들어와 회사를 장악하도록 문이 열렸다. 몇 년간 실망스럽기만 했던 트위터의 기업 실적도 문제였다. 머스크가 나타난 시점에 회사에는 극적인 변화가 필요했다.

도시의 후계자인 파라그 아그라왈은 머스크와의 거래가 마무리되고 얼마 지나지 않아 인수를 피할 수는 없었느냐는 직원의 질문을 받고, 트위터가 너무 많은 기회를 놓쳤다는 점을 반성했다. 그는 모든 직원 앞에서 이 질문에 대답했다.

"피할 길이야 많았죠, 안 그렇겠습니까? 5년 전을 돌이켜봅시다. 트위터를 지금보다 더 나은 곳으로 만들 수 있었을까요? 기술을 강화할 수 있었을까요? 서비스 부분에서 더 나은 선택을 할 수 있었을까요? 수익화를 더 잘할 수 있었을까요? 우리의 정책에 대해 더 많은 신뢰를 이끌어낼 다른 방법이 있었을까요? 네. 우리는 여러 가지를 다르게, 더 잘할 수 있었습니다."[8]

인수만이 필연적인 결과는 아니었다. 트위터의 이야기는 기만과 잘못된 결정, 방향을 잃은 신뢰에 관한 이야기다. 오만과 적개심과 순진함에 관한 이야기다. 그러나 무엇보다도 이는 한 번도 기대를 만족시키지 못했던 기업과 서비스, 그리고 미국 기업 역사상 가장 터무니없는 거래로 이어지는 길을 앞장서 걸어간 두 남자에 관한 이야기다.

BATTLE
FOR
THE BIRD

1부

트위터 1.0

1장

잭, 돌아오다

딕 코스톨로는 울지 않으려 최선을 다했다. 때는 2015년 6월, 수백 명의 트위터 직원들은 샌프란시스코의 트위터 본사 9층 직원 식당에 모였다. 바로 그날 아침에 잡힌 예정에 없던 전체 회의에 참석하기 위해서였다. 남색 스포츠 재킷에 밝은 회색 바지를 입은 코스톨로는 임시로 만든 무대에 서서 수백 명의 익숙한 사람들을 내다보았다. 그는 이 공간의 뒤쪽에 앉아 있는 무표정한 인프라 엔지니어 두 명과 눈을 맞추면서 마음을 가라앉혔다. 그런 다음, 그는 놀라운 소식을 전했다. 테크 업계에서 가장 영향력 있는 기업 중 하나인 트위터를 약 5년간 운영해온 코스톨로가 이달 말에 자리에서 물러난다는 소식이었다. 정식 CEO를 찾을 때까지는 트위터의 공동창업자이자 이사회 의장인 38세의 잭 도시가 임시 CEO로 활동하게 될 터였다.

대체로 직원들은 코스톨로가 떠나는 것을 슬퍼했다. 코스톨로는 51세로, 대머리에 검은색 직사각형 안경을 쓰고 다녔으며 아주 재치 있었다. 그는 말도 안 되게 웃긴 동시에 편안한 대화 상대라 미국 기업계의 거의 모든 사람이 그를 좋아했다. 20대에, 코스톨로는 코미디언이 되겠다는 꿈을 꾼 적도 있었다. 그는 시카고의 세컨드 시티•에서 스티브 카렐 등과 즉흥 공연을 하기도 했고, 심지어 〈새터데이 나이트 라이브(SNL)〉에 두 차례 오디션을 보기도 했다.[1] 그런 뒤에야 코스톨로는 꿈을 버리고 테크 업계에 뛰어들었다. 그는 여러 기업을 창업했는데, 2007년에는 그중 한 기업을 구글에 1억 달러에 매각했다. 몇 년 뒤인 2009년, 그는 COO(Chief Operating Officer, 최고책임운영자)로서 트위터에 합류했고 겨우 1년 만에 CEO로 승진했다.[2] 그의 휘하에서 200명이던 트위터의 직원 규모는 수천 명으로 늘어났다. 그럼에도 코스톨로는 회사에서 열리는 정기 크로스핏 수업에 주니어 직원들과 함께 참여했다.[3] 또 적어도 직원 수가 2천 명 이상으로 늘어나기 전까지는 거의 모든 직원의 이름을 기억해 존경을 받았다. 그렇게 그는 여전히 다가갈 수 있는 사람으로 남아 있었다.

그러나 지난 5년은 힘든 시기이기도 했다. 2010년 후반, 코스톨로가 CEO 직책을 처음 수락했을 때 트위터는 언론계와 정계에서 명성을 떨쳤으나 운영하기 쉽지 않은 기업이었다. 트위터 사용자는 그들을 팔로우하는 모든 사람에게 짧은 글귀를 전송할 수 있었다. 이 서비스는 정치인, 기자, 연예인 등 팬과 직접적인 소통을 원하는 사람들에게 빠르게 인

• 1959년 미국 시카고에 설립된 대표적인 즉흥 코미디 극장. 수많은 유명 코미디언과 배우들의 등용문이 되었다.

기를 얻었다. 버락 오바마가 계정을 열었고, 테일러 스위프트, 애슈턴 커처, 오프라 윈프리도 마찬가지였다. 2009년에는 나사의 우주비행사가 국제우주정거장에서 트윗을 올렸다. 겨우 몇 년 뒤, 트위터는 '아랍의 봄'에 참여한 시위자들이 조직을 갖추는 데 도움을 주었다.[4]

트위터는 세계적인 영향력을 발휘하면서도 거의 돈을 벌지 못했다. 코스톨로가 CEO가 된 해에, 트위터의 수익은 2800만 달러였다. 그에게는 이 숫자를 크게 개선하는 임무가 주어졌다. 그는 2013년 후반에 트위터를 상장하고, 수많은 경영자와 투자자, 초기의 직원들을 큰 부자로 만들어주면서 대단한 성공을 거두었다. 코스톨로가 물러난 시점에 트위터는 분기당 5억 달러의 이윤을 벌어들이고 있었다. 대부분은 광고수익이었다. 최소한 코스톨로는 트위터를 뉴욕 증권거래소에서 거래되는 타당한 사업체로 바꿔놓았다.

그렇지만 코스톨로에게 이는 피로한 작업이었다. 재미있는 것을 좋아하는 이 CEO는 지치고 말았다. 월스트리트의 투자자들이 트위터를 점점 더 답답해하며 비슷한 성격의 소셜미디어 기업이지만 훨씬 규모가 큰 페이스북과 비교하곤 했다. 마크 저커버그의 페이스북은 트위터의 거의 다섯 배 규모였는데도 전 세계 거의 모든 나라에서 우후죽순으로 성장하고 있었다. 페이스북에는 2014년 마지막 3개월 동안 4300만 명의 신규 사용자가 가입했다.[5] 트위터의 신규 가입자는 겨우 400만 명이었다.[6] 선명한 대조였다. 광고주들은 최대한 많은 사람에게 접촉할 수 있는 곳에 돈을 쓰고 싶어하고, 투자자들은 성장 여력이 남아 있는 회사의 주식을 사고 싶어한다. 그런 만큼 트위터에는 이것이 중요한 문제였다. 대체로 트위터는 일반인이 사용하기에는 너무 혼란스러운 서비스였다. 아주 많은 사람은 무엇을 트윗해야 할지조차 몰랐다. 회사는 사람들의 마음을 얻고 사용자 기반을 성장시키기 위해 서비스를 개조해야 했다. 그러나 코스톨로는 개발자가 아니라 경영자였다.

서비스 개발은 다른 면에서도 어려웠다. 유명인들의 확성기라는 트위터의 역할은 이 회사가 끝없이 입길에 오른다는 뜻이었다. 그 말은 코스톨로도 끝없이 뉴스거리가 된다는 뜻이었다. 그는 이런 관심을 꽤 담담하게 받아들였다. 예컨대 2014년 후반, 딸에게서 전화를 받았을 때가 그랬다. "아빠, 좋은 소식이랑 나쁜 소식이 있어요. 나쁜 소식은 야후 파이낸스에서 아빠가 올해 최악의 CEO 다섯 명 중 한 명이라고 했다는 거예요." 코스톨로는 좋은 소식이 뭐냐고 물었다. "뭐, 아무도 야후 파이낸스를 읽지 않는다는 거요. 아빠가 5위라는 소식도 좋은 소식이죠. 그러니까 아빠보다 못하는 사람이 네 명은 더 있는 거예요."[7]

때로 그의 직업은 그야말로 무시무시했다. 2014년 후반에, 트위터는 ISIS라고도 알려진 이슬람 국가(Islamic State) 테러 조직을 지지하는 계정을 정지하기 시작했다. 코스톨로가 너무 많은 살해 협박을 받은 나머지, 트위터에서는 그의 집 앞에 하루종일 대기하는 보안 직원을 고용했다. 몇 년 뒤 코스톨로는 이렇게 말했다. "트위터를 운영하는 건, 여느 회사의 가장 정신없는 시기에 그 회사를 운영하는 것과 비슷합니다.[8] 트위터에서 1년을 보낸다는 건 다른 회사의 CEO로 7년을 보내는 것과 마찬가지입니다. (……) 그냥, 운영자에게는 정신 나간 회사입니다."

2014년 말, ISIS와 언론이 모두 그를 노리는 가운데 코스톨로는 트위터 이사회에 자신은 이제 끝이라고, 대체 인력을 찾는 게 좋을 거라고 말했다. 2015년 여름, 이사회는 아직 후계자를 찾지 못하고 있었다. 대신 그들은 잭 도시를 찾아가 더 철저하게 사람을 찾아볼 테니 그때까지만 임시로 일해달라고 부탁했다. 이사회 임원 일부는 도시가 CEO 자리를 본격적으로 맡아주기를 바랐다. 어쨌든 도시는 트위터의 공동창업자였고, 수많은 사람들이 그를 트위터에 꼭 필요한 훌륭한 개발자로 보았기 때문이다.

그러나 도시가 트위터에 남긴 발자취에는 굴곡이 있었다. 창업 당시, 이 회사의 첫 CEO였던 도시는 재앙이나 마찬가지였다. 그는 회사에서나 개인적으로나 극적 상황에 휘말렸다가 결국 이사회에서 해임당해 다른 공동창업자로 교체되었다. 도시는 그 이후로 확실히 성장했다. 그러나 지금, 그는 지불대행사 스퀘어라는 다른 회사를 운영하고 있었다. 그 말은 트위터에서 전일제로 일하는 것은 불가능할 수 있다는 뜻이었다. 코스톨로가 사임했을 때 트위터는 20억 달러 이상의 수익을 올리고 있었다. 파트타임 CEO를 두기에는 규모도, 영향력도 지나치게 커진 상태였다.

그러나 스퀘어는 트위터 사무실과 도로 하나만을 사이에 두고 있었고, 도시는 트위터의 이사회 의장이었기에 어쨌든 상황을 파악하고 있었다. 그와 코스톨로는 마켓 스트리트에서 겨우 세 골목만 내려가면 나오는 주니 카페에서 매주 저녁을 함께 먹었다. 화요일 밤에는 같은 가게의 위층 식당에서 만나, 회사 일이나 뭐든 머릿속에 떠오르는 일에 관해 이야기했다. 이사회에서 새로운 계획을 세울 때까지 몇 달간 트위터를 운영할 수 있는 사람이 있다면 바로 도시였다.

코스톨로가 직원 식당의 무대에서 소식을 전한 뒤, 직원들은 일어나 큰 갈채를 보냈다. 스포츠 재킷과 청바지, 부츠 등 머리부터 발끝까지 검은색 옷을 입은 도시는 겨우 몇 발짝 떨어진 곳에서, 다른 모든 사람과 함께 전임자에게 박수를 보냈다. 갈채가 잦아들자 한 직원이 코스톨로에게 사임을 공식화한 다음에는 무엇을 할 계획이냐고 물었다. "자야죠." 코스톨로가 말했다. 그는 일찍 잠자리에 들어 다음날 아침 10시 30분까지 잘 계획이라고 했다. "내 인생 최고의 숙면이 될 거예요."

코스톨로는 자유였다. 이제 트위터는 잭 도시의 문제가 되었다.

내향적인 외톨이의 꿈

어렸을 때, 잭 도시는 CEO가 되겠다는 꿈을 꿔본 적이 없었다. 동시에 두 회사의 CEO가 되겠다는 꿈을 꿔본 적은 더욱 없었다. 도시는 어린 시절 자신을 예술가라고 상상했다. 그는 미주리주 세인트루이스에서 그림을 그리면서, 고양이 한 마리만 데리고 온 세상을 항해하겠다[9]는 공상을 하며 시간을 보냈다. 그는 심각하게 내성적이었다. 어느 순간에는 언어 장애가 너무 심각해져 말을 아예 하지 않았다.[10] 이런 성향은 어린 시절에 더욱 두드러졌다. 그러나 도시는 대단히 호기심이 강했으며, 새로운 무언가를 만드는 걸 좋아했다. 나이를 먹으면서 그는 도시(city)나 도시를 작동하게 하는 기간 시설에 집착했다. 그는 기차역에서 기차 사진을 찍거나 시내버스에 올라 새로운 동네를 탐사하며 시간을 보냈다. 아버지가 가족이 쓸 첫 컴퓨터를 가져왔을 때—1980년대 중반의 IBM PC 주니어였다[11]—도시는 처음으로 소프트웨어 코드를 작성하기 시작했다. 그는 집에 있던 경찰 무전 수신기에 귀기울이며, 지역 소방차와 경찰차의 좌표를 컴퓨터에 입력했다. 그 결과, 그는 직접 만든 지도로 비상사고 현장에서 다른 현장으로 움직이는 디지털 점들을 지켜볼 수 있었다. 코딩에 대한 재능과 관심이 점점 커지면서, 도시는 인터넷을 더 폭넓게 탐사하기 시작했다. 그는 온라인 채팅방과 게시판에서 놀며 개방형 인터넷이라는 이상(理想)에 관해 읽었고, 암호 해독법 같은 새로운 주제를 학습했다. 도시는 이후 인터넷을 처음 알게 된 초창기를 추억하며, 현대 인터넷 시대의 토대를 이룬 '해커' 문화에 푹 빠져 어린 시절을 보냈다는 사실을 자랑스럽게 밝혔다.

이런 해커 정신은 도시가 미주리-롤라대학교(현재의 미주리과학기술대학교)의 학생이 되었을 때 진가를 발휘했다. 이때 그는 뉴욕에 기반을 둔, 디스패치 매니지먼트 서비스라는 이름의 배송 중계 회사 웹사이트에서 보안상 허점을 발견했다. 여전히 지도나 도시에 열정을 품고 있던 도시는 배송 업계에서 일한다는 것이 무척 마음에 들었다. 그래서 해당 회사의 회장인 그레그 키드에게 이메일을 보내 취약점에 대해 경고했다. 무의식적으로는 자신의 해킹 기술을 자랑한 것이기도 했다. 이런 묘기 덕분에 도시는 테크 업계 첫 직장에 취직했다. 그는 미주리주의 학교를 중퇴하고, 뉴욕으로 이사해 키드의 회사에서 전일제 프로그래머로 일하기 시작했다. 도시라는 공간에 집착하는 21세 청년에게 뉴욕은 꿈 그 자체였다.

처음에 도시는 롱아일랜드의 오래된 스코틀랜드식 대저택에 살았다.

키드가 회사 건물로 이용하는 곳이었다. 여러 가지 테마가 있는 침실, 그리고 북슬북슬한 카펫이 깔린 욕실이 있는 이곳을 직원들은 '늪의 저택'이라고 불렀다. 도시는 그곳에 사는 사람 중 가장 어렸다. 하지만 그는 번화가와 더 가까워지고 싶었고 머잖아 키드가 맨해튼 남쪽의 존 스트리트에 임대한 다른 복층 집으로 이사했다. 월드트레이드센터에서 겨우 한 골목 떨어진 집이었다. '크래시 패드'로 알려진 그 집의 침실에는 공용 욕실과 전자 업계에 종사하는 룸메이트 몇 명이 있었다. 도시는 나중에 이들에 대해 "8시 이후에는 월스트리트 구역에 있어서는 안 되는 추방자들"[12]이라고 적었다. 그는 보더스 서점•에서 몇 시간씩 보내거나 음악을 듣거나 그냥 생각에 잠겨 거리를 돌아다녔다.

디스패치 매니지먼트 서비스는 1998년에 상장했고, 얼마 지나지 않아 키드는 사직했다. 뉴욕 노점상에서 핫도그 사먹기를 좋아하던 그가 느끼기에는 회사가 너무 빠르게, 너무 기업적인 곳으로 변해버렸다. 갑자기 너무 많은 양복쟁이들이 돌아다녔다. 키드는 캘리포니아주 샌프란시스코에 다른 회사를 세울 계획이라며, 함께 가자고 도시를 설득했다. 키드가 계획한 것은 'D넷'이라는 회사였다. 사람들이 지역 상품을 사서 당일 배송을 받을 수 있는, 온라인 즉시 배달 시스템의 전신이었다. 아이디어는 훌륭했지만 실현되기에는 20년쯤 이른 회사였다. 도시는 닷컴 버블이 터지면서 해고당했고, 회사는 창업 2년도 채 지나지 않아 사업을 접었다.

그러나 캘리포니아주로 이사한 것이 헛된 일만은 아니었다. 캘리포니

• 1971년 미국 미시간주에서 시작된 대형 서점 체인으로, 한때 반스앤노블과 함께 미국 최대의 서점 중 하나였다.

아에 도착하고 몇 년 뒤인 2000년 여름, 도시는 오클랜드의 오래된 비스킷 공장에서 살고 있었다. 이때, 그는 공책을 꺼내 STAT.US라는 서비스의 개략적 아이디어를 그렸다. 이 서비스의 핵심 기능은 사람들이 핸드폰을 통해 지금 하고 있는 일을 친구들에게 알리게 해주는 것이었다. "실시간으로, 최신 소식을, 이동중에"[13]가 그 모토였다. 나중에 AOL의 인스턴트 메신저가 대중화한 상태 표시 기능과 유사했다.• 그해 여름, 도시는 샌프란시스코 금문교 공원을 산책하다가 새 블랙베리 핸드폰을 꺼내 상태를 업데이트해 이 아이디어를 시험해보았다. 그는 "들소 방목장에 있음"[14]이라고 적었다. 도시의 친구 중 블랙베리를 가진 사람은 극소수였다. 도시가 어디에 있는지에 관심을 갖는 사람은 더 적었다. D넷과 마찬가지로 STAT.US는 너무 시대를 앞선 서비스였다.

그러나 도시는 이 아이디어를 잊지 않았다. 이후에 그는 다양한 목표를 열정적으로 추구하고, 인생을 어떻게 살지 알아보느라 미국 전역을 돌아다니며 몇 년을 보냈다. 아직 캘리포니아주에 있을 때, 그는 온라인 채팅방에서 만나 사귄 여자친구를 따라 매사추세츠주 케임브리지로 갔다. MIT 캠퍼스 근처의 켄덜 스퀘어에서 그는 노트북을 끌어안고 지냈다. 마치 그것을 흡수해 아이디어와 영감을 얻으려는 듯했다. 그렇지만 마음속 깊은 곳에서 도시는 여전히 내향적인 외톨이였다. 책을 읽거나 산책을 하거나 노트북으로 다양한 아이디어를 실험하며 기꺼이 몇 시간을 보냈다. 예술에 대한 열정도 사라지지 않았다. 한동안은 종이학을 접

• AOL(America Online)은 1990~2000년대 초 미국에서 널리 쓰인 인터넷 서비스 제공업체로, AIM(AOL Instant Messenger)은 당시에 가장 인기 있던 메신저 서비스 중 하나였다.

어 다른 사람들이 발견하도록 마을 이곳저곳에 놓아두기도 했다. 언젠가 도시는 왼쪽 아래팔에 '0Daemon!?'이라는 문신을 새겼다.[15] 이 말에는 몇 가지 의미가 있었는데, 그중 가장 두드러지는 것은 백그라운드에서 조용히 작동하는 컴퓨터 프로그램인 데몬이었다. 도시가 자신의 존재를 어떻게 보았는지 상징적으로 나타내는 문신이었다.

케임브리지에서 1년을 지낸 뒤, 25세가 된 도시는 다시 세인트루이스로 이사해 아버지의 대형 분광계 제조회사에서 일하기 시작했다. 이곳에서 식물 그리기 등의 새로운 취미를 들였다. 손목터널증후군을 겪은 뒤로는 마사지 치료에 전념하기 시작했다. 세인트루이스의 힐링 아트센터에 등록하고[16] 천 시간을 들여 마사지 치료 자격증을 딸 정도였다. 그는 컴퓨터 프로그래머들이 일하는 동안 그들을 마사지해주면서, 동시에 코딩에도 도움을 주는 사업을 시작해야겠다고 생각했다. **마사지 치료와 코드 치료를 함께**. 도시에게서 이런 말을 들은 사람은 모두 그게 멍청한 아이디어라고 생각했다.

결국 도시는 방랑 끝에 캘리포니아주로 돌아왔다. 2004년 후반, 그는 버클리에 있던 키드의 집 뒤쪽 작은 오두막으로 이사해 갓난아기던 키드의 딸을 돌봐주기 시작했다. 그는 코를 뚫었고, 이런저런 특이한 일을 했다. 그중에는 앨커트래즈• 여행 상품을 만들어 파는 회사에서 발권 시스템 소프트웨어를 짜는 일도 있었다.[17]

어느 오후, 도시는 사우스파크의 카페에서 일하고 있었다. 사우스파크

• 샌프란시스코 앞바다에 있는 섬 감옥.

는 막 성장중이던 샌프란시스코 테크 현장의 신생 기업 사이에서 인기 있는 동네였다. 그때 익숙한 얼굴이 창가를 걸어가다가 카페로 들어와 음료를 주문하는 모습을 보았다. 에브 윌리엄스와 친분은 없었지만 뉴스에서 본 적이 있어 그에 관해 알고 있었다. 불과 몇 년 전, 윌리엄스는 수백만 달러에 블로그 서비스인 블로거(Blogger)를 구글에 매각하고, 현재는 오데오(Odeo)라는 이름의 팟캐스트 스타트업을 운영하고 있었다. 도시는 직접 윌리엄스에게 다가가는 대신 노트북을 꺼내 윌리엄스의 이메일을 검색한 다음, 그에게 이력서를 보냈다. 이력서에는 도시의 이름만이, 그것도 성도 없이 적혀 있었다.[18] 몇 주 만에 도시는 팟캐스트 회사에서 코드를 작성하는 일자리를 갖게 되었다. 이제야 그는 진짜 스타트업에서 일할 수 있었다.

위기에서 시작된 날갯짓, 트윗

도시는 거의 즉시 오데오에 채용되었다. 그는 실력 좋은 프로그래머였고, 아무 불평 없이 일을 해냈다. 그 말은 도시가 이 회사의 엔지니어 대부분보다 함께 일하기 쉬운 상대였다는 뜻이다. 도시는 팀원들과 친하게 지내며 시내에서 열리는 콘서트에 참여하고 함께 술을 마시기도 했다. 어린 시절에 있었던 항해에 대한 관심이 다시 불붙어, 어느 주말에는 동료가 새 배를 찾아 샌프란시스코만까지 몰고 나가는 데 도움을 주겠다고 나섰다가 실수로 배를 좌초시키는 소동을 일으키기도 했다.[19]

도시는 여전히 조용한 성격이었으나 재치 있고 흥미가 가는 괴짜였다. 언젠가는 누가 전화를 걸지 알아보겠다며 핸드폰 번호가 적힌 셔츠를 입고 샌프란시스코를 돌아다녔다. 그런데 사람들이 실제로 전화를 걸어서 어색했던 적도 있었다. 도시는 농담을 받아들일 줄도 알았다. 오데오에 합류하고 얼마 지나지 않아 그는 지역 백화점인 제레미스의 모델이 되기도 했다. 도시는 언제나 미남이었다. 키는 약 177센티미터로 딱히 크지 않았지만, 푸른 눈에 날씬한 몸, 짙은 눈썹의 소유자였고 길고 풍성한 턱수염을 기르기 전까지는 살짝 파인 보조개가 드러났다. 모델 촬영을 계기로 동료들이 이메일 스레드에서 그를 놀려댔다. 한 동료는 다른 팀원들에게 사진을 전달하면서 이렇게 적었다. "잭 너어어어무 섹시해!" 다른 동료는 이렇게 답장했다. "야옹."

도시는 자리를 잡았지만, 오데오는 대박을 내기 힘들었다. 그가 합류하고 얼마 지나지 않아 스티브 잡스가 팟캐스트에 뛰어들었기 때문이다. 2005년 중반에 애플은 사람들이 아이튠즈에서 직접 팟캐스트를 찾아들을 수 있는 업데이트를 실시했다.[20] 훨씬 작은 회사인 오데오에는 죽음의 입맞춤을 한 셈이었다. 오데오는 아직 윌리엄스를 비롯한 다른 투자자들의 돈을 가지고 있었지만, 회사가 익사하기 직전이라는 걸 모두 알고 있었기에 직원들의 사기는 떨어졌다. 그들에게는 다른 돌파구가 필요했다.

2006년 2월이었다. 실시간으로 상태를 업데이트하는 서비스를 만들겠다던 도시의 다듬어지지 않은 아이디어는 늦은 밤 술을 마시던 중 되살아났다. 도시는 새로 사귄 친구 중 한 명인 오데오의 공동창업자 노아 글래스와 함께 샌프란시스코에서 차를 타고 있었다. 그들은 무너져내리는 회사에 관해 이야기하며 일자리를 지킬 아이디어를 브레인스토밍하는 중이었다. 함께 이런저런 이야기를 마구 던져보다가 도시는 5년 전, 비스킷 공장에서 종이에 휘갈겨적었던 상태 업데이트 서비스 아이디어를 꺼냈다.[21] 술기운 때문이었는지, 피로 때문이었는지, 다른 영감 때문이었는지는 모르지만 이 아이디어는 그 어느 때보다 말이 되는 것 같았다. 특히 글래스가 듣기에 그랬다. 두 사람은 다음날, 윌리엄스와 다른 직원인 비즈 스톤에게 이 아이디어를 설명했다. 몇 주 동안 브레인스토밍을 하고 직원끼리 새로운 아이디어를 가급적 많이 내기 위한 '마라톤 회의'를 한 끝에, 윌리엄스는 이 상태 업데이트 서비스가 지금껏 나온 아이디어 중 가장 좋은 아이디어라고 판단했다. 글래스가 그 서비스에 '트위터(Twitter)'라는 이름을 붙였다. 그는 도시와 스톤에게 초기 프로토타입을 만드는 일을 맡겼다.

트위터의 첫 CEO가 되다

트위터는 2006년 3월에 공식적으로 탄생했다. 다음해 대부분을 도시는 오직 트위터만 생각하며 보냈다. 트위터는 사람들이 짧은 글귀로 상태를 업데이트하게 해주었고, 그 메시지는 문자메시지 형태로 팔로워들의 핸드폰에 전달되었다. 140자 제한 정책으로 사용자의 메시지는 단 한 통의 문자메시지로 전달될 수 있었다. 그리고 트위터 서비스 자체에 약간의 공간을 남겨 사용자 이름이 들어가게 했다. 팀의 최초 트윗은 한입거리 일기 같은 느낌을 주었다.

"커피 마심" "집에 감" "잠"[22]

대부분의 스타트업과 마찬가지로, 이 제품의 성장은 천천히 이루어졌고 내부의 정치적 갈등은 커졌다. 팀원들은 트윗에 완전히 빠져 있었지만, 론칭 후 약 6개월간 트위터의 사용자는 5천 명도 채 되지 않았다.[23] 무슨 일을 저지를지 모르는 성격 때문에 동료들의 신경을 거스르기 시작한 글래스는 트위터의 첫 프로토타입이 만들어지고 나서 몇 달 뒤 회사에서 밀려났다. 이는 윌리엄스의 결정이었지만, 도시도 그 결정을 지지했다(글래스는 나중에 언론에서 "트위터의 잊힌 공동창업자"라고 불렸다). 윌리엄스가 오데오의 지분을 사들이고, 이 회사를 공식적으로 '트위터'로 바꾸기 시작하면서 다른 직원들도 밀려났다. 도시는 새로운 제품의 기술 관련 팀장으로 남아, 트위터 운영을 지속하는 소프트웨어 대부분을 만들고 관리했다.

트위터가 정말로 빛을 발하기까지는 1년이 통째로 걸렸다. 2007년 3월, 텍사스주 오스틴에서 열린 '사우스 바이 사우스웨스트 테크 컨퍼런스'에서 트위터는 장안의 화제였다. 팀원들은 트윗 피드를 컨퍼런스의 화면에 띄웠고, 참석자들은 새로운 서비스를 활용해 파티와 유흥으로 가득한 며칠 밤 동안 오스틴의 다른 모든 사람이 무슨 일을 하고 있는지 알 수 있었다. 트위터는 최고의 블로그 스타트업 상을 받았고, 140자도 안 되는 도시의 수상 소감은 놀랍도록 브랜드 이미지에 들어맞았다. 트위터가 테크 관련 언론의 관심을 꾸준히 받으면서, 3개월 안에 10만 명

이상이 트위터에 가입했다.[24]

그해 여름, 윌리엄스는 31세의 도시를 이 회사의 첫 CEO로 지명했다. 도시는 아이디어를 떠올릴 때 핵심적인 역할을 했을 뿐 아니라, 트위터 전반을 만들었고 이 서비스에 완전히 몰입해 있었다. 그런데 문제는 도시가 CEO로 일해본 적이 한 번도 없다는 점이었다. 그는 다른 엔지니어들을 관리하는 역할조차 해본 적이 거의 없었다. 창조자이자 발명가로서 도시는 뛰어났다. 그러나 CEO로서는 어려움을 겪었다. 그의 조용하고 부드러운 태도는 스타트업에 보통 필요한 자신감과 단호한 의사결정에 도움이 되지 않았다. 게다가 트위터가 빠르게 성장한다는 건 이 사이트가 계속 다운된다는 뜻이기도 했다.

엎친 데 덮친 격으로 도시는 여전히 다른 관심사와 취미를 추구하고 있었다. 그중에는 바느질 수업도 있었다. 그는 자기만의 청바지를 만들고 싶어했다. 그에게는 트위터가 진짜 회사가 되리라는 확신조차 없었다.[25] 도시는 트위터가 반드시 큰돈을 벌어들일 필요는 없는 일종의 공공 서비스가 되기를 바랐다. 그는 해커로서 트위터가 일종의 인터넷 프로토콜이 되는 게 더 낫다고 생각했다. 이메일이 그렇듯, 다른 사람들이 무언가를 쌓아나갈 수 있는 하나의 기술적 토대가 되었으면 좋겠다고 말이다.

그러나 트위터가 만들어가던 것은 그게 아니었다. 트위터는 진짜 회사, 수익을 기대하는 진짜 투자자들이 있는 회사가 되어가고 있었다. 이사회 의장 역할을 맡은 윌리엄스는 도시가 일을 하다 말고 요가를 하러 가거나 바느질 수업을 들으러 간다는 점을 문제삼았다. 윌리엄스는 도시에게 말했다. "옷 만드는 사람이 되든지, 트위터의 CEO를 하든지 마음대로 하세요. 하지만 둘 다 하는 건 불가능합니다."[26]

이런 최후통첩은 통하지 않았다. 트위터가 성장하면서 회사 운영과 관련된 도시의 경험 부족은 점점 두드러졌다. 그는 사람들을 관리하는 데 어려움을 겪었고, 트위터의 소규모 이사회에 알리지 않은 채 중요한 결정을 여러 번 내렸으며, 트위터의 지출 내역을 노트북으로, 그것도 틀리게 기록했다. 2008년 가을쯤, 도시에게 CEO 자리를 맡기고 겨우 1년이 조금 지났을 때 윌리엄스는 인내심을 잃었다. 트위터의 이사회도 마찬가지였다. 이사회에는 트위터에 투자한 벤처 투자자, 스파크 캐피털의 비잔 사벳과 유니언 스퀘어 벤처스의 프레드 윌슨도 있었다. 이 작은 이사회는 도시를 제명하기로 결정했고, 윌리엄스가 그 자리를 대신했다. 도시는 2008년 10월 15일, 샌프란시스코의 클리프트 호텔에서 아침을 먹다가 이 소식을 들었다. 이사회에서는 도시가 의장으로는 남아주기를 바랐다. 실제적 책임이 전혀 없는, 전적으로 의례적인 직함이었다. 그렇게 도시가 CEO로서 보낸 짧은 시간이 끝났다.

도시는 절망했다. 트위터는 그가 낳은 서비스였고, 회사에 소속되어 일하는 것은 그에게 안정감과 다른 어디에서도 찾기 힘들었던 목표 의식을 주었다. 그는 분노와 배신감도 느꼈다.[27] 윌리엄스를 비롯한 트위터의 다른 이사들은 그를 일자리에서 밀어냈다. 도시에게는 그들을 막을 방법이 전혀 없었다. 도시는 공동창업자였는데도 회사에 유의미한 통제력을 행사할 수 없었다. 그 힘은 트위터의 투자자들과 윌리엄스의 것이었다. 윌리엄스가 블로거를 매각한 돈으로 초창기부터 트위터에 자금을 대왔기 때문이었다. 이 일로, 도시는 원하는 것을 차지하는 사람은 종종 회사의 투자자라는 현실을 가혹하게 깨달았다. 누구든 돈 있는 사람이 힘을 갖는 것이다.

조용한 복수

도시는 분노를 잘 감추었다. 적어도 공개적으로는 말이다. 그는 더이상 트위터를 운영하지 않았지만 인터뷰를 계속했다. 유명 행사에서는 트위터의 공동창업자 역할도 광범위하게 해냈다. 그는 테크 기업 경영인 대표단에 합류해 미국 국무부와 함께 '하이테크 벤처기업'을 탐사하기 위한[28] 사흘짜리 이라크 투어에도 나섰다. 나중에 그는 워싱턴 D.C.에서 열린 국무부 만찬에서 국무부 장관 힐러리 클린턴 옆에 앉기도 했다.[29] 도시는 유명한 중국인 예술가 겸 활동가인 아이 웨이웨이와의 패널 토론에도 참여했고,[30] 고향 세인트루이스의 프로야구팀 카디널스의 시구자로 나서기도 했다. 사람들이 잘 몰랐던 것은 트위터 내에서 도시의 역할이 사실상 전무했다는 점이다. 회사는 도시 없이 움직이고 있었고, 에브 윌리엄스나 비즈 스톤처럼 회사에 남은 공동창업자들은 도시가 승인을 받지 않고 그토록 많은 언론 활동을 벌이는 것에 짜증을 냈다.

미미했던 도시의 영향력은 2010년 여름이 되면서 바뀌었다. 닉 빌턴이 『해칭 트위터(Hatching Twitter)』에서 자세히 밝힌 이야기는 다음과 같다. 아직 트위터의 이사회 의장이었던 도시가 트위터의 고위 경영진과 만나 조언을 해주기 시작했다. 더 중요한 것은 도시가 윌리엄스에 대한 그들의 불만과 불평에 귀기울였다는 점이다. 많은 사람이 윌리엄스를 우유부단하며 너무 느리다고 생각했다. 도시는 이런 경영자들을 부추겨 이사회에 직접 불만을 제기하도록 했고, 그런 불만을 윌리엄스의 상관들에게 조금씩 흘려보냈다. 여름이 계속되고 불만이 쌓이기 시작했다. 비밀리에 도시는 샌프란시스코에 있는 자신의 아파트에서 트위터 최고위 경영자 및 이사회 구성원 몇 명을 만나 윌리엄스의 직위에 관해 의논했다. 물론 윌리엄스는 초대받지 못했다. 등뒤에서 무슨 일이 일어나는지도 몰랐다. 전직 《뉴욕 타임스》 기자인 빌턴은 이렇게 묘사했다. "알맞은 사람들의 귀에 알맞은 말이 들어가도록 함으로써, 잭은 숙적을 상대로 한 체스게임에서 폰을 움직이듯 사람들을 움직이며 그해 여름을 보냈다. 문제는, 에브는 자신이 경기중이라는 걸 몰랐다[31]는 점이다."

놀랍지도 않지만, 도시가 이겼다. 2010년 10월, 도시를 밀어낸 지 2년 만에 윌리엄스는 해고당했고, 그 자리는 딕 코스톨로로 교체되었다. 윌리엄스가 도시를 밀어냈듯, 이제는 도시가 그 호의를 돌려주었다.

먼저 양보하라니까?

2015년 6월 코스톨로가 물러나는 것을 보고 슬픔을 느낀 사람들은 도시가 수많은 짐을 든 채 문을 열고 다시 돌아오는 모습에도 똑같이 충격을 받았을지 모르겠다. 갑자기 트위터 이사회에는 도시, 윌리엄스, 코스톨로라는 세 명의 전직 CEO가 있게 되었다. 이들은 각기 서로를 교체한 사이였다. 이런 관계도 불편하긴 했지만 트위터가 전일제 CEO를 찾을 때의 가장 큰 문제는 따로 있었다. 아이러니하게도 트위터의 이사회가 도시에게 임시로 CEO직을 맡길 수 있다고 생각한 이유는 아무도 도시가 전일제로 그 일자리를 맡을 수 있다고 생각하지 않았기 때문이다. 도시는 이미 스퀘어에서 CEO로 일하고 있었다.

도시는 트위터에서 해고당하고 얼마 지나지 않아 세인트루이스의 옛 친구 짐 맥켈비와 다시 연락했다. 십대 때, 도시는 컨퍼런스에서 나눠주는 반짝반짝한 브로슈어를 CD로 옮기는[32] 맥켈비의 스타트업에서 이런 저런 일을 도왔었다. 두 사람은 15년 뒤인 2008년 연말 휴가철에 세인트루이스에서 만났다. 도시는 친구에게 해고당했다고 말했다. 맥켈비는 나중에 "누가 막냇동생을 두들겨팬 것같이 화가 났다"[33]고 썼다. 두 사람은 새로운 사업 아이디어를 함께 브레인스토밍하기로 했다. 잠깐은 전기 자동차를 만들거나 일기를 쓰는 어플을 만들까 생각해보기도 했다.

어느 날, 당시 유리공예사로 일하고 있던 맥켈비는 자신이 만든 유리 수도꼭지를 2천 달러에 판매했다. 그런데 손님은 맥켈비가 아메리칸익스프레스 카드를 받지 않는다는 걸 알고 거래를 취소했다.[34] 맥켈비는 슬픔을 나누려 도시에게 전화를 걸었고, 그들은 소규모 기업이 신용카드 결제를 쉽게 받도록 해주는 무언가가 있어야 한다고 판단했다. 애플의 아이폰이 출시된 지 몇 년 되지 않았을 때 그들은 독창적인 아이디어를 떠올렸다. 그들은 아이폰의 헤드폰 잭에 끼워 카드를 긁으면 그 정보를 핸드폰으로 전달해주는 소형 신용카드 리더를 만들었다. 이 리더는 모든 아이폰을 이동식 계산대로 바꿔주었다. 둘은 이 회사를 스퀘어라고 불렀

다. '계산'이라는 뜻의 '스퀘어 업'을 줄인 말이었다.[35]

2015년, 스퀘어는 본격적인 사업체로 변모했다. 이 회사는 거의 1200명의 직원을 고용했으며,[36] 몇몇 투자자로부터 1억 5천만 달러를 모금했다. 기업 가치는 60억 달러로 평가되었다.[37] 스퀘어의 첫 신용카드 리더는 미국 전역의 카페나 농산물 직판장에서 쓰이는 기본적인 물건이 되었다. 또한 스퀘어는 소규모 오프라인 매장에서 아이패드를 현금 출납기로 쓸 수 있게 해주는 제품도 출시했다. 심지어 소액 기업 대출도 해주었다. 2015년, 스퀘어의 경영자 잭 도시는 재정 관리를 잘못하고 바느질하는 데 너무 많은 시간을 쓴다는 이유로 트위터에서 해고당했던 2008년의 잭 도시보다 훨씬 더 성숙하고 책임감이 있었으며, 노련했다. 그는 아주 귀중한 교훈도 두어 가지 배웠다. 도시는 그냥 CEO가 아니라 스퀘어의 최대 주주이기도 했다.[38] CEO 자리를 포기하게 된대도 그 조건은 그가 정하게 될 터였다.

스퀘어에서 도시가 맡은 역할은 그가 트위터의 임시 CEO로 지명된 순간 문제가 되었다. 적어도 처음에는 도시가 스퀘어를 떠날 거라는 추측이 있었다. 트위터 쪽 일이 훨씬 명성을 쌓기에 좋았기 때문이다. 게다가 트위터라는 SNS 서비스의 시장가치는 스퀘어의 약 4배였다. 또한 도시에게는 이런 제안이 첫사랑을 되찾을 기회이기도 했다.

사람들이 몰랐던 것은 스퀘어에서 도시가 그 어느 때보다 중요한 역할을 하고 있었다는 점이다. 스퀘어는 가을 중 상장을 위해 비밀리에 서류 작업을 하고 있었다. 스퀘어의 공동창업자이자 CEO인 잭 도시가 상장 몇 달 전에 회사에서 손을 뗀다니 일고의 가치도 없는 일이었다. 그런 행동은 도시는 물론이고 스퀘어의 투자자들에게 재앙이 될 터였다.

그래도 스퀘어에는 걱정하는 사람들이 있었다. 도시는 내부적으로 직원들에게 스퀘어에 남고 싶다고 말했지만, 직원 대부분은 그가 트위터를 얼마나 사랑하는지 알고 있었다. 그런 직원 중에는 스퀘어의 홍보팀 팀장 애런 자모스트도 있었다. 그는 하루에도 수십 건씩 도시의 미래에 관한 언론사의 질문을 받았다. 자모스트는 이 상황을 매듭지어 매일같이 반복되는 잡음을 없애고 싶었다. 상장이 코앞이었으니 더욱 그랬다. 도시가 트위터의 임시 CEO로 지명되었다는 사실이 발표되고 며칠 뒤, 자모스트는 도시의 이름으로 스퀘어발 성명서를 냈다. "지난주에 밝혔듯, 나는 스퀘어와 스퀘어의 지속적인 성공에 여느 때만큼 매진하고 있습니다. 나는 스퀘어의 CEO이며 이 사실은 변하지 않을 것입니다." 평소라면 자모스트는 이런 성명서를 발표하기 전에 미리 트위터에 알렸을 것이다. 하지만 이번에는 아니었다. 자모스트는 트위터 이사회가 이 성명서를 띄우기도 전에 막아버릴지 모른다고 걱정했다.

도시가 버티기 시작한 만큼, 트위터 이사회 의장인 피터 커리도 힘을 써야겠다는 압박감을 느꼈다. 커리는 도시가 스퀘어에서의 일자리를 포기하고 전일제 CEO로서 트위터로 돌아오기를 바라는 경영진 중 한 사람이었다. 그는 며칠 뒤 자기 나름의 성명서를 냈다. 성명서에 쓰인 언어는 분명했다. "위원회에서는 트위터에서 전임 근무가 가능한 후보자만을 이사회 추천 대상으로 고려할 것입니다."

치킨게임이 시작되었다. 도시는 스퀘어를 떠나지 않으려 했고, 이사회는 파트타임 후보의 비위를 맞춰주지 않을 생각이었다. 도시가 트위터

CEO로 돌아가려면 누군가는 양보를 해야 했다.

도시에게만 있는 것

도시가 경쟁자 명단에서 빠진 것처럼 보이자 트위터 이사회에서는 저명한 헤드헌팅 회사인 스펜서 스튜어트에 새로운 전임 CEO를 찾는 일을 맡겼다. 사실 이 헤드헌팅 회사를 쓰는 것은 차선책이었다. 봄 내내 트위터 이사회는 이미 트위터 본사에서 일하던 다른 후보자를 채용하려 노력해왔다. 그 사람은 트위터의 영업 및 파트너십 담당자인 애덤 베인으로, 회사 전체에서 가장 호감이 가는 인물 중 하나였다.

도시와 윌리엄스를 포함한 트위터 이사회는 몇 달이나 베인을 설득해 CEO 자리를 맡기려 했다. 영업 팀장으로서 그는 트위터에서 가장 많은 성과를 내는 부서를 운영하고 있었다. 2015년에 트위터의 사용자 수는 10퍼센트도 증가하지 않았지만, 수익은 58퍼센트나 증가했다.[39] 문제는 베인이 CEO 자리를 원하지 않았다는 것이다. 그는 자신이 영업을 잘한다는 걸 알았다. 그러나 다른 모든 사람이 그랬듯, 트위터의 문제는 대체로 서비스 개발과 관련된 것이라고 생각했다. 개발은 그의 강점이 아니었다. 그는 부사령관 자리를 맡겠다는 아이디어를 냈다. 도시나 윌리엄스처럼 좀더 개발 관련 사고를 할 줄 아는 CEO의 곁에서 영업 담당자로 일하고 싶다는 말이었다. 모두가 감탄하는 페이스북의 마크 저커버그—셰릴 샌드버그의 관계처럼 말이다. 물론 그러기에는 도시의 다른 일자리가 문제였다.

스펜서 스튜어트팀은 대규모 테크 기업이나 언론 관련 경력이 있는 사람을 찾아 실리콘밸리를 샅샅이 뒤졌다. 이사회에서 검토한 최초의 후보자 명단에는 거의 200명이 있었는데, 그중 다수가 이미 중책을 맡고 있었으므로 제안에 관심을 가질 가능성은 극히 낮았다. 이 명단에는 유튜브 운영자인 수전 워치츠키, AOL의 CEO인 팀 암스트롱, 최근까지 훌루의 수장을 맡았던 제이슨 킬라르, 애플의 소매업 부문 책임자인 앤절라 애런츠도 있었다.

몇 주에 걸쳐 통화가 이루어지는 동안 이 명단은 크게 줄어들었다. 구글의 대규모 검색광고 모델을 만들었으며 오랫동안 많은 사람의 호감을 사온 구글의 경영자 오미드 코르데스타니가 스카우트 물망에 올랐다. 하지만 그는 도시를 만나보고 정중히 자리를 고사했다. 이사회에서는 파트타임 CEO를 고용하지 않겠다고 선언했지만, 코르데스타니는 트위터의 공동창업자가 이 일자리에 관심도 있고 전념할 생각도 있다고 확신하게 되었다. 이사회에서는 마이크로소프트와 시스코에서 일한 적 있는, 카메라 회사 고프로의 전임 회장 토니 베이츠와도 접촉했다.

여름이 가고 가을이 오면서 한 후보자가 두드러졌다. 아마존 웹 서비스(AWS)팀 팀장 앤디 재시였다. 아마존 웹 서비스팀은 온라인 소매업계의 거두인 아마존에서 놀라운 성공을 거두었으면서도 높은 평가는 받지 못한 클라우드 컴퓨팅 부서였다. 재시는 1997년 이후로 아마존에서 일하며, CEO인 제프 베이조스의 신임을 얻었다. 그는 장시간 일하고 팀원들에게도 똑같이 할 것을 요구하며[40] 아마존의 혹독한 문화를 만들어냈다는 평판을 얻기도 했다. 트위터 CEO로 고려된 2015년, 재시의 AWS 부서는 거의 80억 달러의 매출을 올렸다. 이대로라면 아마존의 상업 부서보다 빠르게 100억 달러의 매출액을 달성[41]할 터였다. 사업적인 관점에서 재시는 트위터에 필요한 존재 그 이상이었다. 협상 과정 내내 재시는 트위터 이사회 구성원들을 개별적으로 만났다. 최소 한 번은 시애틀에서 샌프란시스코까지 여행하기도 했다. 하지만 재시가 아마존을 떠나리라는 보장은 없었다. 또 트위터 이사회는 그가 회사에 필요한 개발 전문가가 아니라는 점 또한 걱정했다. 그는 한참 전인 2009년에 트위터에 가입했지만, CEO 후보에 오른 그해 가을까지 트윗을 올린 적이 없었다. AWS를 만든 것은 인상적인 일이었지만, 3억 명이 사용하는 소비자 서비스를 개발하는 것과는 완전히 다른 일이었다.

9월 후반에 트위터 이사회가 먼저 양보 의사를 밝혔다. 이사회에서는 재시를 포함한 누군가의 시간을 100퍼센트 쓰는 것보다 도시의 시간 절반을 쓰는 게 낫다고 판단했다. 이는 전임 후보자만을 고려하겠다는 성명서를 마지못해 철회한다는 뜻이기도 했다. 10월 1일 목요일에 이사회에서는 전화 회의를 통해 도시에게 CEO 자리를 맡아달라고 전했다.[42] 정확히 3개월 동안 트위터를 운영했던 도시는 이제 장기간 트위터를 운영하게 되었다. 그의 임명 소식은 하루 전에 이미 언론에 샜지만, 트위터 이사회는 이 소식을 공개하기 전에 며칠 더 뜸을 들였다. 피터 커리는 이사회가 전임 CEO를 고용하겠다는 약속을 철회할 수밖에 없었다고 인정했다. 도시의 임명이 발표되자 그는 이렇게 말했다. "우리는 트위터 CEO로 전념할 후보자만을 고려하리라 생각했습니다. 하지만 시간이 지나면서

잭이라면 스퀘어를 운영하는 와중에도 트위터의 임시 CEO에 대한 기대를 넘치게 만족시키리라[43]는 점이 명백해졌습니다."

이사회에서는 이런 독특한 상황에 발맞출 준비를 했다. 회사는 베인이 몇 달 전에 제시한 비전대로 그를 도시의 이인자이자 경영 부문 최고책임자(COO)로 삼았다. 이사회에서는 몇 주 뒤에 구글의 베테랑인 코르데 스타니도 데려왔다. 그는 상임이사회 의장이라는 새로운 역할을 맡아 도시의 경영을 보조하고, 비공식적인 경영 코치로 활동하기로 했다. 도시가 두 직책을 동시에 맡아야 한다면 상황을 제대로 관리할 수 있도록 다른 노련한 경영 전문가들이 근처에 머물러야 할 터였다.

도시는 CEO 임명이 공식적으로 발표된 날 새로운 직업을 갖게 된 것을 기념하며 샌프란시스코의 바 타틴에서 열린 VIP 만찬에 참석[44]했다. 여기에는 배우 브래들리 쿠퍼, 메탈리카의 드러머인 라스 울리히 같은 유명 인사와 도시의 친한 친구인 음반 제작자 릭 루빈, 할리우드 투자자 비비 네보 등이 참석했다. 도시는 트위터의 이사회를 꺾었다. 자신이 공동창립한 회사의 정상으로 돌아왔다. 그에게는 세계에서 가장 유명한 기업 중 하나를 운영할 능력이 있다는 점을 증명할 두번째 기회였다. 기념할 일이야 차고 넘쳤다.

모두가 곧 알게 되었듯, 고쳐야 할 것도 많았지만 말이다.

#우리뿐이라고썅

잭 도시의 하루는 보통 오전 5시에 시작되었다. 그는 30분간 명상한 뒤, 7분짜리 운동을 몇 라운드 반복했다. 의자와 벽만 있으면 되는 고강도 트레이닝이었다. 그러고 나서 도시는 커피를 탄 다음 금문교가 내다보이는 절벽 가장자리의 발코니에서 떠오르는 태양을 잠시 지켜보았을 것이다.[1] 그런 다음 조깅용 샌들을 신고 핸드폰을 집어들고 샌프란시스코 거리를 따라 8킬로미터를 걸어 시내의 트위터 본사로 출근했다. 비가 오든 눈이 오든 상관없었다. 때로는 팟캐스트를, 때로는 오디오북을 들었다. 도시에게는 이런 아침 일상이 하루를 시작하는 지속적이고도 중요한 방법이었다. 이처럼 조용한 시간은 내성적인 그가 에너지를 얻는 수단이 되었으며, 상장 기업 두 곳의 CEO로 제정신을 지키는 방법이었다.

이렇듯 도시에게는 이성을 지키기 위한 도구가 필요했다. 트위터를 다시 차지하면서부터 삶이 놀랍도록 스트레스로 가득해졌기 때문이다. 그는 거의 모든 시간을 일하며 보냈다. 지속 불가능한 삶의 방식이었다. 도시가 결혼하지 않았고 아이도 없다는 게 그나마 다행이었다. 변화한 상황에 대처하기 위해 도시는 새로운 일상을 시작했다. 그는 명상에 깊이 의존했다. 명상을 시작한 건 몇 년 전이었지만, 그때까지는 명상을 진지하게 생각하지 않았다. 보통의 평범한 날이면 그는 트위터에서 아침을 보내고 오후와 저녁은 스퀘어에서 보냈다. 그러나 완전히 다른 비즈니스 모델을 가진 기업 두 곳을 운영하면서 출장을 다니거나 예상치 못한 일을 처리해야 했기에 평범한 날이 그렇게 '평범'하지는 않았다.

트위터에 돌아온 것은 신나는 일이었지만, 도시가 새로운 일자리에 취직한 타이밍은 좋지 않았다. 그가 트위터 이사회의 승인을 받았을 즈음, 스퀘어는 계획된 상장 준비의 마지막 단계에 있었다. 그 말은 도시가 곧 금융 전문가나 월스트리트의 투자자들에게 스퀘어 관련 홍보를 하러 떠나야 한다는 뜻이었다. 상장은 추수감사절 1주일 전에 이루어졌고, 스퀘어의 주가는 거래 개시일에 45퍼센트 급등했다. 이런 폭등에는 오해의 여지가 있었다. 개인 투자자들이 불과 1년 전 이 회사에 부여했던 것보다 훨씬 낮은 가격으로 스퀘어에서 주가를 책정했던 것이다. 상장까지 가는 상황이 너무 처참해 보였기에 스퀘어의 조언자들은 상장 자체를 미루는 아이디어까지 내놓았다.[2]

도시는 스퀘어가 상장 기업이 된 첫날을 최대한 활용했다. 그날은 도시의 39세 생일이기도 했다. 스퀘어는 뉴욕 증권거래소 바깥 거리에 시장을 만들었다. 사람들은 그곳에서 스퀘어의 이동식 출납기를 이용해 제품을 살 수 있었다. 도시는 주식 거래 시장이 내려다보이는 발코니에서 종을 치는 전통을 거부했다. 대신 그의 어머니 마르시아가 애플 워치를 활용해 바깥 거리에 있는 스퀘어의 초창기 판매자 중 한 명에게서 꽃다발을 샀을 때 벨을 울렸다.[3] 도시는 한 살 더 먹었지만, 늘 그랬듯 비관습적이었다.

트위터를 되살리는 것은 더 어려운 일이었다. CEO 자리를 따내고 겨우 1주일 만에, 도시는 300명이 넘는 인원을 해고했다. 회사 인원의 8퍼센트였다. 10년이라는 회사의 역사에서 벌어진 첫 대량 해고였다. 그는 이런 인원 감축을 "힘들지만 필요한"[4] 결정이라고 했다. 이를 통해 트위터가 더 빨리 움직이고 더 빨리 결정할 수 있게 되리라 믿었다. 그러나 이는 도시의 귀환에 우울한 분위기를 깔기도 했다. 모두의 사기를 돋우기 위해서 도시는 자신이 가진 트위터 주식 2억 달러를 직원들을 위한 자산 시스템에 넣기로 했다.[5] 회사에 대한 그의 믿음을 보여주려는 희귀하고도 후한 선물이었다.

좋은 기운은 오래가지 못했다. 도시의 영구적 임명으로 여론은 엄청나게 흥분했지만, 이런 흥분이 트위터의 신규 사용자들에게 전달되지는 않았다. 도시가 공식적인 CEO가 된 첫 사분기였던 2015년 마지막 석 달 동안 트위터 사용자 수는 전혀 증가하지 않았다.[6] 1월 초에는 비교 대상인 페이스북의 성장에 투자자들이 조바심을 냈다. 트위터 주가는 거의 역대 최저가를 기록했다.[7] 트위터가 해고를 통해 더 빠르게 움직일 수 있게 됐을지 모르지만, 적어도 밖에서는 그런 징후가 보이지 않았다. 회사에서는 비밀리에 몇 가지 새 기능을 개발하고 있었다. 그중에는 한 번에

140자 이상을 올리게 해주는 장문의 트윗 기능과[8] 피드의 트윗 순서를 바꿔주는 새로운 알고리즘이 있었다. 하지만 이런 변화가 마무리되려면 몇 달은 필요했다.

1월 마지막 주가 트위터에는 중대한 전환점이었다. 도시는 트위터의 상위 100위에 드는 직원들을 위해 며칠간의 '워크숍'을 계획했다. 샌프란시스코에 모여 전략에 관해 이야기하고, 제품 기획에 관해 토론하고, 다가올 한 해에 대비한 영가를 부를 예정이었다. 도시는 심지어 모두에게 『마인드셋』이라는 책을 한 권씩 사주기도 했다.[9] 이 책을 쓴 캐럴 드웩은 '나아질 수 있다는 믿음의 힘'이라는 제목으로 TED 강연을 한 인물이었다. 그러나 행사가 시작되기 전 주말에, 트위터 최고위 간부 몇 명이 사임했다는 소식이 유출되었다. 그중에는 개발 팀장인 케빈 와일과 엔지니어링 팀장 알렉스 로이터, 언론 팀장 케이티 스탠턴, 트위터의 짧은 영상 앱인 바인(Vine)의 팀장 제이슨 토프도 있었다. 이토록 많은 팀장급 직원들을 단숨에 잃는다는 것은 어느 회사에든 큰 타격이었다. 트위터의 제품을 개선하려고 절박하게 노력하던 도시에게는 그야말로 명치를 한 방 맞는 것과 같은 일이었다. 도시는 이들의 사직에 대해 알고 있었으나, 소식이 샌 타이밍이 리더십 모임 겨우 며칠 전이라는 점이 딱히 이상적이지는 않았다. 도시의 귀환을 두고 나타났던 초기의 흥분은 빠르게 사라져갔다. 팀장급을 비롯한 수많은 직원들은 상황이 더 빨리 호전되지 않아 답답해했다.

떠나는 직원 중 와일은 사내에서 7년 동안 승진하며 이력을 쌓은 끝에, 도시가 돌아오기 1년 전 개발팀 팀장이 된 인물이었다. 그는 하버드와 스탠퍼드 양쪽에서 물리학 학위를 받은 대단히 영민한 사람이었다. 그러나 더 중요한 건, 그가 도시에게 완벽히 어울리는 인물이었다는 점이다. 그는 도시처럼 제품을 발명하는 사람으로 유명하지는 않았으나, 도시가 떠올리는 비전을 전부 실행할 수 있는 강력한 '요원'이었다. 와일의 사직은 그 자체로도 타격이었으나 사직의 구체적인 내용은 상황을 더욱 악화시켰다. 그가 트위터를 떠나는 이유는 페이스북이 소유한 트위터의 라이벌, 인스타그램 때문이었다. 인스타그램의 공동창업자 케빈 시스트롬이 연말 휴가철 내내 공을 들인 끝에 그의 마음을 얻었다. 와일은 도시에게 시스트롬이 접근하기 전부터 회사를 떠날 계획이었다고 밝혔지만, 1월 초에 이른 지금은 단순히 떠나는 게 아니라 인스타그램으로 옮긴다는 사실까지 알려야 했다. 트위터의 CEO는 더이상 와일을 팀장급 회의에 부르지 않았으나, 인수인계 과정을 원활하게 하기 위해서라도 그가 몇 주는 더 회사에 남아야 한다는 점에는 동의했다. 리더십 워크숍 첫날에, 트위터의 팀장들은 와일이 인스타그램으로 떠난다는 것을 알았다. 그러나 다른 직원들은 아무도 그 사실을 몰랐다.

그날 밤, 트위터의 '상위 100명'이 특별한 만찬을 위해 모여 있을 때 와일이 인스타그램으로 간다는 소식이 언론에 샜다. 와일은 워크숍에 참가하지는 않았으나 만찬에 초대받은 상태였다. 누군가가 그를 잽싸게 따로 불러, 핸드폰으로 신문 기사를 보여주었다. 의기소침해진 와일은 도시에게 이 사실을 전했고, 도시는 그에게 떠나주는 게 좋겠다고 말했다. 이 소식이 사람들에게 퍼지자 와일은 만찬 자리에서 벗어나 샌프란시스코 거리를 홀로 배회하며 그날 저녁을 보냈다. 얼마 지나지 않아 도시는 드물게도 악의를 드러내며 트위터 전 직원에게 이메일을 보냈다.

제목: KW•

옛 동료의 정말이지 형편없는 행동에 대한 실망스럽고도 혼란스러운 소식을 모두 읽으셨을 겁니다. 목요일 티타임에, 이 문제에 관한 제 감정을 여러분 모두에게 아주 솔직히 밝히겠습니다. 직접 말하는 게 낫겠죠. 그냥 제가 그 일을 생각하고 있으며, 여러분 모두에 대해서도 생각하고 있다는 점을 알리고 싶었습니다. 앞으로도 생각할 거고요!

– 잭

도시는 몇 주 전부터 와일이 떠난다는 사실을 알고도 인수인계를 위해 그를 데리고 있었다. 그런데도 이 소식을 지금 처음 듣고 배신감과 불쾌감을 느낀 것처럼 굴었다. 그는 나중에 이런 이메일을 보낸 것에 대해 사과했다. 하지만 트위터가 고전하고 있을 뿐 아니라 새로운 CEO가 점점 더 조바심을 내고 있다는 사실은 분명해졌다.

트위터의 팀장급 직원들은 다음 이틀을 회사가 맞이한 난관에 대해 토론하며 보냈다. 처음에는 상위 100명의 직원이, 그주 후반에는 모든 직원이 '티타임'이라 부르는 회사 전체 정기 회의에서 문제를 논의했다. 어

• 케빈 웨일의 머리글자.

느 순간에는 한 직원이 트위터의 CFO(Chief Financial Officer, 최고재무책임자)인 앤서니 노토에게 왜 그냥 인수자를 찾아보지 않느냐고 물었다. **트위터를 변모시키는 것이 그렇게 어려운 일이라면, 차라리 회사를 청산할 방법을 찾지 않는 이유가 뭔가요?**

노토는 트위터의 다른 경영진과는 달랐다. 여러모로 그는 도시와 정반대였다. 웨스트포인트 미국 육군사관학교 소속으로 전미 대학 미식축구 선수였던 노토는 말끔히 깎은 수염에 어깨가 넓은, 사각턱의 소유자였다. 그는 헛소리를 싫어했고, 핑계도 싫어했다. 단, 그는 욕설을 좋아했다. 온 직원 앞에서 'X발' 소리를 하는 경향이 있었다. 도시는 대체로 조용하고 갈등을 회피했지만, 노토는 저돌적이고 의견이 강했다. 그는 월스트리트의 평판 좋은 투자 자문사 골드만삭스와 NFL(내셔널 풋볼 리그)의 CFO라는 명망 높은 자리를 거쳐 트위터에 합류했다. NFL에서는 그가 언젠가 훌륭한 리그 총재가 될 거라고 예상하기도 했다.[10] 트위터의 리더십 주간이 주가 폭락과 경영진의 탈주 행진으로 마무리된 마당에, 노토는 그 직원의 질문을 참아줄 수 없었다. 그냥 포기하고 회사를 매각한다는 생각만으로도 그는 개인적 모욕감을 느꼈다.

노토가 마구 고함쳤다. "아무도 우리를 구하러 오지 않으니까 그렇지. 우리뿐이라고, 썅!"

노토의 티타임 폭언은 순식간에 트위터 직원들의 결집 구호가 되었다. 그들은 새로운 불굴의 의지를 다졌다. #itsjustfuckingus라는 해시태그를 달아 트윗을 올렸고, 이 말을 인쇄해 사무실과 엘리베이터에[11] 걸어두었다. 인사부로서는 대단히 경악스러운 일이지만, 누군가가 심지어 #itsjustfuckingus 스티커를 주문해 직원들에게 돌렸다. 일부 핵심 직원들이 떠나면서 어둡고 우울하게 시작된 한 주는 좀더 긍정적이고 전투적인 분위기로 마무리되었다.

살아남기 위한 변화

2개월 뒤, 도시는 뉴욕에서 NBC 〈투데이〉 쇼에 특별 출연해 트위터의 10주년을 기념했다. 깔끔한 검은색 스웨터에 검은 청바지를 입고, 밝은 주황색 가죽 운동화로 색깔을 맞춘 도시는 진행자인 매트 로어와 카슨 데일리 맞은편의 '오렌지 룸'에 섰다. 소매를 걷어올리고 한 손에는 커피잔을 든 채였다. 로어는 트위터의 새로운 대규모 업데이트에 관해 알고 싶어했다. 그는 트위터의 140자 제한에 대해 바로 질문했다.

"140자라는 제한 말입니다. 그건 계속되나요? 제한이 사라진다면 언제인가요?"

트위터가 제한을 없애고 사람들에게 생각을 공유할 공간을 더 만들어줄 계획이라는 소식은 몇 달 전에 이미 새어나갔다. 이는 상당히 대담한 움직임으로 여겨졌다. 140자 제한은 트위터가 세워진 이후로 줄곧 존재했으며, 짧고 간결한 트윗은 트위터 정체성의 특징이었다. 내부에서는 '비욘드140'이라는 암호명을 사용하는 팀원들이 이미 트윗 분량을 늘리는 기능을 몇 차례 시험적으로 만들어보았다. 그중에는 사용자에게 1만자짜리 게시물을 올릴 수 있게 하는 버전도 있었다. 이 기능은 트위터의 우선순위 목록 맨 위에 있었고, 팀원들은 모든 것이 출시 직전이라고 생각했다.

그런데 그때 로어가 질문을 던진 것이다.

"제한은 계속됩니다." 도시가 씩 웃으며 말했다. "우리는 그런 제약이 좋습니다. 순간의 간결함을 허락하니까요."[12]

비욘드140팀은 도시가 TV 생방송에서 그들의 프로젝트를 죽여버리는 장면에 충격을 받았다. 나중에 그들은 변화에 관한 소식이 처음 전해졌을 때 도시가 수많은 사용자의 비판을 받으면서 겁을 먹었다[13]는 것을 알게 되었다. 트위터는 결국 비욘드140을 출시했지만, 그건 20개월이나 지난 뒤의 일이었다.

이 사건은 도시가 처음 복귀했을 때 트위터 내부에서 벌어진 중대한 딜레마를 확실하게 보여주었다. 사용자 수를 급격히 늘리려면 트위터에 극적 변화가 필요하다는 점에는 모두가 동의했다. 그러나 애초에 이 서비스를 그토록 인기 있게 만든 요소에서 너무 멀어지는 것에 대한 두려움도 존재했다. 이런 줄다리기 때문에 모든 것이 늦어졌다. 이 사건은 관리자로서 도시가 가진 최악의 결점을 보여주는 사례이기도 했다. 그는 결정을 내리고 싶어하지 않았다. 지난번 트위터의 총책임자였을 때보다 유의미하게 성장했지만, 방관자적 경영 스타일로 사람들의 울화를 돋웠다. 도시는 회의에서 거의 말을 하지 않고, 대체로 그냥 앉아서 듣다가 가끔 끼어들어 고차원적이거나 추상적인 질문만 던졌다("왜죠?"라든가). 경영진은 앞으로 무엇을 해야 할지, 뭐든 그들이 하고 있는 행동에 관해서 도시가 실제로 어떻게 느끼는지 모르는 채로 회의장을 나서곤 했다.

트위터가 한참 만에 특정 서비스를 시작할 때조차 사용자들은 불평을 빠르게, 공개적으로, 시끄럽게 쏟아냈다. 그럴 때면 직원들은 멈칫거렸다. 한 달 전, 트위터는 트윗이 사용자 피드에 나타나는 순서를 결정하는 알고리즘을 활용하기 시작했다. 페이스북에서 대단히 성공한 전략이었다. 알고리즘이 적용되자 트위터의 최신순 피드와는 다른 피드가 나타났다. 사용자들은 너무도 화를 냈고, #RIPTwitter• 해시태그가 서비스에 유행하기 시작했다.[14] 심지어 도시가 〈투데이〉 쇼에 출연한 날에, 로어는 트위터가 15주년까지 살아남을 거라고 생각하느냐는 질문을 던지며 이런 역풍을 지적하기도 했다. "우리는 20주년 뒤에도 살아남을 겁니다." 도시는 그렇게 대답했다.

트위터는 계속해서 서비스를 바꿀 방법을 알아내느라 고군분투했다. 적어도 도시는 트위터의 목적이 무엇인지에 대해 좀더 분명한 생각을 가지게 되었다. CEO가 되고 첫 6개월 동안, 도시를 비롯한 트위터의 간부들은 한 가지 단어를 반복해서 말하고 또 말했다. '살아 있는(live)'이라는 단어였다. '살아 있는 댓글, 살아 있는 연결, 살아 있는 대화.'[15] 도시는 실적 발표 때 이렇게 말했다. "우리는 '살아 있는' 것에 집중하기를 정말로 바랍니다. 이것이 트위터의 힘을 이해하고 그 힘에 진입하는 가장 빠르고 쉬운 방법이라 생각하기 때문입니다." 트위터는 원래 오늘 아침에 먹은 음식이나 지금 듣는 음악에 관한 소식을 공유하는 서비스로 알려졌지만, 이미 오래전에 다른 무언가로 진화한 터였다. 이제 트위터는 현

• '트위터에게 영면을'이라는 뜻.

재 진행중인 경기의 점수를 찾거나, 아카데미 시상식이 진행중일 때 누가 패싱을 당했는지 이야기하기 위해 방문하는 플랫폼이었다. 트위터는 바로 이런 새 현실에 가까이 다가가려 노력했다. 2016년 2월 실적 발표 당시에 경영진은 '살아 있는'이라는 단어를 54분 동안 36번이나 사용했다.[16] 4월에 트위터는 애플의 앱스토어에서 새로운 브랜드 전략을 내세웠다. 라이벌인 페이스북, 인스타그램과 함께 있던 '소셜 네트워크' 카테고리에서 나와 '뉴스' 카테고리로 들어간 것이다. 이는 새로운 목표 의식을 더욱 알리기 위한 노력이었다.

이처럼 새로운 주안점은 2016년 봄, 트위터가 놀랍게도 NFL의 〈목요 야간 풋볼〉 열 경기에 대한 생중계권을 따내면서 큰 추진력을 얻었다. NFL 생중계권은 굉장히 비싸고 따내기도 어려웠다. CBS와 NBC 같은 방송사에서는 2016년과 2017년의 목요일 야간 경기를 중계하기 위해 각각 4억 5천만 달러를 지불했다.[17] 이는 트위터 연간 수익의 약 20퍼센트였다. 그러나 이즈음 NFL은 디지털 파트너를 위한 별도의 중계권을 만들었다. 게다가 트위터는 다른 테크 기업에 없는 이점이 있었다. 트위터의 CFO인 노토가 몇 년 전 NFL의 CFO였다는 점이다. 노토는 뉴욕시의 예일 클럽에서 점심을 먹으며, NFL 총재 로저 구델에게 협업 아이디어를 제시했다. 그런 다음, NFL이 무엇을 원하든 그에 맞춰 중계 서비스를 개발하겠다는 약속을 포함한 공식적 제안을 내놓았다. 트위터는 페이스북과 아마존을 제치고, 1천만 달러라는 소액에 중계권을 따냈다.[18]

이 거래는 트위터를 빠르게 새로운 방향으로 밀어넣었다. 이제 회사는 훨씬 더 전통적인 언론사처럼 보이고, 또 느껴지게 되었다. 늦여름에, 트위터는 앱 안에서 시청할 수 있는 스포츠 중계 및 방송 라인업을 갖추게 되었다. 그중에는 프로 하키와 야구 경기 외에도 CBS, 블룸버그, NBA 같은 파트너사의 프로그램도 들어갔다.[19] 트위터가 스트리밍한 영상 중 〈목요 야간 풋볼〉 외에 사람들이 저녁 일정을 계획할 때 고려할 만한 필수 시청 프로그램은 거의 없었다. 그러나 트위터는 NFL로 생겨난 강력한 파도를 탔고, 회사의 영업팀은 광고주들 앞에 〈목요 야간 풋볼〉 경기를 당근처럼 달랑거렸다. NFL과 함께 방영되도록 광고 자리를 구매하는 사람은 누구나 인기가 덜한 다른 광고 자리도 사야 했다. 트위터가 NFL과 맺은 1천만 달러의 거래는 5천만 달러 이상의 수익으로[20] 이어졌다.

회사는 새 전략을 자본화하는 새로운 마케팅 캠페인도 선보였다. 트위터는 자사의 서비스가 과연 어떤 것인지, 페이스북 같은 다른 SNS와는 어떻게 다른지 설명하는 영상 광고를 띄웠다. 이 광고는 도널드 트럼프와 힐러리 클린턴이 선거 유세를 하는 영상이나 르브론 제임스가 NBA 플레이오프에서 슛을 막는 장면, 블랙 라이브스 매터 운동의 시위자들 모습 사이에 불쑥 튀어나왔다. "다들 무슨 얘기를 하고 있을까요?" 영상 속 해설자가 물었다. "무엇이 유행일까요? 그 유행은 어떻게 시작된 걸까요? 언제 끝날까요?"[21] 이 광고의 목적은 트위터가 바로 주변에서 무슨 일이 일어나는지 알아볼 때 접속해야 할 바로 그 서비스임을 알리는 것이었다. 트위터는 주머니 속의 공짜 뉴스 정보원이었다. 이 캠페인은 긍정적인 반응을 이끌어냈다. 창업 10년 차인 회사의 역사에서 처음으로, 트위터는 이 서비스가 정말 무엇을 위한 것인지 드디어 말할 수 있게 되었다.

그러나 트위터 내부에서는 스트리밍 서비스로의 전환이 사람들 생각만큼 매끄럽게 이루어지지 못했다. 노토는 트위터를 디지털TV로 바꿔 놓으려고 열심히 압력을 가했지만, 다른 최고경영자들은 처음부터 NFL과의 거래에 반대했다. 이런 경영자 중에는 트위터의 서비스 개발과 엔지니어링을 감독하는 CTO(Chief Technology Officer, 최고기술책임자) 애덤 메신저, 그리고 트위터의 생중계 앱인 페리스코프를 운영하는 케이본 베이크푸어도 있었다.

베이크푸어는 생중계 영상을 싫어한 게 아니었다. 그가 몇 년 전에 만들어, 1억 2천만 달러에 트위터에 매각한 페리스코프는 누구든 핸드폰에서 직접 영상을 스트리밍할 수 있게 해주었다. 그는 생중계 영상이 트위터의 영역이라고 단단히 믿고 있었다. 그러나 트위터를 (그리고 페리스코프를) 독특하게 만드는 것은 거칠고 진정성 있게 느껴진다는 점이었다. 반면 NFL 경기를 패키지로 중계하는 또하나의 플랫폼이 된다는 방안은 뻔하기도 하고 브랜드와도 맞지 않게 느껴졌다. 더 큰 문제는 베이크푸어와 노토가 이 새로운 아이디어를 구체화하는 방안에 대해 합의하지 못했다는 것이다. 베이크푸어는 페리스코프의 스트리밍 기술을 이용해 NFL 경기를 구동하고, 트위터의 모든 생중계 기능이 일관적으로 작동하기를 바랐다. 노토는 페리스코프로 이 일을 할 수 있을지 확신하지 못했다.

도시는 대체로 발을 빼고 노토에게 재량권을 주는 방식으로 분쟁을 가라앉혔다. 노토는 심지어 트위터 내에 자신만의 개발팀을 만들어 스트리밍 기능을 개발하도록 했다. 베이크푸어와 메신저는 기분이 좋지 않았다. 이제 트위터에는 생중계 기능을 만드는 완전히 다른 두 팀이 생겼다. 게다가 개발 경험이 전혀 없는 재무 전문가인 노토가 갑자기 트위터 역사상 가장 큰 개발 프로젝트를 진두지휘하고 있었다.

주주들도 생중계 전략에 대해 비슷하게 심드렁한 반응을 보였다. 미식 축구 시즌이 시작됐을 때조차 트위터의 주가는 도시가 CEO로 돌아온 시점에서 30퍼센트 이상 떨어져 있었다. 트위터는 새로운 기업으로 거듭나려 했지만, 이런 상황은 더 빠르게 움직여야 한다는 압박감을 가중했다. 경영진과 이사회는 더 많은 사람을 해고해야 하는 가혹한 현실을 이야기하기 시작했고, 비디오 앱인 바인 등 수익이 나지 않는 회사의 일부를 매각해야 한다는 이야기까지 나왔다. NFL을 비롯한 수많은 협력 기업이 함께하고 있었는데도 트위터 외부에서는 누구도 이 회사의 잠재력을 높이 사지 않는 듯했다.

예외도 있긴 했다. 알고 보니 트위터에는 아직 중요한 지지자가 있었다. 그는 기꺼이 거래를 제안했다.

아무도 구하러 오지 않아

대부분의 억만장자가 그렇듯, 마크 베니오프는 지는 경우가 별로 없었다. 세일즈포스의 CEO인 그는 세계에서 가장 성공적인 테크 기업 중 하나를 운영하고 있었다. 그가 1999년에 창업해 500억 달러짜리 괴물로 키워낸 회사인 세일즈포스의 성공으로 베니오프는 믿을 수 없을 만큼 부자가 되었다. 그는 40억 달러라는 재산에 따르는 특전을 즐기는 방법을 잘 알았다. 하와이 빅아일랜드에 6천 평짜리 부동산을 소유하고 있었고,[22] 샌프란시스코의 시 클리프라는 부촌에도 집을 몇 채 가지고 있었다. 그 집의 맞은편에는 1억 달러의 기부금을 낸 그의 이름을 따서 지은 지역 어린이 전문 병원이 있었다. 2014년에는 《포천》의 독자들이 베니오프를 '올해의 기업인'으로 선정했다.[23] 베니오프는 잘 살고 있었다.

그러나 2016년 여름, 베니오프는 격분했다.[24] 몇 주 전에 그는 직업 기반 소셜 네트워크 서비스인 링크드인을 매수하려다가, 이 회사가 현금 260억 달러라는 눈이 튀어나올 만한 가격에 경쟁사인 마이크로소프트에 매각되면서 퇴짜를 맞았다. 그나마 베니오프가 마이크로소프트의 결정을 어렵게 만들기는 했다. 그는 계속 입찰가를 올렸고,[25] 마지막에는 마이크로소프트의 입찰가보다 주당 몇 달러쯤 높은 가격의 최종 제안을 내놓았으나 결국 패배했다. 이런 거절의 여파로, 베니오프는 다른 거래를 절실하게 찾아다녔다. 그해 여름, 그는 자기 집 창문에서 건너다보이는 저택에 사는 잭 도시에게 문자를 보냈다. 베니오프는 그에게 링크드인 대신 트위터를 매수할 수 있겠느냐고 문의했다.

베니오프의 최측근을 비롯한 수많은 사람들에게, 트위터-세일즈포스의 결합은 그리 합리적으로 느껴지지 않았다. 세일즈포스는 기업용 소프트웨어 기업이었다. 그 말은, 세일즈포스가 트위터나 페이스북처럼 일상적인 인터넷 사용자를 위한 제품을 만드는 대신 다른 기업들이 각자의 매출과 고객을 관리하는 데 도움을 주는 막강한 매출 소프트웨어를 만들었다는 뜻이다. 이는 이윤이 많이 남는 장사였지만, 사람들이 정치에 관한 게시물을 올리고 연예인을 트롤링하는 SNS에 꼭 들어맞지는 않았다. 그러나 베니오프에게 트위터-세일즈포스의 결합은 그야말로 합리적으로 느껴졌다. 그는 트위터를 '가공되지 않은 원석'이라 부르기 시작했다. 트위터야말로 세일즈포스의 고객사가 각자의 고객에게서 피드백을 받을 수 있는 완벽한 방법이라고 생각했다. 그에게 트위터는 기업들이 마케팅 전략에서 제품 개발에 이르는 모든 것을 더 잘해낼 수 있도록 도와줄, 아무도 건드리지 않은 '데이터의 보고'였다. 나중에 그는 회고록에 이렇게 적었다. "게다가 트위터는 고전중이었다. 두 기업을 합병하는 것은 양측에 모두 이익이 될 것 같았다."[26]

트위터에 가장 먼저 접근한 사람은 베니오프였지만, 놀랍게도 구애한 사람은 그만이 아니었다. 베니오프가 도시에게 문자를 보내고 얼마 지나지 않아 디즈니에서도 트위터에 거래를 제안했다. 디즈니 경영진은 트위터가 영상 생중계 서비스로 다시 자리매김하려는 모습을 여름 내내 진지하게 지켜봤고, 디즈니에 생긴 새로운 문제에 대한 답이 바로 트위터일 수 있다고 생각했다. 넷플릭스와 훌루는 관객에게 영상을 직접 송출하는 것이 바로 미래임을 증명하고 있었다. 디즈니는 세계에서 가장 가치가 높은 영상 콘텐츠를 소유하고 있었으나, 시청자의 집까지 그 콘텐츠를 전달하는 방법은 대체로 협력 업체에 의존했다. 트위터를 매수하면 중간 유통업자가 사라지면서 디즈니가 이미 보유한 영화, TV 프로그램, 실시간 스포츠 경기를 관객에게 직접 전달할 기술이 생길 터였다. 디즈니 CEO 밥 아이거는 자체 스트리밍 플랫폼을 만드는 방법을 고민했으나 그의 수석 전략 자문인 케빈 메이어는 그 플랫폼을 만드는 데 5년이 소모되리라 추산했다. 트위터 같은 기업을 매수하면 돈이야 많이 들겠지만 그 시간이 유의미하게 줄어들 것이었다.[27] 게다가 디즈니 경영진에게 영향을 끼치는 다른 요소도 있었다. 도시가 디즈니 이사회에 속해 있으며, 아이거를 그의 멘토로 생각한다는 점이었다.

세일즈포스와 디즈니가 처음 접근했을 때만 해도 도시를 비롯한 트위터 이사회 구성원들은 트위터를 인수해줄 누군가를 찾지 않았다. 그러나 당시 상황을 생각할 때, 트위터를 매각한다는 아이디어는 그리 나쁘지 않았다. 트위터가 매각되면 지지부진한 주가에 대한 지속적인 압박에서 어느 정도 벗어날 수 있을 터였다. 두번째 대량 해고를 피하는 데도 도움이 될지 몰랐다. 대량 해고는 누구도 좋아하지 않았기에.

제안자들은 비공식적으로 입찰가를 제시했다. 세일즈포스는 한 주당 29달러 정도를 고려하고 있었는데, 이에 따르면 트위터의 가치는 200억 달러 이상이었다. 디즈니는 그보다 몇 달러 적은 가격을 제시했다. 20달러 중후반 정도였다. 그 경우 트위터의 가격은 170억 또는 180억 달러였다. 이보다 전인 그해 여름, 트위터의 시가총액은 120억 달러와 140억 달러 사이를 오갔다. 그런 면에서는 두 제안이 모두 매력적이었다. 트위터 이사회에서는 골드만삭스와 앨런 앤 컴퍼니의 금융 전문가들을 고용해 어떻게 해야 할지 자문했다. 수탁자로서 이사회는 트위터의 주주를 위해 최선의 거래를 모색해야 할 책임이 있었다. 그래서 이들은 정식 '절차'를 가동해, 트위터를 매수하는 데 관심이 있는 사람이 또 있을지 알아보기로 했다.

수많은 사람들이 트위터를 찔러보았다. 도시, 노토, COO인 애덤 베인, 법무 담당자 비자야 가데를 비롯한 트위터의 경영진은 몇 주에 걸쳐 저명한 테크 기업 경영진들을 여럿 만났다. 아마존에서 온 제프 블랙번은 그리 관심이 있어 보이지 않았고, 애플의 에디 큐와 에이드리언 페리카는 관심은 매우 많으나 애플의 전반적 전략에 트위터를 끼워넣을 마땅한 방법을 떠올리지 못했다. 트위터의 이사회 의장 오미드 코르데스타니는 유튜브의 수장인 수전 워치츠키를 비롯한 구글 경영자들과 이야기를 나누었다. 코르데스타니의 오랜 친구이자 동료인 이들도 트위터에 관심은 있었으나, 독점 금지 문제를 걱정했다. 컴캐스트의 브라이언 로버츠와 NBC 유니버설의 스티브 버크는 회의에 참여했으나, 딱히 진지한 매수 의향을 밝히지는 않았다. 마이크로소프트의 CEO 사티아 나델라와 그의 협상 담당자인 페기 존슨도 트위터와 만났으나, 방금 260억 달러에 링크드인을 매수한 터였다. 트위터는 몇 달쯤 지각한 것일지도 몰랐다.

몇 주가 지나자 진지한 경쟁자는 세일즈포스와 디즈니뿐이라는 점이 명백해졌다. 확실하지 않았던 것은 도시가 정말 트위터를 매각하고 싶어 하느냐 하는 문제였다. 트위터의 CEO인 그는 상대적으로 소액주주였다. 트위터 의결권의 3퍼센트만을 가지고 있었다.[28] 그 말은 도시가 원하더라도 직접 결정을 내릴 수는 없다는 뜻이었다. 그러나 트위터의 공동창업자이자 최근 임명된 CEO로서, 그의 목소리에는 다른 누구보다도 큰 무게가 실렸다. 도시의 측근들이 보기에 그가 세일즈포스의 입찰에 크게 관심이 없다는 건 분명했다. 고객 서비스 강화를 위한 데이터 금광처럼 트위터를 활용하겠다는 베니오프의 전망은 한때 중동의 봉기를 조직하는 데 도움을 주었고 전 세계 언론의 지형을 바꿔놓은 제품이 받아들이기에는 서글픈 현실처럼 느껴졌다. 도시는 이 아이디어에 딱히 매력을 느끼지 못했고, 그와 마찬가지로 트위터 경영진과 이사회의 고위급 구성원들도 냉담했다.

반면 도시를 비롯해 거의 모든 사람이 트위터—디즈니 거래에는 호감을 느꼈다. 도시는 2013년에 디즈니 이사회에 합류했으며 아이거를 매우 좋아했다. 트위터가 디즈니 내에서 살아가게 된다면 도시가 계속 트위터의 키를 잡되 상장사를 운영할 때의 추가적인 부담감은 덜 수 있었다. 트위터가 디즈니라는 커다란 우산 아래서 픽사, ESPN, 루카스필름 등에 합류하게 된다는 생각은 정말이지 매력적이었다.

그렇게 몇 달간 비밀회의와 만찬, 브레인스토밍이 이루어진 끝에, 모든 것이 갑자기 해체되었다. 트위터의 금융 전문가들이 공식 입찰을 기대하고 있던 바로 그주에, 디즈니와 세일즈포스가 둘 다 뒷걸음질한 것이다. 베니오프는 세일즈포스의 투자자와 경영진들에게 몇 주 동안 역풍을 맞았다. 그들은 모두 트위터를 매입하는 것이 엄청난 실수라고 생각했다. 합병이 이루어질 수 있다는 소식이 새자 세일즈포스의 주가가 2주 만에 8퍼센트 떨어졌다. 베니오프는 초기에 먼저 연락을 했음에도 인수 노력을 정당화할 수 없어 돈을 빼고 떠나기로 했다.

아이거는 거의 트위터를 인수할 뻔했다. 그는 디즈니 이사회에서 거래를 확정하라는 승인까지 받아냈다. 그러나 마지막 주 주말 동안 고민해본 아이거는 마음을 바꿨다. 나중에 그는 "내가 감당할 수 없을 만큼 골치가 아플 것 같았다. 트위터는 우리가 책임질 수 있는 한계 이상이었다"고 말했다. 구체적으로 아이거는 트위터에서 기승을 부리는 혐오 발언이 불안했다. 인종차별주의자와 트롤, 스팸 등 때문에 트위터가 인터넷에서 가장 널리 사용되는 하수처리장이 된 것이 걱정스러웠다. 디즈니는 가족

친화적인 브랜드로 자리잡기 위해 수십 년을 투자했다. 디즈니는 미키와 미니와 플루토의 집이었다. 트위터는 그 모든 것을 위험에 빠뜨릴 수 있었다. 아이거는 "트위터가 특별히 고약했다"고 고백했다.[29] 그는 전화기를 들어 도시에게 소식을 전달했다. 트위터 CEO는 충격을 받았다. 몇 달에 걸쳐 회의와 협상을 벌였는데, 디즈니와 세일즈포스가 둘 다 발을 뺀 것이다.

몇 주 뒤, 노토가 로스앤젤레스로 돌아와 디즈니를 다시 협상 테이블에 앉히려는 최후의 노력을 개진했다. 그 방법이 거의 통할 뻔했다. 양측은 주당 21달러쯤으로 비교적 저가의 두번째 입찰에 대해 의논했다. 총액은 150억 달러였다. 디즈니는 트위터가 얼마나 절실한지 확인하고 싶어하는 듯했다. 제시된 금액이 너무 낮아 트위터 이사회의 일부 구성원들은 이런 논의를 진지하게 생각하지도 않았다. 관련한 이사회 회의에서 코르데스타니는 참석한 모든 사람에게 의견을 내라고 했다. 노토는 이 과정에 매우 깊숙이 개입되어 있었던 만큼 회의에서도 자신의 감정을 드러냈다. 그는 이렇게 말했다. "꺼지라고 하죠." 거래는 공식적으로 파투였다. 트위터는 혼자가 되었다.

몇 달 동안 경영에 집중할 수 없었던데다 매수자까지 없어지자 트위터의 경영진은 방향을 틀었다. 이제는 비용을 절감할 때였다. 트위터는 10년간 딱히 이윤을 낸 적이 없었다. 갑자기 투자자들을 되찾고 주가를 가능한 한 띄우기 위해 이윤을 내는 것이 최우선적인 일이 되었다. 10월 27일, 트위터는 2년째 연달아 약 350명의 직원을 해고했다. 전체 직원의 9퍼센트가량이었다. 해외 지사도 몇 곳 문을 닫았다.[30]

또한 트위터는 이후 몇 년이나 논란이 될 결정을 내렸다. 짧고 간편한 영상이라는 콘셉트를 대중화한 자체 영상 앱, 바인의 서비스를 중단한 것이다. 도시는 트위터의 이사회 의장이던 몇 년 전에 바인을 발견했고, 트위터가 이 회사를 인수할 수 있도록 큰 압박을 가했다. 바인은 문화적 현상이 되었는데, 잘 알려지지 않은 수백 명의 인터넷 크리에이터들을 엄청나게 많은 팔로워와 수익성 브랜드를 갖춘 스타로 키웠다. 그러나 트위터는 바인 사업을 우선순위에 둔 적이 한 번도 없었다. 이 서비스는 트위터에 유의미한 돈을 벌어다준 적이 한 번도 없었고, 바인 팀은 인기 있는 사용자들이 영상을 올리고 대가를 받을 수 있도록 하는 기능을 개발하지 않았다. 바인의 인터넷 스타들은 곧 돈벌이가 더 쉬운 유튜브와 인스타그램으로 떠났다. 바인이 문을 닫았을 때쯤, 이곳에서 성장한 크리에이터 대부분은 이미 떠난 상태였다. 트위터는 그저 '혹시 다르게 했더라면?'이라는 의문만 품고 있었다. 몇 년 뒤에는 틱톡이라는 앱이 바인과 비슷하게 짧은 영상을 서비스해 세계에서 가장 인기 있는 소셜미디어 앱이 되었다.

트위터 내부의 분위기는 그 어느 때보다 어둡고 암울했다. COO 베인은 트위터가 더 큰 기업의 일부가 되어 월스트리트의 압박에서 보호받는 세상을 상상하며 지난 3개월을 보냈다. 거래가 무산되고 트위터가 더 많은 직원을 해고할 수밖에 없는 상황에 놓이자 그는 사기가 꺾였다. 이 회사에서 6년 이상을 보낸 베인은 직원 해고가 일어난 몇 주 뒤 트위터를 떠났다.

노토가 티타임 때 욕설을 하면서 직원들에게 아무도 이 회사를 구하러 오지 않을 거라고 말한 뒤로 거의 1년이 지났다. 당시에 그 말은 대체로 동기를 부여하는 말이었지만, 한편으로는 예언이기도 했다. 트위터는 정말로 혼자였다. 트위터가 반전을 일으킨다면, 잭 도시를 CEO로 둔 독립적인 회사로서 그 일을 해내야 할 터였다.

신뢰, 우리의 아이덴티티

2016년이 저물어갔다. 도시는 험난했던 한 해를 돌아보았다. 모든 것이 나빴던 건 아니었다. NFL 거래로 트위터의 프로필은 개선되었고, 도시는 트위터의 이사회를 재구성한다는 개인적인 프로젝트를 빠르게 진행하고 있었다. 이사회는 도시가 CEO로 돌아온 이후 상당히 변화했다. 그가 함께 일하고 싶었던, 신뢰하는 새로운 구성원들을 이사회에 심으려 노력했기 때문이다. 불과 18개월 만에 트위터의 이사회에는 다섯 명의 새로운 구성원이 추가되었다. 이들 모두가 CEO의 검토와 승인을 받은 사람들이었다.

그러나 회사 매각에 실패하고 더 많은 사람들이 해고되고 바인 서비스 종료가 결정된 만큼 이런 승리가 딱히 달갑지는 않았다. 새해 하루 전, 도시는 전사 직원에게 자신의 생각을 메일로 공유했다. 제목은 '신뢰'였다. 그는 모두의 노력과 희생에 감사한 다음, 트위터라는 서비스를 써야 하는 이유를 설명하고자 했던 1년간의 노력을 인정했다. 그는 '살아있음'에 대한 이런 집중과 헌신이 분명히 통하고 있다고 장담했다. 그런 다음, 도시는 비판에 들어갔다. "우리는 충분히 빠르지 않으며, 우리 자신을 신뢰하지 않기에 진정한 용기를 보여주지도 못합니다." 그는 자신에게도 같은 단점이 있다며 트위터가 잠재적인 실패를 감수하더라도 더 큰 변화를 일으켜야 한다고 덧붙였다.

"나는 트위터가 역사상 가장 중요한, 뉴스와 이야기의 네트워크가 되기를 바랍니다. 그러기에 지금처럼 적절한 시기는 없었습니다. 지금 일어나는 일을 보십시오. 트렌드를 보세요. 신뢰가 부식되고 있습니다. 언론에 대한 신뢰, 뉴스에 대한 신뢰, 정부에 대한 신뢰, 서로에 대한 신뢰가 말입니다. 신뢰를 쌓는 것은 개방성뿐입니다."

지금 일어나는 일을 보라.

도시는 도널드 트럼프의 이름을 직접 언급하지 않았으나 그럴 필요도 없었다. CEO가 무슨 이야기를 하는 건지 모두가 알았다. 몇 달 전, 미국 대선에서 트럼프가 힐러리 클린턴을 누르고 충격적인 승리를 거두며 미국을 혼란에 빠뜨렸다. 안 그래도 트위터에서 가장 목소리가 크고 논란의 여지가 많은 사용자였던 트럼프가 이제는 미국 대통령이 되어 있었다. 세계 무대에서 트위터가 할 역할은 영원히 바뀔 참이었고, 도시의 일은 훨씬 더 어려워질 것이었다.

3장

@realDonaldTrump

짙은 남색 정장에 하늘색 넥타이를 매고 트위터의 뉴욕시 지사를 가로질러가는 도널드 트럼프는 확실히 대선 후보처럼 보였다. 그냥 행세만 하는 것이 아니었다.

때는 2015년 9월 21일, 그가 대선 출마를 선언하고 막 몇 달이 지난 뒤였다. 트럼프는 420만 명의 팔로워와 함께 트위터 Q&A 생중계를 위해 맨해튼 첼시에 왔다. 이번 방문은 트럼프가 가장 좋아하는 SNS를 통해 유권자들에게 메시지를 전달하는, 광범위한 선거전략의 일환이었다. 트위터 직원 몇 명이 가까이에서 그를 수행하며 주위를 안내해주고 동선을 잡아주었다. 이들은 대체로 트럼프가 방문한 것을 기쁘게 여겼다. 트위터에는 정치인을 트위터 서비스에 끌어들여 그들이 트윗을 올리고, 가능하다면 선거광고 비용까지 지출하게 만드는 데만 전념하는 영업 및 대외 협력팀이 있었다. 아무도 트럼프의 대통령 출마를 어떻게 이해해야 할지, 그가 지출한 광고비가 어떤 결과로 이어질지 몰랐다. 트럼프는 여론조사에서 괜찮은 응답을 받았으나[1] 아웃사이더였다. 전통적인 워싱턴의 제도권 정치인들과는 다른 리얼리티 TV 프로그램의 스타이자, 확실히 정치인처럼 말하지는 않는 사람이었다. 대선이 진행되면서 그의 선거운동도 빛이 바랠 가능성이 컸지만, 괜찮았다. 트럼프는 여전히 활발한 트위터 사용자였으며, 다른 어떤 후보와 비교해도 이 서비스를 잘 이해하고 있었다. 그랬기에 트위터 뉴욕 지사는 트럼프를 재미있는 손님으로 받아들였다.

국무부 장관 힐러리 클린턴이나 상원의원 존 매케인 등[2] 지난 몇 해 동안 트위터를 방문한 다른 정치인들과는 다르게 트럼프는 대규모 수행원단과 함께 움직이지 않았으며, 트위터의 운영 방식이나 기업문화, H-1 비자를 받아 일하는 직원이 몇 명이나 되는지에 관한 한가로운 수다를 떨지도 않았다. 대신, 그는 벽이 유리로 된 회의실과 공짜 간식으로 채워진 트위터의 직원 식당을 걸어다니며 뉴욕시의 부동산 개발업자처럼 이 건물을 해부했다. 트럼프는 이렇게 물었다. "콘크리트는 누구한테 공급받았습니까? 평수가 어떻게 돼요?" 트럼프는 방화문에 집착했다. 뉴욕시에 있는 자기 건물에 이 방화문을 써봤는데 품질이 썩 좋지 않았다면서 자신이 아는 '방화문 기사님' 전화번호를 알려주겠다고 약속했다. 이들이 질의응답을 위해 건물을 가로질러 회의실까지 가는 동안, 트위터의 정치 로비 담당자인 메리엄 무히카는 자신이 어렸을 때 아버지가 트럼프 타워에 살았으며 자신도 그 건물에 자주 가보았다고 말했다. "끝내줬지? 최고였을 거야, 최고." 트럼프는 그렇게 말한 뒤, 사람들에게 이런 말을 함으로써 의도치 않게 그녀를 당황하게 했다. "이 사람 돈이 아주 많겠네."

질의응답 시간에, 직원들은 트럼프에게 트위터 사용자들이 한 질문을 전달했고, 트럼프가 영상을 자신의 계정에 올릴 수 있도록 그의 답변을 녹화했다. 그가 처음 촬영된 내용을 마음에 들어하지 않으면 다시 녹화하기도 했다. 트럼프는 어느 쪽의 정치적 스펙트럼에서 나온 질문이든 전부 받아 대답했다.

"이스라엘을 아주 잘 보호해야지. 오바마 정부가 이스라엘을 심하게 실망시켰잖아요."

"대통령이 된 첫날에 할 일은, 불법 이민자들이 우리 나라에 들어오지 못하게 국경을 닫아야겠지. 우린 우리 문제로도 머리가 아프니까."

"수정헌법 2조는 완전 찬성."[3]

이 방문이 끝날 때쯤 트위터의 직원들은 회의실에서 트럼프와 단체 사진을 찍었다. 일부는 트럼프 특유의 제스처를 흉내내 카메라를 향해 엄지를 들어 보였고, 다른 사람들은 빨간색이나 까만색 '미국을 다시 위대하게(Make America Great Again)' 모자를 썼다. 트위터 직원들은 그날 밤, 아마 앞으로는 이렇게 대대적으로 트럼프를 상대할 일이 없을 거라고 생각하며 집으로 돌아갔다. 트럼프의 인기가 높은 것은 사실이었다. 그렇다고 그가 대선에서 승리하지는 못할 터였다.

트럼프의 완벽한 놀이터

2016년 대선 기간에 트위터의 정부 및 선거 대응팀은 출마자들에게 디지털 사용 설명서를 공유했다. 「트위터의 선거 안내서」는 133페이지 길이로, 토론 전과 후에 어떤 트윗을 올려야 하는지에 관한 조언에서 계정 해킹을 방지하는 법에 이르는 모든 정보를 담고 있었다. 트위터의 작동 방식은 무엇이며 그 목표는 무엇인지 설명하는 가장 기본적인 사용 안내서였다. 팁에는 "트윗을 쓸 때는 개인적인 느낌을 담으세요"라거나, 팔로워들과 상호작용하기 위해 트위터 질의응답을 사용하라거나, "대담하게, 적극적으로 참여하라"는 내용이 들어 있었다.

도널드 트럼프는 역사상 그 어떤 정치인 후보자보다도 트위터의 안내서 내용을 잘 구현한 인물이었다. 그는 2009년, 자신이 출연한 TV 프로그램인 〈어프렌티스〉 홍보를 위해 트위터에 가입했다. 시간이 지나면서, 그는 수백만 명에게 목소리를 전달할 수 있는 공짜 확성기의 가치를 깨달았다. 트럼프는 끊임없이 트윗을 올렸고, 종종 보좌관들에게 트윗 내용을 불러주었다. 집이나 그가 소유한 수많은 골프장 중 한 곳에서 직접 트윗을 올리기도 했다. 그는 TV 인터뷰와 선거 일정을 홍보하기 위해[4] 트위터 계정을 활용했으며, 팔로워와 팬의 트윗을 자주 리트윗했다. 이는 만에 하나라도 트럼프가 수백만 팔로워에게 자신의 트윗을 광고해줄지도 모른다고 기대하는 수많은 사람들이 그에게 답장을 보내도록 유도하는 영리한 방법이었다. 더 중요한 건, 그의 트윗이 진정성 있게 느껴졌다는 점이다. 그는 대문자로만 이루어져 있고 느낌표가 달린 트윗을 썼고,

자신만의 해시태그를 만들었다. 그의 트윗을 읽다보면 그의 머릿속에 직접 뛰어드는 기분이 들었다. 대부분의 정치인들이 내놓는 홍보팀의 승인을 거친 성명서를 찾는 사람에게 @realDonaldTrump는 적절한 계정이 아니었다.

처음에는 지지율이 높은 정치인이 이토록 충실하게 서비스를 활용한다는 사실이 도시와 트위터에게 중대한 승리로 느껴졌다. 트럼프의 제멋대로 스타일은 트위터의 짧고 간결한 형식과 완벽하게 들어맞았고, 그의 계정은 소셜미디어라는 시끄러운 세상에서 눈에 띄기를 바라는 다른 정치인들을 위한 일종의 청사진이 되었다.

출마를 선언한 2015년 6월에 300만 명이었던 트럼프의 트위터 팔로워는 겨우 6개월 만에 570만 명으로 불어났다. 마찬가지로 중요했던 것은 트럼프의 참여도, 다시 말해 그가 올린 게시물을 통해 받는 '좋아요'와 리트윗의 수가 기하급수적으로 증가하고 있다는 점이었다. 트럼프의 트윗은 어느 때보다도 많은 관심을 받고, 널리 퍼져나가고 있었다. 2016년 1월, 트럼프는 1년 전에 비해 28배 이상 리트윗됐다.[5] 그는 이런 관심을 사랑했다. 알림이 쏟아지면서 실시간으로 늘어나는 인기를 측정할 수 있다는[6] 점에 매료되었다.

문제는 트럼프의 인기 트윗이 상당히 고약하다는 점이었다. 그는 일종의 복수심을 품고 정치적 상대방을 공격했고, 자신을 비판하는 사람이면 누구든 가차없이 조롱했으며, 기본적인 예의의 선을 일상적으로 넘어섰다. 그는 전 플로리다주 주지사 젭 부시를 "무능력자" "찐따" "진짜 한심한 놈"이라고 불렀다. 텍사스 상원의원 테드 크루즈한테는 "사기꾼" "거짓말쟁이" "밑바닥 정치인!"이라고 했다. 그는 공화당 후보이자 기업가인 칼리 피오리나의 말을 "10분 이상 계속 들으면 엄청난 두통이 생긴다"[7]고 트윗에 썼다. 또 상대방에게 별명 붙이기를 좋아했고, 점점 더 늘어나는 청중에게 이런 별명을 규칙적으로 전송했다. 크루즈는 "거짓말쟁이 테드"였고, 플로리다주 상원의원 마코 루비오는 "꼬마 마코"였다. 그 무엇에도 금지된 선이 없는 것 같았다. 그는 자기 기준에 매력 없다고 생각되는 여자들을 공격하기도 했다. 대선에 출마하기 전부터 몇 년간 자주 해온 일이었다. 트럼프는 허핑턴 포스트라는 언론사를 만든 아리아나 허핑턴이[8] "내면과 외면 모두 매력이 없는" 인물이며, "그 여자의 전남편이 이혼 후 다른 남자한테 간 이유를 알 것 같다"고 썼다. 2014년에는 TV에서 81세의 여배우 킴 노박을 보더니, "성형외과 의사를 고소해야겠는데!"[9]라는 트윗을 날렸다. 노박은 이런 말에 너무 큰 상처를 입은 나머지 며칠간 집에서 나오지 않았다.[10]

트위터 내부에서 직원들은 트럼프의 이런 선거운동이 점점 달아오르는 모습을 불안하게 지켜보았다. 트위터 직원들은 대다수가 자유주의자였다. 2016년에는 직원 정치 후원금의 거의 93퍼센트가 민주당에 돌아갔다.[11] 대부분의 직원은 어쨌거나 트럼프에게 투표하지 않았을 것이다. 그러나 다양성을 제고하고 사회를 개선하는 데 공개적으로 주력하는 회사에서 일하는 것을 자랑스러워하던 대부분의 트위터 직원들에게, 트럼프의 트윗은 도덕적으로 너무 혐오스럽고 공격적으로 느껴졌다. 트위터라는 회사 안에는 흑인, 라틴인, LGBTQ(성소수자) 직원들을 위한 후원 모임이 있었다. 트위터는 고용인력의 다양화를 공개적 목표로 삼았다.[12] CEO인 도시는 #StayWoke•라는 해시태그가 적힌 티셔츠를 입고 다녔다. 몇 년 전, 경찰이 18세 흑인 남성 마이클 브라운을 총으로 쏘아 죽인 탓에 일어난 미주리주 퍼거슨 시위에 참여하기도 했다. 도시의 친구인 드레이 매케슨은 블랙 라이브 매터 운동의 비공식적 지도자였다. 2016년 여름, 매케슨이 시위중에 체포당하자 도시는 그가 #StayWoke 트위터 티셔츠를 입고 수갑을 찬 사진을 직원들에게 이메일로 발송했다. "트위터의 모든 사람이 안전하다고, 사람들의 지지를 받는다고 느끼는 것은 중요한 일입니다." 당시 도시는 도움이 필요하면 인사부에 연락하라고 권했다.

반면 트럼프는 트위터의 '워크(woke)' 기업문화와 정반대였다. 그는 노골적으로 여성을 대상화하고, 이민자를 비롯한 소수자에 대해 은근히 인종차별주의적인 말을 했다. 2015년, 동성 결혼에 관한 입장을 밝혀달라는 질문을 받았을 때 트럼프는 "난 전통 결혼이 좋던데"[13]라고 대답했다. 9월, 트위터 지사에 나타나기 한참 전부터 트럼프는 추잡한 트윗을 올려댔다. 하지만 이때만 해도 그가 대통령이 될 확률이 매우 낮아 보였다. 그는 부정적인 관심이나 끌어보려는, 리얼리티 TV 쇼에 나온 사업가처럼 보였다. 그러나 2016년 여름에 모든 것이 바뀌었다. 트럼프는 공화당 경선에서 승리했다. 부분적으로는 트위터 직원들이 만들고 밤낮으로 지원해온 서비스 덕분에 승기를 잡았다. 수많은 트위터 직원들에게 이는 불

• 'woke'는 원래 미국 흑인 사회에서 '사회적 불의에 깨어 있는 상태'를 뜻하는 말로 사용되었으나 최근에는 젠더, 인종, 환경 등 진보적 의제를 지지하는 입장을 조롱하거나 비판할 때도 쓰인다. #StayWoke는 그러한 조롱에도 불구하고 진보적 각성 상태를 유지하겠다는 의미다.

편한 현실이었다.

트위터에는 다른 사용자를 '학대하거나 괴롭히는' 게시물의 업로드를 금지하는 등, 지키지 않으면 계정 정지로 이어지는 일련의 규칙이 있었다. 트위터는 사람들이 뭐든 하고 싶은 말을 하게 해주는 자유를 지키는 것과 다른 사람들이 괴롭힘을 당한 끝에 아예 트위터를 떠나버리지 않도록 하는 것 사이에서 어렵사리 균형을 잡고 있었다. 트위터의 법무 담당자인 비자야 가데는 2016년 《워싱턴 포스트》에 "사람들이 목소리를 내는 것을 두려워해 입을 다무는 상황을 계속 방치한다면, 표현의 자유는 우리의 근본적 철학으로서 별다른 의미를 가지지 못하게 됩니다"[14]고 썼다. 트럼프가 다른 트위터 사용자들을 괴롭히고 모욕한다는 건 분명한 사실이었다. 그러나 트위터의 정책은 모호했고, 인종차별주의적인 욕설 등 일반 사용자에 대한 터무니없는 공격에 더 중심을 두었다. 트위터의 규칙은 유명 정치인 사이에 벌어지는 소소한 말싸움을 규제하는 게 아니었다.

도시는 트위터가 트럼프의 말을 퍼뜨리는 데 수행한 역할에도 별로 신경쓰지 않는 듯했다. 그는 사람들이 트럼프가 하는 말을 직접 듣는 것이 중요하다고 생각했다. 다 떠나서 트럼프가 선을 넘는다 한들 그가 트위터를 사용한 덕분에 세계 정치에서 트위터가 차지하는 중요성이 커진 건 사실이었다. 도시는 트위터가 사람들에게 말할 기회를 주는 서비스라며, 어떤 메시지를 확대해야 할지 결정하는 건 세상에 맡겨두어야 한다고 주장했다. "플랫폼은 모든 의견과 목소리에 열려 있어야 하며, 나는 우리가 그 모든 목소리를 들어야 한다고 생각합니다." 그는 2016년, 인기 있는 테크 컨퍼런스인 코드 컨퍼런스에 #StayWoke 티셔츠를 입고 나가 말했다. "나는 양극단의 목소리를 들어야 균형을 찾을 수 있다고 생각합니다." CEO로서 도시는 트럼프를 침묵시킨다는 생각을 매우 불편하게 여겼다.

이런 외적 자신감은 트위터가 누구도 밟지 않았던 영역을 탐사하고 있다는 현실을 은폐했다. 지금까지 이 서비스에는 트럼프 같은 사용자가 없었다. 대부분의 트위터 트롤들에게는 수백만 명의 팔로워가 없었다. 그들이 미국 대선에 출마한 것도 아니었다. 대체로 트위터는 트럼프를 어떻게 다루어야 할지, 기존의 트위터 정책 안에서 그의 게시물을 어떻게 처리해야 할지 모르고 있었다. 그래서 트위터는 대체로 트럼프를 그냥 놔두었다.

선거 당일이 가까워지면서 트위터는 휘청거렸다. 2016년 8월, 트럼프 선거 캠프에서는 트위터에 어마어마한 광고비를 투척했다. 선거 캠프는 트위터 영업팀이 만들어낸 특별 광고 세트와 일부 할인을 받는 대가로 트위터에 500만 달러를 지출하는 계약을 체결했다(힐러리 클린턴의 선거단도 비슷한 패키지를 제안받았으나 거절했다). 광고 패키지에 포함된 것은 '맞춤형 해시태그 이모지' 세트였는데, 누군가 특정 해시태그로 트윗을 쓸 때마다 끝에 자동으로 이모지가 붙도록 해주는 서비스였다. 이런 해시태그 이모지는 이미 몇 년간 사용되고 있었다. 트위터는 주요 스포츠 경기에 이런 이모지를 종종 활용했다. 예컨대 누군가가 2014년 월드컵 당시 #USA라는 해시태그를 달아 트윗을 날리면, 미국 국기 이모지가 자동으로 트윗에 추가되었다. 맞춤형 해시태그 이모지의 인기가 너무 좋아

서 트위터는 코카콜라나 스타벅스 등 주요 광고주에 백만 달러가 넘는 가격에 이를 판매하기 시작했다.[15]

이런 캠페인에 돈을 쓰는 대부분의 브랜드는 회사 로고처럼 해롭지 않은 이모지를 사용했다. 물론, 트럼프는 선을 넘었다. 9월, 힐러리 클린턴을 상대로 한 첫 대선 토론을 앞둔 트럼프의 선거 캠프에서는 #CrookedHillary•라는 해시태그에 붙을 맞춤형 이모지를 주문했다. 트위터 직원들은 광고 패키지의 일환으로 맞춤형 이모지를 만들었고, 트위터 본사에서는 트럼프 캠프에 몇 가지 선택지를 보냈다. 그중에는 초록색 돈자루를 들고 있는 손도 있었다. 캠프에서는 그 이모지가 충분히 도발적이지 않다고 생각해, 트위터에 다시 만들라고 요구했다. 이번에 트위터는 돈자루를 가지고 도망치는 막대 인간 이모지를 만들었다. 트럼프 캠프의 디지털 연출가인 개리 코비는 "확실히 그 이모지가 더 공격적이고 시선을 사로잡았다. 그게 우리 목표였다"[16]고 기록했다. 모든 것이 준비된 것처럼 보였다.

토론 며칠 전, 트위터는 트럼프 캠프에 전화를 걸어 고위 경영진에서 이모지를 막았다는 소식을 전했다. 코비의 말에 따르면, 트위터는 "범죄 혐의가 확인되지도, 수사중이지도 않은 상황에서 누군가를 비난"하고 싶어하지 않았다. 트위터는 클린턴 선거 캠프의 법적 복수를 두려워하기도 했다. 코비는 화가 나고 어처구니없어 광고 캠페인 전체를 철회했다.[17]

몇 주 지나서, 코비는 다시 이모지 주문을 시도했다. 이번에 그들

• '사기꾼 힐러리'라는 뜻.

은 10월 초에 열리는 두번째 대선 토론을 앞두고 있었다. 트위터팀은 #CrookedHillary 해시태그와 함께 표시될 또다른 맞춤형 이모지들을 제안했다. 그중에는 날개 달린 돈자루가 포함되어 있었는데, 코비는 이것이 "정부의 낭비와 납세자들에게서 도망치는 돈"을 의미한다고 설명했다. 해시태그와 이모지는 트위터 정책 및 법무팀의 승인을 받았다. 트위터는 심지어 홍보팀에게 이 이모지와 관련한 언론의 공격에 대처할 준비를 하도록 했다. 트위터는 마케터들이 구매할 만한 광고를 시연하고 싶어했다.

두번째 토론 며칠 전 밤, 코비는 전화를 한 통 더 받았다. 트위터의 고위 관료들이 다시 이모지 캠페인을 뭉개버렸다는 내용이었다. 이번에는 다른 설명이 주어졌다. 트위터 경영진은 광고인 해시태그 이모지와 월드컵 때의 국기처럼 트위터에서 공짜로 만든 해시태그 이모지를 구분할 방법이 없다는 점을 걱정했다. 트위터에서는 사용자들이 #CrookedHillary 이모지를 보고, 트위터가 이러한 홍보의 배후에 있다고 추정할까봐 걱정했다.

도시와 트위터 COO인 베인은 이런 일련의 사태에 분노하고 있던 공화당 전국위원회 공보국장 션 스파이서에게 전화를 걸었다. 베인은 회사의 생각을 설명하고 앞으로는 모든 정치인의 해시태그 이모지 광고를 중단하겠다고 밝혔다.

나중에 코비는 이렇게 썼다. "우리는 트위터에 그건 개소리이며, 그들이 공적인 플랫폼을 가지고 하는 일이 놀랍도록 무모하고 위험하다고 말했다. 우리는 이것이 분명히 정치적인 움직임이며, 그렇지 않다고 말하는 것은 그야말로 모욕적이라는 의견을 냈다."[18] 트럼프 캠프는 선거 전 마지막 몇 주 동안 예정되어 있던 광고 몇 가지를 취소했고, 처음에 트위터에 쓰기로 했던 500만 달러에 비해 수백만 달러나 적은 돈만을 지불했다.

트럼프와의 첫 만남은 도시와 트위터에 이처럼 당혹스럽고도 값비쌌다. 이는 또한 세계 정치와 관련해서 트위터가 갑자기 갖게 된 힘을 상기하는 일이기도 했다. 홍보용 해시태그 때문에 트위터가 트럼프의 입장을 옹호하는 것처럼 보일 수 있다는 회사의 우려는 유효했다. 한편으로, 트위터는 순진하기도 했다. 트위터는 광고주가 유료 이모지를 활용해 정치적 라이벌을 표적으로 삼아 공격할 수 있다는 생각을 해보지 못했다. 적어도 트럼프가 나타나기 전까지는 말이다. 트럼프의 공격적인 선거전략과 정치운동 때문에 트위터가 회사 정책을 바꿀 수밖에 없었던 건 이때가 처음이었다. 하지만 마지막은 아니었다.

트럼프는 2016년 11월 8일 미국 대통령으로 선출되며 전 세계에 충격을 주고 수많은 트위터 직원들을 절망에 빠뜨렸다. 트럼프는 백악관으로 입성하기까지 계속해서 상대를 괴롭히고 공격하고 무시했으며, 그 과정에서 대체로 트위터와 페이스북을 활용했다. 선거 당일에, 트럼프의 트위터 팔로워는 1300만 명이었다. 선거운동을 시작할 때보다 네 배는 많아져 있었다.

트럼프는 논란과 충돌이 트위터에서 성공하는 훌륭한 방법이라는 추악한 현실을 입증했다.

초대받지 못한 트위터

다음날 아침, 도시는 직원들에게 이메일을 보냈다.

제목: 어제

대선 이후로 많은 사람들이 감정적으로 동요하고 있습니다. 서로에게 공감과 지지를 보여줍시다. 이 모든 일을 이해하는 데 시간이 필요하다면 얼마든지 시간을 가지십시오.

아주 많은 사람들이 누가 선거에 이겼느냐는 문제에 집중하고 있지만 그건 이미 벌어진 일입니다. 나는 그런 일이 벌어진 이유에 집중해야 한다고 생각합니다. 투표는 들리고자 하는 목소리이자 욕망입니다. 사람들이 마주하는, 이런 현상 이면의 원인은 무엇일까요? 우리가 고쳐야 하는 이 나라의 문제는 무엇일까요? 우리는 개인으로서, 또한 개인으로 이루어진 조직으로서 어떤 도움을 줄 수 있을까요? 듣고, 배우고, 단결합시다.

트위터는 어제보다 더 비판적입니다. 우리에게는 사람들의 목소리를 계속해서 증폭한다는 역할이 있습니다. 우리에게는 사람들이 진실을 찾고, 권력에 대항해 그 진실을 말하도록 도움을 준다는 역할이 있습니다. 또한 우리에게는 사람들에게 힘을 주는 대화의 통로를 제공한다는 역할이 있습니다.

나 자신의 입장, 내가 중요하게 여기는 것을 분명히 밝히고자 합니다. 모든 사람은 평등합니다. 나는 우리 공통의 인간성을 위해 매일 싸울 것이며, 이곳 미국에서, 모든 사람을 위한 공동선을 계속 추구할 것입니다. 또한 나는 나의 입지와 나 자신을 헌신해, 권력에 대항하는 목소리를 내고 불의가 보일 때마다 지적하고 투쟁할 것입니다. 나는 더 많은 목소리를 낼 것입니다.

우리는 이 일에 모두 함께하고 있습니다. 무엇에 대해서든 말하고 싶다면, 언제나 귀기울여 듣겠습니다(또한 배우겠습니다).

감사합니다.

– 잭

다음달, 대통령 당선인은 뉴욕시의 트럼프 타워에서 저명한 테크 및 기업계의 경영자들 몇 명을 초청해 취임 이후의 협력 방안을 논의했다. 참석자 중에는 세상에서 가장 힘있는 사람들이 포함돼 있었다. 아마존 CEO 제프 베이조스 옆에는 구글의 공동창업자인 래리 페이지가, 래리 페이지 옆에는 페이스북 COO 셰릴 샌드버그가 앉아 있었다. 애플 CEO 팀 쿡은 트럼프의 왼쪽에 앉았으며, 그로부터 몇 발짝 떨어진 곳에 테슬라 CEO 일론 머스크가 앉았다.

도시는 초대장을 받지 못했다. 그날 참석한 다른 기업 대부분에 비해 트위터의 규모가 작은 것은 부정할 수 없었다. 하지만 그중 트위터만큼 영향력이 강한 기업은 거의 없었다. 트럼프에게는 특히 그랬다. 트위터 본사의 팀원 중 일부는 도시가 무시당한 것이 #CrookedHillary 광고 때문이라고 생각했다. 트럼프와 그의 보좌관들은 트위터가 트럼프에게 편견을 가지고 있다고 믿는 게 분명했다. 트위터는 그 대가로 처벌당하는 것처럼 보였다. 정말 그런 건지 아니면 그냥 느낌이었는지는 모르겠지만 말이다. 이 회의를 잡는 데 도움을 준 스파이서는 도시가 무시당했다는 혐의를 부인했다. 그는 "회의장 탁자가 딱 그 정도 크기였을 뿐"이라고 말했다.[19]

어긋난 '자유'

도시는 트위터가 세상을 반영한다고 즐겨 말했다. 어쨌거나 트위터는 '지금 일어나는 일'을 이야기하는 공간이었다. 그리고 2017년의 세상은 지난 수년에 비해 더욱 복잡해지고 분열되어 있었다. 트럼프는 수십 년 만에 가장 심한 정치적 양극화를 일으키는 인물로서 백악관에 입성했다.[20] 그는 취임 며칠 만에 이슬람교를 믿는 몇몇 국가와 미국 국경을 폐쇄하겠다는 결정을 내렸다. 이는 이미 부글부글 끓고 있던 문화 전쟁을 더욱 고조했다.

트럼프가 대통령이 되는 순간 트윗의 발언 수위를 낮추리라는 기대는 빠르게 무너졌다. 그는 자신을 비판하는 모든 사람을 맹비난하는 데 트위터를 이용했다. 그는 《뉴욕 타임스》나 CNN 같은 주류 언론이 '미국 민중의 적!'이라는 트윗을 날렸고,[21] 트위터를 활용해 트랜스젠더인 사람은 군에 '부담'이 될 거라고 주장[22]하며 그들의 군복무를 금지하겠다고 발표했다. 8월에, 백인 우월주의자 집단이 버지니아주 샬러츠빌에서 가두행진을 하고 있을 때 그중 한 명이 반대 진영의 시위자들을 자동차로 들이받아 여성 한 명이 사망하는 사건이 벌어졌다. 트럼프는 이 사건에 관해

"양쪽 모두에 아주 훌륭한 사람들이 있었다"고 말했다.[23] 이런 논평은 쿠클럭스 클랜•의 '그랜드 위저드(grand wizard)'였던 데이비드 듀크에게서 찬양의 트윗을 받았다.[24]

이런 트윗은 트위터 본부에 불안을 일으켰다. 그러나 트위터에 골칫거리가 트럼프만 있는 것은 아니었다. 트위터 경영진은 크렘린궁과 연관된 러시아의 프로파간다 회사가 트위터 서비스를 활용해 2016년 선거에서 트럼프에게 유리하도록 영향력을 행사했다는 것을 깨달았다. 러시아의 인터넷 조사국은 선거 전에 거의 4천 개의 트위터 계정을 만들어, 대체로 친트럼프 메시지를 강화해 유권자들 사이에 불화의 씨앗을 뿌렸다. 이 단체는 페이스북에서도 같은 짓을 벌였다. 약 140만 명의 사람들이 트위터에서 이런 계정과 상호작용했다. 그중 일부가 트윗한 내용은 트럼프의 아들들을 비롯한 선거단 사람들에 의해 리트윗되기도 했다.[25] 트위터는 선거가 끝날 때까지 이런 계정이 존재하는지도 몰랐다. 선거가 끝난 시점에 회사 차원에서 할 수 있는 일은 부검뿐이었다.

트위터의 공공 정책 부장인 콜린 크로웰이 조직한, 트위터의 변호사 및 정책 담당자팀은 러시아 선거 개입의 중대성을 파악하느라 2017년의 상당한 시간을 보냈다. 샌프란시스코 5층 빈 회의실에는 임시 '전쟁 상황실'이 마련되었다. 러시아의 봇 계정 사이트를 샅샅이 살피고 무슨 일이 일어났는지 알아보기 위해서였다. 트위터는 또한 매우 큰 불만을 품은

• 1865년 미국 남북전쟁 직후 결성된 백인 우월주의 비밀결사단체. 일명 KKK라 한다. 흑인, 유대인, 이민자, 가톨릭 신자 등을 배척하며 폭력과 테러, 린치 등을 자행해왔다. 오늘날에도 일부 극우 세력에 의해 잔존하고 있다.

의회의 후폭풍에도 대처해야 했다. 9월에 트위터는 러시아의 선거 개입에 대해 알아낸 정보를 처음으로 미국 상원의원이자 상원 정보위원회의 민주당 의원이었던 마크 워너에게 전달했다. 그러자 워너는 이 보고서가 "대단히 실망스럽다"는 의견을 냈다. 트위터는 조사 결과 중 일부만을 제출했는데, 페이스북이 상원의원실에 제출한 내용보다 훨씬 부실했다. 워너는 전혀 만족하지 않았다. 그는 "이 문제의 심각성에 대한 트위터팀의 이해도가 대단히 떨어진다"[26]는 점을 이 보고서가 보여준다고 말했다.

트럼프가 계속 트윗을 날리고 트위터는 러시아의 선거 개입에서 예기치 못한 역할을 하게 된 이런 상황에서, 직원들은 정신이 나갈 것 같았다. 미국의 다른 국민이 그랬듯 트위터 직원들도 트럼프의 대통령 임기 첫 9개월을 그가 트윗하는 모든 것에 집착하며 보냈다. 이들은 트럼프의 최신 포스트를 내부 메시지 스레드에서 논의했으며, 트럼프가 가장 좋아하는 방송 채널인 트위터의 역할에 대해서도 토론했다. 트위터의 규칙을 전부 이해하는 사람은 거의 아무도 없었다. 때로, 이런 규칙은 회사에 그때그때 다른 기준에 따라 결정할 재량권을 허용하고자 일부러 애매하게 작성되었다. 그러나 트럼프의 취임 첫 9개월로 트위터의 규정은 세세한 검토를 받게 되었다. 트럼프의 반대 진영에서는 그를 처벌하거나 종종 추잡하고 논쟁적인 그의 트윗을 중지할 이유를 탐색했다.

트위터 사용자들을 상대로 규칙을 작성하고 강제하는 일은 일반적으로 끔찍하고도 아무 보람 없는 일이었다. 트위터 내에서 이 일은 트위터의 신뢰 및 안전팀을 운영하는 델 하비의 몫이었다. 하비의 말을 빌리자면 "대재앙을 예측하고 설계하는"[27] 책임을 맡고 있었다. 현실적으로 그 말은 아동의 나체 이미지나 테러 옹호, 다양한 형태의 학대와 괴롭힘을 퍼나르는 트윗을 솎아낼 규칙을 만든다는 뜻이었다. 이메일이 있는 사람이면 누구나 익명 트위터 계정을 만들 수 있었고, 이런 익명성이 사람들에게 추잡한 말을 할 수 있는 힘을 주었다. 트위터에 합류하기 전에 하비는 아동 학대범을 잡으며 몇 년을 보냈다. 20대에 그녀는 퍼버티드 저스티스라는 단체에 가입했다. 온라인에서 아동인 것처럼 행세해 소아성애자들을 함정으로 꾀어들이는 단체였다. 그로부터 몇 년 후, 왜소하고 마른 체격의 소유자였던 하비는 NBC의 〈포식자 사냥〉이라는 프로그램에서 악당을 잡는 미끼 역할을 했다. 하비는 그녀의 실명도 아니었다. 그녀는 복수를 당할까봐 두려워 가명을 사용했다.

하비가 2008년 트위터에 합류했을 때, 트위터는 사용자의 발언과 관련해 "무엇이든 괜찮다"는 정신 상태를 가지고 있었다. 전직 CEO인 딕 코스톨로가 트위터에 대해 한 말은 유명하다. 그는 트위터를 '언론의 자유를 신봉하는 집단 중에서도 가장 극단적인 부류'[28]라고 불렀다. 또한 트위터는 정부가 호출할 때마다 사용자의 신원을 보호하기 위해 정기적으로 법정에 불려나갔다. 2017년에도 하비는 대체로 같은 생각을 하고 있었다. 그녀의 상관인 법무 담당자 비자야 가데도 마찬가지였다.

언론의 자유를 위한 마지막 보루라는 트위터의 명성은 2011년 가데가 이 회사에 합류한 이유이기도 했다. 인도에서 태어난 그녀는 어린 시절 대부분을 텍사스주 동부에서, 그다음에는 뉴저지주에서 보냈다. 이런 곳에서 그녀는 거의 언제나 반에서 유일한 인도인 학생이었다. 몇 년 뒤, 그녀는 어린 시절에 대해 "목소리가 없어진 기분"이었다고 말했다. 반면, 트위터는 "목소리를 주고, 공동체와 힘을 준다"[29]는 것이 그녀의 의견이었다. 가데는 코넬대학교에서 학사학위를 딴 뒤 뉴욕대학교 로스쿨에 들어갔다가 실리콘밸리의 로펌인 윌슨 손시니 구드리치 앤 로자티에 합류해 회사법과 관련된 일을 했다. 로펌에서 10년을 보낸 뒤, 그녀는 트위터에 합류했다. 트럼프가 선출되었을 즈음 가데는 트위터의 법무 담당자로서 도시를 직속상관으로 두고 있었으며, 트위터의 언론 정책을 설정하고 집행하는 문제에서는 내부적으로 가장 영향력이 큰 사람이라고 할 수 있었다. 그녀는 트럼프의 트윗에 손을 대지 말아야 한다는 의견을 거의 전적으로 지지했다.

그러나 2017년, 트위터 사용자들을 규제할 때 고려해야 할 요소는 하비나 가데가 처음 이 회사에 합류했을 때와 상당히 달라져 있었다. 트위터는 이제 사용자 기반을 확대하고 광고주를 끌어들이라는 압력을 받는 상장사였다. 그 말은 지속적으로 서비스를 정비해야 한다는 뜻이다. 최근 몇 년 동안 규칙은 확대되었고, 그와 함께 트위터의 문제도 커졌다. 트위터 서비스가 인종차별주의와 온라인 괴롭힘으로 가득한 지옥으로 떨어지지 않도록 노력하면 할수록, 회사는 언론의 자유라는 최초의 이상에서 점점 멀어져갔다.

트럼프가 모든 일을 더욱 복잡하게 만들었다. 전에는 정당하게 권력을 잡은 세계 지도자가 이렇게 공개적으로 목소리를 내는 트롤이었던 적이 한 번도 없었다. 트럼프의 팬과 지지자들은 그를 따라 하기 시작했다. 트럼프는 선이 있는 곳까지 바짝 다가가되 그 선을 넘지는 않는 능력을 마스터했다. 적어도 트위터의 규칙과 관련해서는 그랬다. 트위터는 그의 게시물을 가만히 놔두었고, 이는 대통령이 좀더 교양 있는 모습을 보여주기를 바라던 사용자와 비판자들을 경악하게 만들었다. 도시는 사용자가 트위터에서 선을 넘었는지 판단하는 일에 거의 관여하지 않았다. CEO로서 그는 애초에 결정 내리는 것을 좋아하지 않았다. 대체로 그는 하비와 가데가 이런 요청을 처리하도록 했다. 어떤 사람들은 도시가 그냥 책임을 전가한 것이라고 생각했다. 도시는 자신이 전문가에게 일을 맡겼을 뿐이라고 믿었다.

그러나 CEO로서 도시를 비롯한 트위터 정책팀의 고위직 직원들은 트럼프에 대해 뭐라도 해야 한다는 압박을 일상적으로 받았다. 이들은 비판자들에게 공개적으로 비난당하는 동시에, 회사 전체 회의 때나 이메일을 통해 내부 직원들에게서도 비판받았다. 도시는 공개적으로 모습을 드러낼 때마다 트럼프에 관한 견해를 밝히라는 요구를 받았다. 좌파 성향 테크 기업 CEO라는 평판에도 불구하고, 도시는 트럼프의 트윗을 내린다는 생각을 대단히 불편해했다. 언론의 자유라는 관점에서만 그런 것이 아니었다. 트위터 CEO는 투명성을 대단히 지지하는 사람이었다(그는 심지어 주간 직원 회의 기록을 전사 직원이 볼 수 있도록 게시했고, 자신의 성과 보고서를 직원들과 공유했다).

트럼프의 말이 아무리 부적절하거나 분열을 일으키는 것으로 보인다 해도, 대통령이 하는 생각을 통찰할 기회조차 없어지는 것보다 낫다는 게 도시의 주장이었다. 그는 2017년 여름에 이렇게 말했다. "나는 이런 대화가 문을 닫아걸고 폐쇄적으로 이루어지느니 공개적으로 이루어지는 것이 정말로 중요하다고 생각합니다. 우리가 갑작스럽게 이런 플랫폼을 없애버린다면, 이런 이야기는 어디로 갈까요? 무슨 일이 일어날까요? 이런 이야기는 어둠 속으로 갑니다. 나는 그게 누구에게도 좋은 일이 아니라고 생각합니다."[30]

9월에 트위터는 트럼프가 북한의 독재자 김정은에 관한 트윗을 올리면서 처음으로 중대한 시험에 맞닥뜨렸다. 트럼프는 이렇게 말했다. "방금 북한 외무성 장관이 UN에서 한 발언을 들었다. 이 말이 꼬마 로켓맨의 생각을 반영한 거라면 둘 다 오래 살아남진 못할 듯!"[31] 겨우 한 달 전, 트럼프는 김정은이 미국을 위협할 경우 "불과 분노"로 복수하겠다며 북한을 협박[32]했다. 이제 그는 수백만 명에게 날리는 트윗에서 북한의 독재자를 '꼬마 로켓맨'이라 부르고 있었다. 북한의 외무상은 이 트윗을 "명백한 선전포고"라 불렀다.[33]

트럼프의 트윗은 명백한 규정 위반으로 보였다. 트위터 규정에 따르면, '폭력적 협박 및 폭력 조장'을 한 트윗은 금지되었다. 트럼프의 트윗이 바로 여기에 해당되었다. 아니라고 하기는 어려웠다. 그런데도 트위터는 아무것도 하지 않았다. 트윗을 삭제하라거나 심지어 트럼프의 계정을 정지시키라는 요구가 너무 커져 트위터는 이 트윗을 그대로 놔두는 이유를 설명하는 스레드를 올렸다.

회사에서는 @GlobalAffairs 계정에 이렇게 적었다. "우리는 모든 계정에 동일한 규정을 적용하며, 트윗이 규정을 위반했는지 평가하기 위해 여러 요소를 고려합니다. 이러한 고려 사항 중에는 '뉴스 가치'와 해당 트윗이 공적 관심사인지도 있습니다." 트위터는 누군가가 규정을 위반했는지를 내부적으로 판단할 때 오래전부터 트윗의 '뉴스 가치'를 고려해왔다고 덧붙였다. 하지만 이런 요소는 한 번도 공개된 적이 없었다. 트위터 외부에는 '뉴스 가치' 정책이 존재하는지 아는 사람조차 없었다. 회사에서는 "앞으로 더 노력이 필요하다"고 인정했다.

트럼프의 비판자들은 격분했다. 뉴스 가치가 있는 트윗은 규정 위반에 해당하지 않는다는 말은, 트럼프가 무슨 트윗을 날려도 질책당하지 않을 가능성이 크다는 뜻이었다. 그가 올리는 모든 것은 대통령이라는 그의 직책 때문에 자연히 뉴스 가치를 띠었으니 말이다. 다른 국가에 핵전쟁을 일으키겠다는 위협을 하는 데 트위터를 활용하는 것조차 트위터의 규정에 어긋나지 않는다니, 트럼프는 건드릴 수 없는 존재로 보였다.

4장

로즈 맥가원 회의

잭 도시의 사무실은 가득차 있었다. 10월 13일의 금요일이었다. 트위터의 고위급 개발 및 정책 부문 경영진 대부분은 도시의 사무실에 있는 회의용 탁자 주위에 둘러서 있었다. 도시의 사무실은 '물총새'라는 별명으로 불렸다. 도시는 창문에 기대, 회의 때마다 주로 하던 일을 하고 있었다. 조용히 지켜봤다는 뜻이다. 여름부터 가을 초까지 그들은 정기적으로 만나 트위터 서비스를 더 안전하게 만들 방법을 의논했다. 그들은 도시의 사무실에 있는 프로젝터 스크린에 그간 올라온 가장 천박하고 불쾌한 트윗을 정기적으로 띄워놓았다. 인종차별주의적이거나 반유대주의적인 장광설부터 성희롱이 분명한 사례까지 모든 것이 여기에 해당했다. 그런 다음, 돌아가며 그 내용을 큰 소리로 읽었다. 이런 트윗은 회의실의 모두가 트위터에 존재해서는 안 된다는 걸 알지만, 이런저런 이유로 회사의 규정 위반에는 해당하지 않는 트윗의 사례였다. 그때까지도 트위터의 규정은 형편없었다. 이런 행위는 보통 사람들을 감정적으로 흥분하게 만들었다. 때로는 눈물을 흘리는 사람도 있었다.

특히 이번 금요일에는 사람들이 불안감을 느끼고 있었다. 그주에, 배우 로즈 맥가원이 트위터에서 할리우드 제작자인 하비 와인스타인을 저격했다. 와인스타인이 여성을 상대로 저지른, 성적 학대 행위에 해당하는 혐오스러운 행동은 그달 초에 《뉴욕 타임스》와 《뉴요커》에 고통스러울 정도로 자세히 실렸다. 맥가원은 몇 년 전 와인스타인에게서 '호텔방에서 일어난 작은 사건'에 대한 합의금으로 10만 달러를 받았다고 말했으며, 나중에는 트위터에서 와인스타인이 자신을 강간했다고 주장했다.[1] 그러나 맥가원은 와인스타인만을 노린 것이 아니었다. 그녀는 벤 애플렉을 비롯한 동료 배우들도 고발했다. 맥가원은 벤 애플렉이 와인스타인의 성범죄 행각을 모른 척했다고 주장했다.

그뒤에 트윗이 멈췄다. 맥가원의 게시물 중 다른 사람의 전화번호가 담긴 스크린샷이 있었는데, 그것은 트위터의 신상 털기 금지 규정, 즉 타인의 개인 연락처를 당사자 동의 없이 공개하는 걸 금지하는 규칙을 위반한 것이었다. 맥가원의 계정은 그녀가 해당 트윗을 삭제할 때까지 정지되었다.

맥가원은 격분해 트위터에서 받은 정지 이메일을 인스타그램 계정에 올렸다. 그녀는 이렇게 썼다. **"트위터에서 내 계정을 정지했습니다. 권력이 무섭네요. 저의 목소리가 되어주세요."**[2] 화가 난 사람은 맥가원만이 아니었다.

배우 제시카 채스테인은 이런 글을 올렸다. "이봐요, @Twitter. @rosemcgowan이 어긴 게 어떤 규정인지 좀 알려주시죠. 성폭력 피해자 여러 명을 대신해서 묻습니다."[3]

제이미 리 커티스는 짜증을 냈다. "이젠 이렇게 나오신다? 우리의 대통령에게는 트위터를 할 자유를 허락하지만, 성희롱에 대해 목소리를 내는 여성은 침묵시키겠다는 건가?"[4]

트위터 직원들도 이런 움직임에 비슷하게 불쾌감을 느꼈다. 트위터는 세세한 핑계를 들어 성폭행 생존자를 침묵시키는 것으로 보였다. 하룻밤 사이에 트위터 보이콧 운동이 힘을 얻었다. 모델 크리시 티건과 배우 마크 러팔로, 알리사 밀라노 등[5] 여러 유명인이 이 운동을 지지했다.

트위터가 유명 인사인 사용자와 맺고 있는 관계는 말할 수 없이 중요했다. 트위터에는 트럼프 같은 후보자들을 다루는 정치팀이 있듯, 유명인과의 연락만을 전담하는 다른 팀도 있었다. 이런 팀들은 유명인에게 트윗하는 기본적인 방법을 알려주기도 했지만, 그들이 괴롭힘을 당하거나 그들의 계정이 막혔을 때 더 나은 고객 지원을 제공하기도 했다. 트위터에게는 쉬운 투자였다. 사내에서 VIP 대신 VIT(Very Important Tweeter)라 불리던 이 유명인들이 공짜로 게시물을 올리고 팬들과 소통하는 것만으로도 회사에 엄청난 가치를 창출해주었다. 페이스북이나 인스타그램을 제외하면, 트위터는 유명한 사람들이 하는 말을 직접 들으러 올 수 있는 세상에 몇 안 되는 곳이었다. 아주 많은 경우에는 그게 트위터에도 좋은 일이었다. 맥가원이나 티건이나 채스테인이 공개적으로 트위터를 보이콧한 것은 마케팅이나 홍보 측면에서 악몽이었다.

맥가윈 사건이 있고 몇 달이 지나서 이런 악몽이 또 한번 수백만 명의 눈앞에서 벌어졌다. 유명한 배우이자 할리우드 작가인 세스 로건이 느닷없이 어느 화요일 아침에 도시에 관한 트윗을 남겼다. "지난 8개월 동안 트위터에서 백인 우월주의자들을 인증해주려 했던 이상한 집착에 대해 @jack과 DM을 주고받은 결과, 나는 이 친구가 이런 문제에 눈곱만큼도 신경쓰지 않는다는 결론을 내렸습니다."[6] 로건은 도시와 트위터 DM으로 직접 메시지를 주고받으며, 그가 유대인이라는 이유로 트위터에서 일상적으로 받아온 학대에 관해 불평한 적이 있었다. 로건을 괴롭힌 사람 중 일부는 심지어 트위터에서 달아주는 파란색 인증 배지를 가지고 있었다. 파란색 배지는 누군가가 그 사람을 사칭할 경우에 대비해, 트위터에서 유명한 사용자의 신분을 확인할 수 있도록 제공하는 서비스였다. 원래의 의도는 아니었지만, 이 배지는 트위터의 '지지'를 의미하는 것처럼 보였다. 그 사용자는 관심을 기울일 만큼 중요한 인물임을 트위터가 인정해주었다는 뜻으로 말이다.

도시는 로건이 공개적으로 자신을 비난한 것에 불만을 품었고, 이 문제를 비공개로 의논하고자 통화 약속을 잡았다. 로건에 따르면, 이 대화는 다음과 같이 진행되었다.

로건: 대통령이 팔로워들에게 특정한 미국 시민을 죽이라고 한다면 어떻게 할 겁니까?

도시: 그러면 어떤 조치가 필요하지 않을까 싶네요.

로건: 필요하지 않을까 싶다고요? 이런 문제에 대해서 얘기조차 안 해본 겁니까?

도시: 그렇게 구체적으로 얘기한 적은 없습니다.

로건: 그러니까, 어떤 조치가 필요하지 않을까 싶긴 한데 정말 조치가 이루어질지 확신은 못하겠다는 건가요? 어쩌면 트럼프가 팔로워들에게 누군가를 죽이라고 말하게 놔둘 수도 있다는 겁니까?

도시: 그야……

이후의 통화에서 도시는 로건에게 트위터는 "사회를 반영하는 거울에 불과하다"고 말했다. 로건은 만족하지 못했다. 그는 이렇게 대답했다. "트위터는 당신을 비추는 거울입니다. 사람들은 트위터가 하수구라고 말하죠. 그게 당신입니다."[7]

말할 필요도 없지만 트위터에는 공개적으로 회사를 비난하는 유명인이 필요하지 않았다. 맥가윈의 계정이 정지당했을 때쯤, 트위터는 이미 기나긴 여름을 보낸 뒤였다. 트럼프가 지속적으로 트윗을 날리고 샬러츠빌에서 벌어진 극우 연합집회의 백인 우월주의자 시위까지 트위터로 번진 마당이었다. 도시는 이제라도 트위터 서비스에서 발생하는 괴롭힘을 개선하기 위한 노력을 기울이라는 압박을 어느 때보다도 심하게 받고 있었다. 트위터의 규정이 불충분한 것은 분명했다. 여성과 유색인을 보호할 때는 특히 그랬다. 그해에 인권 단체인 앰네스티 인터내셔널에서 수행한 연구에 따르면, 여성 기자 및 정치인에게 발송된 트윗의 7퍼센트 이상이 '문제가 있거나 모욕에 해당하는 발언'이었다. 유색인 여성의 경우는 더욱 심각했다. 이들은 백인 여성보다 학대의 표적이 될 가능성이 34퍼센트나 더 높았다.[8] 트럼프 자신도 이 문제에 끼어들었다. 2018년 8월, 그는 자신의 전직 백악관 보좌관인 흑인 여성 오마로사 매니골트 뉴먼에게 "정신이 나가서 울부짖는 비천한 인간" "그 개 같은 것"[9]이라고 말했다. 트위터 내부의 수많은 직원들로서는 답답하게도, 회사는 아무런 조치도 취하지 않았다.

로즈 맥가윈 사건이 전환점이 되었다. 도시는 아무리 불쾌한 것이라도 트윗을 최대한 그대로 놔두는 것이 옳다고 확고하게 믿었지만, 이윤을 추구하는 광고 회사를 운영할 때의 현실이 그의 신념에 늘 부합하지는 않았다. 절대적인 언론의 자유가 다른 사용자와 광고주들을 몰아낸다면, 그건 좋은 전략이 아니었다.

10월 13일 금요일. 도시의 회의실에 있던 사람들은 여러 달 동안 트위터를 더 안전하게 느껴지도록 할 방법을 논의해왔다. 이제는 도시가 그날이 끝나기 전에 뭔가 방법을 제시하기로 작정했다. 그는 트위터의 영상 생중계 앱인 페리스코프를 통해 이 회의 전체를 생중계하는 방법까지 고려했다. 절차를 투명하게 공개하기 위해서였다. 회의실에 있던 사람들 덕분에 그는 결국 이 너저분한 대화를 방송하지는 않기로 했다. 트위터의 사용자 기반과 마찬가지로, 트위터 최상위의 경영진 역시 사람들이 할 수 있는 말에 관한 제한을 둘 때 회사가 어느 정도까지 적극적인 역할을 취해야 하는지에 대해 다양한 의견을 가지고 있었다. 케빈 웨일이 떠나고 트위터의 개발 팀장이 된 에드 호는 좀더 엄격한 규칙을 선호했다. 법무 담당자인 비자야 가데와 신뢰 및 안전 부문 부장인 델 하비 등 다른 고위급 팀장들은 거의 모든 것을 가만히 내버려둔다는 원칙을 확고히 지지했다(우연히도 둘 다 출산 휴가로 회의에 빠졌다). 그 자리에 남아 있던 사람

중 가장 열렬한, 언론의 자유 옹호자였던 도시는 가끔 질문을 던질 뿐 별말을 하지 않았다.

오후 늦게, 거의 온종일을 토론하며 보낸 이 집단은 회사 전체 회의를 열어 트위터 직원들 앞에 섰다. 이들은 일련의 예견된 변화를 발표했다. 회사는 혐오의 상징이 들어간 트윗을 내리고, 폭력 집단에 연루된 사용자들을 규제할 예정이었다. 이들이 폭력 집단에 연루된 것이 트위터와는 상관없이 일어난 일일지라도 말이다. '폭력에 대한 미화'는 이미 규정 위반이었다. 하지만 트위터에서는 처벌 이유로 고려되는 게시물의 유형을 확대하기로 했다. 타인의 동의 없이 그들의 알몸 사진이나 영상, 흔히 '리벤지 포르노'라 불리는 이미지를 의도적으로 올리는 행위는 이제 일시적 계정 정지가 아닌 즉각적인 계정 삭제로 이어지게 될 터였다.[10] 대부분의 아이디어는 설익은 상태였지만 주제는 분명했다. 트위터는 훨씬 더 많은 트윗을 삭제하기로 했다.

경영진은 발표를 마친 이후 도시의 회의실로 돌아와 계속해서 계획을 논의했다. 이제는 초저녁이 되었다. 뉴욕이나 로스앤젤레스로 가는 비행기를 잡아두었던 몇몇 경영진은 하루종일 한 회의가 더욱 늘어지자 비행편을 취소했다. 오후 7시 35분, 도시는 아이폰으로 몇 개의 트윗을 연달아 전송했다. "우리는 매일 트위터에서 여러 목소리가 침묵당하는 모습을 봅니다.[11] 오늘은 목소리가 스스로 침묵하고 있군요. 그런데도 우리가 '여전히' 충분한 조치를 취하지 않는다고 외치는 목소리도 들립니다."[12]

그는 이렇게 덧붙이며 자세한 내용을 곧 공유하겠다고 약속했다. "우리는 규정과 집행 방식에서 좀더 적극적인 입장을 취하기로 했습니다."[13] 누군가 도시에게 트윗 답장을 보내 왜 이런 중요한 발표를 금요일 밤늦게 하느냐고 묻자, 도시는 회사가 "이 문제에 관해 하루종일 의논했으며 대책이 준비되는 대로 발표하고 싶었다"[14]고 대답했다. 몇 년간 최대한 많은 트윗을 그대로 내버려두는 데 주안점을 두던 트위터는 더이상 주저하지 않고 그 트윗들을 삭제하기로 했다.

그만 좀 물어보세요

트위터에서 일하는 마지막날 오후 늦게, 이 회사의 신뢰 및 안전팀 계약 직원인 바흐티야르 두이사크는 컴퓨터를 켜서 세계에서 가장 유심히 관찰되던 계정을 비활성화했다. 그런 다음, 그는 자리에서 일어나 노트북과 배지를 반납하고 트위터의 샌프란시스코 본사를 떠나 어둠 속으로 향했다.

도널드 트럼프 대통령의 계정이 비활성화되었다는 사실을 깨닫고 트위터 경영진이 이 문제를 시정하기까지는 겨우 11분밖에 걸리지 않았다. 계정을 다시 활성화하는 물리적인 과정에는 마우스 클릭 몇 번밖에 필요하지 않았다. 다만 비활성화된 시간에 트럼프의 계정을 방문한 사용자들은 "@realDonaldTrump는 존재하지 않는 계정입니다"라는 불길한 메시지를 받았다. 회사에서는 몇 시간 뒤, 이 문제는 "퇴사 직전에 이런 일을 저지른 트위터의 고객 지원 부서 직원"[15] 때문에 발생한 사건이라는 새 소식을 전했다. 트위터의 이런 인정은 인터넷을 광기로 몰아갔다.

전직 국회의원 데이비드 졸리는 이렇게 썼다. "할말은 해야겠네요. 11분간 트럼프의 계정을 정지시킨 트위터 직원은 노벨평화상 후보가 되어야 합니다."[16] 다른 사용자는 이렇게 농담했다. "그 트위터 직원하고 결혼하기로 했어요. 부모님한텐 뭐라고 말해야 하나?"[17] 트럼프가 선거에서 승리를 거둔 이후, 다른 트위터 직원들도 똑같은 행동을 꿈꿔왔다. 아직 정체가 밝혀지지는 않았지만, '악당' 직원 두이사크는 이미 트럼프를 가장 엄중히 비판하는 사람들 사이에서 영웅이 되어 있었다.

트위터의 고위급 지도자들은 그렇게 들뜨지 않았다. 이 사건은 회사에 엄청난 당혹감을 안겨주었고, 회사는 '전면적인 내부 점검'을 실시하겠다고 서둘러 발표했다. 이 사건은 트위터 직원들이 트럼프에게 편견을 가지고 있다는 생각을 강화했을 뿐 아니라, 중요 계정에 관한 회사의 보안이 매우 취약하다는 점을 드러내기도 했다. 트위터는 평직원들이 트럼프의 계정 같은 중요한 계정을 정지하거나 삭제하지 못하도록 어느 정도 안전대책을 마련해두고 있었지만, 사실상 데이터나 게시물을 전혀 삭제하지 않고 계정만을 꺼버리는 비활성화에는 분명한 구멍이 있었다. 두이사크가 온 세상에 그 구멍을 드러냈다(독일에서 태어나 어린 시절을 보낸 두이사크는 나중에 한 인터뷰에서 이 모든 일이 실수였다고 말했다. 그는 "나는 미국을 사랑합니다"[18]라고 덧붙였다).

트위터는 즉시 트럼프의 계정을 잠갔고, 오래지 않아 그 계정을 보호할 새로운 시스템을 만들었다. 회사에서는 오직 세 명의 중요 사용자만이 있는 '탑 3' 명단을 만들었다. 여기에 등재된 계정은 @realDonaldTrump,

@POTUS, @jack이었다. 이에 따라 해당 계정에는 디지털 자물쇠가 채워졌고, 그 열쇠에는 극소수의 고위급 직원만이 손을 댈 수 있었다. 회사의 다른 누구도 이 계정을 건드릴 수 없었다. 접근 권한을 가진 소수의 인원조차 예상치 못한, 혹은 허가되지 않은 행동을 하면 다양한 내부 경보가 울리게 되었다. 트럼프는 이 사건에 화가 났는지 몰라도 티를 내지는 않았다. 다음날, 그는 이런 트윗을 날렸다. "내 트위터 계정이 어느 못된 직원 때문에 11분간 정지됐다. 이제야 이 소식이 알려져 충격을 주고 있는 것 같다."[19]

대통령이 되고 1년이 지난 이때, 트럼프가 트위터에 경천동지할 영향력을 끼치고 있다는 점은 사실이었다. 그는 회사의 발언 관련 규정을 세세하게 검토하도록 만들었을 뿐 아니라, 트위터가 몇 가지 새로운 정책을 채택할 수밖에 없도록 했다. 그러나 트럼프가 대통령으로서 두각을 드러낸 시점은 우연히도 트위터의 사업이 다시 번창하던 시기와 맞아떨어졌다. 2017년에는 영상 생중계로 서비스를 확장하는 것이 여전히 트위터의 최우선 관심사였다. 그러나 NFL이 겨우 한 시즌 후, 계약이 종료되자마자 새로운 생중계 파트너를 찾으면서 이런 노력은 심각한 타격을 입었다. 2017년, 아마존은 트위터가 전년도에 겨우 1천만 달러에 매입했던 경기 중계권을 5천만 달러에 샀다.[20] 트위터는 여전히 트럼프의 취임식과 그래미상, 아메리칸 뮤직 어워드 시상식 등의 행사 수백 건을 생중계했지만, NFL이 빠진 상태에서 이런 노력은 속 빈 강정이나 마찬가지였다.

'지금 벌어지는 일'에 충실하게 행동하자는 트위터의 결정은 선견지명에 따른 것이었다. 속보를 전달하는 기계로서 트위터가 하는 역할은 트럼프가 백악관에 들어가면서 굳어졌다. 어쨌거나 현직 미국 대통령이 트위터 계정을 활용해 적국에 핵전쟁을 일으키겠다고 위협하는 꼴을 지켜보는 것만큼 '지금 벌어지는 일'에 잘 맞는 일은 없었다. 트럼프는 트위터의 성장에 도움이 되었을 뿐 아니라, 트위터를 그 어느 때보다 중요하고 흥미로운 서비스로 만들기도 했다. 사람들은 트위터에 가입하지는 않아도, 매주 TV나 라디오에서 트위터에 관해 들었다. 트럼프가 이 서비스를 이용해 너무도 자주 뉴스를 만들었기 때문이다.

이런 영향력은 성과로 이어졌다. 2015년, 도시가 처음 돌아왔을 때 매일 트위터 서비스에 로그인하는 사용자의 수는 거의 변동하지 않았다. 트위터의 타임라인 알고리즘이 바뀌고, NFL과의 거래가 이루어지고, 대통령 선거가 한창 무르익었을 때인 2016년에는 그 수가 11퍼센트 증가했다. 트럼프의 대통령 임기 첫해인 2017년에는 일일 사용자 수가 또 12퍼센트 증가했다. 트위터와 도시는 트럼프의 도움을 받아 기업의 세계에서는 거의 불가능하게 보이는 일을 해냈다. 인기의 정점에 이미 올라 있던 소비자 대상 주요 서비스를 큰 폭으로 성장시킨 것이다. 2017년 마지막 3개월 동안 부분적으로는 전년도의 해고와 조직 축소 덕분에, 트위터는 회사 역사상 최초로 흑자를 냈다.

플로리다주 팜비치에 있는 마라라고 리조트에서 새해 첫날을 보내며 2018년이 밝아왔음을 알린 트럼프는 1월 2일부터 다시 트위터에 골칫거리를 만들어주기 시작했다. 그는 트위터에 이렇게 썼다. "북한 지도자 김정은이 방금 '핵 발사 버튼은 언제든 내 책상에 있다'라고 말했다. 자원도 없고 식량조차 없는 김정은의 왕국에 사는 사람이 있다면 나한테도 핵 발사 버튼이 있다는 걸 김정은에게 알려주기 바란다. 내 핵무기는 김정은의 핵무기보다 훨씬 더 크고 강력하며, 내 버튼은 작동한다!"[21] 이번에도 트럼프는 북한에 핵전쟁을 도발하고 있었다.

트위터는 며칠 뒤, '트위터의 세계 지도자들'이라는 제목으로 블로그 글을 올렸다. 이 게시물에는 정책 변화나 서비스 업데이트와 관련된 내용이 전혀 없었고, 저자명도 없었다. 도시가 평소 성격과 어울리지 않게 이 글의 편집에 깊이 관여했는데도 말이다. 이 글은 트위터가 매일같이 받던 질문을 종식시켰다. "트위터를 이용하는 정치인과 세계 지도자에 대해 아주 많은 논의가 있었습니다.[22] 우리는 이와 관련된 입장을 전하고자 합니다. 세계 지도자의 트위터 사용을 막거나, 그들의 논쟁적인 트윗을 삭제하면 사람들이 보고 토론해야 마땅한 중요한 정보가 은폐됩니다. 그렇다고 그 지도자가 입을 다무는 것도 아닙니다. 오히려 그들의 말과 행동에 대해 해야 할 필수적인 논의만이 가로막힐 것이 확실합니다."

이 게시물을 요약하면, '**우리는 트럼프의 트윗을 삭제하지 않을 겁니다. 그만 좀 물어보세요**'였다.

5장

#OneTeam, 1부

들이쉬고. 내쉬고. 들이쉬고. 내쉬고. 들이쉬고. 내쉬고.

잭 도시는 가부좌를 틀고 허리를 곧게 세운 채 바닥에 앉아,[1] 샌프란시스코에서 가장 큰 컨벤션홀의 무대 위에서 조용히 명상하고 있었다. 그의 머리 위 높은 곳에서는 모스코니 센터의 푸른 조명이 이미 꺼졌다. 그의 뒤에서는 트위터의 상징인 흰색 새가 커다란 보라색 영상 화면 한가운데에 움직이지 않고 앉아 있었다. 도시가 눈을 떴다면 3500명의 트위터 직원 전체가 각자 소리 없는 최면 상태에 빠져 그를 마주보는 모습이 보였을 것이다. 그들 모두가 바닥에 앉아 무대를 올려다보고 있었다. 그 각도에서 도시는 그저 깡마른 부처의 조각상 같은 실루엣이었다.

때는 2018년 7월 31일, 트위터의 전사 차원 워크숍인 #OneTeam의 첫날이었다. 도시는 회사의 지도자들에게 하루종일 프레젠테이션을 듣기 전에 10분간 모두 함께 명상하자고 제안했다. 트위터의 전 세계 직원 거의 모두가 사흘짜리 행사에 참여하기 위해 샌프란시스코로 날아왔다. 아침은 도시의 독특하고 개인적인 생활방식을 오마주하는 방식으로 이루어졌다. 도시의 어머니 마르시아가 가장 먼저 무대에 올라 모두를 환영했다. 그녀가 세인트루이스에 있는 집에서 매일 '아침 인사' 트윗을 올렸다는 사실이 은근히 떠올랐다.

도시는 자신이 매일을 시작하는 방식에 명상 외에도 세 가지가 있다고 말했다. 소금 주스, 햇빛, 그리고 움직임[2] 말이다. 이제는 트위터 직원들도 같은 일을 하고 있었다. 그들의 의자 밑에는 물병과 분홍색 히말라야 소금, 레몬즙이 들어 있는 갈색 종이봉투가 놓여 있었다. 모두가 이것을 섞어 도시의 '잠 깨는' 칵테일을 만들었다. 도시는 발로 버튼을 눌러 무대에서 불꽃을 쏘아올려 햇빛을 재현했다. 트위터의 고위급 경영진들이 안무를 맞춘 군무를 추며 무대 위에서 깜짝 '플래시몹'을 펼치자 모두가 들썩였다. 심지어 도시가 가장 좋아하는 래퍼인 제이 록의 짧은 콘서트도 열렸다. 그는 오전 10시가 되기 한참 전에 공연을 마치고 무대에서 내려왔다.[3]

트위터의 영업팀은 몇 년 동안 인기 있는 연례 사외 워크숍을 열었고, 트위터의 다른 팀들도 그들을 무척 따라 하고 싶어했다. 경영진은 이 모든 다양한 제안을 하나의 초대형 이벤트로 합치는 것이 더 낫고, 가격도 저렴한 방법이라고 판단했다. 그 결과 제대로 된 비전을 설정하고 사기를 회복하기 위한 본격적인 워크숍이 만들어졌다. 도시가 돌아온 이후로 트위터는 두 차례 해고를 거쳤고, 매각에 실패했으며, 트럼프의 대통령 임기는 18개월 차에 접어들었다. 모두에게 사기 진작이 필요했다.

도시는 90분간의 핵심 연설로, 한 주를 여는 비전 설정을 직접 전달했다. 그는 트위터에 "공공의 대화에 종사해야 할" 사명이 있다고 말했다. 회사 안에서 이는 사람들이 주변에서 벌어지는 일에 관해 의사소통하는 데 도움을 주어야 한다는 의미로 쓰이는 말이었다. 도시는 이 말이 트위터를 "건강하게" 유지하고 사람들의 신뢰를 얻어야 한다는 뜻이라면서, 동시에 "이윤과 #목적의식을 결합하고" "#빠르고 #자유롭고 #재미있어져야 한다!"는 뜻이라고도 말했다. 표현은 느끼해도 아이디어 자체는 단순했다. 트위터는 사람들이 세상에서 무슨 일이 벌어지는지 이야기하기 위해 가는 곳이라는 생각 말이다. 도시의 슬라이드 중에는 트위터가 언젠가 매일 10억 명 이상에게 '봉사하는' 날이 오리라는 그의 믿음이 들어 있었다(당시에 트위터의 일간 사용자 수는 겨우 1억 2200만 명이었다). 직원들은 다음 며칠을 다양한 소그룹 세션에 참가하며 보냈다. 이런 세션에서 회사의 지도자들은 최신 소식을 공유하고, 각자의 팀을 위한 전략을 개략적으로 알려주었다.

이 행사를 조직하고 안건을 설정하기 위해 트위터는 레슬리 벌랜드의 도움을 받았다. 그녀는 트위터의 인사부 부장이자 마케팅 팀장으로서 트위터의 내부 문화와 외부의 평판을 관리했다. 그녀는 몇 년 전 아메리칸 익스프레스에서 트위터로 이직했다. 에너지가 넘치는 성격에 트위터에서 일하는 게 너무 좋다고 목소리를 높여 말해왔다. 그녀는 트위터 고위직 중 누구보다도 도시를 구슬려 혼자만의 공간에서 나오게 하는 재주가 있었다. 이는 #OneTeam 프로그램의 중요한 부분이었다. 트위터에는 직원들이 점점 늘어가고 있었다. 도시가 더 관계를 맺기 좋고 접근하기 편한 사람으로 느껴질수록, 새로운 직원들은 더 신나는 마음으로 일할 가능성이 컸다.

도시가 접근하기 힘든 사람이었던 것은 아니다. 사실은 그 반대였다. 그는 평직원들이 보내온 무작위적 이메일에 정기적으로 답장을 보냈고, 트위터의 직원 식당이나 누구든 다가와서 질문을 던질 수 있는 9층 발코니에서 자주 일했다. 그러나 도시는 여전히 내향적이었고, 억만장자였으며, 각광받는 것을 즐기지 않는 유명 CEO였다. 도시와 회의를 해본 직원들은 그가 거의 말을 하지 않는다는 점에 놀랐다. 가끔 말을 할 때면 그의 낮고 단조로운 목소리는 감정이 없는 느낌을 주었다. 도시는 전반적으로 직접 대화할 때보다는 글로 의사소통하는 솜씨가 훨씬 나았다. 그러나 #OneTeam의 무대에서 그는 놀랍도록 편안하고 자신감 있게 보였다. 이 행사는 사람들에게 도시를 새로운 각도로 볼 수 있게 하는 기회이자, 도시로서는 직원들의 마음을 살 수 있는 기회였다.

대체로 도시에게 인간미를 부여하려는 시도는 효과가 있었다. '스태프'라고만 불린 도시의 직속부하들과 도시는 금세 사흘짜리 쇼의 스타가 되었다. 직원들은 그의 아침 일상이 이상하다고 느꼈지만, 동시에 그것이 사랑스럽고 개인적이라고도 느꼈다. 도시의 부모인 마르시아와 팀은 조용하고 예술가적인 아들의 어린 시절 이야기를 전했다. 그 즉시 그들도 유명 인사가 되어 셀카를 찍어주고, 컨퍼런스가 끝나고 한참이 지나서까지 직원들과 트윗을 주고받았다. 사람들은 대부분 10분 동안 완전히 침묵하면서 무엇을 어째야 할지 몰랐기에 도시의 명상 시간이 불편하게 느껴졌다. 소금 주스를 마시는 것은 대부분의 직원이 절대 참여할 리 없는 사이비 집단에서 하는 일과 비슷했다. 하지만 그들은 트위터에서 일한 기간 전체보다 이 사흘 동안 도시를 더 많이 볼 수 있었다. 도시는 복도에서 사람들과 수다를 떨거나 사진 포즈를 취하며 그주를 보냈다. 그주가 끝날 무렵, 출장 요리 직원들은 사람들이 마실 소금 주스가 담긴 쟁반을 들고 컨퍼런스 센터를 돌아다니고 있었다.

사외 워크숍의 마지막날 밤, 트위터는 성대한 파티를 열었다. 트위터의 광고 제품을 책임지는 브루스 팔크는 전사 직원 앞에서 무대에 올라 브레이크댄스를 췄다. 도시의 직속부하인 다른 경영진 몇 사람은 군무를 추면서 옷까지 맞춰 입고 립싱크 배틀을 벌였다. CFO 네드 시걸은 목에 야광봉을 두르고 밝은 주황색 멜빵을 맸다. 미국 광고 영업부장인 JP 마후는 커다란 황금 체인을 걸고 모자를 뒤집어 썼다. 어느새 고개를 들어보니 벌랜드는 춤추는 직원들의 머리 위 높은 곳, DJ 부스에 있었다.

다음날 아침, 모두가 집이나 공항으로 향했다. 여름 캠프가 끝난 것처럼 느껴졌다. 직원들은 트위터에 관한 내부자 농담을 주고받았으며, 자신들의 직업이 얼마나 마음에 드는지에 관해 트윗을 남겼다. 많은 사람들이 #lovewhereyouwork라는 해시태그를 달았다. 트위터에서는 언제나 업계 평균보다 심한 직원 간 마찰이 일어났다. 그러나 트위터의 인사부에서는 이때 이후로 몇 달 동안 회사를 떠난 사람이 거의 없다는 걸 알게 되었다. 2008년부터 트위터에서 일했던 신뢰 및 안전팀 팀장 델 하비는 칭찬을 쏟아부었다. "@Twitter에서 보낸 시간 내내 나는 사람들이 #OneTeam 이후만큼 에너지 넘치고 열정적이고 협동할 준비가 되어 있는 모습을 본 적이 없는 것 같다."[4] 그녀는 이렇게 트윗을 남겼다. 월요일, 모두가 출근했을 때쯤 전 세계의 트위터 사무실 주방과 직원 식당에는 소금 주스 코너가 마련되었다.

하지만 이 한 주간에는 대단히 실망스러운 점이 하나 있었다. 도시가 특별한 연사를 초청했다는 소문이 돌았다. 그 연사는 유명 인사이자 절대 죽지 않는 트위터 사용자였다. 사외 연수의 마지막날, 댄스파티와 립싱크 배틀이 벌어지기 전에 도시는 모두에게 예정되었던 일정이 취소되었다는 나쁜 소식을 전했다.

도시는 무대 위를 어슬렁거리며 말했다. "외부 연사를 초청해 우리 서비스에 대해서, 우리가 하는 일과 우리가 개선할 수 있는 점에 관해 이야기하게 할 거라는 소문이 있었는데요. 불행히도 그 사람이 대단히, 대단히 바빠서 오지 못했습니다."

일론 머스크가 바빴던 것은 사실이다. 그해 초, 테슬라 CEO는 최신 전기차인 모델3의 생산량을 늘리기 위해 자신의 자동차 공장 바닥에서 잠을 자며 지냈다. 대부분의 날에는 샤워하거나 옷을 갈아입을 시간조차 내지 않았다. 7월 초반에는 상황이 좀 나아졌지만, 그는 여전히 '지옥에 한 발을 담그고' 있었으며 스트레스로 정신력이 소진된 상태였다. 당시에 일론 머스크는 이렇게 말했다. "엄청나게 힘들었습니다. 정신에 영구적인 흉터가 남은 것 같았습니다."[5]

위로하는 의미로, 도시는 머스크에게 와서 연설해달라고 청했을 때 주고받은 DM을 사원들에게 읽어주었다. 머스크는 연설 행사를 싫어하지만 트위터만은 예외로 하겠다고 말했다. "난 정말로 트위터를 좋아합니다. 트위터가 선한 영향력이라고 생각해요." 그는 도시에게 말했다. 도시가 이런 대화를 크게 읽어주자 청중은 환호했고, 도시 자신도 칭찬에 기분이 좋은 듯했다. "와, 멋진 일이죠." 도시는 인정했다. 그는 머스크가 다른 때에 돌아오리라고 약속했다.[6] 머스크가 트위터 직원들에게 응원 연설을 해줄 날까지는 아직 시간이 남아 있었다.

BATTLE
FOR
THE BIRD

2부

날다

6장

아프리카

2018년 6월의 어느 온화한 저녁, 잭 도시는 조지타운에 있는 카페 밀라노의 비공개 응접실로 슬쩍 들어갔다. 그곳은 백악관에서 그리 멀지 않은 이탈리아식 레스토랑으로, 큰 권력을 가진 사람들로 가득한 도시에서도 가장 큰 권력을 가진 사람들이 이끌리는 곳으로 유명했다. 도시는 비밀 만찬 때문에 이곳에 와 있었다. 손님 명단은 트위터에서 후원하는 행사치고 상당히 특이했지만, 그게 바로 중요한 점이기도 했다. 응접실은 우익 보수주의자와 정치 활동가로 가득했다. 도널드 트럼프 대통령의 대언론 보좌관인 메르세데스 슐라프가 와 있었고, 폭스 뉴스의 정치 평론가이자 라디오 진행자인 가이 벤슨도 와 있었다. 세금 인상에 맞서 싸우며 이력을 쌓아온 보수적인 정치 활동가 그로버 노르퀴스트도 그곳에 있었다. 오랫동안 폭스 뉴스 TV 진행자였던 그레타 반 서스터런도 보였다.[1]

회사는 도시에게 변명 기회를 주려고 이 만찬을 준비했다. 지난 몇 달간, 도시는 트위터의 '건전성'을 향상할 필요가 있다고 공개적으로 말해왔다. 건전성이라는 단어는 트위터에서 혐오 발언, 인종차별주의, 스팸 같은 온갖 문제를 다룰 때 쓰는 용어였다. 지난가을, 로즈 맥가원 회의 이후로 건전성은 트위터의 가장 중요한 과제가 되었다. 몇 년 전 '살아 있는'이라는 키워드가 그랬던 것과 상당히 비슷한 방식으로 분기별 실적 보고의 주된 내용이 건전성이었다. 3월에, 도시는 트위터에서 벌어지는 "대화의 건전성" 측정을 시작할 계획이라고 밝혔고, 회사에서는 이런 아이디어가 가능하기는 한 건지 알아보기 위해 연구 제안서를 검토[2]하고 있었다. 도시는 무언가를 개선하기 위해서는 그것을 측정할 수 있어야 한다고 생각했고, 트위터 사용자 간의 상호작용이 유익한지, 해로운지 판단하기 위해 새로운 측정 기준을 만들고 싶어했다. 트위터는 알고리즘에 따라 특정 트윗에 "공공의 대화를 왜곡하고 그 방향을 뒤트는 트롤 행위"[3]가 있다고 판단되면, 그런 트윗을 '더 보기'라는 딱지 뒤에 숨기겠다고 밝혔다. 이는 괴롭힘 혹은 분열적 행위와 연관된 것으로 보이는 트윗을 단속할 예정이라고 밝히는 모호한 방식이었다.

도시는 정치적 보수주의자들이 회사의 초점 변경에 위협감을 느낄까봐 걱정했다. CEO로서 그가 하는 일이 어쩔 수 없이 그를 불편한 자리로 몰아넣었다. 트위터를 관리한다는 것은 언론의 자유가 줄어든다는 의미였고, 보수주의자들은 이런 식의 교환에 만족하지 않았다. 트럼프 대통령이 돌격의 선봉에 섰고, 공화당 정치인과 보수주의 언론사 사이에는 소셜미디어 회사, 특히 트위터가 자신들에게 불리한 편견을 가지고 있다는 믿음이 점점 커졌다. 트럼프의 진영에 속한 사람들 중 #CrookedHillary 광고 캠페인 문제를 잊은 사람은 거의 없었다. 다음 해에, 트위터는 공화당 상원의원 후보 마샤 블랙번의 낙태 반대 영상을 '아기의 신체 부위 판매' 이야기가 나온다는 이유로 차단하기도 했다.[4] 2017년 후반에, 트위터는 트럼프 지지자 중 한 명인 로저 스톤의 계정을 정지시켰다. 그가 CNN 앵커들을 상대로 연달아 모욕적인 트윗을 날렸기 때문이다. 스톤은 소송을 걸겠다고 협박했다.[5]

트위터가 자유주의적이고 좌파에 치우친 직원들로 가득하다는 점은 더이상 이야깃거리도 아니었다. 보수파 정치인에게 불이익을 주기로 한 회사의 결정이 더욱 논란이 된 것도 바로 그래서였다. 다들 아는 얘기였다.

카페 밀라노에서 도시가 낸 메시지는 단순했다. 트위터가 건전성에 초점을 맞추는 이유는 사람들이 더 안전하다고 느끼게 하는 것이지, 우익 정치 이데올로기를 침묵시키려는 게 아니라는 말이었다. 그는 트위터의 변화가 보수파 사용자들을 겨냥한 것이 아니라고 맹세했고, 트위터의 운영 방식에 대해 온갖 의견을 가지고 있던 만찬 손님들의 불평과 피드백에 귀기울이며 그날 밤을 보냈다. 그중에서 일단 벤슨은 도시의 노력에 감사하며, 그날 늦게 도시에게 트윗을 보냈다. "오늘밤 워싱턴 D.C.에서 보수주의자들과 만나준 것에 대해 @jack에게 감사합니다. 신뢰를 쌓고, 다시 쌓기 위해서는—우리가 길게 논의했듯—많은 일을 해야만 합니다. 그래도 그 첫발은 실제로 대화를 나누는 것입니다."[6] 그날 저녁 중간에, 슐라프는 통화를 하러 잠깐 나갔다가 핸드폰을 쥐고 돌아와 그 방에 있던 트위터의 컨설턴트 중 한 명에게 대통령과 연결되었다고 속삭였다. 슐라프는 트럼프가 도시와 이야기하고 싶어한다고 말했다. 트위터의 CEO는 인사를 하려고 밖으로 나갔다가 몇 분 뒤 빠르게 돌아왔다. 아무도 그 사실을 눈치채지 못한 듯했다.

도시는 그해 여름, 평소보다 훨씬 많은 말을 했다. 카페 밀라노의 만찬은 트위터 CEO의 정치적 활동의 일부에 불과했다. 그의 활동에는 보수주의 정치 전략가인 론 크리스티를 고용해, 그쪽 사람들에게 자신을 소개하고 인맥을 쌓는 일도 있었다. 도시는 직전 달에 뉴욕의 보수주의자들과도 비슷한 만찬을 열었다. 맨해튼 한복판의 뉴스 코프 건물에서도 유명한 폭스 뉴스 진행자이자 라디오 출연자인 숀 해니티와 사적인 모임을 가졌다. 그는 극우 정치 활동가인 알리 알렉산더와도 개인적인 메시지를 주고받았다.[7] (알렉산더는 2021년 1월 6일, 트럼프가 대선에서 패배한 이후 '스톱 더 스틸'• 시위를 조직하는 데 도움을 주기도 했다.)

때론, 도시는 트위터의 비판자들을 설득해 자신을 찾아오게 만들기도 했다. 고등학생 및 대학생에게 보수주의 이념을 홍보하는 단체인 터닝포인트 USA 소속인 찰리 커크와 캔디스 오언스는 6월에 트위터 본부를 방문해, 도시와 수석 마케팅 담당자 레슬리 벌랜드를 만났다. 오언스는 가족계획연맹(Planned Parenthood)••과 미국의 복지 체계를 정기적으로 비

• 도둑질을 멈추라는 뜻으로, 트럼프가 재선에 실패한 뒤 보수파에서 민주당이 개표 부정으로 대통령직을 훔쳐갔다고 주장하며 벌인 운동이다.

•• 1916년 설립된 미국의 비영리 성·생식 건강 단체. 특히 저소득층과 청소년 등 의료 취약 계층을 대상으로 서비스를 제공하며, 미국 내에서 생식권을 둘러싼 논쟁의 중심에 있다. 진보 진영에서는 여성의 자기결정권을 보장하는 기관으로 평가하지만, 보수 진영에서는 낙태를 조장한다는 이유로 비판의 대상이 되곤 한다.

판했으며, 칸예 웨스트가 TMZ에 노예제도는 '선택'이었다는 말을 남겼을 때 그와 함께 있기도 했다.[8] 오언스와 커크는 둘 다 영향력이 큰 트럼프 지지자였으며, 도시와 만나기 겨우 몇 주 전에 오벌 오피스•에서 대통령과 만나기도 했다.[9] 트위터에서의 만남은 엘리베이터 근처, 중앙 로비 오른쪽에 있는 회의실에서 이루어졌다. 보통은 손님이 사무실을 돌아다니는 모습을 보여주고 싶지 않을 때 트위터가 활용하는 장소였다.

도시에게 이런 대화는 단순히 트위터를 방어하려는 노력이 아니었다. 그는 자유주의적이고 진보적인 신념을 가졌음에도 우파 정치에 개인적으로 강하게 이끌렸다. 도시는 정치적으로 분열된 집에서 자랐다. 그의 아버지는 공화당원, 어머니는 민주당원이었고 도시는 자신이 '중간 어딘가'에 속한다고 느꼈다.[10] 나중에 그는 늘 의견이 갈리는 부모를 둔 집안의 저녁식사 시간에 이루어지는 대화를 가치 있게 여긴다고 말했다.

어떤 사람들은 다른 힘도 작용했으리라고 의심했다. 도시는 유명 인사, 특히 뮤지션에게 푹 빠지곤 했다. 그가 사생활에서 받은 영향이 업무에도 영향을 끼치는 경우는 흔했다. 언젠가 도시는 래퍼 제이지를 트위터의 이사로 앉히려 했다. 심지어 이사회 의장 오미드 코르데스타니에게 로스앤젤레스로 날아와 샌빈센트 벙갈로에서 제이지와 식사를 하라고 하기도 했다. 그곳은 웨스트 할리우드에 있는 회원 전용 클럽으로, 너무도 배타적이어서 손님들은 핸드폰 카메라를 스티커로 가려야 했다.[11] 코르데스타니는 제이지가 이사회에 잘 어울리는 인물이 아니라고 생각했고,

• 백악관의 미국 대통령 집무실.

트위터는 이 약속을 그냥 넘겼다. 그러나 도시는 물러서지 않았다. 그는 몇 년 뒤, 우회적으로 다시 같은 시도를 했다. 자신이 운영하던 결제 회사 스퀘어가 휘청거리던 제이지의 음악 스트리밍 서비스인 타이달을 2억 9700만 달러에 매입하면서부터였다.[12] 이 거래로 수많은 사람들이 머리를 긁적였지만, 제이지는 결국 이사회에 들어왔다. 그저 도시가 운영하는 다른 회사의 이사회에 들어갔다는 점만이 달랐다.

2018년 여름에, 도시에게 가장 큰 영향을 끼치던 사람은 칸예 웨스트였다. 트위터의 CEO는 그를 예술가로서도 존경했지만, 개인적으로도 그와 연결되어 있다고 느꼈다. 4월에, 웨스트가 1년간의 침묵을 끝내고 다시 트위터에 합류하자 도시는 "돌아온 걸 환영합니다"라는 트윗을 남겼다. 얼마 뒤에는 로스앤젤레스에서 열린 칸예 웨스트의 생일파티에도 참석했다.[13]

도시가 보수주의자들과 접촉하던 시점에 웨스트는 오언스와 트럼프 대통령을 모두 완고하게 지지했다. 그는 대통령의 빨간 MAGA 모자를 쓰고 사진 속에서 포즈를 취하곤 했다. 트위터의 일부 사람들은 웨스트에 대한 도시의 존경심이 적어도 부분적으로는 보수주의 정치에 대한 그의 관심에 불을 붙였다고 의심했다. 도시는 심지어 같은 해 여름, 트위터의 #OneTeam 워크숍에 웨스트를 연사로 등장시키려고 막후에서 초조하게 움직이기도 했다. 웨스트의 새 앨범인 《예(Ye)》가 공개되었을 때, 도시는 "와우"라는 한마디 리뷰를 달아 링크를 트윗했다.[14]

공적으로 도시는 보수주의자들과의 접촉에 대해 비교적 단순한 설명을 내놓았다. "개인적으로, 나는 스펙트럼에서 좀더 보수적이거나 우파적인 수많은 사람들과 대화를 나누지 못했습니다. 그러니 첫번째 목표는 우리가 여기에 있다고 말하고, 존재감을 보이고, 나와 직접 이야기해본 적이 없으며 우리 조직도 성향상 끌리지 않는 사람들을 직시하는 것이었습니다."[15]

도시의 노력은 확실히 적절한 타이밍에 이루어졌다. 조지타운에서의 만찬 이후 몇 주가 지난 때였다. 테크 뉴스 플랫폼인 기즈모도는 지난해 가을 샬러츠빌에서 벌어진 우파 통합 집회시위를 조직한 인물 중 한 사람인 제이슨 케슬러를 포함한 백인 민족주의자 일부가 트위터의 검색 결과에 표시되지 않는다[16]고 보도했다. 다른 면에서 이건 별문제가 아니었다. 그러나 이렇게 영향을 받은 인물 중 다수가 트럼프 지지자였다. 그래서 이런 금지 조치에 정치적 의미가 있는 것처럼 보였다. 며칠 뒤, 바이스 뉴스에서는 트위터가 검색 결과에서 공화당 정치인들에게 '쉐도우 밴'을 먹이고 있다[17]고 보도했다. 사람들이 그들의 이름을 검색하려 해도, 사실상 이들이 표시된 결과에서 드러나지 않고 숨겨진다는 말이었다. 트위터는 이 문제를 버그 탓으로 돌리며, 머잖아 이 버그가 시정되었다고 밝혔다. 그러나 그때는 이미 트럼프가 기사를 보고, 이제는 5300만 명에 이르게 된 팔로워들에게 트윗을 보낸 뒤였다. "트위터가 유명 공화당 정치인들에게 **'쉐도우 밴'**을 때리고 있다는데 좋지 않다. 우리는 당장 이 차별적이고 불법적인 관행을 들여다볼 것이다! 불만이 아주 많다."[18] 그는 이렇게 썼다.

쉐도우 밴이라는 용어는 아직 널리 이해되는 단어가 아니었지만 머잖아 보수주의자들을 불러모으는 외침이 되었다. 이 용어는 소셜 네트워크에서 자사 서비스를 이용하는 다른 사용자에게 특정 사용자의 게시물이 표시되지 않도록 그 게시물을 비밀리에 가리는 전략을 뜻했다. 사용자는 계속 게시물을 올릴 수 있지만, 아무도 실제로 그 게시물을 볼 수는 없다는 말이었다. 트럼프의 트윗은 즉시 이 용어를 소셜 네트워크를 둘러싼 주류 담론의 장으로 끌어들였다. "'쉐도우 밴'은 무엇이며, 트위터는 공화당 계정에 '쉐도우 밴' 조치를 하고[19] 있을까?"《뉴욕 타임스》의 헤드라인이었다. 트위터는 트럼프가 트윗을 올린 날, 자체 블로그에 쓰나미처럼 밀려드는 불만에 맞서 싸우기 위한 글을 올렸다. 제목은 '쉐도우 밴의 진실'이었다.

트위터에서는 이렇게 썼다. "저희는 쉐도우 밴을 하지 않습니다. 더욱이, 정치적 견해나 이데올로기에 따라 쉐도우 밴을 하지 않는 것은 확실합니다."[20]

공화당원들은 트위터의 부인을 받아들이지 않았다. 트럼프가 비난의 합창을 시끄럽게 진두지휘하는 지금은 특히 그랬다. 몇 주 뒤, 트위터는 극우파 팟캐스트 운영자이자 라디오 출연자로서, 2012년에 20명의 아동 사망자를 낸 샌디후크 초등학교 총기 난사 사건이 '조작'이라는 음모론을 반복적으로 퍼뜨린 알렉스 존스의 계정을 정지시켰다. 어느 영상에서, 존스는 청취자들에게 언론사를 상대로 '전투용 소총'을 들 준비를 하라고 부추겼다. 이는 폭력을 선동해서는 안 된다는 트위터의 정책에 대한 위반이었다.[21] 존스는 페이스북과 유튜브에서도 계정 정지를 당했다. 트럼프는 이런 결정을 문제삼기로 한 듯, 며칠 뒤 트윗을 날렸다. "소셜미디어는 공화당원과 보수주의자의 목소리를 심각하게 차별하고 있다. 트럼프 정부를 대표해 분명히 말하건대, 우리는 그런 일을 가만히 두고 보지 않을 것이다. 소셜미디어에서는 우파의 수많은 사람들이 내는 의견을 차단하고 있다."[22]

트위터의 움직임이 합리적이었느냐, 아니냐는 중요하지 않았다. 보수주의자들은 트위터가 자신들을 공격한다고 느꼈다. 그들에게는 답이 필요했다. 그들은 도시가 그 답을 제공하기를 바랐다.

첫번째 청문회

2018년 9월 5일, 잭 도시가 의회에 증언하러 나왔다. 국회의원 조 바턴은 그를 어떻게 파악해야 할지 알 수 없었다. 바턴을 변호해보자면, 사실 도시는 사람들이 상장사 두 곳의 CEO를 떠올릴 때 예상하는 이미지에 거의 부합하지 않았다. 그는 코걸이를 하고, 넥타이 없이 목깃을 높이 세운 셔츠를 입고, 살짝만 희어진 길고 고르지 않은 턱수염을 기른 채 국회의사당에 등장했다. 워싱턴 D.C.의 지루한 기준에 비추어 보면, 법적으로 허용되는 선에서 가장 대담하고 도발적인 차림새였다. 게다가 도시는 에너지 및 상무 위원회 앞에서, 아이폰을 보고 개회사를 읽었다. 바로 그 자리에서 해당 내용을 트윗하기도 했다.[23] 도시를 청문회에 대비시키느라 트위터에서 고용했던 값비싼 컨설턴트들은 이 모든 일에 크게 당황했다. 그들은 핸드폰도 치우고, 코걸이도 빼고, 넥타이도 매라고 제안했지만 도시는 그들의 말을 무시했다.

바턴은 특유의 느릿느릿한 텍사스 사투리로 말했다.

"트위터의 CEO가 어떤 모습이어야 하는지는 모르겠지만, 그렇게 턱수염을 기른 모습을 보니 트위터의 CEO가 보여야 하는 모습 같지는 않군요."

"저희 어머니도 의원님과 같은 생각이십니다."

도시는 미소 지으며 대답했다. 그 말에 바턴을 비롯한 몇몇 사람이 웃었다.

대화의 나머지 부분은 그만큼 우습지 않았다. 공화당 소속인 바턴은 이후 몇 분 동안 도시에게 트위터가 보수파 사용자들을 검열하는 이유는 무엇이며, 그러기 위해 사용하는 방법은 무엇인지 물었다. 도시는 모두 발언에서 이미 트위터의 내부 자료를 보면 민주당과 공화당의 의원들이 트윗을 올리고 얻는 조회수 사이에는 "통계적으로 유의미한 차이가 없음"이 드러난다고 밝힌 터였다. 도시가 바턴에게 트위터는 사람들이 보는 것을 결정하는 데 사용하는 순위 알고리즘에 정치적 견해나 철학을 고려하지 않는다고 말하자, 바턴은 그냥 그의 말을 믿지 않았다. 그는 이렇게 대답했다. "받아들이기 어려운 말입니다. 당신 회사에서 보수주의자들을 차별한다는 점에 사람들이 대체로 동의하지 않았으면 우리는 이런 대화를 하고 있지도 않았을 겁니다. 그렇게 차별당한 사람 대부분이 우연히도 공화당원이고요."

이런 대화는 도시의 길고도 험난했던 하루를 요약해서 보여주었다. 그는 트위터의 콘텐츠 관리 방안에 관한 질문에 답하라는 의회의 소환을 받아 워싱턴에 와 있었다. '쉐도우 밴' 사건은 결국 공화당원들을 압박해 행동하게 했고, 도시는 오후의 상당한 시간을 미국 의원들 앞에서 트위터의 정책과 알고리즘을 변호하며 보내야 했다. 사우스캐롤라이나주의 하원의원 제프 던컨은 자신의 보좌진 중 한 명이 트위터에 가입하려 했을 때 팔로우하도록 추천된 계정이 전부 자유주의 정치인들의 것이었다고 불평했다. 던컨은 이렇게 덧붙였다. "도널드 트럼프는 정말이지 트위터 역사상 가장 성공적인 사용자입니다. 트럼프 대통령은 전통적인 언론을 우회하기 위해 전례 없는 방식으로 트위터를 활용했습니다. 당신 위치에 있는 사람이라면 그분을 폄훼하기보다는 그분의 성공을 축하해야 할 텐데요." 어느 순간 청문회는 극우파 음모론자인 로라 루머의 발언으로 방해받았다. 그녀는 일어서서 도시를 거짓말쟁이라고 비난했다. "너무 늦기 전에 우리를 도와주세요, 대통령님!" 그녀는 건물에서 퇴장당하기 전에 그렇게 소리쳤다. 그날 일찍 알렉스 존스가 나타나 청문회장 바깥 복도를 걸어다녔다. 그는 기자들에게 이렇게 하는 이유가 "나를 고발한 자들을 마주하기 위해서"라고 말했다.

도시의 하루가 유독 길었던 건, 그가 사실 두 건의 서로 다른 의회 청문회에 출석하러 워싱턴 D.C.로 날아왔기 때문이다. 아침에는 2016년 미국 대선에서 트위터가 수행한 역할에 관한 상원 청문회에 참석했고, 오후에는 정치적으로 편향되어 있다는 비난에 답하기 위한 하원 청문회에 참석했다. 아침에는 페이스북의 셰릴 샌드버그가 도시 옆에 앉아서, 대선에서 페이스북이 한 역할에 관한 질문에 답했다. 그녀가 수많은 화살을 대신 맞아주었으니 도시에게는 잘된 일이었다. 그러나 거의 4시간에 걸쳐 진행된 오후 청문회에서 도시는 혼자였다. 그의 답변이 조그마한 인상이라도 남겼다고 말하기는 어려웠다. 사람들이 피드에서 보는 내용을 결정하는 트위터의 소프트웨어 알고리즘은 공개되지 않았다. 설령 공개되었다 한들 의회에서는 누구도 그 내용을 눈곱만큼이나마 이해할 수 없었을 것이다. 이들 집단은 그저 도시의 말에만 덤벼들었다. 하루가 끝날 때쯤, 도시가 한 말이 충분하지 않았다는 건 분명히 드러났다. 트위터를 운영하는 것은 점점 더 복잡하고 진 빠지는 일이 되어갔다.

그러나 이 모든 일이 끝났을 때 트위터 팀원들은 이 시련을 좋게 느꼈다. 도시는 침착하고 예의 있었다. 그에 못지않게 중요한 것은 그가 창피를 당하거나 온라인에서 쉽게 바이럴로 번질 수 있는 어색한 대화에 발목을 잡히지 않았다는 점이었다. 그날 밤늦게, 트위터의 워싱턴 D.C. 지사에서는 도시가 이런 마라톤에 대비하도록 도와준 십여 명의 직원 및 조언자들이 모여 술을 몇 잔 마시며 청문회를 복기했다. 도시가 나타나자 이들은 첫 청문회에서 살아남은 것에 축배를 들었다. 도시는 그를 대비시켜 준 모든 사람에게 감사 인사를 한 뒤 방을 빙 돌아가며 모두를 하나하나 끌어안았다. 그런 다음, 그는 공항으로 가서 집으로 향했다.

우리도 변하고 있다

도시는 2018년 대부분 기간에 평소보다 많은 말을 했다. 그러나 11월에는 이런 불균형을 상쇄할 만큼의 침묵이 이어졌다. 트위터의 CEO는 동남아시아의 미얀마로 날아가 만달레이의 동쪽 언덕에 틀어박혀 있는 피인 우 륀이라는 작은 마을에 자리를 잡았다. 가장 가까운 국제공항에서 거의 두 시간 떨어져 있고, 트위터 본사와는 지구 반 바퀴 떨어진 곳이었다. 도시가 도착했을 때 미얀마는 여전히 국제사회가 대학살로 규정한 사건으로 인해 비틀거리고 있었다. 대부분 이슬람교도인 소수민족 로힝야는 미얀마의 군부까지 장악한 다수의 불교도들과 수년간 충돌하는 와중에 많은 수가 살해되거나 쫓겨났다.[24] 군의 프로파간다 활동 중 아주 많은 부분이 페이스북을 통해 공유되고 전파되면서, 정치와 문화에서 소셜 네트워크가 하는 역할에 관한 심각한 문제가 다시 제기되었다.

그러나 도시는 다른 이유로 미얀마에 왔다. 때는 그의 42번째 생일이었고, 그는 상상할 수 있는 가장 편안한 방식으로 생일을 기념하기 위해 그 먼 미얀마까지 온 것이었다. 그는 열흘짜리 침묵 명상 수련회에 참가했다. 그가 도착한 시설은 도시 외곽에 자리잡고 있었다. 비파사나라는 아주 오래된 형태의 명상법을 가르치는 곳이었다. 도시의 말을 빌리자면 수련회의 목적은 "정신의 가장 깊은 층을 찢어발겨 다시 프로그래밍함으로써" 자신의 고통과 쾌락의 감각을 더 의식적으로 깨닫는 것이었다. 그는 나중에 이런 트윗을 올렸다. "사람들은 흔히 명상이란 종종 차분하게 긴장을 풀어주는, 세상 모든 소음을 해독해주는 행위라고 생각합니다. 비파사나는 그렇지 않습니다. 비파사나는 신체적으로나 정신적으로나 극도로 고통스럽고 부담이 심한 일입니다."[25]

도시는 1주일 이상 간이침대에서 자며 하루에 10시간 이상 명상했다. 글을 읽거나 쓸 수도 없었고, 음악도 허락되지 않았다. 당연히 트위터도 없었다. 수련생들은 서로 눈도 마주쳐서는 안 되었다.[26] 어느 날 밤, 이들 집단은 동굴에서 명상했고 도시는—검은 비니에 검은 운동복, 검은 반바지를 입고 턱수염을 잔뜩 기른 인질 같은 모습으로—모기에게 117번이나 물렸다. 그런 뒤에야 다행스럽게도 조명의 퓨즈가 꺼지며 모두가 어둠 속에 빠졌다.[27]

도시가 트위터의 정식 CEO로 복귀한 지 3년이 더 지났다. 두 개의 일자리를 갖는 데서 오는 스트레스에 대처하기 위한 그의 삶의 방식은 유의미하게 진화했다. 매일 아침에 하는 명상은 점점 길어졌다. 그는 저녁에도 명상을 했다. 보통은 명상 시간이 합쳐서 하루 두 시간이었다. 도시는 식단을 손보고 단식을 시도하기도 했다. 때로는 1주일 내내 한 끼도 먹지 않았다. 그는 냉수 샤워와 얼음 목욕을 하기 시작했으며, 통나무 사우나를 사용해 체온을 급격히 바꾸었다. 일부러 불편함을 감수하는 이런 생활방식을 따르는 다른 테크 광들도 생겨났다. 《뉴욕 타임스》는 도시를 "실리콘밸리의 귀네스 팰트로"라고 불렀다.[28]

그러나 팰트로와 달리 도시는 무언가를 팔려는 게 아니었다. 그는 단지 자신을 불편한 상황에 몰아넣는 정신적 도전을 즐기는 기니피그에 불과했다. 피트니스계의 현자이자 『무한(Boundless)』이나 『건강한 영혼(Fit Soul)』을 쓴 작가인 벤 그린필드와 함께 팟캐스트에 출연했을 때, 도시는 신체적인 고통이 삶의 다른 면에서 자신을 더 자신감 있게 만들어준다며, "상온에서 추운 상태로 바로 들어갈 수 있다는 사실보다 정신적 자신감을 불어넣는 일은 없습니다"[29]라고 말했다.

도시가 자신의 몸을 실험하는 동안, 모두가 트윗을 올리기 위해 활용하는 트위터 서비스는 눈에 띄게 정체되었다. 트위터는 2019년 봄 이후

꾸준히 성장했다. 그러나 이런 성장은 트럼프 대통령이 정기적으로 올린 충격적 트윗 덕분으로, 회사에서 새로운 기능을 거의 개발하지 않았다는 사실을 가려버렸다. 도시가 CEO로 처음 복귀했을 때, 트위터는 몇 가지 중요한 변화를 시도했다. 트윗에 순위를 매기는 알고리즘을 도입한다거나 NFL을 위한 동영상 생중계 기능을 만드는 것 등이었다.

하지만 그 이후로 트위터는 새로운 콘텐츠 정책을 만들고, 트위터 앱을 점차 개선하는 데 주로 초점을 맞추었다. 무턱대고 회사의 영상 생중계 영역을 개척했던 CFO 앤서니 노토는 2018년 초에 트위터를 떠나 파이낸스 서비스 회사인 소파이(SoFi)의 최고경영자가 되었다. 인간 불도저 역할을 할 노토가 없어지자 트위터의 영상 생중계 개발 노력은 빠르게 힘을 잃었다. 트위터는 여전히 알고리즘에 변화를 주어, 예컨대 사람들에게 더 관련성 높은 트윗을 보여주거나 사용자들이 누군가의 인종차별주의적 발언을 쉽게 신고할 수 있도록 했다. 그러나 이런 변화는 서비스 개발의 세계에서는 사소한 것이었다. 때로는 트위터가 새로운 서비스를 개발하거나 새로운 사용자를 찾아나서지 않고, 이미 보유한 사람들만을 붙들고 있으려고 처절하게 노력하는 것처럼 보였다.

트위터의 무기력은 소셜미디어 업계의 다른 기업을 둘러볼 때 유독 두드러졌다. 남쪽 로스앤젤레스에서는 에반 스피겔이 청소년들에게 스냅챗을 통해 의사소통할 새롭고 기이한 방법을 툭하면 내놓고 있었다. 얼굴을 개처럼 보이게 만들어주는 사진 필터나, 24시간이 지나면 사라지는 '스토리'라는 이름의 포스팅 기능 등이 그 사례였다. 페이스북에는 인스타그램, 왓츠앱, 가상현실 헤드셋 등의 다양한 제품군이 있었으며, CEO

마크 저커버그는 두어 달에 한 번씩 새로운 독립적 앱을 출범시켰다. 이런 앱 대부분이 실패한 건 분명했지만, 중요한 건 페이스북이 지속적으로 새로운 시도를 한다는 점이었다. 최소한 이들은 스냅챗이 떠올린 것들을 베끼려 노력하기라도 했다. 바이트댄스라는 중국의 거대 테크 기업이 소유한 영상 앱인 틱톡도 짧고 반복적인 영상에 초점을 맞춘 덕에 미국에서 대박을 터뜨리고 있었다. 트위터 자체의 틱톡이라 할 수 있는 바인은 몇 년 전 폐지된 터였다.

트위터의 제품 침체는 개발 천재라는 도시의 명성을 생각해보면 실망스러운 현실이었다. 문제는 트위터에 제품군 전체를 총괄하는 일관성이 없었다는 것이다. 그래서 트위터는 주요 제품을 거의 매년 교체했다. 주기적인 전환은 여러 프로젝트가 언제나 무한 대기상태에 빠져 있었으며, 우선순위가 정기적으로 바뀌었다는 뜻이었다. 2018년 여름, 도시는 마침내 멘티 중 한 명인 케이본 베이크푸어를 고위직에 앉혔다. 이 시점에 베이크푸어는 2014년 이후로 트위터의 개발부서를 운영해온 여섯번째 사람이었다. 트위터를 다룬 테크 기자인 케이시 뉴턴은 이 직업을『해리 포터』시리즈에 나오는 호그와트 어둠의 마법 방어술 교수 역할에 비유했다. 호그와트에서는 매년 해당 과목의 교수가 불행한 사고나 선정적인 사건에 연루되어 자리를 비워야 했기 때문이다.《배니티 페어》에서는 트위터의 개발 담당은 '저주받은' 일이라고 농담했다.[30]

더 큰 문제는 도시가 의사결정을 피했다는 사실이다. 그는 트위터의 작업을 촉진할 어떤 종류의 제품 개발 방향이나 요구사항도 강제하지 않았다. 다른 유명한 테크 기업 CEO들은 훨씬 더 장악력이 있었다. 페이스북에서는 저커버그가 특정 제품에 너무 광적으로 달려들어, 그 개발이 끝날 때까지 회사 전체가 '감금' 상태에 들어갔다. 아마존에서는 제프 베이조스가 이 회사의 음성인식 어시스턴트인 알렉사를 만들어야겠다는 아이디어를 직접 떠올렸다. 그뿐만 아니라 이 프로젝트를 세세하게 관리하고 점점 더 경쟁적으로 빨리 출시하기 위해 경영진을 몰아붙이며 몇 년을 보냈다.[31]

도시는 다르게 일했다. 그는 직속부하들에게 대부분의 경영과 의사결정을 직접 하라고 요구하고, 본인은 조언자 역할을 했다. 그는 자신의 주된 일이 질문을 던지는 것이라고 믿었다. 도시는 2019년에 이렇게 말했다. "내가 어떤 결정을 해야 한다면, 그건 회사에 문제가 있다는 뜻이라고 봅니다. 내가 결정을 내려야만 한다면 그건 우리 회사 사람들, 우리 팀원들에게 결정을 내릴 힘이 없다는 뜻이니까요."[32] 도시는 합의를 특별히 중요하게 여겨 종종 고위급 직원들에게 중요한 결정과 전략에 대해 집단으로서 논의하라고 요구했다. 이들이 참여하는 월요일 회의는 보통 4시간씩 이어졌다. 이는 수많은 관점들이 표현되도록 하는 포용적이고 외교적인 경영법이었다. 동시에 이는 심히 느리고 끊임없는 어림짐작을 요구하는 과정이기도 했다. 변화를 밀어붙이거나 새로운 기능을 요구하는 강력한 CEO가 없었기에 트위터는 소심했다. 회사 내부에는 새로운 기능을 도입하는 것을 대체로 두려워하는 기류가 있었다. 트위터가 새로운 일을 시도할 때마다 가차없이 비판하는 사용자들이 폭동을 일으키거나 미묘하게 불어나는 사용자 수 성장세에 방해가 될까봐서였다.

베이크푸어는 더 공격적이었다. 겨우 29세인 그는 젊고 야심이 많았으며 자기주장이 강했다. 상관보다 훨씬 목소리가 컸다. 2018년, 도시가 그를 제품 개발 팀장으로 앉혔을 때 베이크푸어는 이미 그의 직속부하로 몇 년간 일해온 상태였으나 여전히 창업가 정신을 가지고 있었다. 그는 베이에어리어에서 어린 시절을 보냈고 스탠퍼드를 졸업했으며, 더 크고 새로운 아이디어를 찾고 있었다. 그는 사람들에게 트위터에 변화할 수 없거나 다시 상상할 수 없는, "겁먹은 참새"는 없다고 말했다. 트위터는 더 많은 제품 변화를 빠르게 실험하기 시작했다. 2019년 초반에는 사람들이 더 많은 사진과 영상을 트윗하리라는 기대로 새로운 카메라 기능을 도입했다.[33] 'twttr'라는 별도의 앱을 출범시키기도 했다.[34] 이는 회사에서 새로운 기능을 시험할 때 사람들이 시제품을 체험해보도록 만든 전용 앱이었다.

또다른 거창한 아이디어는 영상팀의 제품 관리자인 모 알 아드함이 냈다. 그는 트위터 사용자 수에 관한 우려를 베이크푸어에게 전달했다. 매일 계정에 접속하는 사람의 수가 늘고 있기는 했지만, '원본' 트윗을 올리는 사람의 퍼센트는 줄어들고 있었다. 다양한 이유로 트윗을 올리는 것은 무서운 일이 되었다. 뭔가를 포스팅하고 공격당하거나, 몇 년 뒤에 후회할 무언가를 올리거나, 아무도 보지 못할 게시물을 올릴 가능성이 언제나 존재했다. 그 결과, 수많은 사용자들은 트윗을 '임시보관함'에 보관했다. 뭔가를 쓰긴 했지만, 절대로 전송 버튼을 누르지 않고 보통은 절대로 오지 않을 어느 훗날을 위해 저장해놓았다는 뜻이다.

이 문제를 해결할 한 가지 방법은 트윗을 짧게만 노출하는 것, 게시물이 절대 영원히 존재할 수 없도록 하는 것이었다. 사라지는 게시물은 이미 스냅챗이나 인스타그램 같은 다른 소셜 네트워크에서 놀랍도록 인기를 끌고 있었다. 두 서비스 다 스토리 기능이 있어서 사람들이 올린 사진과 영상이 24시간 만에 사라졌다. 알 아드함도 트윗에 따르는 '영구성'을 제거하기를 기대하며 빠르게 사라지는 무언가를 만들고 싶어했다. 그의 아이디어는 스크리블스라고 불렸다. 이는 24시간 후에 사라진다는 점에서 스토리와 비슷했지만, 대체로 사진이나 영상이 아닌 글을 위한 기능이었다. 사람들은 다양한 폰트와 색깔을 이용할 수 있었고, 다른 사용자와의 '공동 포스팅'으로 더 상호적인 포스팅을 할 수도 있었다. 도시와 베이크푸어는 이 아이디어를 마음에 들어했다. 2019년 초에 알 아드함은 트위터가 실사용 환경에서 시험해볼 수 있는 무언가를 만들어도 좋다는 청신호를 받았다.

그해 늦게, 베이크푸어는 다른 중요한 제품 변화를 감독했다. 트위터를 사용하기가 그토록 어려웠던 또 한 가지 이유는 팔로우할 사람의 명단을 관리하는 데 너무 많은 시간과 노력이 소모된다는 점이었다. 누군가가 가장 좋아하는 스포츠팀 소식을 팔로우하려고 트위터에 가입했다고 하자. 관련 소식을 모두 얻으려면, 수동으로 선수와 코치, 해당팀을 다루는 기자들을 찾아 하나씩 팔로우해야 했다. 2019년 후반에 트위터는 사람들이 스포츠팀, 밴드, 유명인 등의 '주제'를 팔로우할 수 있게 하여 모든 일을 더 쉽게 만들었다. 예컨대 누군가가 '시애틀 시호크'를 팔로우하면 트위터는 소프트웨어 알고리즘을 활용해 해당팀과 관련된 트윗을 찾아 사용자의 피드에 넣어주었다. "대화가 알아서 당신을 찾아올 것입니다."[35] 트위터는 블로그에 이렇게 적었다.

최소한 베이크푸어는 무언가 다른 것을 시도했다. 그는 실제로 새 제품을 만들고 있었다.

트럼프와의 대화

도널드 트럼프 대통령은 2019년 4월 23일 화요일에 잠에서 깨어, 아침에 주로 하는 일을 했다. 트위터에 불평을 쏟아놓은 것이다. 그는《뉴욕타임스》를 "민중의 적"이라고 부르며 "극좌파 민주당원들이 (중략) 완전히 돌았다!"고 지적했고, MSNBC의 조 스카버러에 대해 "화가 난 멍청이, 역겹다"라고 말했다. 이어 트럼프는 트위터 자체로 관심을 돌려 이 서비스가 "대단히 차별적"이라고 불평하며 트위터에서 자신의 팔로워 일부를 삭제했다고 비난했다. 그는 당시 6천만 명 정도였던 그의 팔로워 수에 대해 "트위터가 정치 게임을 하지만 않았어도 훨씬 많았을 것"이라고 적었다. "의회에서 끼어들고 싶어하는 것도 무리는 아니다. 끼어들어야 한다. 말을 할 수 있게 해주는 더 공정한 회사가 더 많이 생겨야 한다!"

트럼프가 트위터에 대해 불평하는 건 더이상 특이한 일이 아니었다. 그러나 이번 트윗은 유독 타이밍이 절묘하게 맞았다. 트럼프가 이 트윗을 올리고 몇 시간 뒤, 잭 도시는 오벌 오피스에 서 있었다. 트럼프가 자신의 조언자이자 소셜미디어 팀장인 댄 스카비노를 통해 도시를 불러들였던 것이다. 트위터 CEO는 법무 담당자인 비자야 가데와 국제 공공정책 팀장 콜린 크로웰 등 소규모 수행단을 데리고 왔다.

트럼프가 매일 트위터에 매우 적대적으로 굴었다는 점을 생각하면 직접 만났을 때의 그는 의외로 우호적이었다. 도시는 지난 몇 년간 세계 지도자들을 몇 명 만나봤는데, 그들은 보통 도시가 데려온 직원들을 무시했다. 트럼프는 아니었다. 그는 모두와 악수하고 사람들이 결단의 책상• 에 둘러앉을 수 있도록 의자를 가져왔다. 그런 다음, 트럼프는 본론으로 들어갔다. 그는 팔로워 수에 불만을 제기했다. 대통령은 트위터가 팔로워 수를 제한하는지, 일부러 삭제하는지[36]는 몰라도 그의 실제 팔로워 수를 고의적으로 조작한다고 걱정했다. 트럼프는 비슷한 걱정을 하는 다른 공화당 정치인 몇 명의 이야기를 들었다고 말했다.

도시는 그건 사실이 아니라고, 트위터는 종종 스팸 계정을 대량으로 삭제하는데 그것이 수백만 명의 팔로워가 있는 사용자들에게 영향을 줄 수 있다고 트럼프를 안심시켰다. 그는 또한 트럼프에게 트위터에서 교양 있고 건전한 대화를 하는 것의 중요성을 이야기했다. 트럼프의 계정 같은 유명 계정은 다른 사람들이 트윗하는 방식에도 영향을 준다고 덧붙였다. 회의가 끝날 때쯤 부통령 마이크 펜스가 들어와 인사했고, 트럼프는 그를 도시에게 소개했다. 대통령은 도시가 두 개의 서로 다른 회사를 세운 창업가라는 점을 인상 깊게 본 듯했다. 그날 오후, 트럼프는 자신의 트위터 계정에 회의 사진을 올렸다. "오늘 오후 회의는 아주 좋았다. 플랫폼과 소셜미디어의 세계 전반에 관한 수많은 주제를 다루었다. 열린 대화를 계속할 수 있길 바란다!"[37]

• 레졸루트 데스크. 1880년 영국 빅토리아 여왕이 미국 대통령에게 선물한 책상으로, 백악관 오벌 오피스에 놓여 있다.

트위터와의 휴전은 열하루만 이어졌다. "소셜미디어와 가짜뉴스 미디어는 동업자인 민주당이 그렇듯 스스로 초래한 문제를 전혀 모르고 있다." 트럼프는 트위터가 폭력적 해시태그를 올린 배우 제임스 우즈의 계정을 정지한 5월 4일에 이런 글을 올렸다. **"매우 불공평!"**[38]

아프리카에서 얻은 이야기들

잭 도시는 2019년 여름과 가을에 여행을 많이 다녔다. 6월에는 프랑스 대통령인 에마뉘엘 마크롱을 만나러 파리에 갔고, 나중에는 파리 패션 위크에 참석해 그가 가장 좋아하는 디자이너인 릭 오언스의 패션쇼를 맨 앞자리에서 보았다.[39] 릭 오언스는 도시가 어마어마하게 존경하는 인물로, 도시는 그의 옷을 종종 입었다. 도시는 고향인 미주리주의 마이클 브라운 기념관에 방문해, 몇 년 전에 사망하면서 퍼거슨 시위의 계기가 되었던 그를 기념하기도 했다. 그런 뒤에는 뉴질랜드로 가서 총리 저신다 아던을 만났다. 둘은 그해 초에 크라이스트처치에서 발생한 모스크 총기 난사 사건이 페이스북을 통해 방송된 이후 트위터에 업로드된 사건과 관련하여 소셜미디어 사이트에서 테러와 관련된 내용을 제거해야 한다는 점에 대해 의논했다.[40]

9월 중순, 도시는 스태프를 캘리포니아 해안에 있는 빅 서로 데려가 간부 워크숍을 했다. 이곳에 태평양이 내려다보이는 도시의 집이 있었다. 그들은 지난 몇 년간 조슈아 트리 등 다른 곳에서 열린 워크숍을 포함해, 이런 워크숍에 몇 차례 참여해왔다. 2018년 초반에 열린 이전의 워크숍에서, 도시는 레이 달리오를 초대해 사람들과 이야기를 나누도록 했다. 달리오는 브리지워터라는, 세계에서 가장 큰 헤지펀드를 창립한 억만장자였다. 그는《뉴욕 타임스》베스트셀러인『원칙』의 작가이기도 했는데, 이 책에는 '근본적 투명성'이라는 개념 등 몇 가지 지침이 제시되어 있었다. 이 개념은 도시와 아주 잘 맞았다. 달리오는 회의 때 실시간으로 동료의 순위를 매기는 소프트웨어 '닷 콜렉터'를 도입하라고 트위터 지도자들을 설득하기도 했다. 이 소프트웨어는 터무니없고 불필요하게 느껴졌고, 직원들은 그 아이디어를 그냥 넘겼다.

그러나 2019년 9월, 빅 서에 모인 사람들에게는 의논할 다른 문제가 있었다. 트위터의 간부들은 지난 몇 년 동안 점점 더 긴밀해졌다. 부분적으로는 지금과 비슷한 사외 워크숍 때문이었지만, 도시의 경영 스타일이 똘똘 뭉친 집단을 만들어냈기 때문이기도 했다. 합의에 도달하려는 도시의 노력과 구성원 전체를 중요한 경영상의 결정에 참여시키려는 그의 성향은 간부들이 트위터의 온갖 문제에 대해 긴밀히 협력하게 했다. 방임에 가까운 도시의 스타일과 그가 여전히 스퀘어를 운영하고 있다는 사실 탓에 이런 전략은 더욱 두드러졌다. 이들은 싸우기도 하고 의견 합치를 이루지 못하기도 했으나, 트위터가 극적인 상황을 헤쳐갈 때면(이런 일은 자주 벌어졌다) 늘 함께였다. 트위터 내의 몇몇 직원들은 간부들이 때로 경영진이라기보다는 가족처럼 움직인다고 생각했다. 사기를 진작하고 문화를 만드는 데는 좋았지만, 일을 처리하거나 특정인에게 책임을 물리기에는 좋은 방법이 아니었다.

빅 서에서 이런 단점을 주로 논의했다. 간부들은 어떤 경영진이 회사의 어떤 결정을 책임져야 하는지 알아보았다. 트위터 규모의 회사에서 하기에는 비교적 초보적인 활동으로 보였다. 그러나 이 부분이 완전히 확립되지 않으면, 모든 일이 일상적으로 느려지기 마련이었다. 여러 날 지속된 워크숍의 다른 활동들은 좀더 즐거웠다. 이들은 함께 명상하고, 근처에 있는 빅 서 베이커리에서 저녁을 먹었다. 직원들이 도시의 집 바닥에 앉아 저녁을 먹은 날 밤에 도시는 음악가 몇 명을 초대해 파티오에서 아프리카식 북을 치게 했다. 이 모임은 엄청난 음주가무로 이어졌다. 태양이 천천히 수평선으로 가라앉았다. 다들 집에 돌아갈 시간이 되었다. 이들은 트위터가 새로 확립한 선명성이 회사를 더 빠르게 만들어주리라 기대했다.

11월, 도시는 43번째 생일쯤 또 한번 열흘짜리 조용한 여행을 떠났다. 이번의 목적지는 남아프리카였다. 겉으로 보기에 타이밍이 이상적이지는 않았다. 트위터는 하루 만에 주가가 20퍼센트 폭락하는 결과로 이어진, 실망스러운 실적보고를 막 낸 참이었다. 회사의 광고 기술에서 발생한 오류가 수익에 심각한 해를 끼쳤던 것이다. 더 나쁜 건 4분기에도 계속 이 문제로 수익성이 나빠질 거라고 회사가 발표[41]했다는 점이었다. 4분기는 줄곧 트위터의 성수기였다. 도시는 방금 트위터가 모든 정치광고 판매를 중단할 거라는 깜짝 발표를 하기도 했다. 이런 움직임에는 합당한 이유가 있었다. #CrookedHillary 캠페인의 실패 등 2016년 선거의 재앙은 여전히 트위터를 비롯한 소셜미디어 업체들의 악몽이었다. 트럼프 대통령은 온라인에 일상적으로 거짓 정보를 올렸고, 이 때문에 트위터는 그의 게시물을 팩트체크하라는 압력을 받았다. 그의 정치광고를 팩트체크하는 것은 악몽 같은 시나리오가 될 것이 뻔했다. 도시는 2020년 대선 시즌이 오기 전에 정치광고를 전면적으로 차단하는 것이 더 간단하다고 생각했다. 트위터에게 나쁜 일은 이 결정으로 수백만 달러의 수익을 버려야 한다는 점이었다. 트위터 주가는 이 소식이 전해지자 4퍼센트 하락했다.[42]

도시는 휘몰아치는 부정적인 기운에도 신경쓰지 않았다. 형편없는 실적보고가 이루어지고 몇 주가 지난 뒤, 그는 11월 대부분을 아프리카 대륙에서 보내려고 비행기에 올랐다. 그는 주로 이야기를 들으려고 아프리카로 갔다. 사하라 이남의 아프리카에는 10억 명 이상의 사람들이 살고 있었는데, 이는 거의 미국과 유럽의 인구 전체를 합한 정도였다.[43] 그중 많은 지역에는 그때까지도 인터넷을 접해보지 않은 사람이 많았다. 도시는 그 잠재력을 알았다. 언젠가 트위터와 스퀘어의 고객이 될 사람들에게서 피드백을 듣는다는 면에서도 그랬지만, 아프리카 테크 현장을 더 잘 이해하기 위해 창업가들을 만난다는 점에서도 그랬다.

도시는 나이지리아에서 출발해 트위터 경영진 몇 명을 만났다. 1주일간 도시와 함께한 이들 중에는 개발 팀장 베이크푸어, 엔지니어 팀장 마이크 몬타노, CTO 파라그 아그라왈, 그리고 스포츠 파트너십 팀장인 TJ 아데숄라가 있었다. 도시의 수석 보좌관인 시에라 로드도 여행에 함께했는데, 그가 대부분의 일정을 준비했다. 이들은 지역의 기업가들과 만나러 온 것이기도 했지만, 새로운 아프리카 지사를 차릴 지역으로 나이지리아를 탐색하려고 온 것이기도 했다. 이들은 응고지 오콘조-이웨알라라는, 나이지리아의 전직 재무부 장관이자 트위터 이사회 구성원을 만났다.[44] 아부자에 있는 아프리카과학기술대학교 학생들과 이야기를 나누기도 했다. 어느 행사에서 베이크푸어는 청중 가운데 있던 창업가에게 너무 깊은 인상을 받은 나머지 그에게 당장 트위터에 취직할 것을 제안했고, 결국 회사에서는 그를 외주 인력으로 고용했다. 며칠 뒤, 이들은 가나로 날아가 케이프코스트 캐슬을 방문했다. 약 200년 전, 아프리카인 포로들이 노예로 보내지기 전에 잡혀 있던 영국의 오래된 요새였다. 이어 도시는 트위터 동료들을 놔두고 남아프리카공화국으로 날아가 열흘간의 조용한 휴식을 취했다. 그런 뒤 혼자 에티오피아로 가 조금 더 이야기에 귀기울였다.

이 여행은 몇 가지 이유로 유의미했다. 트위터의 경영진과 함께했던 여행 초기에 이들은 도시가 만들고 싶어하던 탈중앙화된 소셜 네트워크 프로토콜에 관해 아주 많은 이야기를 나누었다. 이는 블루스카이라 불렀다. 블루스카이는 어떤 단일 회사도 소유하거나 통제하지 못할 터였다. 트위터는 도시가 아프리카에서 돌아오고 겨우 몇 주 뒤에 블루스카이를 만들 소규모 독립 그룹에 자금을 대겠다는 계획을 발표했다.[45] 여행에 참여했던 아그라왈은 결국 내부에서 이런 노력을 진두지휘하게 되었다. 한편, 도시는 아프리카를 떠날 때쯤 비트코인에 대해서도 더 깊이 이해하게 되었다. 이 암호화폐는 만들어진 지 10년째였으나 여전히 테크 광이나 투기꾼들이 주로 보유하고 이용했다. 도시는 여행을 떠나기 한참 전부터 비트코인 팬이었고, 몇 년 동안 스퀘어의 제품에 비트코인을 활용해왔다. 또한, 아프리카에서 그는 비트코인이 아프리카에 만연한 수많은 은행 관련 문제에 대한 해결책이라 믿는 기업가들을 만났다. 가장 매력적인 점은 이 디지털 화폐가 특정한 은행이나 국가에 의해 주조되지도 통제되지도 않는다는 점이었다. "비트코인을 느껴보고 싶고, 비트코인이 왜 실용적이며 필요한지 알고 싶다면 아프리카에서 조금만 살아보세요." 도시는 몇 달 뒤 비트코인에 대해 이렇게 말했다. "정부가 무슨 짓을 하려 하는지, 정부가 어떻게 나라를 팔아치우려 하는지, 화폐라는 도구를 통해 정부가 얼마나 큰 통제력을 행사하는지 지속적으로 주의해야 하는 국가에서 시간을 보내보라는 말입니다."[46] 이 여행은 도시의 내면에 불을 지폈다. 그는 암호화폐와 블록체인 기술 때문에 어느 때보다도 신이 나서 집으로 돌아갔다. 당시만 해도 미국에서 비트코인을 이해하고 제대로 가치를 평가하는 사람은 거의 없었다.

11월 말이 가까워졌다. 도시는 에티오피아의 아디스아바바 볼레 국제공항에서 이륙하며 핸드폰을 꺼내 한 달짜리 모험을 기리는 트윗을 올렸다. "아프리카를 떠나서 슬픕니다. ……당분간 떠나는 거지만요. 미래는 아프리카가 결정할 겁니다(특히 비트코인의 미래를요!). 정확히 어디서 살지 확실히 정해진 건 아니지만, 2020년 중반쯤 여기서 3~6개월 지낼 생각입니다. 작은 부분이나마 경험한 건 고마운 일이었습니다."[47]

이 경솔한 트윗은 샌프란시스코에서 폭발적인 반응을 일으켰다. 도시는 이미 두 개의 회사를 동시에 운영하고 있었다. 사람들은 그런 그가 반년 동안 약 1만 3천 킬로미터 떨어진 곳에서 살 계획이라는 걸 알고 놀랐다. 기습을 당한 건 직원들만이 아니었다. 트위터의 이사회 구성원 중에도 아프리카에서 살겠다는 CEO의 계획에 대해 아는 사람은 전혀 없었다. 이들은 도시의 트위터 계정에서 그 소식을 알게 된 것이 불만스러웠다. 트위터의 주주들도 마찬가지로 놀라고 불쾌해했다. 도시는 자신이 방금 평생에 가장 큰 파장을 낳을 트윗을 올렸다는 걸 알지 못한 채 집으로 가는 비행기에 올랐다.

7장

#OneTeam, 2부

2020년 1월, 잭 도시는 휴스턴 시내의 조지 R. 브라운 컨벤션 센터 무대에 올랐다. 그는 타임스퀘어의 거리 공연자처럼 보였다. 흰 우주복 헬멧을 쓰고, 반짝이는 은색 바지를 입었으며, 흰색 통굽 부츠를 신고 있었다. 무릎까지 오는, 펑퍼짐한 흰색 스키 재킷이 다른 모든 아이템을 덮고 있었다. NASA의 고장에 경의를 표하는 복장이었다. 도시는 돌아서서, 재킷 뒤에 검은 글씨로 커다랗게 쓰인 메시지를 드러냈다. #OneTeam.

트위터가 샌프란시스코에서 첫번째 회사 전체 워크숍을 연 지 겨우 18개월밖에 되지 않았다. 하지만 첫 워크숍이 새로운 사원을 모집하고 기존 사원을 유지하는 등 양면에서 너무도 어마어마한 성공을 거두었기에, 트위터 경영진은 재빨리 행사를 한 번 더 열 계획을 세웠다. 지난번과 마찬가지로 트위터는 이제 4800명에 이르는 전 직원을 비행기에 태워 사흘짜리 행사를 하러 휴스턴으로 갔다. 직원들은 트위터의 우선순위와 목표를 개략적으로 그려보는 세션에 참여했다. 어느 날 아침에는 모두가 휴스턴 이곳저곳에서 자원봉사를 하며 몇 시간을 보냈다. 일정은 노래와 춤과 흩날리는 색종이 조각으로 가득했다. 이번에도 브루스 팔크가 브레이크댄스를 추었다. 도시의 부모도 참여했다. 많은 사람에게는 실망스러운 일이었지만 명상도 해야 했다.

사람들은 흔히 텍사스에서는 모든 것이 더 크다고 말한다. #OneTeam 샌프란시스코가 여름캠프 같은 느낌이었다면 #OneTeam 휴스턴은 완전한 봄방학 축제 같았다. 매일 밤 공짜 음식과 음료, 오락거리가 충분히 제공되는 파티가 열렸다. 트위터는 워크숍이 시작되는 날 밤 NASA의 우주 센터를 빌려, 국제 우주정거장 내부에서 떠다니는 세 명의 우주비행사가 녹화한 영상으로 파티 시작을 알렸다.[1] 두번째 밤에는 대규모 거리 축제를 벌였다. 이때 직원들은 레스토랑 사이사이를 돌아다니며 생음악을 듣고 대관람차를 탈 수 있었다. 세번째이자 마지막날 밤에 트위터는 메이저리그 휴스턴 애스트로스 팀의 홈구장인 미닛메이드파크를 빌렸다. 첫번째 #OneTeam 때와 마찬가지로 이때도 립싱크 배틀이 열렸다. 그러나 첫번째 #OneTeam 때와는 다르게 이번에는 불꽃놀이도 했다. 마지막날 아침에는 한 그룹에서 토토의 〈아프리카〉라는 노래를 공연했다. 아마 몇 달 전 도시가 올린 논쟁적인 트윗을 장난스럽게 암시한 행동이었을 것이다.

실리콘밸리의 테크 기업에서 호화롭고 값비싼 파티는 그리 드물지 않았다. 트위터가 행사를 열기 몇 달 전, 애플은 레이디 가가를 불러[2] 캘리포니아주 쿠퍼티노의 사무실에서 직원들을 위한 비공개 콘서트를 열었다. 페이스북에도 사치스러운 전사 차원의 파티를 열었던 오랜 역사가 있었다. 그중에는 샌프란시스코 자이언츠의 경기장 내부에서 연 파티와 얼음 조각가가 나와 전기톱을 휘두르던[3] 샌프란시스코 팰리스 오브 파인 아츠 파티도 있었다. 테크 기업의 직원들은 일자리를 찾을 때 이런 종류의 특전을 기대하곤 했다. 어떤 면에서 트위터는 이런 유행에 뒤처지지 않으려 노력했던 것뿐일지도 모른다. 그러나 애플이나 페이스북과는 달리, 트위터는 돈을 찍어내는 사업을 하지 못하고 있었다. 그런데도 #OneTeam 휴스턴 행사에는 3천만 달러 이상의 비용이 들었다. 일부 직원들은 지난번 행사가 끝나고 겨우 18개월밖에 지나지 않은 상태에서 이토록 값비싼 사외 워크숍이 합리적인지 질문하기도 했다. 그러니까 행사장에 도착하기 전에는 말이다.

경영진은 트위터에 대한 도시의 비전이나 이 서비스가 세계에 미치는 영향에 대해 이야기하며 그주를 보냈다. 어느 순간에 도시는 대단히 그다운 모습을 선보이기도 했다. 그는 무대 위, 등받이가 높은 하얀 의자에 앉았다. 전사 직원을 등지고 커다란 화면에 투사된 커다란 무지개색 동그라미와 대화를 나누었다. 트위터가 세계에서 하는 역할에 대해서 말이다. 그는 신과 이야기하는 것만 같았다("우리 모두가 소금 주스의 부작용을 뒤늦게 경험하는 걸까?"[4] 한 직원은 트위터에 그렇게 농담을 남겼다). 그주 내내, 회사는 직원들에게 트위터에서 일하는 것이 왜 그토록 중요한 일인지 일깨우려 애썼다. 그러기 위해 이들은 연설자들을 불러들여, 트위터 서비스가 자신의 인생에 어떤 영향을 주었는지 이야기하도록 했다. 휴스턴 시장 실베스터 터너는 허리케인 하비가 휩쓸고 지나간 이후 트위터가 탐색 및 구조 단체를 돕는 중요한 역할을 했다고 말했다. 나이지리아의 전직 장관으로서 몇 년 전 노벨평화상 최종 후보에 올랐던 오비 에제크웨실리는 "2014년 이슬람 테러 조직인 보코 하람에 납치된[5] 나이지리아의 학령기 소녀 수백 명에 관한 인식을 고취하기 위해, 트위터를 이용해 #BringBackOurGirls 캠페인을 벌였다"고 말했다.

첫번째 #OneTeam 당시에는 대체로 트위터의 경영진이 스타 역할을 했지만, 2020년에는 실제 유명인이 그들을 대신했다. 영국 배우 자밀라 자밀이 발언했고, 체조선수이자 올림픽 금메달리스트인 시몬 바일스도 마찬가지였다.

이주의 가장 큰 스타 두 명은 마지막 밤에야 등장했다. 거의 종교적인 신념을 가지고 트윗을 하는 슈퍼모델이자 요리책 저자인 크리시 티건이 무대 위로 올라와 갈채를 받았다. 그러는 내내 〈대통령에게 경례를〉•이 연주되었다. 큰 화면에 투사된 그녀의 직함은 '트위터 시장'이라는 단순한 것이었다. 티건은 사람들을 실망시키지 않았다. 그녀는 도시에게 본인 오줌도 마시느냐고 묻더니, 도시가 그렇게 부자가 될 줄 알았다면 몇 년 전 도시와 사귀어볼 걸 그랬다고 농담했다. 그녀가 말하는 중간에, 트위터는 티건의 트윗 하나를 화면에 띄웠다. 그녀는 목소리가 큰 민주당 지지자였고, 트럼프에 대한 반감을 더욱 크게 드러냈다. 몇 달 전, 트럼프는 그녀를 존 레전드의 "입이 더러운 아내"[6]라고 부르며 그녀에 대한 트윗을

• 미국 대통령이 공식 석상에 등장할 때 연주되는 대통령 전용 행진곡.

올렸다. 그러나 트럼프도 그녀의 이름을 직접 언급하지는 않았다. 티건은 맞받아쳤다. "ㅋㅋ 참 소심한 놈이네. 나 빼고 모든 사람을 태그하다니. 영광이에요, 대통령님."[7] 막후에서 백악관은 트위터에 연락해 해당 트윗을 지워달라고 했다.[8] 그러나 트위터는 그 말에 따르지 않았다. 모든 직원이 보는 가운데 해당 트윗이 화면에 뜨자 사람들은 미쳐 날뛰었다.

티건에게 그날 최고의 인터뷰를 놓고 경쟁할 사람은 한 명뿐이었다. 그 사람이 바로 일론 머스크였다. 도시는 약속했던 대로 다시 머스크를 초대해 직원들과 이야기하도록 했다. 그는 무대에 올라 아이패드로 머스크에게 페이스타임을 걸었다. 머스크는 사무실에서 전화를 받았다. 그는 '화성을 점령하라' 티셔츠를 입고 있었다. 트위터 직원들이 미칠 듯이 환호하는 가운데 그의 얼굴이 스크린에 떴다.

머스크는 이미 트위터에서 가장 인기 있고 논쟁적인 사용자가 되어 있었다. 2020년 1월에 그는 3천만 명 이상의 팔로워를 거느리고 있었으며, 종종 트윗 때문에 곤란한 처지에 놓였다. 2018년에, 머스크는 소형 잠수함을 이용해 동굴에서 태국 축구팀을 구해내겠다는 그의 계획을 비판한 어느 영국인 동굴 탐험가를 '소아성애자'라고 불러 고소당했다.[9] 같은 해에 머스크는 테슬라 이사 자리를 포기할 수밖에 없었다. 이는 테슬라를 비상장 기업으로 만들 만큼 많은 돈이 있다는 트윗에 대해 증권거래위원회가 내린 조치였다. 머스크에게는 그만한 돈이 없었고, 증권거래위원회는 머스크가 상황을 다 알면서도 '호도성 허위 진술'을 했다며 그를 고소했다.[10]

이런 문제는 도시에게 전혀 거슬리지 않는 듯했다. 그는 종종 머스크를 자신이 트위터에서 가장 좋아하는 사용자라고 불렀다. "일론 머스크는 믿을 수 없이 뛰어난 존재입니다." 도시는 머스크가 #OneTeam에 등장하고 얼마 지나지 않아 말했다. "머스크는 우리가 배우고 보고 이해할 수 있는 방식으로 우리 서비스의 경계선을 수없이 깨뜨립니다."[11]

도시는 페이스타임을 통해 모든 직원이 보는 앞에서 머스크에게 트위터를 개선할 방법을 자문했다. "직접적인 피드백을, 비판을 해주세요. 우리가 형편없이 하는 게 무엇입니까? 우리가 더 잘할 수 있는 게 뭘까요? 서비스로서 우리의 잠재력에 대해 어떤 기대를 가지고 있습니까?"

도시는 머스크에게 대답할 기회도 주지 않고 질문을 단순화했다. "당신이 트위터를 운영했다면—혹시 트위터를 운영하고 싶지 않습니까?—당신은 무엇을 했을까요?"

머스크는 망설이지 않았다. "진짜 사용자를 [봇 사용자와] 구분하는 겁니다." 머스크는 트위터에서 상호작용하는 대상이 누군지 언제나 알 수는 없었다며 이렇게 대답했다. "이게 진짜 사람일까, 아니면 봇이나 일종의 트롤 군단일까? 때로는 그걸 알기가 매우 어렵습니다. 무엇이 진짜 대중의 의견이고, 무엇은 아닌지를 말입니다."

수백, 수천만 명을 팔로워로 거느린 머스크에게 이건 상당한 문제였다. 대부분의 트위터 사용자야 봇 군단이나 익명의 트롤에게 대처할 필요가 없었지만 말이다. 그러나 머스크는 평범한 트위터 사용자가 아니었고, 트위터에서 테슬라 공매도 투자자들에게 종종 괴롭힘을 당했다.[12] 이것이 머스크를 매우 성가시게 했다. 그는 트위터 직원들에게 봇 문제를 고치는 것이 회사 전체의 더 큰 성장으로 이어질 거라고 말했다. "대화 상대가 진짜 인간이라는 것을 더 많은 사람이 알게 될수록 더 많은 사람이 참여할 겁니다. 이들이 심리적 전쟁을 벌이는 다양한 단체일 뿐이라는 생각이 커질수록 더 많은 사람이 트위터에서 발을 뺄 테고요."

이 대화는 짧았지만, 앞으로 몇 년 동안 트위터 직원들의 기억에 남았다. 작별인사를 할 시간이 되었을 때, 직원들은 갈채를 보냈고 도시는 머스크에게 후한 감사 인사를 전했다.

"일론, 당신이 기후변화에 대해 하고 있는 모든 일에 감사합니다. 우주 탐사, 인간의 잠재력을 한계까지 밀고 나가는 점, 우리 서비스를 이용해 준 점에 대해서도 매우 감사합니다. 우리는 당신을 사랑합니다."[13]

8장

엘리엇

오미드 코르데스타니가 몬태나주에서 자식들과 함께 스키를 타고 있을 때 뉴욕시 지역번호가 달린 모르는 번호로 첫번째 전화가 걸려왔다. 2020년 2월 후반이었다. 트위터의 이사회 의장은 1주일짜리 휴가의 마지막 며칠을 대단히 프라이빗한 사설 스키장인 옐로스톤 클럽에서 즐기고 있었다. 이 클럽의 손님 명단에는 빌 게이츠, 저스틴 팀버레이크, 톰 브레이디 같은 인물들이 있다고 알려졌다.[1] 당연히 전화를 건 정체불명의 인물은 기다릴 수 있을 터였다. 그때 다시 전화가 울리고 또 울렸다.

코르데스타니가 결국 전화를 받자 엘리엇 매니지먼트의 고위급 경영자인 제스 콘이 인사를 건넸다. 코르데스타니는 콘을 몰랐지만, 엘리엇은 확실히 알고 있었다. 엘리엇은 세계에서 가장 위험한 행동주의 투자사라고 할 수 있는 기업이었다. 엘리엇은 특정 회사의 지분을 사서, 대주주라는 지위를 활용해 빠른 변화를 강요하는 것으로 유명했다.

콘은 코르데스타니에게 엘리엇이 이제 트위터의 최대 주주 중 하나가 되었다고 알렸다. 그는 트위터의 이사회 의장에게, 엘리엇이 트위터 운영과 관련해 찾아낸 몇 가지 문제를 개략적으로 설명한 서신을 보냈다며 엘리엇이 원하는 변화를 의논하기 위해 회의 일정을 잡고 싶다고 했다. 코르데스타니가 그 서신을 읽고 최대한 빨리 다시 연락을 줄 수 있겠느냐고도 물었다.

휴가는 끝났다.

엘리엇의 우려와 요구사항을 개략적으로 담은 서신은 엄밀히 말해 트위터의 이사회 구성원들 앞으로 보낸 것이었지만, 도시에게 개인적으로 보낸 것이라 해도 과언이 아니었다. 서신에는 트위터의 주가가 과소평가되고 있으며 회사가 실행력을 보이지 않고 있다는 등의 내용을 포함한 몇 가지 불만이 담겨 있었다. 엘리엇은 다가오는 트위터의 연례 회의에서 새로운 이사 네 명을 지명할 계획이라고 했다. 가장 중요한 건, 엘리엇이 도시의 겸직을 문제삼았다는 것이었다. 엘리엇은 트위터에 전일제 CEO가 필요하다고 강력하게 믿었다.

이 서신은 행동주의 투자자들이 일반적으로 할 법한 첫번째 일제사격이었다. 트위터에는 이것이 전문용어로 쓰인 수류탄과 비슷한 효과를 냈다. 엘리엇은 변화를 협상하기 위한 소통 창구를 열고자 했고, 트위터는 그에 따르는 수밖에 선택의 여지가 없었다. 트위터의 이사회와 경영진은 행동주의 투자사로 이름난 엘리엇이 트위터의 지분을 상당 부분 확보했으니 그들이 이사회에 들어오거나 다른 투자자들의 지지를 끌어내 도시를 직장에서 쫓아낼 수 있음을 알았다. 엘리엇을 그냥 무시하거나 엘리엇이 그냥 떠날 거라고 기대할 수는 없었다.

밖에서 보면 2020년 2월 행동주의 투자자들이 트위터의 현관에 도착했다는 점은 상당히 놀라웠다. 트위터의 사업은 수년간 일관적이지 않아서 파멸적 예상과 낙관주의를 오갔는데, 이 시점에는 낙관적 기대가 아주 컸다. #OneTeam 휴스턴의 고조된 열기가 지금까지도 회사 전체에서 느껴졌다. 트위터는 보통 전사 차원의 워크숍에 따라오는 좀더 높은 재직률과 높은 사기 등의 혜택을 거둬들이는 중이었다.

트위터의 재정 상태도 형편없지는 않았다. 겨우 몇 주 전, 2월이 시작될 때 트위터는 그 누구도 예상하지 못한 좋은 실적을 발표했고 주가는 하루에 15퍼센트 치솟았다. 도시와 CFO 네드 시결은 투자자들에게 트위터는 2020년에 지출을 20퍼센트 증가시킬 계획이 있으며,[2] 이렇게 증가된 지출의 상당 부분은 고용에 쓰일 것이라고 말했다. 게다가 트위터의 사용자가 늘어나고 있었고, 회사는 이윤을 내고 있었다. 3년 전, 디즈니에 회사를 매각하는 것에 실패하며 비용을 절감하고 수백 명의 직원을 해고하던 때와 비교하면 상황은 잘 **풀리는** 것처럼 보였다.

그러나 내부에서 트위터 경영진 일부는 엘리엇 같은 존재가 코앞에 다가올지 모른다는 생각에 마음을 다잡으며 몇 달을 보냈다. 트위터의 긍정적인 실적보고에 가려진 것은 그보다 걱정스러운 현실, 즉 트위터의 지출이 수익보다 훨씬 빠르게 증가하고 있다는 현실이었다. 회사에서는 2020년 20퍼센트의 지출 증가를 약속했지만, 전년도 매출은 14퍼센트도 증가하지 못했다. 이는 회사의 이윤을 유지하기가 어려울지 모른다는 경고였다.

아프리카에서 6개월간 살겠다는 도시의 트윗도 트위터의 경영진과 이사회 구성원들에게 큰 두통을 안겨주었다. 여전히 겸직중인 도시가 띄운 이 트윗은 CEO 역할에 대한 그의 헌신도에 대해 온갖 의문을 불러일으켰다. 일부 투자자들은 안 그래도 도시의 겸직이 트위터의 발목을 잡고 있을지 모른다고 걱정하고 있었다. 그런 마당에, 이제는 그가 1년의 절반을 지구 반대편에서 보내고 싶다고 밝혔다. 비행기를 타면 20시간 걸리고, 샌프란시스코에 있는 트위터의 본사와는 11시간의 시차가 있는 곳에서 말이다.

도시와 시걸, 코르데스타니는 그 트윗이 올라온 이후 몇 주 동안 피해를 수습했다. 그들은 우려를 드러낸 최대 주주 몇 명을 만났다. 그중 일부는 도시가 갑자기 짐을 싸서 지구 반대편으로 갈 계획이라는 점에 분노했다. 도시의 경솔한 트윗이 엘리엇에게 투자 동기로 작용한 건 아니었다. 그러나 일반 대중이 갑자기 도시의 겸직 결정에 의문을 표하기 시작한 데는 확실히 영향을 미쳤다.

행동주의 투자자들의 교본은 간단하다. 대체로 대규모 헤지펀드나 사모펀드인 이 투자자들은 평가절하된 기업을 찾은 다음, 고액 투자를 통해 의결권을 얻었다. 그 의결권 덕에 이들은 회사에 변화를 강제할 수 있었다. 때로 이런 변화에는 CEO를 쫓아내거나 이사회 구성원의 면면을 바꾸는 일이 포함되었다. 이 모든 과정은 일반적으로 오래 걸리지 않았다. 기껏해야 몇 년이었다. 일이 잘 풀리면 이런 변화가 회사의 주가를 빠르게 올리는 결과로 이어졌다. 엘리엇에게는 그날이 멋진 월급날이었다.

행동주의 투자자들이 결국 트위터를 겨냥하리라는 점은 수년 전부터 예정된 수순이었다. 도시가 아프리카에서 시간을 보내기 한참 전부터 말이다. 트위터는 상장된 이후 대부분의 기간에 평가절하된 기업으로 여겨졌다. 트위터보다 겨우 2년 먼저 창립해 동일한 광고 기반 비즈니스 모델에 따라 운영하는 페이스북은 2019년 기준으로 트위터보다 20배 많은 매출을 올리고 있었다. 페이스북의 사용자 수는 트위터보다 11배 많았다. 인스타그램이나 왓츠앱을 제외하고도 그랬다. 수많은 투자자들은 이런 괴리를 보고, 트위터가 그냥 잘못 관리되고 있다는 결론을 내렸다.

설상가상으로 트위터는 회사 구조 때문에 대부분의 기업에 비해 쉬운 표적이 되었다. 트위터의 주식은 '보통주' 한 종류밖에 없었다. 보통주란 증권거래 계좌만 있으면 아무나 살 수 있는 주식이다. 페이스북이나 스냅챗 같은 경쟁사에도 보통주가 있었지만, 그들은 '복수의결권' 주식도 있었다. 이는 창업자와 초기 투자자만 살 수 있는 주식이었다. 페이스북에서 소수만 보유한 복수의결권 주식은 1주당 1표인 보통주의 표준적 의결권에 비해 1주당 10표의 의결권이 부여되었다. 이런 구조 덕에 CEO인 마크 저커버그는 전체 주식의 겨우 13퍼센트만을 보유하고도 페이스북의 의결권 58퍼센트를 통제했다.[3] 저커버그는 외부 투자자가 들어와 쫓겨날 걱정을 하지 않고도 원하는 대로 자기 기업을 운영할 수 있었다.

트위터는 그렇지 않았다. 트위터에서는 주식의 소유주가 누구인지와 관계없이 모든 주식에 1주당 의결권 1개가 주어졌다. 그 말은 돈이 있는 사람이면 누구나 회사의 지분을 대규모로 사들일 수 있다는 뜻이었다. 트위터의 경영진이나 창업자, 이사회 구성원 등 누구도 이 문제에 손을 쓸 수 없었다.

궁지에 몰린 도시

편지가 도착하고 며칠 뒤였다. 코르데스타니, 영업팀 팀장 브렛 테일러, 영국의 여성사업가이자 자선사업가인 마사 레인 폭스 등 트위터 이사회가 샌프란시스코 본사 내 회의실에 모여 저녁을 먹었다. 이사회는 앞서 예정된 분기별 모임 때문에 샌프란시스코에 와 있었다. 하지만 포장 음식을 가져다 먹던 그날 밤 트위터 사무실 내에서 벌어진 토론은 전부 엘리엇에 관한 것이었다. 트위터의 선택지는 무엇일까? 엘리엇을 쫓아낼 가능성이 조금이라도 있을까? 엘리엇과 그 창업자인 폴 싱어는 무자비하게 일에만 집중하는 성격이라는 말이 돌았다. 폴 싱어는 특히 투자 거래를 두고 아르헨티나 정부와 소송을 벌여 15년간의 법적 전투에서 승리한 것으로 유명했다. 그는 심지어 가나의 항구에 정박해 있던 아르헨티나의 약103미터짜리 해군 함정을 담보로 잡으려 들었다.[4] 2017년 5월, 엘리엇이 아테나헬스 지분을 획득했을 때, 조지 W. 부시 대통령의 사촌이며 당시 아테나헬스 CEO였던 조너선 부시는 엘리엇을 조사해보고 상대의 정체를 파악했다고 말했다. 그는 《뉴요커》에 "팔에 뭐가 나서 구글 검색을 했더니, 결과가 '곧 사망'"[5]이라고 뜬 느낌이었다고 말했다.

트위터와 도시는 골치가 아팠다. 밤이 되어 집으로 돌아갈 때쯤에는 다들 엘리엇이 방향타를 잡았으며 다른 주주들도 엘리엇을 지지할 가능성이 매우 높다는 데 동의했다. 그럼에도 이사회에는 더 많은 정보가 필요했다. 구체적으로 회사는 도시를 쫓아내겠다는 엘리엇의 결심이 얼마나 확고한 것인지 이해해야 했다.

서신이 도착하고 1주일 뒤, 트위터와 엘리엇 양측 대표자들은 샌프란시스코 공항 근처 전용기 터미널 회의실에서 처음으로 직접 만났다. 트위터 측에서는 코르데스타니와 골드만삭스에서 나온 트위터의 재무고문 그레그 렘카우, 2017년에 트위터 이사회에 합류하기 전까지 구글에서 수석 재무 담당자로 7년간 일했던 캐나다 출신의 노련한 재무 담당자 패트릭 피셰트가 있었다.

엘리엇 측에서는 하버드대학교에서 교육받고 2015년 엘리엇에 입사한 투자은행가 마크 스타인버그와 엘리엇의 미국 행동주의 투자를 이끌어온 39세의 공동경영자인 콘이 나왔다. 콘은 트위터에 접근했을 당시 실리콘밸리의 유명 인사였다. 거의 15년간 행동주의자로서 투자를 해온 그는 26세에 첫 거래를 성사[6]시켰을 정도로 투자 솜씨가 뛰어났다. 몇 년 전에는 3천만 달러에 뉴욕시에 있는 170평짜리 아파트를 샀는데, 《월스트리트 저널》에 따르면 그 아파트에는 "천장까지 이어지는, 둥글게 다듬은 대리석 판으로 둘러싸인 난로와 우주의 주인이 써도 어울릴 법한 사무실"이 있었다.[7] 콘은 이베이, SAP, AT&T 등 다른 기업에 대한 투자를 이제 막 끝낸 참이었다. 혹시 트위터의 이사회가 콘의 업적을 잘 모르고 있다면, 그가 투자를 통해 이베이 이사회에 들어가고 6개월 만에 이베이의 CEO가 사임했다[8]는 말을 해줄 수 있었다.

처음에 양측은 정중했다. 엘리엇 쪽의 이야기는 거의 대부분 콘이 했다. 그는 서신에 개략적으로 적은 우려사항 다수를 되풀이해 말했다. 트위터가 제대로 경영되고 있지 않으니 회사 지배구조에 몇 가지 변화가 있어야 한다는 것이었다.

그러나 콘이 가장 크게 문제삼은 것은 트위터에 전일제 CEO가 없다는 점이었다. 90분에 걸친 토론이 끝날 때쯤, 도시의 일자리가 심각한 위기에 빠져 있음이 명백해졌다. 콘은 도시가 두 개의 일자리를 유지하도록 허용해주는 것이 도시 자신에게는 좋은 일이지만, 트위터에는 좋지 않은 일이라고 주장했다. 그는 이것이 마치 다섯 살짜리 어린애에게 하루종일 사탕을 먹게 해주는 것과 비슷한 일이라고 말했다. 아이야 당연히 좋아하겠지만 그렇다고 그게 부모로서 잘하는 일이라고는 할 수 없다고. 콘은 도시의 대처가 문제라는 단순한 사실에 모두가 동의하도록 하려고 노력했다. 또 그는 당장 다음주 월요일부터 트위터가 도시를 대신할 공식적인 CEO를 물색하겠다고 발표하기를 바랐다.

회의가 끝나고 30분도 지나지 않아 엘리엇의 전용기는 다시 뉴욕으로 날아갔다. 이 회의에 대한 소식이 블룸버그의 기자에게 샜다.[9] 그때까지 이 과정은 비밀리에 대중이 보지 않는 곳에서 이루어졌다. 엘리엇의 투자가 공개되자 도시의 미래에 관한 추측이 《데드라인》에서 《뉴욕 타임스》에 이르는 모든 간행물에 주요 기사로 실렸다. NPR의 헤드라인은 "잭 도시, 행동주의 투자자의 지분 취득으로 트위터 CEO에서 축출 위험"이었다. 월스트리트를 다룬 인기 있는 프로그램 〈매드 머니〉의 진행자인 CNBC의 짐 크레이머는 "도시가 주주를 위해 할 수 있는 가장 좋은 일은 트위터 CEO에서 퇴직하고 스퀘어 경영에 전념하거나, 그 반대로 하는 것"[10]이라고 말했다.

금요일 회의가 끝나고 주말 내내 트위터의 최고경영진과 이사회는 전화로 어떻게 해야 할지 논의했다. 도시에게는 어느 쪽이든 끔찍했다. 스퀘어 일을 그만둔다는 건 따질 것도 없이 불가능한 일이었다. 그렇다고 트위터가 엘리엇에 맞서 싸운다면 CEO로서 도시의 역할을 주주 투표에 맡기는 길로 가는 위임장 쟁탈전이 벌어질 수 있었다. 이런 상황은 회사의 집중력을 완전히 흩어놓을 게 분명했다. 도시가 어떻게든 일자리를 지킨다 하더라도 그건 트위터가 도시를 위해 싸우느라 시간과 돈, 집중력을 소모했기 때문일 터였다. 위임장 쟁탈전에서 질 경우, 도시는 사랑하는 일자리에서 쫓겨날 것이다. 그렇다고 트위터가 엘리엇과 합의에 이르러 행동주의 투자회사에 이사 자리 두어 개를 넘겨주고 다른 변화를 약속한다면 도시는 일자리를 지키게 되겠으나 트위터 이사회는 그의 해고를 바라는 사람들로 채워질 것이었다.

하책. 하책. 하책.

주말이 질질 늘어지고 전화와 영상통화가 쌓여가면서 도시는 낙심했다. 토론의 상당 부분은 도시 개인에게 집중되었다. 도시가 겸직을 포기해야 할까? 트위터는 왜 제대로 경영되지 않았을까? 도시는 왜 그런 트윗을 날렸을까? 엘리엇과 합의한다는 아이디어조차 패배를 인정하는 것처럼 느껴졌다. 주말의 어느 시점에, 도시는 짜증이 나서 회사를 위한 가장 좋은 방법이 자신의 사임이라면 사임하겠다고 나서기까지 했다.

그를 도우려 애쓰던 트위터의 이사회 구성원과 경영진 일부는 이런 도시의 태도가 거슬렸다. 도시는 언제나 부드러운 말씨를 썼고 내성적이었다. 아무도 그가 탁자에 올라서거나 주먹을 휘두르기를 기대하지 않았다. 그럼에도 그가 자기 직업을 위해 싸우는 데 좀더 전념하지 않는 것처럼 보이는 점은 걱정스러웠다. 주말에, 피셰트는 도시에게 메시지를 전달했다. 그가 이 싸움에 전념하지 않겠다면야 이사회도 대신 싸워주지 않겠다는 말이었다. 차갑다고는 할 수 없어도 다소 냉정한 입장이었다. 도시가 바라던 전면적인 지지가 아닌 건 확실했다. 몇 년 뒤, 도시의 동료들은 도시와 이사회가 이미 분열되고 있었으며 이 대화는 그런 균열이 표면화된 것이었다고 회상했다.

피셰트의 엄한 사랑 때문인지 그저 트위터를 떠나고 싶지 않다는 것을 깨달았기 때문일 뿐인지는 모르겠으나 도시는 주말이 끝날 때쯤 정신을 차리기 시작했다. 이사회에서도 '헤일 메리'• 작전을 떠올렸다. 엘리엇과 합의해 콘에게 이사회 자리를 내주기로 한다면, 이사회에서도 다른 투자자를 데려와 약간의 균형을 맞추기로 한 것이다.

토요일 오후, 공항에서의 만남이 이루어진 다음날에 렘카우는 유명한 투자를 몇 건 성사시켰던 사모펀드 회사 실버레이크의 공동경영자이자 CEO인 에곤 더번에게 연락했다. 이 회사의 투자 포트폴리오에는 테크 회사인 델과 휴가용 주거 임대 사이트인 에어비앤비, 중국의 거대 테크 기업 알리바바가 있었다. 더번은 1999년 실버레이크가 세워졌을 때부터 줄곧 이 회사에서 일했으며, 월스트리트에서 함께 거래를 성사시키면서부터 렘카우와 우호적인 관계였다. 그는 1990년대 초반에 조지타운에

• 경기 종료 직전에 승부를 걸고 던지는 마지막 롱패스. 희박한 성공 가능성에도 불구하고 승리를 노리는 '승부수'를 의미한다.

서 같은 대학교에 다녔기에 시걸과도 아는 사이였다. 더번은 테크 그룹에서 존경받는 사람이었으며, 창업자에게 우호적인 투자자라는 평판을 쌓아왔고,[11] 가능하면 창업자들의 통제권을 지켜주려는 것처럼 보였다. 가장 좋은 건 그가 도시를 알고 좋아한다는 점이었다. 둘은 몇 년 전, 더번이 투자처 후보로 트위터에 눈독을 들이고 있을 때 만나 저녁을 함께한 적이 있었다.

트위터 경영진은 더번이 트위터에 투자해 이사회에 합류하기를 바랐다. 거래의 일환으로 더번은 선순위 전환사채라고 하는 트위터의 채권을 상당량 살 터였다. 이는 2025년까지 만기가 돌아오지 않는 채권이었다. 핵심은 실버레이크를 트위터의 장기 투자자로 묶어두어 엘리엇의 단기 투자전략으로부터 회사를 보호하는 것이었다. 이들은 더번이 이사회에 들어오면 도시의 일자리를 더 잘 지킬 수 있으리라고 생각했다.

일요일 저녁, 도시와 통화한 뒤 더번은 10억 달러를 투자할 준비를 마쳤다.

도시의 선택

엘리엇이 투자자들의 광범위한 지지를 받을 거라는 트위터의 직감은 적중했다. 월요일에는 회사의 주가가 거의 8퍼센트 올랐다. 세계에서 가장 성공적인 투자자 중 하나가 갑자기 트위터에 관심을 기울이고 있다는 사실을 투자자들이 좋게 받아들였다는 명백한 징후였다. 잭 도시를 쫓아낸다는 아이디어는 좋은 생각인 것으로 보였다.

트위터도 마찬가지지만 여러 테크 회사에서는 수많은 직원이 연봉의 상당 부분을 주식으로 지급받는다. 일반적으로 회사 주가가 8퍼센트 급등하는 것은 축하할 일이었다. 하지만 트위터에서는 달랐다. 직원들은 주말 동안 웬 행동주의 투자자가 갑자기 그들의 CEO를 교체하려 한다는 소식을 읽었다. 이중 다수는 그에 대해 들어본 적이 한 번도 없었다. 그들은 월요일 아침에 자리에서 일어나 트위터 계정을 열고, 도시를 얼마나 좋아하는지에 관한 트윗을 남기기 시작했다. 트윗이 쇄도했다. 결혼식이나 생일파티 축사에서 보통 듣는 칭찬이 쌓여갔다. 아니면 장례식 추도사에서라든지. 직원들은 모두 #WeBackJack•이라는 해시태그를 달아 게시물을 올렸다.

"더 자주 이 말을 했어야 하는데…… @jack은 특별한 리더야. 공감 능력이 있고, 투명하고, 결단력도 있어. 사람을 진심으로 대해…… 걍 쩔어."[12] 트위터의 스포츠 파트너십 팀장으로서 도시와 함께 아프리카를 여행했던 TJ 아데숄라의 트윗이었다.

"최전방에서 앞장서고, 목적의식에 따라 움직이고, 트윕••을 다른 무엇보다도 가치 있게 여기는 회사에서 일할 수 있어 자랑스러워요. 우리 모두에게 역할 모델이 되어준, 언제나 놀라운 우리의 리더 @jack의 가치관이 트위터에 직접적으로 반영된 덕분이에요."[13] 트위터의 다양성 및 포용성 팀을 이끄는 인사팀 팀장 브랜드는 이런 트윗을 남겼다.

• '우리는 잭을 지지한다'라는 의미.

•• Tweep. 트위터 사용자의 애칭.

도시는 트위터 외부에서도 지지를 받았다. 그의 친구인 일론 머스크는 이런 트윗을 남겼다. "나는 트위터 CEO로서 @jack을 지지합니다. 잭은 마음이 착해요. ♥"[14] (누군가가 머스크에게 도시는 트위터의 봇 문제를 개선하기 위해 "열심히 일해야" 한다고 답글을 달자 머스크는 "그건 중요하죠"라고 답했다.)

머스크가 도시를 응원하는 트윗을 올리던 그때, 도시도 비슷하게 머스크를 생각하고 있었다. 트위터의 이사회는 주말 동안 실버레이크의 더번에게서 투자 약속을 받아냈지만, 여전히 더 나은 거래를 할 수 있을지 알아보느라 다른 잠재적 투자자에 대해 의논하고 있었다. 애플의 공동창업자인 스티브 잡스와 수십 년간 결혼생활을 했던, 자선사업가이자 투자자인 억만장자 로린 파월 잡스도 이사회의 진지한 고려 대상이었다. 그녀도 투자 기회를 탐색했지만, 거래가 실현되지는 않았다. 그주가 지나갈수록 트위터 경영진과 이사회 구성원들은 샌프란시스코에 있는 도시의 집을 드나들며 이사회에 들어올 만한 잠재력이 있는 사람들을 떠올려보고 전화를 걸어댔다. 도시의 집은—트위터의 보안팀이 근처에 있었다—사생활을 보호하기에 트위터 사무실보다 훨씬 더 좋았다. 어떤 사람들은 엘리엇이 도시나 핵심 경영진을 감시하고 있을지도 모른다고 걱정했다.

도시는 머스크를 참여시키는 데 유독 관심을 보였다. 머스크에게는 월스트리트 사람들과 비슷한 돈이 있었다. 그러나 그는 그저 이윤을 내는 데만 관심이 있는 양복쟁이가 아니었다. 게다가 머스크는 실제로 트위터를 사용했으며, 도시가 만들려 하는 것이 무엇인지 이해하는 듯 보였다. 그러나 이 거물급 테크 업계 억만장자는 트위터 이사회에서 한 번도 진지하게 고려되지 않았다. 적어도 도시는 이사회가 그를 지나치게 조심스러워하는 것처럼 보였다. 이사회는 배가 출렁거릴까봐 너무 걱정하는 듯했다. 머스크는 트윗으로 여러 건의 소송에 연루되었지만, 이 점은 도시에게 별로 거슬리지 않았다. 트위터의 CEO는 실망감을 감추지 못했다.

그주에 도시는 더번을 샌프란시스코의 자기 집으로 초대해 저녁을 먹었다. 그들은 앞으로의 협력과 트위터의 계획 및 목표를 의논했고, 양측 모두 이 거래가 통하리라는 자신감을 갖고 헤어졌다. 남은 장애물은 한 가지뿐이었다. 누구도 엘리엇에 이 거래에 대해 말하지 않았다는 점 말이다.

새로운 투자자의 등장

오후에, 잭 도시는 샌프란시스코에서 남쪽으로 약 56킬로미터 떨어져 있는 멘로파크의 골드만삭스 사무실 앞에서 햇볕을 받으며 앉아 있었다. 대부분의 주요 투자사와 벤처 투자회사가 그렇듯 골드만삭스는 샌드힐 로드에 사무실을 두고 있었다. 스탠퍼드 캠퍼스 근처에 있는 이곳은 테크 업계에서 가장 돈이 많고 영향력 있는 투자자들이 전부 모여 있는 고급 사무 단지가 있는 곳으로, 실리콘밸리의 상징적인 거리였다. 도시처럼 유명한 사람은 이곳에서 쉽게 눈에 띄었다. 그러나 트위터 CEO는 이목을 피하려고 굳이 애쓰지 않았다. 그에게는 신선한 공기가 필요했다. 그는 그날 오후 우버를 타고 샌프란시스코에서 멘로파크까지 왔다. 오는 길에 샌프란시스코 공항 근처 AMPM 미니마트에서 렘카우도 태웠다. 중요한 날이었다. 도시가 처음으로 제스 콘을 만나는 날이었기 때문이다.

콘이 샌프란시스코 공항 근처에서 처음으로 트위터 이사회 구성원들을 만난 지 거의 1주일이 지났다. 동일한 인물들이 이번에는 골드만삭스의 전 세계 본부인 뉴욕 웨스트 스트리트 200번지에서 두번째 만남을 가졌다. 트위터팀은 뉴욕으로 날아가 콘에게 도시의 일자리를 유지하는 방안에 관해 이야기했다. 그들은 도시를 교체하면 트위터가 지난 2년간 쌓아온 추진력이 심각하게 손상될 거라고 주장했다. 코르데스타니, 피셰트, 렘카우는 콘에게 캘리포니아주로 날아와 직접 도시를 만나서 그의 말을 들어보라고 부탁했다. 콘은 이런 제안을 실망스럽게 생각했다. 그는 트위터 사람들이 CEO 탐색 계획을 가지고, 어쩌면 도시가 나가는 길에 체면을 구기지 않게 할 전략을 가지고 오리라 예상했다. 대신, 이들의 전략은 도시라는 유명한 CEO로 엘리엇을 설득하는 것인 듯했다.

그래도 콘은 도시와의 만남에 동의했다. 이들 전체는 다른 골드만삭스 사무실에서 만나기 위해 미국을 가로질렀다(당연히 비행기는 따로 탔다). 단, 이번에는 도시도 참여했다. 대화의 대부분은 다시 한번 도시의 역할에 초점이 맞춰졌다. 도시 자신이 현장에 있었으니 이는 조금 더 예민한 문제였다. 콘은 도시에게 최고위 경영진 중 한 사람이 다른 회사에서 부업을 한다면 그대로 놔두겠느냐고 물었다. 도시는 자신이 트위터의 창업자이며, 트위터를 위해 선명하고도 사려 깊은 비전을 내려고 노력하고 있다고 강조했다. 콘은 트위터의 제품 개발이 정체되고 있다고 지적했다. 도시는 여러 해 동안 써먹은 주장을 반복했다. 트위터는 잭 도시가

2015년 CEO로 복귀한 이후로, 전임자인 딕 코스톨로가 남겨놓은 기술적 구멍에서 빠져나오느라 엄청나게 많은 시간과 자원을 쓰고 있다[15]는 주장이었다. 도시는 평소처럼 조용조용한 말씨를 썼지만, 회의의 주제에도 불구하고 매력적이었으며 심지어 웃기기까지 했다. 회의가 끝나갈 때쯤 콘은 도시에게 "당신은 내가 생각했던 것보다 훨씬 정상적인 사람이군요"라고 말했다.

"이번주 내내 들었던 얘기 중에서 가장 좋은 말이네요." 도시는 그렇게 대답했다.

트위터팀은 이 회의가 성공이라고 느꼈다. 회의가 끝나고 도시가 자리에서 일어났을 때, 렘카우는 콘에게 잠깐 기다려달라고 부탁했다. 콘이 이야기를 나눠주었으면 하는 사람이 한 명 더 있다면서 말이다. 그는 도시가 해고되어서는 안 된다고 생각하는 투자자가 있다고 했다. 이 신호에 맞춰서 근처 몬터레이에서 골프를 치고 이제 막 도착한 에곤 더번이 회의실에 들어왔다. 트위터가 헤일 메리를 던진 것이다.

콘은 더번도 트위터의 냄새를 맡고 다닌다는 이야기를 들었지만 그와 갑자기 대면하게 될 줄은 몰랐다. 트위터는 마지막 순간에 그에게 깜짝 투자자를 내밀었다. 그것도 테크 업계에서 가장 성공적인 투자자를 말이다. 더번은 도시를 지지하면서 그가 "코끼리들이 밟아대는 사이로" 트위터를 성공적으로 이끌어왔다고 주장했다. 여기서 코끼리란 페이스북과 구글 등 훨씬 더 큰 경쟁사들을 뜻했다. 더번은 실버레이크에서 트위터에 투자할 것이며, 자신이 이사회에 참여할 거라고 덧붙였다. 남은 이야기는 앞으로 나아갈 때 엘리엇이 할 역할에 관한 것뿐이었다.

더번의 개입이 모든 것을 바꿔놓았다. 콘과 엘리엇은 필요하다면 위임장 쟁탈전으로 도시를 쫓아낼 수 있으리라 자신했다. 그러나 이제는 다른 방법이 생겼다. 트위터도 더번을 '우호적'이라고 간주했지만, 콘 역시 몇 해 동안 그를 알아왔기에 똑같이 느꼈다. 다른 성공적 펀드와 함께 트위터에 투자하는 것은 도시와 몇 달 동안 싸우는 것보다 더 빠르고 수익성 좋은 결과로 이어질 수 있었다. 합의가 갑자기 모두에게 꽤 좋은 선택지로 보였다.

굿 타이밍

잭 도시가 일자리를 지키려고 바쁘게 싸우는 동안 세상은 빠르게 문호를 닫아가고 있었다. 코비드-19라는 새로 발견된 바이러스가 중국 중심지에서 발생해 빠르게 번지며 세계적 위협이 되더니 갑자기 미국에도 전파되었다. 시애틀의 아마존 직원이 이 병에 걸렸다. 시애틀 외곽에 있는 페이스북의 외주 직원도[16] 코비드에 걸렸다. 그 바람에 페이스북은 일시적으로 사무실을 폐쇄했다. 당시에 트위터 직원들은 몰랐지만 나중에는 그들 중 다수가 #OneTeam 행사에서 코비드에 걸린 것 같다고 추정했다. 수십 명의 직원이 워크숍 이후 몇 주 동안 독감과 비슷한 증상을 겪었다. 이들은 #OneVirus라는 해시태그를 이용해 이에 관한 게시물을 올리기 시작했다.

직원들이 #WeBackJack이라는 트윗을 올리던 바로 그 월요일 아침에,

트위터는 5천 명의 전 세계 직원들에게 재택근무를 독려했다. 이로써 트위터는 미국의 대기업 중 처음으로 재택근무를 권고한 회사가 되었다. 홍콩, 일본, 대한민국의 트위터 직원들에게 재택근무는 선택도 아닌 의무사항이었다. "우리 목표는 코비드-19의 확산 가능성을 낮추는 것입니다. 우리를 위해서도, 우리 주변의 세상을 위해서도 말입니다. 우리는 트윕의 건강에 유의하며 헌신적으로 일하고 있습니다."[17]

물론, 2020년 3월 초에 '건강에 유의'한 데는 다른 좋은 점도 있었다. 지난 3개월간 너무도 큰 골칫거리가 되었던 도시의 트윗, 즉 아프리카로 돌아가겠다는 그의 계획을 취소할 핑계가 생겼기 때문이다.

3월 5일 목요일, 콘과 처음 만난 다음날에 도시는 샌프란시스코 팰리스 호텔로 돌아와 모건 스탠리가 주최한 테크놀로지 컨퍼런스에 참석했다. 도시는 아침 내내 투자자들의 질문에 대답해야 한다는 생각이 마음에 들지 않았지만, 1년에 한 번은 재무 관련 컨퍼런스를 열어달라는 제안에 언제나 동의해왔다. 이번 컨퍼런스의 타이밍은 훌륭하기도 했고, 끔찍하기도 했다.

도시의 직업은 행동주의 투자자들에게 공격당하고 있었다. 모두가, 특히 월스트리트 사람들은 그달 말에도 도시가 CEO 자리를 유지할지 궁금해했다. 다른 한편으로 도시는 자신이 CEO 자리를 지켜야 하는 이유를 안전하게, 미리 준비된 인터뷰 자리를 통해 설득할 기회를 갖게 되었다. 도시와 트위터팀은 CEO의 시간 할애에 관한 질문을 받게 되리라는 것을 알았고, 전달하고 싶은 메시지를 예행 연습했다.

문제의 질문은 세션이 막바지에 이를 때까지 나오지 않았다. 그러던 중 청중 가운데 한 사람이 질문을 던졌다. 그는 이렇게 운을 뗐다. "당신이 여행을 더 할 거라는 보도가 있던데, 시간을 어떻게 할당하실지 궁금합니다. 당신의 우선순위는 무엇인가요? 지금 세계에서 벌어지고 있는 일 때문에 앞으로 몇 달간 하려는 일에 변화가 생기지는 않을까요?"

완벽한 세팅이었다. "글쎄요, 제가 올린 아프리카 트윗을 저격하시는 것 같은데, 솔직히 말씀드리겠습니다. 그 트윗을 쓴 건 실수였어요. 트윗을 쓰게 된 '이유'를 적지 않았으니까요." 그는 아프리카의 인구는 젊고 점점 불어나고 있으며, 사업 및 기술 관점에서 그 대륙을 이해하는 것이 중요하다고 말했다. 그는 또한 세계 반대편에서도 원격근무가 가능하다는 신념을 시험해보고 싶었다고도 말했다. "제 의도는 아프리카로 가서 놀거나 안식년을 보내겠다는 게 아니었습니다. 제가 샌프란시스코에서 하는 모든 일을 다른 대륙에서 해보겠다는 것이었죠."

도시는 대부분의 투자자, 특히 엘리엇이 듣고 싶어하던 정보로 답변을 마무리했다. "하지만 세계에서 아주 많은 일이 일어나고 있고, 특히 코로나바이러스가 기승을 부리는 만큼 저는 현재 상황에 대해서, 그리고 이 상황이 저와 우리 회사에 어떤 의미인지에 대해서 재고해야만 합니다."[18] 도시는 아프리카에서 사는 방안은 논의의 대상조차 아니라고 명시적으로 밝히지는 않았으나 그럴 필요도 없었다. 그가 말하지 않은 사실은 아프리카 계획이 이미 죽은 지 오래였다는 것이다.

너무 늦은 후회

보도자료는 3월 9일 월요일, 주식시장이 개장되기 전에 이미 전파를 탔다. "주식회사 트위터, 실버레이크 및 엘리엇과 파트너십 발표." 실버레이크의 에곤 더번이 이사회에 들어오기로 했다. 엘리엇의 제스 콘도 마찬가지였다.[19] 도시는 일자리를 지키게 되었다. 적어도 당장은 말이다.

몇 가지 다른 변화도 발표되었다. 이사회 의장인 코르데스타니는 이사회에 남되, 의장직은 엘리엇과의 의논을 주도해온 피셰트에게 넘겨주기로 했다. 트위터는 주식 20억 달러어치를 되사서 '경영구조위원회'를 만들 예정이었다. 이 위원회는 여러 다른 업무와 더불어 트위터 CEO의 계승 계획을 검토하기로 했다.

보도자료 더 깊은 곳에 파묻혀 있던 것은 지난 이틀간 뜨거운 논란의 대상이 된 핵심적인 문단이었다. 트위터는 사업의 두 가지 핵심 분야를 개선하겠다는 '야심'을 밝혔다. 일단, 트위터는 2020년 및 그 이후에도 사용자 수를 최소 20퍼센트 끌어올리겠다고 공약했다. 둘째, 트위터는 이익률을 증가시키고, "디지털 광고 시장에서 제 몫을 차지하겠다"고 약속했다.

야심이라는 단어는 공개되기 전에 기나긴 협의를 거쳤다. 엘리엇은 트위터가 이처럼 새로운 수치를 '목표치'라고 부르기를 바랐다. 트위터의 경영진, 특히 CFO인 시걸이 이에 격렬히 반대했다. 그가 걱정한 것은 목표치를 공식화하면 지나치게 구체적인 수치를 제시함으로써 트위터에 너무 큰 압박을 가하게 된다는 점이었다. 예측할 수 없는 전 세계적 유행병의 시대에 들어가는 마당이었으니 더 그랬다. '야심'이라는 단어는 좀더 유연하게 느껴졌다. 물론 뭐라고 부르는지는 딱히 중요하지 않았다. 도시는 사실상 업계에서 '성과 향상 계획'이라고 알려진 계획에 착수했다. 트위터는 사용자 증가율과 이익을 개선하기로 했다. 이제는 도시의 성과를 확인할 콘도 이사회에 앉아 있었다. 수년간 행동주의 투자자들의 개입 가능성을 둘러싼 추측이 이어졌지만, 엘리엇은 단 한 달도 안 되어 충분한 자금만 있다면 누구든지 트위터에 나타나 몇 주 만에 변화를 강제할 수 있다는 걸 입증해버렸다.

도시는 일자리를 지키게 되었으나 감정적으로는 이 모든 과정이 그를 지치게 했다. 거래가 발표되기 전날, 실버레이크와 엘리엇 양측과 함께 최종적인 세부사항을 정리하는 동안에 도시는 이런 조치에 불안해졌다. 갑자기 그는 엘리엇과 합의하는 대신 싸우고 싶어했다. 이런 변심은 너무도 사소한 요소였고, 트위터 이사회가 보기에는 너무 늦은 것이었다. 일부 이사들은 도시의 갑작스러운 태도 변화에 약이 올랐다. 게임이 시작되고 너무 늦게, 이사회에서 몇 주 동안 싸워 도시의 일자리를 지켜줄 해결책을 협상해낸 마당이었기에 특히 그랬다.

도시는 도시대로 이사회가 그를 해고하고 싶어했던 회사와 합의하려 든다는 데 기분이 상했다. 도시는 자신이 뽑은 이사회 구성원들에 대한 불신과 좌절감을 품고 엘리엇과의 일을 마무리지었다. 머스크를 이사회에 들여오고 싶어했던 그의 기대는 아무런 결과로도 이어지지 않았고, 그의 경영 스타일과 개인적 능력은 공적으로나 사적으로나 한 달 가까이 의문의 대상이 되었다. 도시는 상장사로서 트위터가 가지는 결점을 직접 경험했다. 그중에는 돈이 있는 사람이면 누구나 들어와 힘자랑을 할 수 있게 하는 주식 구조에서 비롯된 지속적인 위협도 있었다. 트위터가 상장사로 운영되고 있다는 현실이 이처럼 실망스러운 적은 없었다.

엘리엇이 들어왔다. 이제는 도시가 나가고 싶어했다.

9장

크게 가거나 집에 가세요

"오늘의 너는 너야. 이건 진실보다 더한 진실이지. 오늘 살아 있는 사람 중에 너만큼 너다운 사람은 없단다!"

잭 도시는 카메라에 닥터 수스의 『생일 축하해!(Happy Birthday to You!)』를 들어 보이며, 통화중인 모두가 페이지에서 튀어나오는 생일 케이크를 볼 수 있도록 페이지를 이리저리 넘겨댔다. 그는 이렇게 말을 이었다. "크게 소리쳐. 내가 나여서 다행이야![1] 내가 그냥 조개도, 햄도 아니어서 다행이야!"

2020년 4월, 구글 행아웃이나 줌을 통해 이루어지는 상호작용부터 모든 종류의 사회적 상호작용은 훌륭한 아이디어로 보였다. 모두가 재택근무를 할 수밖에 없는 상황에서, 트위터는 스토리 타임이라는 시간을 마련했다. 매주 직원과 그 자녀들이 참여하는 프로그램이었다. 코비드의 성행으로 아동 돌봄 서비스가 중단되고 학교가 문을 닫았기에, 누군가 아이들과 놀아주어야만 했기 때문이다. 오늘은 그 누군가가 도시였다. 닥터 수스 이야기를 읽고 몇 분 뒤에, 도시는 자신이 그런 알록달록한 그림이 들어간, 어린 시절에 집에서 만든 보물[2]인 『선물 나누기』라는 두번째 책을 꺼냈다.

도시가 트위터의 사서 선생님으로 일하는 세계는 몇 주 전만 해도 상상하기 어려웠다. 트위터 이사회에서 도시의 직업을 지켜내고 이틀 뒤, 모든 것이 무너져내리기 시작했다. 세계보건기구에서는 3월 11일, 코비드-19를 세계적 팬데믹으로 선언했다.[3] 도널드 트럼프 대통령은 이틀 뒤 미국 전역에 비상을 선포했다.[4] 캘리포니아주는 3월 19일, 개빈 뉴섬 주지사가 '중요 기간산업 부문'에서 일하지 않는 모두에게 집에 머물라는 명령을 내리면서[5] 공식적으로 문을 닫아걸었다. 그 말은 공짜 음식과 전자오락기, 정수기에 채워둔 로제 와인 등이 있는 트위터의 멋진 사무실이 거의 완전히 비어버렸다는 뜻이다. 도시는 영상통화로 닥터 수스를 읽어주는 중이었다.

트위터 본부의 빈 복도와 회의실에서는 드러나지 않았지만, 회사 내부에는 압박감이 쌓여가고 있었다. 트위터는 회사 역사상 가장 핵심적인 전환기에 접어들고 있었다. 코로나바이러스는 제2차세계대전 이후로 가장 큰 전 세계적 뉴스였다. 온 세상의 모든 나라가 영향을 받았다. 속보와 새로운 소식을 전하는 채널로서 트위터가 하는 역할이 이보다 중요했던 적은 없었다. 코비드-19 제한과 명령이 주에 따라 매우 다양했던 미국에서는 주지사들이 트위터 서비스를 이용해 거의 매일 지역 정책을 업데이트했고, 트위터는 다양한 보건기구에서 올린 뉴스와 최신 소식이 나오는 랜딩페이지를 만들었다. 트럼프는 재선 선거운동을 벌이는 와중에 하루에도 수십 번씩 트윗을 올렸다. 대체로는 그가 가장 좋아하는 화제인 '가짜뉴스' 미디어에 관한 내용이었지만, 코비드나 그것이 광범위한 경제에 끼치는 영향에 대한 트윗도 점점 많아졌다.

치명적인 팬데믹과 뜨겁게 달아오른 미국 대선, 머릿속에 떠오르는 말이면 뭐든지 트윗하는 대통령이 한데 모인 결과 트위터는 어느 때보다 인기를 끌었다. 2020년 첫 3개월에, 트위터의 사용자 수는 1년 전 같은 기간에 비해 24퍼센트 증가했다. 2분기에는 34퍼센트 성장했다. 트위터의 서버에는 사이트를 띄우고 굴리는 것만으로도 엄청난 부하가 걸렸다. 이 일은 수많은 직원이 재택근무를 하고 있어서 더 복잡해졌다. "우리 플랫폼에 걸리는 부하가 커지면서, 운영에 독특한 부담이 걸리고 있습니다."[6] 트위터는 블로그를 통해 이렇게 알리고, 회사가 직원들을 "현재 우리 서비스에서 보이는 새로운 수준의 트래픽으로 인한 스트레스로부터 안전하게 지키는 한편 생산성을 유지하려" 노력하는 중이라고 덧붙였다. 팬데믹 초기에는 수많은 광고주가 지출을 동결하면서 수익이 심각하게 줄어들었지만, 그건 단기적인 문제로 느껴졌다. 결국 광고주들은 돌아올 테고, 그때는 트위터에 그들이 가닿을 수 있는 훨씬 더 큰 사용자가 있을 터였다.

코비드가 퍼지고 사망자 수가 늘어나기 시작하면서, 트위터는 사람들의 안전을 지키고 누군가가 트위터에서 읽은 정보 때문에 병들 가능성을 최소화하고자 사용자들이 이 바이러스에 관해 올리는 게시물을 팩트체크하기 시작했다. 허위정보라는 문제는 소셜 네트워크에서 낯선 것이 아니었다. 그러나 몇 가지 예외적인 경우를 제외하면 대부분의 잘못된 정보는 트위터 규정에 위반되지 않았다. 회사에는 페이스북과 달리 대규모 팩트체크 부서가 없었다. 페이스북은 특정 게시물을 관리하기 위해 제3자 단체를 고용[7]한 터였다. 트위터에서 팩트체크는 사실상 완전히 새로운 일이었다. 2020년 초반에 회사는 '합성 미디어', 즉 사람들이 오해하도록 변형된 영상이나 사진을 포함한 게시물에 해당 내용을 표시하기 시작했다. 그러나 대체로는 그게 전부였다. 코비드 이전에, 허위정보는 트위터의 전반적인 관리 노력에서 비교적 작은 부분이었다.

팬데믹이 이 점을 바꾸어놓았다. 델 하비가 이끄는 트위터의 신뢰 및 안전팀에서는 코비드와 관련된 '잘못된 정보' 정책을 만들고, 사람들을 위험에 빠뜨릴 수 있는 게시물을 더 많이 삭제할 수 있도록 '유해'하다는 단어의 의미를 확장했다.[8] 회사는 미국 질병통제예방센터 같은 공중보건 당국의 신호를 받아들여, 사용자들에게 코비드에 관한 전문가 지침에 어긋나는 트윗을 내리도록 요구하기 시작했다. 사용자들은 세계보건당국의 권장 사항을 부정하거나("사회적 거리 두기에는 아무 효과가 없다") 위험한 소위 치료법을 공유할 수 없었다("표백제를 마시고 은 콜로이드를 먹으면 코비드-19가 치료된다"). 2020년 3월의 트위터 블로그 게시물에는 이제부터 트위터 규정 위반으로 간주될 십여 가지의 유형이 들어갔다.

모두가 트위터의 새로운 정책을 좋아한 건 아니었다. 불만을 가진 사람 중에는 도시도 있었다. 그는 코비드에 관한 트윗을 팩트체크하겠다는 회사의 결정이 매우 불편했다. 도시는 트위터 정책을 보통 방임하면서 겉으로는 불평하지 않았다. 하지만 내적으로는 그 어떤 규정이나 지침보다도 트위터의 코비드 정책에 관심을 보였고, 유명 계정이 규정 위반으로 경고를 받으면 이메일로 알려달라고 요구했다. 이런 정책은 도시의 신경에 거슬렸지만 개입해서 바꾸지는 않았다.

5월 초, 바이러스에 대한 이해가 증진되면서 트위터는 규정을 조금 바꿨다. 바이러스에 관해 "논란의 여지가 있거나 오해를 일으키는" 정보가 들어 있지만, "트윗에 관련된 유해성의 위험이 덜 심각한"[9] 게시물을 삭제하는 대신 해당 경고를 표시하기 시작한 것이다. 그 말은 더 많은 트윗이 살아남을 수 있다는 뜻이었다. 다만, 이런 게시물에는 CDC 웹사이트 등 더 신뢰할 수 있는 정보 출처를 알려주는 트위터 자체의 메모가 붙었다. 이런 딱지는 일종의 경고로서, 게시물을 보는 모든 사람에게 계정 주인이 의심스럽거나 오해를 할 만한 정보를 공유하고 있음을 눈에 띄게 알려주었다.

코비드가 확산하면서 트위터에는 완전히 새로운 세상이 열렸다. 트위터는 몇 년 동안 대체로 이분법적인 시스템이 작동해왔다. 규정을 위반한 트윗은 삭제되고, 괜찮은 트윗은 남았다. 그러나 이제 트위터는 만족스러운 중간점을 찾으려 노력중이었다. 문제적인 트윗을 삭제하는 대신 경고를 달아주는 것이다. 트위터는 회사의 신뢰 및 안전팀 직원들의 작업에만 의존하는 대신, 자동화 소프트웨어를 사용해 경고를 적용했다. 결국 트위터는 이 정책을 확장해 선거와 투표에 관한 잘못된 정보에도 경고를 달고 싶어했으나, 코비드에 많은 집중력을 빼앗겼다.

트위터는 선거와 관련된 세부사항을 정리할 시간이 충분하리라고 생각했다. 선거는 아직 6개월 뒤였으니 말이다. 하지만 그때, 트럼프 때문에 다시 손을 쓸 수밖에 없었다.

트럼프의 트윗에 경고를!

요엘 로스는 샌프란시스코 미션 지구의 15번가와 발렌시아가 모퉁이에 주차된 자신의 테슬라 안에 앉아 있었다. 무릎에는 노트북을 켜놓은 채였다. 옆으로 차량이 쌩쌩 지나갔다. 이번 화요일 아침은 일하는 날이 아니었다. 그는 아파트에서 나와 베이브리지 건너에 있는, 버클리 바로 북쪽의 새집으로 이사하기 위해 1주일 휴가를 낸 상태였다. 그러나 그 계획은 도널드 트럼프의 또다른 트윗으로 엉망이 되었다. 지금 로스는 이사하는 대신 컴퓨터 앞에 앉아, 트위터 역사상 가장 눈에 띄는 거짓 정보 경고를 적용하고 있었다.

로스는 트위터에 거의 5년간 재직했다. 처음에는 논문을 쓰다가 지쳐서 휴식이 필요했던 25세 때 인턴으로 입사했다. 전기공학 교수인 아버지와 피아노 교사인 어머니 사이에서 태어난 로스는 플로리다주 보카라톤에서 어린 시절을 보낸 뒤 펜실베이니아주로 가 스워스모어대학에서 학사학위를 받았다. 그는 필요한 돈을 벌기 위해 인근의 애플 스토어에서 '천재' 역할을 맡아 일했다. 그런 다음, 펜실베이니아주립대학교에서 커뮤니케이션 박사학위를 받았고, 커뮤니케이션 및 언론 관련 강의를 했다. 그는 하버드에 소속된, 인터넷 및 사회를 위한 버크먼 클라인 센터에서 혐오 발언에 관해 연구했다. 그는 잠시 쉬며 트위터의 신뢰 및 안전팀에서 인턴생활을 한 뒤, 2015년에는 박사과정을 마치고 바로 트위터로 돌아와 안전 및 사생활 보호 문제 관련 작업을 했다.

몇 년 뒤, 2016년 선거와 관련된 재앙이 일어난 이후 로스는 트위터에서 '사이트 도덕성 담당자' 자리를 맡았다. 이 멋진 직함은 그가 스팸, 정보전, 선거 보안, 거짓 정보 등 온갖 종류의 선거 관련 문제에서 서비스를 보호할 책임을 맡았다는 뜻이다. 또, 그 말은 그가 트위터의 누구보다도 트럼프의 트위터 계정에 대해 많은 생각을 했다는 뜻이기도 했다.

2020년 5월, 로스는 이미 감당할 수 없을 만큼 많은 책임을 지고 있었다. 코비드 때문에 미국의 몇몇 주에서는 투표 정책을 확장해, 더 많은 사람이 우편 투표를 하여 대면 접촉을 최소화하게 했다. 캘리포니아주 주지사 개빈 뉴섬은 5월에 행정명령을 내려, 캘리포니아주에 등록된 투표자라면 누구나 11월 총선 전에 우편 투표용지를 자동으로 받아보도록 했다.[10] 네바다주도 6월 당내 경선을 앞두고 라스베이거스를 포함한 주내의 가장 큰 카운티에 같은 정책을 적용했다.[11] 미시간주 역시 투표자들이 우편으로 투표용지를 더 쉽게 받아볼 수 있도록 했다.[12]

워싱턴에서 트럼프는 이런 정책에 노발대발했다. 그는 트위터에서 우편 투표에 관한 불평을 쏟아놓느라 몇 주를 보냈다. 그는 우편 투표가 "사기에 최적"[13]이라면서, 이 방식이 공화당보다 민주당에 유리하다고 주장했다.[14] 네바다주가 당내 경선과 관련된 우편 투표 계획을 발표하자 트럼프는 네바다주에 대한 연방 정부 자금 지원을 중단하겠다고 위협했다.[15] 나흘 뒤, 그는 선거를 우편 투표 방식으로 변경하면 "역사상 최악의 조작 선거"가 이루어질 것이라는 트윗을 남겼다. "사람들이 우편함에서 투표용지를 가져다 수천 장씩 위조한 다음, 다른 사람들에게 서명하라고 '강요할' 거다."[16]

트위터 경영진은 이런 트윗을 면밀히 지켜보았다. 회사에는 투표 절차에 관한 호도를 금지하는 규정이 있었다. 예컨대 선거일을 잘못 알리거나 문자메시지로 투표할 수 있다는 트윗을 남기면 안 된다. 하지만 트럼프의 트윗은 이런 면에서 명백한 위반이 아니었다. 트위터 경영진은 트럼프가 트윗하는 이런 내용을 포함하는 쪽으로 투표와 관련된 회사 정책을 확장할 계획이 있었지만[17] 그런 계획은 아직 발표되지 않은 상태였다. 트위터가 코비드에 대해 사용하는 잘못된 정보 경고 조치도 아직 투표에 관한 트윗에는 사용되지 않았다.

그러나 몇 년간 그래왔듯, 트럼프의 트윗은 트위터를 압박해 행동하도록 했다. 5월 26일, 대통령은 평소처럼 트윗 두 개를 올렸다. "우편 투표는 중대한 사기가 **확실함(절대로 안 된다!)**"[18] 트럼프는 캘리포니아주에서 "상대가 누구든, 어떻게 그곳에 갔든 상관없이 캘리포니아주에 있는 모든 사람에게" 투표용지를 전달할 거라고 덧붙이며 "이건 사기 선거가 될 거다. 절대 안 된다!"라고 트윗을 끝마쳤다.

로스를 비롯한 트위터의 최고위 정책 담당자와 신뢰 및 안전팀 경영진은 한데 모여 이 트윗에 대해 의논했다. 그들은 이 트윗이 정확하지 않다는 결론을 빠르게 내렸다. 캘리포니아주의 새로운 정책은 등록된 모든 투표자에게 투표용지를 보내는 것이지, '캘리포니아주에 사는 모든 사람'에게 보내는 것이 아니었다.[19] 트위터는 선거 관련 트윗에 경고 플래그를 달지 않고 있었지만, 트럼프의 트윗에는 정보 확인이 필요하다고 판단했다. 사상 최초로, 트위터는 트럼프의 게시물 중 하나에 잘못된 정보라는 딱지를 붙이기로 했다.

딱지를 붙이는 일이 로스에게 맡겨졌다. 트럼프의 계정이 트위터 '상위 3위' 목록에 올라 있는 지금, 그는 사내에서 딱지 붙이기를 시도라도 할 수 있는 몇 안 되는 사람 중 하나였다. 그래서 로스는 샌프란시스코의 자기 테슬라 안에 앉아, 두 개의 트윗 하단에 딱지를 붙였다. "우편 투표에 관한 사실을 확인하세요." 사용자가 딱지를 클릭하면 직설적인 안내 문구가 있는 새로운 페이지가 연결되었다. "트럼프는 우편 투표가 '사기 선거'로 이어질 것이라는 거짓 주장을 내놓았습니다. 그러나 팩트체크에 따르면 우편 투표가 유권자 사기로 이어졌다는 증거는 없습니다."[20]

트위터는 사실상 미국 대통령을 거짓말쟁이라고 말한 것이었다. 트럼프는 뒤집어졌다.

"@Twitter가 이제 2020 대선에 개입하고 있다."[21] 그날 저녁, 트럼프는 이렇게 트윗을 남긴 뒤 두번째 트윗을 썼다. "트위터는 **언론의 자유**를 완전히 질식시키고 있다. 대통령으로서 가만두지 않겠다!"[22] 이틀 뒤, 트럼프는 어떤 게시물을 남기고 지울지를 판단할 때 소셜미디어 회사들이 누리는 법적 보호 조치, 즉 섹션 230을 취소하는 행정명령을 내렸다.[23]

트럼프의 고위급 고문 중 한 명인 켈리앤 콘웨이는 〈폭스 앤 프렌즈〉에 출연해, 트럼프의 트윗에 딱지를 붙인 사람으로 로스의 실명을 언급했다. 백악관 앞에서는 심지어 로스의 트위터 사용자 아이디를 방송에 내보냈다. 폭스 시청자들이 그를 찾아 괴롭힐 수 있도록 말이다. "샌프란시스코의 누군가 가서 이 사람을 깨우고, 팔로워가 더 생기려 한다고 말해주세요."[24] 그녀가 말했다. 폭스 뉴스 기자는 심지어 로스의 옛 트윗을 샅샅이 훑어, 로스가 지난날 트럼프에 대해 트윗했던 모든 부정적인 이야기를 강조하는 별도의 기사를 실었다.[25] 그중에는 로스가 트럼프와 그의 팀원을 **"사실상 나치"**라고 부른 트윗과 트럼프를 "인종차별주의적 오렌지"라고 부른 트윗이 있었다(확인 사살 겸, 이들은 로스가 켄터키주 상원의원 미치 매코널을 "인격이라고는 없는 똥자루"[26]라고 부른 다른 트윗도 덧붙였다).

로스의 옛 트윗은 당혹스러웠고, 트위터의 객관성에 확실히 불리하게 보였다. 그러나 로스에 대한 콘웨이의 공격은 그보다도 나빴다. 웨스트코스트에서 눈을 떴을 때쯤, 로스의 핸드폰은 이미 터질 듯했고 그의 트위터 계정은 트럼프 지지자들의 협박 메시지와 언어 폭력으로 가득했다. 살해 협박을 너무 많이 받자 트위터에서는 그의 새집으로 보안팀을 보내 집 전체를 살펴보게 했으며, 카메라를 설치하는 등의 다양한 안전 조치를 권고했다. 트럼프가 다음날 로스에게 트윗을 보내자 공격은 더욱 거세졌다. "우편 투표가 **사기**에 취약하지 않다는 트위터의 주장은 그야말로 터무니없다. 웬 멍청한 소리인가? 사방에 부정선거 사례와 예시가 있다. 우리 선거는 심각하게 얼룩져 전 세계의 웃음거리가 될 것이다. 혐오론자 @yoyoel한테 한번 말해보자."[27] 트위터는 결국 로스의 집 앞에 24시 보안팀을 수개월간 배치해야 했다.

팩트체크 경고는 그주 트위터와 트럼프가 벌인 충돌의 시작에 불과했다. 미니애폴리스에서 백인 경찰관이 흑인 남성 조지 플로이드를 쓰러뜨리고 그의 목을 무릎으로 눌러 죽게 해 전국적으로 시위가 일어났다. 플로이드가 사망하는 영상이 소셜미디어에 공유되면서, 전국적으로 거리 행진과 시위가 벌어졌다. 이중 다수는 코비드 확산을 막기 위해 마스크를 끼고 경찰의 잔혹 행위에 대항해 행진했다. 미니애폴리스의 시위는 금세 위험해졌다. 시위자들이 경찰차와 가게의 진열창을 파괴하고 경찰은 최루가스와 고무탄을 사람들에게 쏘았기 때문이다. 둘째 날, 셋째 날에도 시위가 이어지자 미네소타주 주지사 팀 월츠는 주 방위군을 가동했다.[28] 결국 트럼프가 트위터로 이 사태에 끼어들었다. 그는 플로이드가 사망하고 불과 며칠이 지난 5월 29일 새벽 1시 직전에 트윗 두 건을 올렸다.

"이 **깡패들**은 조지 플로이드의 기억을 모독하고 있다. 나는 이런 일을 방치하지 않겠다." 시위자들에 관한 글이었다. "방금 주지사 팀 월츠에게 군대가 전면적으로 협조할 거라고 말했다. 조금이라도 어려운 점이 있으면 우리가 사태를 통제할 것이다. 약탈이 시작되면 총격도 시작되는 것이다!"[29]

이 트윗이 떴을 때 도시는 샌프란시스코의 자택에 있었다. 트위터 경영진은 서둘러 인터넷에 접속해 무엇을 해야 할지 알아보았다. 그중에는 신뢰 및 안전팀의 수장인 하비와 트위터의 법무 담당자 션 에젯이 있었다. 그들의 상관인 비자야 가데는 출산 휴가중이었다. 이들은 몇 시간 동안 구글 문서와 슬랙을 통해 이 게시물에 대해 의논했다. 이는 트위터 내의 팀원들이 협력하는 흔한 방식이었다. 사람들이 실시간으로 함께 문서를 수정하고 공유할 수 있었기 때문이다.[30]

캘리포니아주에서 막 자정이 지났을 때 결론이 내려졌다. 트럼프는 폭력 미화 금지라는 트위터의 정책을 위반했다. 그는 세계 지도자였으므로 트위터에서는 일반적인 사용자와 달리 트럼프에게 트윗을 삭제하도록 강요하지는 않았다(어쨌거나 '뉴스 가치'는 아직 있었으니까). 대신, 트위터는 경고 화면으로 트윗을 가렸다. 다른 사용자들은 더이상 그 트윗에 '좋아요'를 누르거나 댓글을 달 수 없었다. "이 트윗은 트위터의 폭력 미화 금지 규정을 위반했습니다. 그러나 트위터는 이 트윗에 접근을 허용하는 것이 공공의 이익에 부합한다고 판단했습니다."[31]

트위터는 같은 주에 트럼프의 트윗에 거짓 정보라는 딱지를 붙였고, 회사 규정을 위반했다는 딱지도 붙였다. 선거까지는 아직 거의 6개월이 남아 있었지만 댐은 터졌다. 트럼프 대통령의 트위터도 더이상 무소불위의 영역에 있지는 않았다.

야심 찬 숫자들

트럼프와의 관계가 빠르게 악화하는 가운데, 잭 도시는 트위터의 장기적 미래를 고민하고 있었다. 엘리엇과의 합의에 따라 회사의 사업을 개선해야 한다는 심한 압력이 뒤따랐고, 도시는 투자자들에게 자신이 CEO로 남아야 한다는 점을 설득해야만 했다. 거래의 일환으로, 트위터는 투자설명회를 열기로 했다. 도시가 트위터에 관한 비전을 발표해 월스트리트에 엘리엇과 실버레이크의 투자 이후를 예상할 기회를 주겠다는 것이었다. 트위터가 수익과 사용자 수를 늘리겠다는 새로운 '야심'을 내놓은 지금, 투자설명회는 회사의 재정적인 목표를 다시 설정할 기회이기도 했다. 투자설명회는 상장사에서 그리 드문 행사가 아니었지만, 트위터에서는 흔하지 않았다. 이 회사는 2014년 이래 투자설명회를 한 번도 주최하지 않았다.

도시에게 좋은 소식은 예상보다 계획을 정리할 시간이 더 생겼다는 점이다. 투자설명회는 원래 2020년 가을로 예정되어 있었으나 코비드 때문에 2021년 2월까지 미뤄졌다. 팬데믹 탓에 도시의 성과를 판단하기가 어려워졌다. 트위터 사용자 수는 빠르게 늘어나고 있었지만, 수익은 시궁창에 빠져 있었다. 매출은 2020년 2분기에 19퍼센트 감소했다. 수많은 마케터들이 지출을 삭감하고, 팬데믹의 전개 양상을 지켜보는 입장이었기 때문이다. 이 점에 대해 도시를 비난하는 것은 공정하지 않았다. 하지만 사용자 수 증가를 오롯이 도시의 공으로 돌리는 것 역시 공정해 보이지는 않았다. 도시에게 진짜 시험은 코비드가 끝나거나 최소한 정상화된 뒤에 찾아올 것으로 보였다.

투자설명회를 준비하면서 도시는 최측근 일부에게 이사회 및 투자자들과 공유할 수 있는 3년짜리 사업계획서를 만들도록 지시했다. 이들은 원래도 트위터의 장기 전략에 관해 몇 달째 논의해왔지만 이제 도시는 수익성 개선과 사용자 수 증가 등 월스트리트와 공유할 수 있는 구체적인 무언가를 원했다. 각각 소비자 제품과 광고 제품 부서를 운영하는 케이본 베이크푸어와 브루스 팔크는 2020년의 봄과 초여름 동안 숫자를 정리했다. 파라그 아그라왈 CTO와 마이클 몬타노 수석 엔지니어도 참여했다. 이들은 회사의 기술팀이 트위터의 제품 개발 속도를 향상시킬 수 있는 방안을 브레인스토밍했다. 트위터의 인기가 높아지고 있다는 점은 낙관적인 기대를 품을 이유였다. 사용자 수가 늘어나면 보통은 수익도 늘어나기 때문에 더욱 그랬다. 도시는 크게 한 방을 노리고 싶어했다. "크게 가거나 집에 가세요." 그는 둘에게 말했다.

베이크푸어는 투자하고 싶은 개발 아이디어가 많았다. 사람들이 다른 사용자만이 아니라 주제를 팔로우할 수 있게 하겠다는 트위터의 결정은 통하는 듯했고, 더 많은 참여를 끌어냈다. 그는 사람들이 선택할 수 있는 수십만 개의 화제를 포함하도록 이 기능을 확장하고 싶었다. 트위터는 또한 그해 여름, 스페이스라 불리는 오디오 기능을 만들기 시작했다. 사람들이 듣고 싶어하는 사람 누구에게나 실시간 대화를 송출할 수 있도록 하는 기능이었다. 트위터 앱 안에 라디오 방송국을 두는 셈이었다. 팬데믹 때문에 집안에 틀어박혀 있는 모든 사람에게 오디오 기능은 좋은 아이디어로 보였고, 똑같은 앱을 만들었던 클럽하우스라는 다른 스타트업은 이미 테크 업계에 충격을 주고 있었다.

물론 스크리블도 있었다. 처음에는 스크리블로 시작한 기능이라고 말해야 할지도 모르겠지만 말이다. 모 알 아드함이 2019년 초기에 작업을 시작하면서부터 사라지는 문자 게시물이라는 아이디어는 발전해왔다. 스크리블의 초기 시험 결과는 실망스러웠다. 그뒤에, 트위터는 새로운 수석 디자이너로 댄틀리 데이비스를 고용했다. 그는 페이스북에서 스토리 기능을 만들며 몇 년을 보낸 뒤 트위터에 합류했다. 데이비스는 트위터에 입사해 스크리블을 실적이 입증되는 무언가로 바꾸는 방법을 밀어붙였다. 그 결과, 트위터는 2020년 초에 플리츠라는 서비스를 시작했다. 플리츠는 사라지는 사진과 영상에 초점을 맞춘 스토리의 복제품으로, 이름만

바꾼 것이었다. 플리츠 역시 베이크푸어의 장기 제품 개발 계획의 일환이었다.

광고 측면에서, 팔크는 개별 사용자를 좀더 정교하게 겨냥하는 '타깃 광고'를 공격적으로 추진하고 싶었다. 트위터는 타깃 광고를 제대로 해본 적이 없었다. 대신, 이 회사는 브랜드 광고에 특화되어 있었다. 브랜드 광고란 디지털 세상의 텔레비전 광고나 광고 게시판에 해당했다. 브랜드 광고는 일반적인 청중을 노렸다. 예컨대 '캘리포니아주에 사는 여성'이라는 식이었다. 브랜드 광고가 통하면 사람들은 광고주에게 더 긍정적인 감정을 느낄 수 있었다. 그렇다고 그들이 반드시 밖으로 나가 당장 물건을 사는 건 아니었다. 트위터 수익의 대부분, 즉 수익의 약 85퍼센트가 브랜드 광고에서 나왔다.[32]

그러나 타깃 광고의 가치가 더 컸다. 이 광고는 대상을 매우 정밀하게 조정했고, 구체적인 성과를 내도록 고안되었다. 사용자가 광고주의 웹사이트에 방문하게 한다거나 앱스토어로 가서 앱을 다운받게 하는 것 등이었다. 이런 광고는 소름 끼치게 느껴질 수도 있었다. 사람들은 온라인에서 찾아본 상품이 며칠, 심지어 몇 주 뒤에 광고로 뜨는 것을 종종 알아차리곤 했다. 페이스북과 구글은 대체로 타깃 광고로 돈을 벌어들였지만, 트위터는 이 광고를 뒤늦게 도입했다. 누군가의 온라인 활동을 추적하는 데 필요한 기술을 만든 적이 없다는 게 주된 이유였다. 이런 기술은 광고가 실제로 효과를 내는지 판단하기 위해 꼭 필요했다. 페이스북과 구글은 몇 년에 걸쳐 각자 나름의 기술을 개발한 반면 트위터는 뒤로 처졌다. 팔크의 3개년 계획 일부는 그 격차를 해소하는 데 집중했다.

팔크와 베이크푸어는 도시의 '크게 가거나 집에 가라'는 지시를 마음에 새기고, 트위터 이사회와 공유할 일련의 야심 찬 재무 목표 및 사용자 수 목표를 세웠다. 2020년에 트위터는 37억 달러의 수익과 총 1억 9200만 명의 일일 사용자 수로 한 해를 마무리할 터였다. 이 회사의 새로운 3개년 계획은 2023년 말까지 연간 90억 달러 이상의 목표 수익과 3억 6500만 명의 목표 일일 사용자 수를 달성하는 것이었다. 그 말은 매년 약 35퍼센트의 수익 증가와 5800만 명의 신규 사용자 유입을 의미했다. 아그라왈과 그의 인프라 개발팀도 꼭 필요할 터였다. 아그라왈은 트위터가 신제품을 개발하는 속도를 두 배로 늘리기로 계획했다. 그러기 위해 이들은 트위터가 수천 명의 새로운 직원을 고용해 신규 제품과 기능을 개발해야 한다고 생각했다.

도시는 이 계획을 개략적으로 설명한 문서를 만들어 트위터 이사회에 제시했다. 팬데믹 시대가 지나면 트위터는 그 어느 때보다 강한 모습이 될 것이라고 했다. 그 이유는 트위터가 새로운 뉴스 전파자로서의 가치를 증명했을 뿐 아니라, 도시가 오래전부터 원격근무를 옹호해왔기 때문이라고 말이다. 트위터는 사람들이 어디서든 자기 일을 할 수 있다는 걸 증명하는 데 도움이 될 터였다. 그가 제시한 수치는 야심 찼고, 트위터는 그 수치를 실현하기 위해 공격적인 고용을 진행할 것이었다. 도시는 낙관하는 듯했다. 몇 달 전, 엘리엇이 오면서 그가 얼마나 실망했는지를 생각하면 그의 낙관주의는 더욱 두드러졌다. 3개년 계획은 이사회의 승인을 받았다.

하지만 문제가 있었다. 트위터의 CFO인 네드 시걸이 이 계획을 마음에 들어하지 않았다. 그는 도시가 계획을 발표하기 전에 이 계획에 맞서 싸웠다. 시걸만이 아니었다. 트위터 재무팀의 몇몇 구성원들은 이런 수치를 절대로 달성할 수 없다고 생각했다. 트위터는 2015년 처음 상장된 이후로 25퍼센트 이상의 수익 증가를 보인 적이 없었는데 새로운 계획은 3개년 연속 35퍼센트 성장을 요구했다. 사용자 수 목표도 공격적이었다. 트위터는 역대 최고의 사용자 수 증가를 기록한 2020년에도 일일 사용자 수가 4천만 명 늘었을 뿐이다. 그런데 지금 트위터 개발팀에서는 3개년 연속으로 연간 5800만 명의 신규 사용자 유입을 목표로 삼고 있었다.

시걸은 이처럼 야심 가득한 숫자 때문에 트위터가 투자자들을 실망시키게 될 거라고 걱정했다. 게다가 이 계획은 믿을 수 없을 만큼 값비쌀 터였다. 너무도 많은 직원을 추가로 고용해야 했기 때문이다. 그의 우려 사항은 내적인 긴장을 만들어냈다. 한쪽에서 베이크푸어와 팔크는 도시의 요청에 따라 크게 가려 했고, 시걸과 재무팀은 다른 쪽에서 모두가 너무 방방 뜨지 않게 하려고 애썼다. 계획이 트위터 이사회의 승인을 받은 뒤에도 시걸은 투자설명회에서 이런 수치를 공개하고 싶어하지 않았다. 결국, 이들은 타협안을 만들어냈다. 공격적인 계획은 내부에서 직원들끼리만 공유되었다. 그리고 몇 달 뒤 열린 투자설명회에서는 상당히 축소된 숫자를 공개했다.

대외적으로, 트위터의 수익 목표는 내부 목표인 90억 달러에서 75억 달러로 감축되었다. 사용자 수 목표는 약 3억 6500만 명에서 3억 1500만 명으로 줄어들었다.[33] 모두가 이 전략을 좋아한 건 아니었다. 트위터 간부 중 일부는 두 종류의 목표를 세우면 내적으로 세운 목표치의 의미가 손상된다고 걱정했다. 회사 경영진조차 자신감 있게 말하지 못한다면 트위터의 목표에 과연 어떤 의미가 있겠는가?

그러나 월스트리트는 수정한 숫자도, 회사를 더 공격적으로 운영하겠다는 도시의 전망도 마음에 들어했다. 투자설명회 날에 목표치가 공개되자 트위터의 주가는 12퍼센트 상승했다.[34]

이제 도시가 해야 할 일은 트위터 최고의 한 해를 실현하는 것뿐이었다.

10장

트럼프 퇴출

대선을 겨우 몇 주 앞둔 《뉴욕 포스트》의 표지에는 조 바이든이 아들 헌터 옆에서 미소 짓는 사진이 실렸다. 그러나 여기에 붙은 헤드라인은 전혀 미소 지을 문제가 아니었다. 헤드라인에는 "**바이든의 비밀 이메일**"이라 적혀 있었다. 온라인 헤드라인은 더욱 파괴적이었다. "헌터 바이든이 부통령인 아버지에게 우크라이나 사업가를 소개한 정황이 확실한 이메일 증거를 통해 드러났다."[1]

2020년 10월 14일에 공개된 이 기사에는 컴퓨터 수리점에 버려졌다가 도널드 트럼프의 변호사인 루디 줄리아니에게 넘겨진 노트북에서 수집한 정보가 실렸다. 노트북의 주인은 헌터 바이든으로 추정되었다. 노트북에는 헌터의 아버지이자 민주당 대선 후보가 아들인 헌터가 이사로 있는 '부리스마'라는 우크라이나의 에너지 기업과 연결되어 있다는 이메일이 있었다. 조 바이든은 일전에 헌터의 해외 사업과 관련해 그와 "이야기한 적이 한 번도 없다"고 주장했다. 그러나 이 이메일들은 바이든이 실제로는 아들의 요청에 따라 부리스마의 경영진을 만났음을 시사했다. 그 만남으로부터 1년도 채 지나기 전, 부통령이던 바이든은 우크라이나 정부를 압박해 부리스마를 조사할 계획이던 검사를 해고하게 했다.

이 이야기는 트럼프 캠프에 그야말로 필요한 것이었다. "슬리피 조 바이든과 우리 나라를 둘러싼 엄청난 부패 사건을 폭로한 @nypost에게 축하를 전한다. 바이든은 언제나 부패한 정치인이었다. 수치스럽다!"[2]

트위터 내부에서 이 이야기는 온갖 경종을 울렸다. 2016년 선거 당시, 러시아 정부는 민주당 대선 후보인 힐러리 클린턴에게 반대하는 해킹 및 정보 유출 캠페인을 지휘해 그녀의 선거 캠프 단장인 존 포데스타에게서 수천 통의 이메일을 얻어내는 데 성공했다.[3] 나중에 이런 이메일은 위키리크스를 통해 공개되었고, 트럼프에 대항하는 클린턴의 선거운동에 믿을 수 없을 만큼 큰 해를 끼쳤다. 트위터는 2016년 선거에 의도치 않게 영향을 끼쳤다는 흉터를 지니고 있었던 만큼, 2020년 선거 이전의 마지막 며칠 동안 비슷한 해킹 및 정보 유출 캠페인을 철저히 감시했다. 심지어 트위터에 해킹된 자료를 공유하거나 링크로 연결하는 것을 아예 금지하는 정책을 두기도 했다.

《뉴욕 포스트》의 기사는 이 정책에 딱 맞는 규제 대상으로 보였다. 웬 컴퓨터 수리점에 버려져 있던 노트북에 대선 후보에게 해가 될 만한 이메일이 들어 있었고, 그 컴퓨터가 선거를 겨우 몇 주 앞두고 트럼프 측 변호사의 손에 들어갔다니? 트위터 내 선거 부정을 막는 책임을 맡고 있던 경영진 요엘 로스는 몇 년 뒤 이렇게 설명했다. "수상했습니다. 모든 게 해킹 및 정보 유출 사건으로 보였고, 그런 냄새를 풍겼죠."[4]

그러나 문제는 이게 정말로 해킹 및 정보 유출 사건인지 아는 사람이 아무도 없었다는 점이다. 정책, 신뢰 및 안전, 홍보 등의 분야에서 일하는 트위터 직원들 모두가 어떻게 해야 할지 몰라 허둥댔다. 코비드 때문에 모두가 아직 재택근무를 하고 있으므로, 이들은 슬랙을 통해서나 이메일을 통해서 서로에게 메시지를 보냈다. 이런 토론은 결국 트위터 고위급에도 도달했다. 그들은 로스와 트위터의 정책 관련 최고책임자인 비자야 가데, 그리고 트위터의 최고 변호사 중 한 명인 짐 베이커였다. 그들은 결국 해당 기사를 차단하기로 결정했다. 그 말은 사람들이 해당 링크를 트윗하거나 심지어 개인적인 메시지로 공유하는 것조차 막는다는 의미였다.

"논의했던 대로, 이 사건은 아직 초기 단계로서 팩트가 확인되지 않았습니다." 로스는 기사가 나온 날, 동료에게 보낸 쪽지에서 이렇게 인정했다. "위험 수준이 매우 **심각하다**는 점, 그리고 2016년에 배운 교훈을 생각하면 경고 문구를 추가하고 콘텐츠 확산을 막는 방향으로 신중하게 대응해야 할 것 같습니다."[5]

트위터 내부의 다른 사람들은 회의적이었다. 그중에는 이런 결정을 언론에 설명하는 일을 맡은 트위터 홍보팀 구성원도 있었다. 홍보팀 직원 트렌턴 케네디는 이렇게 썼다. "이 기사를 안전하지 않은 콘텐츠로 표시하는 정책적 근거를 잘 모르겠습니다."[6] 트위터의 커뮤니케이션팀 부팀장인 브랜던 보어먼은 이렇게 물었다. "이게 우리 정책에 해당하는 내용이라고 정말 말할 수 있나요?"[7] 이 트윗이 트위터의 규정에 위반되는지 제대로 이해한 사람이 아무도 없다는 게 내부적으로 분명했는데도, 트위터는 이 기사를 막겠다는 결정을 완고하게 지켰다.

결국 이 결정은 엄청난 실수였다. 바이든의 이메일이 해킹 및 유출에 의한 것이었음을 확인한 사람은 아무도 없었고, 몇 년 뒤 해당 이메일은 보안 전문가들에 의해 진본으로 확인되었다.[8] 트위터는 기사를 처음 차단하고 이틀 동안 강한 비판을 받은 뒤 결정을 뒤집었지만, 피해는 이미 돌이킬 수 없었다. 트위터는 공공의 대화에 영향을 끼칠 수 있는 권력을 이용해, 바이든에게 해로운 기사를 사소한 것으로 취급했다. 공화당 정치인을 비롯한 트럼프 지지자들은 격분했다. 상원의원 린지 그레이엄과 테드 크루즈는 도시를 다시 워싱턴으로 끌고 와[9] 의회의 질문에 답하게 하겠다고 선언했다. 4년 전과 마찬가지로, 트위터는 중요 선거를 앞둔 마지막 몇 주 동안 트럼프의 캠페인을 의도적으로 방해하는 것으로 보였다. 또 한번의 당혹스러운 선거 소동을 피하려던 회사의 노력이 바로 그런 당혹스러운 선고 소동으로 이어졌다. 트위터는 너무 길을 벗어나는 바람에, 의도치 않게도 회사가 공적 정보의 전파에 얼마나 큰 통제력을 행사할 수 있는지를 오히려 강조해버렸다.

가데는 트위터의 차단 조치를 해제한 뒤, 갱신된 정책을 트윗하면서 양해를 구했다. "콘텐츠 관리는 대단히 어렵습니다. 선거라는 중대한 맥락에서는 특히 그렇습니다. 우리는 피해를 예방하기 위해 책임감 있고 빠르게 행동하려고 노력하고 있으나 아직 배울 것이 많습니다."[10]

방임적인 접근법 때문에 결정에 참여하지도 않았던 도시는 더 노골적으로 말했다. "URL을 바로 차단하는 것은 잘못된 일입니다. 이런 잘못을 바로잡기 위해, 정책과 실행 방침을 업데이트했습니다."[11]

누군가 도시를 대신해야 한다면

몇 주 뒤, 선거 하루 전이었다. 전 세계가 펜실베이니아주나 플로리다주 같은 핵심적인 격전지 유권자들이 투표하러 가기를 기다리는 동안, 트위터 이사회는 잭 도시 신임에 관한 자체 투표를 실시했다.

트위터의 법인 구조를 들여다보고 회사의 리더십을 평가하겠다는 엘리엇과의 합의 이후로, 새로운 이사회 산하 위원회가 결성되었다. 문제 분석이 완료되었고, 관련된 모든 사람들이 도시가 일자리를 지켜야 한다고 생각했다.

"위원회에서는 도시의 경영에 대한 신임을 표현했으며, 현재 구조가 유지되어야 한다고 권고했다."[12] 이사회는 공시 서류에 이렇게 적었다. 이는 이사회에서 도시의 성과와 그가 몇 달 전 제시한 3개년 계획에 만족했다는 뜻으로 쓴 상용구였다.

이 서류는 위원회에서 도시와 협력해 트위터의 CEO 승계 계획을 갱신했다고도 언급했다. 모든 상장사에는 CEO가 버스에 치인다거나 예기치 못한 다른 사고를 당하는 등 가능성 낮은 비상 상황이 발생할 때 가동하기 위한 계획이 있기 마련이다. 서류에 적혀 있지 않았던 것은 CTO인 파라그 아그라왈이 도시의 비상대행으로 선택되었다는 점이었다. 도시는 아그라왈에게 이 역할을 맡기기 위해 막후에서 압력을 가했고, 트위터 이사회는 그에 동의해 내부 후보로 이루어진 소규모 집단에서 그를 선택했다. 누군가 트위터를 차지해야 한다면 도시는 그 사람이 아그라왈이기를 바랐다.

마지막 경고

《뉴욕 포스트》 기사에도 불구하고 도널드 트럼프는 민주당 조 바이든을 상대로 재선에 실패했다. 일부 주에서는 우편 투표량이 너무 많아 개표에 며칠이 걸렸고, 공식 발표가 지연되었다. 그러나 결국 표차는 그리 아슬아슬하지 않았다. 바이든은 선거인단 306명의 표를 얻은 반면 트럼프는 232표를 얻었다. 바이든은 총 투표에서 700만 표차로 이겼다. 바이든은 1월 중순에 미국 국회의사당에서 열리는 취임식을 통해 미국의 46대 대통령으로 취임할 예정이었다. 트럼프에게 이를 막을 방법이 없다면 말이다.

퇴임을 앞둔 트럼프 대통령은 선거 당일 이후 두 달 동안 자기 말을 들어줄 모든 사람에게 선거 결과에 대해 따졌다. 트위터에서는 그의 트윗이 거의 매일 허위정보로 표시되었다. 트럼프가 선거에 패배한 이후로 트위터는 대통령의 게시물 300건 이상에 경고 메시지를 달았는데,[13] 그중 대부분은 선거 결과에 문제를 제기하거나 선거가 '조작'되었다고 주장하는 내용이었다. 트위터의 경고는 사람들을 더 정확한 정보로 안내했다. 일부 경고에는 이렇게 적혀 있었다. "다수의 출처에서는 이 선거를 위의 트윗과 다르게 평가하고 있습니다." 또, "선거 사기에 관한 위 주장에는 논란의 여지가 있습니다"[14]라는 메시지도 있었다. 트럼프가 '일반적인' 트위터 사용자였다면 그의 계정은 너무도 여러 번 반복적으로 규정을 위반해 영구 정지를 당했을 것이다. 미국 대통령으로서 그의 계정은 트위터의 '세계 지도자' 정책 덕분에 살아남았다.

의회에서 선거 결과를 인준하기로 한 날, 트럼프는 백악관 앞의 엘립스 잔디밭 무대에 서서 모두를 향해 격분했다. 언론, 의회, 심지어 그가 가장 좋아하는 소셜 네트워크 사이트에 대해서도 말이다. "내가 트윗을 띄울 때마다, 완전히 정확한 내용, 그야말로 정확한 내용일 때도 경고 메시지가 떠요. 트위터에서는 내보내야 할 메시지를 터무니없이 적게 내보내고 있습니다. 난 트위터가 싫어요. 트위터에 올라오는 뉴스는 나쁜 뉴스입니다."[15]

트럼프가 발언을 마무리했을 때쯤, 의회는 바이든의 선거 승리를 인준하려 했다. 트럼프는 미국 국회의사당으로 들어가 이 절차에 항의하라고 지지자들을 부추겼다. "오늘 여기 모인 우리 모두는 뻔뻔한 극좌파 민주당에게 선거를 도둑맞고 싶지 않습니다. 놈들이 하는 짓이 바로 도둑질이죠. 우리는 절대 포기하지 않고, 양보하지도 않을 겁니다. 그렇게는 안 되죠. 절도가 일어났는데 타협하지는 않습니다."

이어진 몇 시간 동안, 트럼프의 지지자 일부는 실제로 미국 국회의사당으로 행진하며 "USA, USA, USA!"라는 구호를 부르짖었다. 시위자들은 경찰의 바리케이드를 무너뜨리고 국회의사당 벽을 기어올랐다. 이들은 창문을 깨고 안으로 들어가 다른 사람들이 쏟아져 들어올 수 있도록 문을 열었다. 트럼프의 부통령으로서 미국 상원에서 선거 인준 절차를 감독하던 마이크 펜스는 비밀경호국 요원들이 안전한 장소로 피신시켰다. 다른 정치인들은 의사당 내에서 대피하기 시작했다. 의사당 건물이 봉쇄되었다.

트럼프는 국회의사당으로 행진하는 대신 백악관으로 돌아가 점점 폭력적으로 변해가는 폭동을 TV를 통해 지켜보았다. 트럼프 지지자들이 창문을 깨고 의사당을 돌아다니는 영상이 미국의 모든 주요 뉴스 방송에서 생중계되었다. 폭도들이 의사당 건물에 들어가고 부통령은 안전한 곳으로 옮겨진 가운데, 트럼프는 트윗을 올렸다.

"마이크 펜스에게는 우리 나라와 헌법을 보호하기 위한 일을 할 용기가 없었다. 마이크 펜스는 거짓되고 부정확한 결과를 부탁받은 그대로 인준할 게 아니라, 미국 국민들에게 교정된 팩트를 확인할 기회를 주었어야 한다. USA는 진실을 요구한다!"

트위터 직원 다수는 믿을 수 없다는 마음으로 각자의 집에서 TV를 통해 사태를 지켜보았다. 트럼프는 펜스에 대해 게시물을 올리기 전, 그날 이미 17차례나 트윗과 리트윗을 올렸다. 그러나 의사당 건물 안의 폭도들을 생각해 펜스에 대한 트럼프의 공격은 빠르게 위험 콘텐츠로 식별되어 신뢰 및 안전팀의 검토를 받게 되었다.

이즈음에 트위터에는 트럼프를 포함한 유명 사용자들의 논쟁적인 게시물을 분석하는 믿음직스러운 시스템이 갖추어져 있었다. 해당 트윗은 구글 문서에 추가되었고, 회사의 운영팀 직원은 위반 가능성이 있는 게시물 내용에 트위터의 관련 규정을 붙여넣었다. 그러면 신뢰 및 안전팀의 고위직 직원들이 트윗과 규정을 나란히 놓고 검토한 다음, 다른 사람들이 볼 수 있도록 문서에 댓글을 달았다. 모두가 원격으로 일하고 있었기에 이는 모두에게 전화를 걸거나 영상통화를 할 필요 없이 트윗을 분석하는 비교적 빠르고 믿을 수 있는 방법이었다.

이 절차는 보통 무슨 일을 해야 할지에 관한 권고로 이어졌고—경고 딱지를 붙이거나 트윗을 경고 화면으로 가리는 등—이런 권고 사항은 대체로 트위터의 법무 및 정책 부서 수장인 비자야 가데에게 전달되었다. 결정이 내려지면 그녀가 보통 도시를 참여시켜 그에게 경고를 해주었다. 도시는 결정에 개입하지 않고 다른 사람들이 지저분한 과정을 다루도록 하는 편을 더 좋아했다.

델 하비와 요엘 로스를 비롯한 트위터의 경영진은 구글 문서에서 펜스에 관한 트럼프의 트윗을 검토하고, 이 트윗이 '선거에 대한 대중의 신뢰를 약화하려는 잘못된 정보'의 공유를 금지하는 '사회 통합' 정책[16]을 위반했다고 빠르게 판단했다. 국회의사당에서는 정치인과 그 보좌진이 분노한 폭도를 피하기 위해 사무실이나 회의실에 들어가 바리케이드를 쳤다. 의사당의 경찰관이 시위자 중 한 명을 쏘아 죽였다.[17]

그때 트럼프가 다시 트윗을 올렸다. 이번에는 영상 메시지였다. 그는 카메라를 보며 말했다. "나는 여러분의 고통, 여러분의 아픔을 압니다. 우리는 이긴 선거를 도둑맞았습니다."

그는 폭도들에게 직접 말했다. "하지만 이젠 집으로 가야 합니다. 우리에게는 평화가 있어야 합니다. 법과 질서가 있어야 합니다." 그는 선거를

"사기"라고 말한 뒤, 폭도들에게 사랑을 전했다. "집으로 가세요. 사랑합니다. 여러분은 매우 특별합니다."[18] 이 영상도 트위터 내부의 팀에 의해 위험 콘텐츠로 표시되었고, 빠르게 규정 위반으로 판단되었다.

폭동이 시작되고 약 5시간이 지난 동부 시각 오후 6시 1분에, 트럼프는 세번째로 트윗을 올렸다. "너무도 오랫동안 형편없이, 불공평한 대우를 받아온 위대한 애국자들이 선거에서 신성한 대승을 거두었는데, 예의도 없고 악랄한 자들이 그 승리를 빼앗아가면 이런 일이 일어나는 겁니다. 사랑을 품고, 평화롭게 집으로 돌아가세요. 언제까지나 이날을 기억합시다!"

하비와 로스는 더이상 지켜볼 수 없었다. 트럼프는 미국의 선거가 '조작'되었다는 트윗을 몇 주나 계속해서 올리며 수백만 명의 사람들에게 거짓 선동을 일삼았고, 그러기 위해 트위터 서비스를 이용했다. 그런 거짓말이 미국 국회의사당 폭동으로 이어졌다. 수많은 사람이 죽었다. 150명 이상의 경찰관이 이 공격으로 부상을 당했다.[19] 로스는 트럼프에게 확성기를 쥐여준 트위터의 역할을 생각했을 때, "손에 피를 묻힌" 기분이라고 동료들에게 말했다. 이들은 가데에게 권고안을 보냈다. 트럼프의 계정을 영구 정지할 때가 왔다는 권고였다.

그러나 가데의 의견은 달랐다. 도시도 마찬가지였다.

트위터 CEO는 미국 내에 있지도 않았다. 그는 프랑스령 폴리네시아에 있는 특권층의 섬 리조트인 브랜도에 있었다. 리조트의 전용기로만 접근할 수 있는 곳[20]이었다. 도시는 평소 트위터의 정책 집행 결정에 참여하지 않았지만, 그날은 가데가 하루종일 그에게 최신 소식을 전해주었다.

두 사람은 트럼프의 계정을 정지하는 것은 너무 갑작스럽고 심한 조처라 느꼈다. 트위터는 트럼프의 모든 규정 위반에도 그의 계정을 일시적으로 중단한 적조차 없었다. 그를 트위터에서 완전히 쫓아내는 건 너무 공격적으로 느껴졌다.

대신 그들은 일시정지에 합의했다. 트위터 정책에 따르면 트럼프는 규정을 위반한 세 건의 트윗을 지워야 했다. 그뒤에는 12시간의 '타임아웃'을 거쳐 다시 트윗을 게시할 수 있었다. 희망이지만 타임아웃으로 모두에게 숨 고를 기회가 생길 터였다. 가데는 스태프, 즉 도시의 직속부하인 트위터 경영진에게 이러한 결정을 알렸다. 이후 트럼프는 계정이 일시정지되었다는 이메일을 받았다. 트위터의 한계를 여러 해 동안 시험하며 수백 건의 규정 위반을 저지른 미국 현직 대통령을 이제야 트위터가 잘라낸 것이다.

트위터는 회사의 @TwitterSafety 계정에 일련의 트윗을 올려 이 결정을 발표했다.

"현재 워싱턴 D.C.에서 벌어지는 전례 없는 폭력적 상황의 결과로, 우리는 오늘 이른 시각에 사회 통합 정책을 반복적으로 심각하게 위반한 @realDonaldTrump 트윗 세 건의 삭제를 요청했습니다."[21]

"차후 트위터 규정 위반은 @realDonaldTrump 계정의 영구 삭제로 이어질 것입니다."[22]

5만 6천 트윗의 끝

다음날인 2021년 1월 7일, 트럼프 대통령의 계정을 일시정지한 트위터의 결정을 비난하는 편지가 직원들 사이에 돌기 시작했다. 그들은 트위터가 선을 넘었을까봐 걱정하는 게 아니었다. 트위터가 너무 미적지근해서 걱정하는 것이었다.

이 편지는 트럼프와 트위터 경영진 양쪽을 모두 비난했다. "지난 4년간, 우리는 우익 극단주의자들이 @realDonaldTrump의 도움으로 우리 플랫폼에서 성장하는 모습을 지켜봤습니다. 우리는 트위터 지도자들이 @realDonaldTrump에서 공유하는 폭력적인 혐오 발언에 대처하기를 어려워하는 모습을 보았습니다."[23] 편지는 더이상 트럼프가 "타당한 민주주의적 행위자"가 아니라고 이어졌다. 계정의 일시정지로는 충분하지 않다고 말이다.

직원들은 세 가지 요구사항을 덧붙였다. 1월 6일에 내려진 회사의 의사결정 과정에 대한 개략적인 설명, 국회의사당 난입에 트위터가 일조하는 결과로 이어진 지난 몇 년간의 회사측 행위에 대한 조사, 그리고 트럼프 계정의 영구 삭제. 약 350명의 직원이 이 서한에 서명했다.

편지는 이렇게 끝났다. "우리는 시민사회에서 전례 없는 역할을 하고 있으며, 온 세상의 시선이 우리에게 향해 있습니다. 이번주 우리의 결정은 좋은 쪽으로든, 나쁜 쪽으로든 역사에서 우리의 자리를 굳힐 것입니다."

트럼프는 일시정지를 당한 이후, 24시간 동안 다른 트윗을 올리지 않았다. 1월 7일 저녁, 마침내 트윗을 올렸을 때 트럼프는 공식적인 영상 연설을 통해 국회의사당에서의 폭동을 비난하며 지금 자신의 초점은 "매끄럽고 질서정연하며 원활한 권력 이양을 보장하는 것"[24]이라고 말했다. 하루종일 그가 올린 트윗은 그게 전부였다.

다음날 아침인 1월 8일, 트럼프는 두 차례 트윗을 올렸다. "내게 표를 준 7500만 명의 위대한 미국의 애국자들, AMERICA FIRST와 MAKE AMERICA GREAT AGAIN은 앞으로 오래도록 **크나큰 목소리**로 남아 있을 것이다. 어느 방법이나 형식, 형태로도 모욕당하거나 불공정한 대우를 받지 않을 것이다!!!"[25]

그런 다음 그는 이런 트윗을 올렸다. "질문한 모든 사람에게 답합니다. 나는 1월 20일 취임식에 가지 않을 것입니다."[26]

트위터의 신뢰 및 안전팀은 다시 한번 트럼프의 트윗을 검토했다. 처음에 이들이 한 생각은 트럼프가 회사 규정을 하나도 위반하지 않았다는 것이었다. "참고로, 안전팀에서는 위의 DJT 트윗을 평가하고 이번에는 우리 정책이 위반되지 않았다고 판단했습니다."[27] 트위터의 안전 정책팀 직원인 애니카 나바롤리는 동료들에게 트럼프의 첫번째 트윗에 관해 슬랙 메시지를 보냈다. 팀은 취임식에 관한 트럼프의 두번째 트윗에 대해서도 같은 판단을 내렸다.

그러나 가데는 확신하지 못했다. 그녀는 메시지를 해석하는 방식에 따라, 트럼프의 언어가 "더 심각한 폭력을 선동하기 위한 암호"일 수 있다고 걱정했다.[28] 구체적으로, '미국의 애국자들'이라는 용어를 사용한 것이 문제로 보였다. 그가 자신에게 투표한 일반 시민을 말한 것이라면 괜찮았다. 하지만 그가 국회의사당의 폭도들을 말한 것이라면, 이 트윗은 아주

다른 의미를 띨 수 있다는 것이 가데의 의견이었다.

그날 오후, 트위터는 직원들이 참여하는 회사 전체 회의를 열었다. 그중 다수는 트럼프의 계정이 아직도 살아 있다는 점에 화가 나 있었다. 전날 회람된 직원 서한이 언론사에 유출돼, 그날 아침 이른 시각에 《워싱턴 포스트》를 통해 공개되었다. 회의를 통해 트위터 내의 수많은 직원이 트럼프에게 불만족한다는 점이 분명해졌다. 이들은 선거를 무력화하기 위한 확성기를 트럼프에게 제공하는 역할을 트위터가 계속하고 있다는 점도 우려했다.

직원들이 몰랐던 것은 트럼프의 계정을 삭제하기 위한 조치가 막후에서 이미 진행되고 있었다는 사실이다. 트럼프의 트윗이 '폭력 미화'와 관련된 회사 정책을 위반했다는 결정이 내려졌다. 이 정책은 사람들이 '추가적인 폭력을 선동하거나 그러한 폭력으로 이어질 수 있는' 방식으로 폭력 행위를 찬양하는 것을 금지했다.[29] 취임식에 참석하지 않겠다는 트럼프의 결정은 그가 지금도 선거를 도둑맞았다고 믿는다는 뜻이었다. '미국의 애국자들'이라는 말이 폭도들을 의미한다고 보면, 트럼프의 트윗은 국회의사당을 파괴한 자들에 대한 지지를 보여주는 것으로 읽혔다.

트위터의 신뢰 및 안전팀 경영진 일부는 이런 결정을 내린 회사의 이유를 개략적으로 설명하는 문서를 만들었다. 도시가 그 문서를 간략화하라고 요청하자 하비는 문서를 다시 쓰기 시작했고, 로스는 앞으로 일어날 일이 무엇인지 이해했다. 그는 슬랙을 통해 어느 동료에게 이런 메시지를 보냈다. "아, 세상에. 도시가 이 문서를 공개하고 싶어하는 것 같아."[30]

서부 표준시로 1월 8일 오후 3시 21분, 트럼프의 계정은 공식적으로 차단되었다. 그의 트위터 프로필을 방문한 사용자들은 더이상 그가 올린 수만 건의 트윗을 볼 수 없었다. 대신, 트위터의 새 메시지가 떴다. "계정이 일시정지되었습니다."

트위터에서 이러한 결정을 설명하기 위해 올린 블로그 글은 하비가 도시의 요청에 따라 다시 작성한 내부 문건과 거의 똑같았다. "우리는 상기의 트윗 두 건이 2021년 1월 6일에 일어난 폭력 행위를 모방할 동기를 줄 수 있으며, 그렇게 하도록 독려하는 메시지로 받아들여지고 이해되고 있다는 여러 지표가 있다고 판단합니다."

12년에 걸쳐서 5만 6천 건의 트윗을 겪고 나서야 트위터는 트럼프의 메시지를 실어나르는 것이 공공의 안전에 위협이 된다는 판단을 내렸다. @realDonaldTrump의 트위터 독주는 막을 내렸다.

맥시멀리스트 책

소셜미디어 회사들 사이에 몇 년 내내 존재해왔던 도널드 트럼프를 처벌할 때의 두려움은 1월 6일 국회의사당 폭동 이후 증발해버렸다. 대통령 임기가 겨우 며칠밖에 남지 않은 상황에서 페이스북, 유튜브, 스냅챗 같은 서비스는 재빨리 트럼프의 확성기를 끊어버렸다.[1] 그들은 국회의사당의 폭력이나 선거를 도둑맞았다는 대통령의 주장을 눈감아준 것처럼 보이는 일을 결사적으로 피하고 싶어했다. 불과 며칠 만에 트럼프는 전 세계 수십억 명의 팔로워에게 접근할 수단을 잃어버렸다.

페이스북은 트럼프의 계정에 2주간 타임아웃을 적용했다. 유튜브는 트럼프에게 1주일의 계정 정지를 내렸다. 머잖아 두 회사 모두 이러한 정지 기간을 무제한으로 늘렸다. 레딧은 인기 있던 친트럼프 토론 포럼의 사용자들이 국회의사당에서의 폭력을 미화하고 선동하자 그 게시판을 정지시켰다.[2] 스냅챗은 트럼프를 영구적으로 제명했다.

의회에 있는 트럼프의 지지자들은 뻔하게도 이러한 결정을 빠르게 비난했다. 그런데 트럼프만이 아니었다. 사우스캐롤라이나주 상원의원 린지 그레이엄은 이것을 "심각한 실수"라고 부르며, 트위터에 규제를 적용하겠다고 위협했다.[3] 멕시코 대통령 안드레스 마누엘 로페스 오브라도르는 "대중의 의견을 관리하기 위한 이단 심판과 비슷한 검열의 법정이 만들어지고 있는 듯하다"[4]고 말했다. 독일 총리 앙겔라 메르켈은 이런 결정이 "문제적"이라고 했으며, 프랑스 대통령 에마뉘엘 마크롱은 SNS가 1월 6일의 폭력을 부추겼고, 언론의 자유를 규제한다는 역할에서도 선을 넘어버렸다며, 양면 모두에서 소셜 네트워크를 비난했다. "나는 핵심적인 결정이 (중략) 민간의 행위자에 의해, 사기업인 소셜 네트워크에 의해 내려지는 민주주의 사회에서 살고 싶지 않습니다."[5] 마크롱의 말이다.

아마 가장 놀라운 일은 CEO 잭 도시가 이런 계정 정지에 비슷한 불쾌감을 느꼈다는 점일 것이다. 페이스북이나 유튜브와는 달리, 트위터는 트럼프를 영구적으로 정지시키지 않았다. 다른 두 플랫폼은 몇 걸음 더 나아가 영구 정지 조치를 내렸고, 그걸 돌이킬 방법은 없었다. 도시는 살해 협박을 받기 시작했다. 트위터의 변호사이자 이런 결정을 내리는 데 일조했던 정책팀 수장인 비자야 가데도 마찬가지였다. 도시에게 더욱 곤란했던 점은 그의 부모도 협박을 받기 시작했다는 사실이다. 트위터는 세인트루이스에 있는 그들의 집 앞에 보안팀을 배치해야만 했다. 트위터의 CEO는 비판과 살해 협박을 받는 데 좋은 의미로든 나쁜 의미로든 익숙했다. 하지만 회사를 운영하는 그의 역할이 가족까지 이토록 직접적인 위험에 빠뜨린 것은 드문 일이었다. 도시는 계정 정지 조치를 내린 이후의 첫 주 동안 이 결정이 트위터에 장기적으로 미칠 영향에 대해 숙고했다.

마침내 도시가 올린 트윗은 확실히 갈등에 휩싸여 있었다. 그의 스레드는 트윗 13개 길이였다. 그는 이렇게 썼다.

> 나는 @realDonaldTrump 계정을 트위터에서 정지시켜야만 했던 결정도, 이런 결정으로 이어진 과정을 기리지도 않습니다. 자랑스럽게 여기지도 않습니다. 우리는 이러한 조치를 할 것이라는 명백한 경고를 전한 다음, 트위터 내외에서 이루어지는 신체적 안전에 대한 위협에 근거해, 우리가 가진 최선의 정보로 결정을 내렸습니다. 그게 옳은 결정이었을까요?[6]
>
> 나는 이것이 올바른 결정이었다고 믿습니다. 우리는 특수하고도 지지할 수 없는 상황에 직면해, 어쩔 수 없이 우리의 모든 행위 초점을 공공의 안전에 맞추었습니다. 온라인 발언으로 인한 오프라인에서의 피해는 명백한 현실입니다. 다른 무엇보다도 이 점이 우리의 정책과 그 집행을 추동합니다.[7]
>
> 그와는 별개로, 계정을 정지해야 했다는 사실에는 현실적이고 중대한 결과가 따릅니다. 분명하고 명백한 예외는 있지만, 나는 계정 정지란 궁극적으로 건전한 대화를 촉진하지 못한 우리의 잘못이라고 느낍니다. 우리의 운영 방식에 대해, 또한 우리를 둘러싼 환경에 대해 숙고할 시간이기도 하

고요.[8]

이러한 행위를 할 수밖에 없었다는 사실은 공공의 대화를 파편화시킵니다. 이런 조치는 우리를 분열시킵니다. 설명과 사과, 학습의 잠재력을 제한합니다. 또한 내가 위험하다고 느끼는 선례를 세우게 됩니다. 개인이나 회사가 세계의 공적 대화에 권력을 행사하게 되기 때문입니다.[9]

트럼프의 계정 정지 조치는 도시가 아주 오랫동안 품어온 믿음, 즉 그 자신의 기업을 포함한 인터넷 회사들이 너무 큰 힘을 가지고 있다는 믿음을 확인해주었다. 트위터라는 서비스가 어디에서 시작했는지를 생각하면 거의 믿기 어려울 정도였다. 빠른 상태 업데이트를 위한 앱이었던 트위터가 세계 정치의 중앙 무대로 진화하는 바람에, 도시는 갑자기 세상이 말할 수 있는 것과 없는 것을 결정할 책임을 지게 되었다. 도시는 이런 권력을 휘두르고 싶은 마음이 전혀 없었다. 트위터의 새로운 현실에서 자신의 높아진 역할을 온전히 받아들인 적도 없었다. 도시는 트럼프에 대한 스레드를 써서, 아무도 언론에 대해 다시는 그런 식의 힘을 행사할 수 없는 소셜 네트워크 시스템으로서 그가 꿈꿔온 블루스카이를 소개했다.

블루스카이는 아직 개발 초기 단계였고, 대부분의 사람들은 그것에 대해 들어본 적이 없거나 그 작동 방식을 전혀 모르고 있었다. 블루스카이에 대해 상상하는 가장 쉬운 방법은 이메일, 적어도 이메일이 될 잠재력이 있는 존재라고 생각하는 것이다. 구글, 야후, 마이크로소프트를 비롯한 수많은 다른 회사들이 자체 이메일 서비스를 가지고 있지만, 이들 서비스는 상호작용이 가능하다. 예컨대 구글 사용자는 경쟁사에서 운영하는 서비스라고 하더라도 야후 사용자에게 이메일을 보낼 수 있다. 그 이유는 이메일이 개방형 기술 프로토콜을 기반으로 만들어졌기 때문이다. 기업들은 그 프로토콜을 받아들인 이후에야 자체 기능과 정책을 맞춤형으로 덧붙였다.

소셜 네트워크 프로토콜도 이론적으로는 거의 똑같은 방식으로 작동할 수 있다. 소프트웨어 개발자들은 기초적인 기술을 활용해 독특한 디자인, 정책, 알고리즘이 갖춰진 자신만의 네트워크를 구축할 수 있다. 한 네트워크에 속한 사람도 다른 사람과 소통할 수 있지만, 각 사람의 경험은 그들이 가입한 네트워크의 규정에 따라 좌우될 터였다. 인종차별적이고 성차별적인 게시물이나 잘못된 정보까지 포함해 모든 게시물을 보고 싶다면 그런 네트워크도 존재할 수 있다. 그런 게시물을 아주 많이 걸러내고 싶다면 그런 네트워크도 있을 수 있다. 네트워크의 수는 무한할 수 있고, 각각은 개별 창조자에 따라 맞춤형으로 달라질 것이다. 한 네트워크에서 다른 네트워크로 넘어가고 싶다면 그것도 가능했다. 트위터나 페이스북과는 달리, 블루스카이의 이용자는 서로 다른 네트워크로 모든 게시물과 데이터를 가져갈 수 있다.

이런 대안적 세계에서라면 블루스카이는 현직 미국 대통령의 계정을 정지하는 일을 훨씬 덜 중요한 것으로 만들 것이다. 트럼프는 그냥 게시물과 팔로워들을 이끌고, 블루스카이 프로토콜에 따라 구축된 다른 네트워크로 이동하기만 하면 되었다. 트위터 같은 회사들은 언론의 자유를 침해한다는 느낌을 받지 않고도 사업을 위해 필요하다고 판단되는 콘텐츠 관련 결정을 계속 내릴 수 있다.

불행히도 블루스카이는 아직 꿈에 불과했다. 현실에서는 트위터의 트럼프 계정 정지의 낙진이 몇 달이나 도시를 내리눌렀다. 3월에, 그는 또 한번 허위정보 유통과 사용자 콘텐츠 관리에 대해 트위터가 수행한 역할을 묻는 의회 청문회에 불려나갔다. 이번에는 에너지 및 상무 위원회가 그를 불러냈다. 이로써 도시는 3년도 채 되지 않아 네번째로 의회 청문회에 참석했다.

트위터 CEO는 이런 소환이 별로 달갑지 않았다. 그는 실적보고나 투자설명회 등 수많은 절차가 필요한 것들을 한 번도 좋아하지 않았다. 의회 청문회는 여러 날에 걸쳐 증언과 서류를 준비해야 하며, 청문회를 앞두고 정치인들과 통화를 해야 한다는 뜻이었다.

도시는 페이스북 CEO 마크 저커버그나 구글 CEO 선다 피차이가 그랬듯, 처음부터 청문회에 별다른 흥미를 보이지 않는 것처럼 보였다. 그는 컵과 접시, 은식기가 배경에 보이는 상태로 주방에서 영상통화에 참여했다. 그의 오른쪽 어깨 너머에는 비트코인 가격을 보여주는 블록클록이 있었다. 도시는 재킷을 입고 있었지만, 이번에도 넥타이는 매지 않았으며 코걸이를 끼고 희끗한 턱수염을 길게 기르고 있었다.

그는 5시간짜리 청문회의 대부분 시간에 트위터에 접속해 있었고, 청문회가 아직 진행중인 어느 시점에는 패널로 나온 정치인들에게 받은 질문 몇 가지를 조롱하고, 청문회에 대해 비판하는 트윗에 '좋아요'를 누르기도 했다. 심지어 옛 트위터 동료 중 한 명에게 댓글을 달아, 지금 맨발이라고 확인해주기도 했다.

도시의 트윗은 눈에 띄었다. 뉴욕 민주당 의원 캐슬린 라이스는 그가 집중하지 않는다고 지적했다. "멀티태스킹 기술이 상당히 인상적이네요."[10] 그녀는 전혀 좋은 인상을 받지 못했다는 목소리로 말했다.

도시는 결국 2021년에 엄청난 멀티태스킹을 하게 되었다. 여름이 지나면서, 그는 트위터와는 아무 관련이 없는 다른 프로젝트에 집착하며 집중력을 빼앗겼다. 의회 청문회 때와 마찬가지로, 그는 이 점을 잘 숨기지 못했다.

도시의 마음을 훔친 비트코인

2021년 6월, 잭 도시는 마이애미로 여행을 떠났다. 이번 여행은 열흘짜리 침묵의 명상 휴가와는 정반대였다. 그는 자기 나이의 절반밖에 되지 않는 수영복 모델 플로라 카터와 함께 해변을 산책했고,[11] 사우스플로리다에 발을 들여놓는 유명 인사라면 누구든 알고 있는 듯한 레스토랑 겸 나이트클럽의 소유자 데이비드 그러트먼과 시내를 돌아다녔다. 6월 4일 금요일, 도시는 그러트먼의 스테이크 전문점인 파피 스테이크에서 저녁을 먹은 뒤,[12] 그러트먼의 나이트클럽 중 한 곳인 LIV에 늦게까지 머물렀다.[13] 이곳의 자릿값은 최대 10만 달러였다.[14] 다음날 밤, 도시는 또다른 마이애미 클럽인 E11EVEN에 나갔다. 그곳에서는 래퍼 지이지(G-Easy)가 공연했다. 이어 디제이 데드마우5도 무대에 올랐다.[15] 도시는 그러트

면과의 주말을 NFL의 마이애미 돌핀스 팀 홈경기장인 하드록 스타디움에서 복서 플로이드 메이웨더가 유튜브 스타 로건 폴과 싸우는 모습을 구경하며 마무리했다. 도시와 그러트먼은 경기 전에 메이웨더와 어울리며,[16] 탈의실에서 함께 사진을 찍기도 했다.

엄밀히 말해, 도시가 파티를 하러 마이애미에 간 건 아니었다. 확실히 좋은 시간을 보내기는 했지만 말이다. 트위터 CEO가 이 동네에 온 것은 암호화폐만을 다룬 컨퍼런스, '비트코인 2021' 때문이었다. 암호화폐가 도시의 인생을 잡아먹기 시작했다. 그는 주말 내내 들으려는 사람만 있으면 비트코인에 대해 떠들어댔다.

"도시는 비트코인 거물입니다, 거물." 논란을 몰고 다니는 솔직한 인물인, 바스툴 스포츠의 창업자 데이브 포트노이의 말이다. 포트노이는 어느 날 밤, 그러트먼의 다른 레스토랑인 코모도에서 도시, 그러트먼과 수다를 떤 적이 있었다.[17] 이때 그는 도시가 디지털 화폐에 하도 열광하는 바람에 쩔쩔맸다. "도시는 실제로 할 수만 있다면, 그러니까, 전일제로 비트코인 일만 할 수 있다면 다른 모든 일을 그만두고 비트코인 일만 하고 싶다고 할 정도로 비트코인을 신뢰했습니다." 나중에 포트노이는 팟캐스트에서 이렇게 말했다. "도시는 내가 들어본 그 어떤 사람보다 비트코인에 대해 확신하고 있습니다. 친-친-친 비트코인파예요."[18]

그러트먼도 도시에게서 비트코인 이야기를 귀가 닳도록 들었다. 도시는 비트코인이 그해 말에 1코인당 10만 달러에 이를 것[19]이며, 2024년에는 1코인당 1백만 달러에 이를 것이라고 말했다. 당시에, 1코인의 가격은 약 3만 5천 달러였다. "사세요." 도시가 조언했다.

도시가 사우스비치에서 비트코인에 펌프를 넣고 있을 때쯤 비트코인은 이미 존재한 지 10년이 넘었다. 도시는 비트코인이 출시된 2008년으로부터 그리 오랜 시간이 지나지 않아, 최초의 비트코인 백서를 읽었다. 몇 년 뒤 그는 "비트코인 전체가 그야말로 한 편의 시였다"[20]고 회상했다. 이후 몇 년에 걸쳐, 스퀘어를 운영한 덕분에 세계의 은행업 관련 규제를 가까이에서 지켜볼 수 있었던 도시는 어떤 은행이나 정부의 통제도 받지 않는 세계적 화폐라는 아이디어에 점점 더 매료되었다. 인터넷이 상업화되고 다양한 기업에 의해 점유되기 전, 세인트루이스에서 코딩을 배우던 인생의 초창기가 떠올랐다. 비트코인은 블록체인이라 부르는, 전 세계에 공개된 장부를 통해 거래되었으며 디지털 화폐였기에 거의 즉시 세계 어느 곳으로든 보내거나 지출할 수 있었다. 도시는 비트코인만 있으면 은행이 필요하지 않으리라고 생각했다.

몇 년 전, 아프리카로 떠났던 여행은 비트코인에 대한 그의 관심을 되살렸다. 스퀘어는 갑자기 CEO의 비트코인 관련 아이디어 전부를 시험할 토대가 되었다. 도시가 마이애미로 여행을 가기 약 8개월 전, 스퀘어는 5천만 달러를 투자해 비트코인을 보유했다.[21] 스퀘어에서는 비트코인을 "경제적 권한 부여의 도구"라고 불렀다. 스퀘어 사용자들은 주식을 사고팔듯 비트코인을 사고팔 수 있었다. 아직 공개하지는 않았지만, 스퀘어는 오프라인에서도 이 화폐를 보유하게 해주는 자체 비트코인 지갑을 준비하고 있었다.[22] 도시는 심지어 스퀘어 내에 비트코인에만 집중하는 완전히 새로운 부서를 만드는 중이었다.[23] 이 부서는 그가 마이애미에서 돌아오고 한 달 뒤에 발족하게 된다.

암호화폐 세계의 은어를 빌리자면, 비트코인에 대한 도시의 흔들리지 않는 헌신은 그를 '비트코인 맥시멀리스트'의 약자인 '비트코인 맥시'로 만들었다. 이 말은 그가 '비트코인만이 진정한 암호화폐라고 생각하는 사람'이라는 뜻이었다. 암호화폐 세계 외부에 있는 대부분의 사람에게, 도시는 그냥 뼛속까지 비트코인 취미를 들인 사람처럼 보였다. 어쨌거나 그에게는 여전히 전일제 일자리가 둘이나 있었으니 말이다. 하지만 도시는 공식 비트코인 2021 컨퍼런스의 일환으로 마이애미 무대에 올랐다.

그는 '은행 없는 곳의 은행업'이라는 제목의 세션을 진행했다. 상장사 두 곳의 CEO라기보다는 동네 서핑보드 가게 주인 같은 모습이었다. 도시는 밀어버린 머리와 긴 턱수염에 어울리는, 지나치게 큰 햇살무늬 타이다이 티셔츠를 입었다. 그는 거의 30분 동안 신도들에게 비트코인 복음을 설파했다. 비트코인이 은행을 대체할 것이며, 더 많은 재생에너지로 이어지게 될 거라고 말했다. 비트코인이 아프리카라는 대륙을 바꿔놓을 것이라고 했다. 도시는 그곳에서 얼마나 많은 창업가들이 지불 관련 문제를 개선하기 위해 노력하고 있는지 직접 보았다.

"내 평생에, 비트코인만큼 중요한 작업은 없을 거라고 생각합니다. 전 세계 사람들에게 이만큼 큰 힘을 주는 건 없을 겁니다." 도시가 말했다.

중간에, 로라 루머가 그의 말을 끊었다. 그녀는 2018년 도시의 의회 청문회장에 나타났으며 다시 그를 괴롭히기 위해 돌아온 음모론자이자 활동가였다. 오랫동안 트위터만을 상대하는 와일드카드이기도 했다. 몇 년 전, 그녀는 트위터의 뉴욕시 지사 건물의 문에 수갑을 연결해 직접 자신의 몸을 묶기도 했다.[24] 언젠가는 도시에 대한 항의를 표현하고자 샌프란시스코에 있는 그의 자택 앞에서 야영하기도 했다. 트위터 경영진은 그녀가 결국 도시의 몸에 직접 수갑을 연결할 방법을 찾아낼지도 모른다고 걱정했다. 하지만 그녀가 청중 자리에서 도시에게 “검열은 인권 침해”라고, 도시가 “선거에 간섭”한다고 외치자 도시는 그녀의 불만을 진지하게 받아들여 성실하게 답변했다.

“나는 트위터에 세계적 의사소통에 필요한 것과는 다른, 회사이자 기업으로서의 동기가 있다는 사실을 알고 있습니다.” 루머가 건물 밖으로 끌려나가는 동안 도시가 대답했다. 도시는 트위터가 특정한 종류의 게시물을 삭제하는 등, 언론 정책과 관련한 까다로운 결정을 내려야 한다는 현실을 언급한 것이다. 트위터 서비스는 궁극적으로 돈을 벌고 광고주들을 기쁘게 해야 하는 사업이기 때문이다. “이 순간, 내 인생의 목표는 우리 회사의 법인 성격을 최대한 제거하는 것입니다.” 그는 이렇게 말을 이었다. 도시는 스퀘어에 비트코인에서 영감을 얻은 제품을 더 많이 만들고 싶으며, 트위터에서는 “온전히 비트코인에서 영감을 받은” 블루스카이에 집중하고 있다고 말했다.

인터뷰 말미에 그는 이렇게 말했다. “비트코인을 사용하면 전 세계 모든 사람이 각각 혜택을 볼 것이며, 가치를 얻게 될 겁니다. 나는 내가 가진 모든 힘을 동원해 그런 일이 일어나도록 할 것입니다.”[25] 비트코인 사도들은 환호했다.

트위터의 동료들은 도시가 마이애미에서 보낸 한 주에 딱히 들뜨지 않았다. 회사 정책에 따르면 지금도 코비드 때문에 직원은 출장을 다닐 수 없었다. 그래서 도시가 1주일 내내 유명 인사나 모델과 허물없이 어울리는 모습을 받아들이기가 더 힘들었다. 그러나 대체로, 직원들은 그가 그동안 말하지 않던 부분을 큰 소리로 밝혔다는 점에 신경이 긁혔다. 트위터는 언제나 도시가 "가장 좋아하는 아이"였다. 스퀘어 사람들조차 CEO가 트위터를 더 좋아한다고 농담할 정도였다. 그런데 갑자기 비트코인이 그 자리를 차지한 것 같았다. 그는 **"내 인생에 이보다 중요한 일은 없다고 생각합니다"**라고 말했다. 그 말에 트위터도 포함되는 것 같았다.

변심

여름이 지나면서 도시는 점점 트위터에서 멀어져갔다. 그는 전처럼 자주 직접 보고서를 확인하지 않았고, 영상회의에 참여하긴 해도 카메라를 켜두지 않았다. 전사 직원이 참여하는 월례 회의에서, 도시는 평소의 에너지나 열정 없이 미리 준비한 대본을 그냥 읽으며 대충 시간을 때우기 시작했다.

어떨 때는 그의 관심 부족이 괴로울 정도로 선명하게 드러났다. 그해 여름 7월에, 트위터는 실제 플리츠 기능을 사용하는 사람이 극소수라는 점이 명백해지자 이 서비스를 폐지했다. 내부적으로는 도시가 플리츠를 별로 좋아하지 않는다는 게 비밀도 아니었다. 그는 2년도 더 전에 베이크푸어의 팀에게 스크리블을 만들라고 독려했지만, 플리츠가 인스타그램과 스냅챗의 스토리 기능을 베낀 서비스로 변화하자 플리츠를 경멸하게 되었다. 플리츠가 출범하고 얼마 지나지 않은 시점에, 도시는 회사 전체 회의에서 왜 이 제품을 한 번도 사용하지 않느냐는 질문을 받았다. 도시는 그냥 어깨를 으쓱하며 딱히 취향이 아니라고 말하더니,[26] 회의 주도권을 플리츠팀에게 넘겨 새소식을 전하게 했다. 플리츠가 폐지되자 도시는 그냥 손을 흔들어 작별인사를 하는 이모지를 트윗했다. 이것은 도시의 방임적 경영 스타일이 역효과를 낸 주된 사례였다. 도시는 플리츠가 별로 좋은 결정이 아니라고 생각하면서도, 제품 개발을 중단시키기 위해 개입하거나 팀을 다른 방향으로 이끌지 않았다. 플리츠가 2년 넘게 시간과 자원을 투자했음에도 통하지 않자 도시는 아무래도 상관없다는 인상을 주었다.

코비드로 인해 생겨난 거리감도 한 요인으로 작용한 것 같았다. 도시는 2020년과 2021년 대부분의 시간을 하와이나 코스타리카에서 보냈다. 직원들은 영상통화의 배경을 통해 그가 어디에 있는지 추론하는 것을 좋아했지만, 시간이 지나면서 그가 사무실에 실제로 머무는 시간이 매우 적다는 점이 분명해졌다. 복도에서 사람들과 마주치거나 대면 회의에 참석하는 것은 도시를 그만의 공간에서 억지로 끄집어내는 건전한 방법이었다. 집에서 혹은 열대의 섬에서 일한다는 건 숨어 있거나 참여하지 않기가 더 쉬워진다는 뜻이었다. 동료들이 그 거리감을 알아챘다.

도시가 실제로 대중 앞에 모습을 드러낼 때조차 그게 트위터 때문인 경우는 드물었다. 7월에 그는 다른 비트코인 컨퍼런스에 참석했다. 이번에는 가상 회의였다. 여기에서 도시는 친구인 일론 머스크와 함께 발언했다. 도시는 마이애미에서 입었던, 햇살무늬 타이다이 티셔츠를 입고서 똑같이 번쩍거리는 언어를 동원해 비트코인에 대해 이야기했다. "내 희망은 비트코인이 세계 평화를 만들어내는 것입니다."[27] 그가 말했다. 트위터 문제에서, 도시는 자신이 가장 크게 집중하고 있는 것은 블루스카이라고 말했다. 엄밀히 말하면 블루스카이는 트위터의 일부라고도 할 수 없는, 아직 태동기에 있는 프로젝트였는데 말이다.

8월에, 도시는 멕시코만과 접해 있는 텍사스주 보카치카의 스페이스X 발사 시설, 스타베이스에서 머스크를 만났다.[28] 그는 친한 친구인 음악 프로듀서 릭 루빈을 데려갔다. 그날 아침 이른 시각에 스페이스X는 플로리다주에서 로켓을 발사한 터였다. 로켓에는 국제 우주정거장으로 보급품을 채우러 가는 임무가 있었다.[29] "@elonmusk와 @SpaceX에 감사합니다. ♥" 도시의 트윗이다. 10월에, 도시는 다시 패션 위크에 참가하러 파리로 돌아갔다. 이곳에서 그는 디플로가 디제잉을 하는 파티에 참가했다. 이때 클럽에 테킬라가 다 떨어져[30] 직원들이 어쩔 수 없이 아침 이른 시각에 인근 바와 레스토랑에서 술을 찾아와야 했다.

트위터 내 도시의 직속부하인 스태프들은 그가 자리를 비웠다는 점에 점점 더 답답해했다. #OneTeam이나 빅 서에서의 사외 워크숍 때 만들어졌던 긍정적인 활기와 동지애는 도시가 시간도 쓰지 않고 관심도 쏟지 않으면서 함께 증발해버렸다. 스태프의 일부 구성원들은 이직을 고려하고 있었다.

트위터 이사회도 점점 더 답답해했다. 엘리엇이 들어온 이후 그들이 지키려고 싸웠던 CEO가 천천히 회사에 대한 관심을 잃고 있었다. 도시는 심지어 2021년 봄, 엘리엇의 제스 콘이 트위터 이사회를 떠나겠다고 선언하면서 상징적 싸움에서 승리를 거두기도 했다. 엄밀히 말하면 콘은 자발적으로 사임한 것이었지만, 도시가 그를 축출하려고 안달했다는 점도 비밀은 아니었다. 그런데도 이사회 구성원 일부는 콘이 떠나는 것을 슬퍼했다. 회사에 들어올 때는 전투적이었지만, 이사회는 콘이 이사로 지내는 동안 회사에 도움이 되었고 전문적이었다고 생각했다. 게다가 트위터의 주가는 엘리엇의 투자가 공개된 이후 거의 두 배나 올랐다.[31] 콘은 트위터에 들어온 목적을 이루었다.

새로운 CEO 후보

2021년 10월 초에 잭 도시는 결국 CEO 자리에서 내려오기로 했다. 비트코인에 대한 관심이나 트위터 운영에 대한 무관심을 생각해보면 몇 달 전에 내렸어야 하는 결정이었다. 그는 트위터 이사회에 떠날 준비가 되었다고 알리면서, 생각한 후계자가 있다고도 말했다. 트위터의 CTO인 파라그 아그라왈이었다. 도시의 생각에는 아그라왈이 해결책이었다. 플랜 B란 없었다.

아그라왈은 인도 뭄바이에서 자랐다. 그의 아버지는 핵 연구소에서 일했으며, 어머니는 경제학 교수였다. 그는 고등학교 시절 괴짜로 통했다. 화학과 수학에 출중했는데, 심지어 청소년 신분으로 국제 물리학 올림피아드 금메달을 수상할 정도였다. 고등학교 때 천문 관측과 사랑에 빠지면서 수십억 년 전에 방출되었을지 모르는 빛을 보고 있다는 생각에 경탄했다. 봄베이 인도공과대학교를 졸업한 다음에는 미국으로 와 스탠퍼드대학교에서 컴퓨터과학 박사학위를 받았다. 그 과정에서 최상위 학생들로 가득한 학교의 최상위 학생이라는 명성을 얻었다. 아그라왈은 2011년 가을, 27세 때 소프트웨어 엔지니어로 트위터에 입사했다. 별다른 전문적 경험 없이 출발했지만 열심히 사내의 사다리를 올랐다. 처음에는 트위터의 광고 기술을 개발하는 팀에서 일했고, 나중에는 트위터가 피드에 띄울 트윗을 결정하는 데 사용한 머신러닝 알고리즘의 전문가가 되었다.[32] 도시는 2017년에 그를 CTO로 승진시켰고, 아그라왈은 어느새 생각이 깊고도 신뢰할 수 있는 스태프가 되어 상사의 신임과 존경심을 얻었다.

1년 전에 도시가 이미 아그라왈을 CEO '비상대행'으로 삼아야 한다고 강력하게 주장했으므로, 아그라왈을 임명하라는 도시의 고집이 이사회에 충격적으로 느껴지지는 않았다. 그러나 이사회 일부 구성원은 이를 꺼림칙하게 여겼다. 아그라왈은 겨우 서른일곱 살이었다. 그 말은 아그라왈이 S&P500 기업 중 가장 어린 CEO가 된다[33]는 뜻이었다. 그가 트위터에서 오랫동안 일했다는 건 그의 경험이 단일 회사에만 국한되어 있다는 뜻이었다. 그것도 일관적이지 않은 사업을 하며, 거의 끊임없이 소란에 휩싸여 있는 회사에 말이다. 아그라왈은 트위터 스태프들에게 대체로 존경받았다. 그는 자기 주장이 강하고 때로 싸움을 유발하기까지 했지만, 내부적으로나 외부적으로나 크게 나서지는 않았다. 그는 확실히 #OneTeam에서 무대에 올라 브레이크댄스를 추거나 대통령과 함께 회의에 나타나는 스타일이 아니었다. 수많은 직원들은 그에 대해 거의 아무것도 몰랐다.

그러나 아그라왈은 도시와 똑같은 문제에 아주 많은 관심을 보였다. 상사가 그랬듯 아그라왈도 사람들이 트위터에서 말할 수 있는 것과 없는 것에 관한 수많은 규칙을 만드는 것을 대체로 불편하게 여겼다. 더 구체적으로, 그는 트위터의 발언 문제에 대한 해결책을 찾는 편을 더 좋아했다. 더 많은 정책을 도입하기보다는 딱지를 붙이거나 알고리즘을 변경하는 식의 해결책 말이다. 그는 또한 블루스카이를 앞장서 개발하고, 암호화폐와 블록체인에 관련된 제품을 만드는 트위터 내부의 작은 단체도 이끌고 있었다. 이는 도시가 놀랍도록 열정을 보이는 분야였다.

트위터 이사회는 헤드헌팅 회사를 고용해 2015년 도시가 복귀했을 때처럼 외부의 후보자를 물색하는 방안을 토론했다. 전직 세계은행 총재인 로버트 졸릭을 포함한 일부 이사회 구성원들은 공식적인 탐색을 해야 한다고 단호하게 주장했지만, 그런 사람은 소수였다. 회의 때 트위터 이사회 구성원들은 각자의 전문 영역에서 CEO 자리에 어울릴 만한 후보자 이름을 툭툭 던졌지만, 그럴 만한 자격도 있고 더 중요하게는 트위터를 운영하는 데 관심이 있는 것처럼 보이는 사람은 없었다. 졸릭은 트위터의 다른 이사회 구성원이자 세일즈포스의 고위급 개발팀 경영자인 브렛 테일러에게 회사 운영을 맡기는 아이디어를 냈다. 그러나 이 아이디어는 전혀 추진력을 받지 못했다.

전문적인 헤드헌팅 회사를 고용하면 이 과정이 6년 전 도시가 복귀했을 때 회사가 감당해야 했던 것과 비슷한 구경거리가 될지 모른다는 걱정이 있었다. 도시를 제외하면 2015년 당시 구성원 중 이사회에 남아 있는 사람은 한 명밖에 없었지만, 당시 일이 얼마나 심하게 망가졌는지는 모두가 알고 있었다. 당시의 이사회는 스퀘어에서 사직하라고 도시를 압박하며 여러 달 동안 의문과 불확실성을 만들어낸 이후에야 도시가 스퀘어에서 계속 일하기로 했는데도 그를 CEO로 받아들였다. 트위터 이사회는 다시 그런 그림을 만들고 싶지 않았다. 회사 내외에서 도시가 사직한다는 점을 아는 사람은 거의 없었다. 트위터 스태프 구성원 중에도 모르는 사람이 있었다. 그래서 이사회는 결국 문제를 깔끔하고 간단하게 해결하기로 했다. 그들은 아그라왈에게 CEO 인터뷰를 보라고 요청했다.

아그라왈은 몇 주에 걸쳐 이사회 구성원 모두를 개별적으로 만났고, 회사에 관한 비전을 개략적으로 적은 기나긴 문서를 작성했으며, 이 비전을 이사회 전체에 발표하기도 했다. 그는 인상적인 후보자였지만, 편리한 후보이기도 했다. 아그라왈이 도시의 첫 선택이었다는 점을 생각하면, 그를 채용하는 것이 물러나는 도시에게 뼈다귀를 하나 던져주는 셈이 된다는 보너스까지 있었다. 엘리엇 상황 이후로 CEO와 이사회의 관계에 금이 갔다는 점을 생각해보면 좋게 작별하는 것이 당연한 일은 아니었다. 결국, 트위터는 회사 내외의 어떤 후보자도 진지하게 고려하지 않았다. 아그라왈이 CEO가 되었다.

트위터 CEO에서 물러납니다

추수감사절 다음 월요일 아침, 도시가 물러난다는 소식이 마침내 유출됐다. 대부분의 트위터 직원은 그날 일을 하고 있지도 않았다. 그날은 트위터의 '휴식일'로, 코비드 이후로 사람들에게 제정신을 유지하고 동기를 부여해주기 위해 회사에서 주기 시작한 매월의 보너스 휴가일이었다. 도시는 정말이지 도시다운 방식으로, 회사 직원 전체에게 보낸 이메일을 수백만 명의 팔로워에게 트윗으로 띄웠다. 제목은 '비행'이었다.

도시는 직원들에게 아그라왈이 후임을 맡을 것이며, 테일러가 이사회 의장으로 임명되어 패트릭 피셰트의 자리를 이어받을 것이라고 말했다. 이런 변화는 도시가 제품 및 엔지니어링 관련 경영진에게 트위터를 맡기고 떠난다는 뜻이었다. 트위터와 월스트리트의 관계를—행동주의 투자자들의 개입 이후로 더더욱—경멸하게 된 도시에게 이는 중요한 사실이었다. 도시는 직원들에게 보내는 메일에 이렇게 썼다. 테일러는 "기업가 정신을 이해하고, 위험을 감수할 줄 알며, 거대 기업과 기술, 제품을 잘 압니다. 게다가 테일러는 엔지니어입니다. 이사회와 회사가 지금 이 순간 누려야 할 모든 것을 갖춘 사람입니다."

아그라왈에 대한 도시의 찬양은 더욱 과장되었다. "파라그는 회사를 굴리는 데 도움을 준 모든 중요한 결정의 배후에 있었습니다. 그는 호기심이 많고 탐색적이며 합리적이고 창의적입니다. 기준이 높고 자신을 잘 알며 겸손합니다. 그는 진심으로, 영혼으로 회사를 이끌 사람입니다. 나는 매일 그에게 배웁니다. 우리의 CEO로서, 나는 아그라왈을 뼛속까지 신뢰합니다."

트위터가 전진하는 데 자신이 수행할 역할에 관해서도 말했다. 도시는 5월에 열리는 다음 주주총회 때까지 임기를 끝마친 뒤 이사회를 아예 떠날 것이라고 했다. "나는 파라그에게 회사를 이끄는 데 필요한 공간을 내주는 것이 정말로 중요하다고 생각합니다." 도시와 함께 일했던 사람들은 피셰트가 엘리엇과의 합의에서 수행했던 역할을 생각할 때 그가 의장직을 내려놓는 모습에 도시가 유독 즐거워하는 것처럼 보인다고 생각했다(눈에 띄게 피셰트는 도시의 작별인사 이메일에 언급되지 않았다).

도시는 해고당하는 것이 아니라고 굳이 강조했다. "여러분 모두가 이것은 나의 결정이며, 이 결정에 책임을 져야 할 사람도 나임을 알기 바랍니다. 물론, 내게는 힘든 결정이었습니다. 나는 트위터 서비스와 회사와…… 여러분 모두를 너무도 사랑합니다. 정말로 슬프지만…… 정말로 행복하기도 합니다. 이 수준에 이르는 회사는 많지 않습니다. 자신의 자아보다 회사를 선택하는 창업자도 많지 않습니다. 이것이 올바른 움직임이었음을 우리가 증명해내리라는 걸, 나는 알고 있습니다."[34]

이메일에 빠져 있는 것은 도시가 떠나는 이유에 대한 설득력 있는 설명이었다. 도시가 사임한 것은 사실이었다. 그는 자신이 떠날 시점을 결정했으며, 후계자를 직접 지명하기까지 했다. 그러나 트위터 운영이 도시에게 재미없는 일이 되었다는 것도 사실이었다. 부분적으로는 이사회가 몇 년 동안 기대되지 않던 진짜 성과와 책임을 요구하기 시작했기 때문이다. 엘리엇이 들어오는 바람에 트위터는 다른 무엇보다도 사업성과 사용자 수 증가를 우선해야 한다는 압박을 받았다. 트위터를 돈벌이 기계보다는 공공 서비스로 보던 사람에게는 역겨운 전망이었다. 트위터의 고고한 3개년 계획은 완전히 새로운 기대를 만들어냈고, 콘이 이사회에서 빠졌음에도 도시의 일자리는 절대 안전하지 않았다. 실적이 한두 분기만 나쁘면 그는 언제나 그의 일자리를 노리는 행동주의 투자자를 맞이하게 될 터였다.

엘리엇은 하나의 요소에 불과했다. 트럼프 대통령의 계정을 정지시킨 일은 도시 자신의 말을 빌리자면 그가 만드는 데 일조한 시스템의 '실패'이자 트위터가 광고주를 기쁘게 해주어야 하는 한은 그런 결정이 절대 사라지지 않을 것임을 일깨워주는 요소였다. 코비드 때문에 도시는 처음에는 신체적으로, 그다음에는 감정적으로 그의 직원들과 멀어질 수밖에 없었다. 이런 상처를 절대로 회복할 수 없을 것만 같았다. 도시의 새로운 관심사인 비트코인도 문제였다. 스퀘어에서 도시는 비트코인에 원하는 만큼 시간을 쓸 수 있었다. 트위터에서는 비트코인이 언제나 주의를 산만하게 하는 요소였다.

결국, 도시를 잘 아는 사람들은 도시가 한때 소명처럼 느꼈던 일을 더 이상 즐길 수 없게 되었음을 알아챘다.

도시의 사임은 엄청난 일이었다. 그는 거의 16년 동안 트위터의 공동 창업자에서 CEO로, 이사회 의장에서 다시 CEO로 변모했다. 역사상 그 누구도 트위터라는 제품이나 트위터가 세상에서 차지하는 자리에 대해 생각하며 그렇게 많은 시간을 보낸 적은 없었다. 2015년, 도시가 CEO로 돌아왔을 때 트위터의 사용자 수는 정체되어 있었다. 이 회사가 재앙 직전에 와 있다는 뜻이었다. 도시는 그런 트위터를 구하고, 세상에서 트위터가 갖는 목표를 가다듬는 데 도움을 줌으로써 뉴스가 전파되고, 그 과정에서 사람들이 의사소통하는 방식을 바꿔놓았다. 도시가 사임했을 때쯤, 트위터는 일상적으로 흑자를 내고 성장하고 있었다. 트위터가 띠는 문화적 중요성도 전보다 커졌다.

그러나 트위터는 어째서인지 도시의 임기 동안 테크 업계의 다른 기업들에 비해 여전히 성과가 떨어졌다. 도시가 CEO로 돌아와 6년을 지내는 동안 트위터의 시가총액은 약 90퍼센트 증가했다. 페이스북의 가치는 그 시기에 3배 이상 불어났다. 구글과 유튜브의 모회사인 알파벳은 4배 이상 가치가 늘어났다. 도시는 트위터가 월스트리트에서 쌓은 한을 해소하지 못했다.

도시가 떠난다는 소식은 그에게 고마움을 표하며 행운을 빌어주는 수백 통의 답글로 이어졌다. 며칠 뒤, 도시의 친구 일론 머스크가 트윗을 남겼다. 이 게시물에는 사진 두 장이 나란히 있었다. 첫번째 사진은 소련의 독재자 이오시프 스탈린이, 비밀경찰이었던 니콜라이 예조프 옆에서 함께 보트를 타고 서 있는 모습이었다. 머스크는 아그라왈의 얼굴을 스탈린의 몸에 포토샵으로 붙이고, 도시의 얼굴을 예조프의 몸통에 붙였다.[35] 옆 사진에서는 예조프 혹은 도시가 사라지고 없었다. 아그라왈이 그를 배에서 떠민 것이다. 이는 적들을 사진에서 편집해 지워버리는, 스탈린이 잘 쓴 프로파간다 전략을 이용한 장난이었다.[36]

아그라왈이 일을 맡은 지 1주일도 되지 않아 트위터의 가장 유명한 사용자 중 한 명이자 도시가 가장 좋아하는 사용자가 이미 그를 이오시프 스탈린에 비유한 것이다.

트위터 운영이란 그런 것이었다.

BATTLE
FOR
THE BIRD

3부

트위터 전쟁

12장

트위터는 죽어가고 있을까?

일론 머스크는 몇 년 동안 트위터에서 가장 많은 글을 쓰는 사용자 중 하나였다. 하지만 그는 2022년 1월 마지막날이 되어서야 공식적인 트위터 주주가 되었다. 머스크는 좀이 쑤시는 상태였다. 테슬라와 스페이스X의 일이 잘 풀려가고 있었다. 실은 지나칠 정도로 말이다. 그의 순자산은 테슬라의 주가가 2020년에만 700퍼센트 이상 오르면서, 팬데믹 동안 3300억 달러 이상으로 불어났다. 머스크는 보통 인생의 모든 일이 그야말로 잘 돌아가고 있을 때 새로운 도전을 받아들였다. 더 제대로 표현하자면 스스로 위기를 만들어냈다. 그는 엄청난 재산을 쓸 방법을 생각하기 시작했다. 그는 전기 작가인 월터 아이작슨에게 말했다. "그냥 은행에 묶어두고 싶지는 않았습니다. 그래서 내가 좋아하는 제품이 무엇인지 스스로에게 물었습니다. 쉬운 질문이었죠. 답은 트위터였습니다."[1]

1월 31일 월요일, 머스크는 트위터 주식에 2300만 달러를 썼다. 그의 은행 계좌에 보이는 0의 개수를 생각하면 비교적 소액이었다. 그는 다음 날 2천만 달러를 더 투자했고, 셋째 날에는 3100만 달러를 더 투자했다. 목요일에 머스크는 트위터 주식에 1억 2500만 달러 이상을 썼다. 주말쯤 머스크는 670만 주 이상을 취득했다. 겨우 닷새 만에 2억 5천만 달러 가까이 투자한 것이다. 그는 그 이후로 두 달 동안 매일 트위터 주식을 계속 사들였다.[2]

트위터의 새 CEO인 파라그 아그라왈을 비롯한 직원들은 도시 이후의 삶에 적응하느라 머스크가 무슨 꿍꿍이인지 전혀 알지 못했다. 아그라왈은 CEO 자리를 얻은 즉시 회사에 자신의 존재감을 남기려 했다. 그는 스태프 구조를 바꾸어 회사의 느려터진 의사결정 과정에서 풀려나고자 더 적은 사람들에게 더 많은 힘을 주었다. 그는 2월 초에 투자자들에게 말했다. "저는 경영진의 개선에 집중할 겁니다. 긴급성이 크게 강화될 것입니다."[3]

새로운 구조에서 혜택을 받은 핵심적인 인물은 두 명이었다. 도시의 휘하에서 제품 개발을 담당했던 케이본 베이크푸어는 사업부 총괄로 승진했다. 그 말은 그가 제품의 디자인, 연구, 엔지니어링까지 맡게 된다는 뜻이었다. 도시 휘하에서 수익성 제품 운영을 담당했던 브루스 팔크는 이제 영업 측면에서 똑같이 확장된 책임을 맡게 되었다. 이런 업무에는 광고와 트위터 블루라는 구독 서비스가 포함되었다. 아그라왈은 본질적으로 트위터의 3개년 계획을 만든 집단에 그 결과에 대한 통제권을 더 쥐여준 셈이었다.

책임을 맡은 도시가 없는데도, 트위터의 재정 목표는 회사에 그림자를 드리웠다. 실적보고를 하는 분기마다 그 목표가 기준점이 되었기 때문이다. 3개년 계획의 첫 1년은 다소 걱정스러웠다. 트위터의 사용자 증가세는 이미 한참 뒤처지고 있었다. 회사에서 대중에게 공개한 더 작은 수치에 비교해보아도 말이다. 코비드 초기와 트럼프의 재선 캠페인 당시에 트위터가 경험했던 사용량의 급증은 이듬해에 속도가 늦춰졌고, 2021년 신규 이용자 수는 겨우 2500만 명 늘어나는 데 그쳤다.[4] 성장률은 13퍼센트였다. 그 말은 트위터가 2년 연속으로 거의 5천만 명의 신규 이용자를 유입시켜야 투자설명회 때 투자자들에게 공유했던 목표를 달성할 수 있다는 뜻이었다.

트위터의 수익성은 좀 사정이 나았지만, 회사의 방향을 타깃 광고 쪽으로 돌려놓겠다는 팔크의 계획은 갑자기 흔들리는 것처럼 보였다. 애플이 2021년 여름, 아이폰을 가진 모든 사람에게 새로운 사생활 보호 조치를 취했다. 그 말은 사람들이 트위터나 페이스북 같은 회사에 타깃 광고에 활용되는 정보를 추적할 수 있도록 수동으로 허가를 내주어야 한다는 뜻이었다. 놀랍지도 않지만 대부분의 사람들은 그런 추적 요청에 '아니요'라고 답했고,[5] 페이스북을 거물로 바꿔놓은 초고도 타깃 광고는 갑자기 효율이 떨어졌다. 팔크가 계획에 산입했던 예상 성장률의 많은 부분은 이런 광고에서 나올 예정이었다. 2023년까지 75억 달러의 수익을 달성하는 것은 6개월 전보다 훨씬 더 어마어마한 일로 보였다.

문제는 더욱 복잡해졌다. 도시가 CEO로 지낸 마지막 한 해에, 트위터가 앞서 이야기한 새로운 목표를 맞추려고 미친듯이 직원을 고용했기 때문이었다. 사원 수는 1년 만에 36퍼센트가량 증가했고, 트위터는 갑자기 전 세계에 7500명 이상의 직원을 두게 되었다. 회사의 비용은 도시의 임기 마지막 해에 51퍼센트 상승했지만, 1년간 사업이 안정적으로 성장했음에도 수익은 겨우 37퍼센트밖에 증가하지 않았다.[6] 그 말은 트위터의 지출 증가율이 수익 성장률을 유의미하게 앞지르고 있다는 뜻이었다. 아슬아슬하긴 했지만, 트위터는 더이상 흑자를 내지 못했다.

아그라왈은 CEO 자리를 물려받고 얼마 지나지 않아 회사가 팬데믹 호황 때 지나치게 빨리 성장했으며 진로를 수정해야 한다는 결론을 내렸다. 그는 회사의 재정 목표를 다시 설정하고, 저성과자를 잘라내고 싶어했다. 비용을 극적으로 삭감하기 위한 계획이 세워졌다. 여기에는 고용 속도를 늦추고, 4월로 예정된 상당한 수준의 해고를 실시하는 방안이 들어갔다. 트위터는 1천 명 이상을 해고할 예정이었다.

도시와 머스크

《USA 투데이》의 '올해의 여성' 명단에는 2022년에 집집마다 언급되던 몇몇 이름이 포함되었다. 체조선수 시몬 바일스가 이 명단에 올랐고, 자선사업가 멜린다 게이츠와 부통령 카멀라 해리스도 명단에 올랐다.[7] 이 명단에는 비교적 잘 알려지지 않은 레이철 레빈도 있었다. 그녀는 미국 보건복지부의 보건부 차관보였다. 레빈은 전 세계적 팬데믹 당시에 지도자 역할을 했다. 하지만 그녀가 이 명단에 포함된 일이 이슈가 된 데는 다른 이유가 있었다. 레빈은 '미국에서 트랜스젠더임을 밝힌 공무원 중 최고위 공무원'이었다.[8] 결혼해 두 명의 자녀를 둔 레빈은 2011년경 성전환을 해 이름을 리처드에서 레이철로 바꿨다. 그녀는 나중에 《워싱턴 포스트》에 이렇게 말했다. "한 젠더에서 다른 젠더로 넘어가는 것은 50대에는 특히 어려운 일입니다. 하지만 매우 보람찬 일이죠."[9]

《바빌론 비》의 편집자들은 레빈이 이 명단에 들어간 것이 매우 우스꽝스럽다고 생각했다. 자칭 '기독교 뉴스 풍자' 사이트라는 이 웹사이트에서는 트랜스젠더인 사람들을 일상적으로 조롱했다. 2021년의 어느 헤드라인은 "신입의 실수: 아내의 핸드백을 10초 이상 들고 있다가 트랜스젠더가 된 남자"[10]였다. 다음해의 기사에는 "엠앤엠즈, 스키틀즈로 정체화하는 새로운 트랜스 캐릭터 도입"[11]이라는 제목이 붙어 있었다. 《USA 투데이》 명단은 쉬운 조롱거리를 제공해주었고, 《바빌론 비》는 며칠 뒤 자체 수상자 명단을 내놓았다. "《바빌론 비》의 올해의 남자는 레이철 레빈입니다." 이들의 웹사이트에서는 그렇게 선언했다. 해당 기사에서는 레빈을 계속해서 남자라고 불렀다. "이 정도로 성공을 거둔 사내가 '레이철'이라는 이름을 써서는 안 된다고 누가 그러던가요? 이 장군님께서는 사람들이 자기에 대해 뭐라고 생각하든 신경쓰지 않습니다!"[12]

《바빌론 비》가 기사를 트윗에 올리자, 트위터는 이 발행인의 계정을 '혐오 발언' 정책 위반으로 정지했다. 《바빌론 비》는 트윗을 지우지 않는 한 계정 잠금을 풀 수 없었다. 그러나 사이트 편집자들은 거세게 버텼다. 《바빌론 비》 웹사이트에서는 CEO 세스 딜런이 이렇게 썼다. "트위터에서는 우리가 무릎을 꿇고, 혐오 행동에 참여했음을 인정하기를 바랍니다.

절대 그런 일은 없으리라고 약속드립니다."[13]

계정 일시정지에 관한 소식에 배우 탈룰라 라일리는 불쾌해했다. 그녀는 전남편에게 문자메시지로 요청했다. "트위터를 사서, 없애줄 수 있어!?" 3월 24일에 일론 머스크에게 이런 메시지를 보냈다. "미국이 **미쳐가고** 있어." 라일리는 트위터 정책에 신경이 곤두섰고, 그날 일찍 요르단의 공주인 친구 라이야 빈트 알-후세인과 트위터에 대한 불평을 늘어놓았다.[14] 그녀는 머스크에게 보내는 메시지에 《바빌론 비》에 관해 이렇게 썼다. "존나 말도 안 돼. 왜 다들 이렇게 청교도처럼 변한 거야?"[15]

라일리와 머스크는 두 차례 결혼하고 이혼했다. 두번째 이혼은 2016년이었다.[16] 그러나 둘은 여전히 좋은 사이로 지내고 있었고, 머스크는 여전히 돈이 매우 많았다. 트위터를 사서 문을 닫는 것이 농담이기도 하지만 가능할 수도 있을 만큼 말이다. 라일리는 몇 분 뒤 더 좋은 아이디어를 전송했다. "아니면 트위터를 사서 급진적으로 언론 자유를 보장할 수 있어? 트위터에서 멍청한 얘기가 너무 많이 나와."

머스크는 몇 분 뒤 답장을 보냈다.[17] "트위터를 사서 언론의 자유를 제대로 지지하게 바꿀 수도 있지."

그날 한밤중에, 라일리와 문자메시지를 주고받은 지 겨우 14시간 정도 지나서 머스크는 7900만 팔로워에게 투표를 띄웠다. 그는 이렇게 썼다. "언론의 자유는 제대로 기능하는 민주주의에 필수입니다. 여러분은 트위터가 이 원칙을 엄격하게 지킨다고 생각하시나요?"[18] 그는 "네" "아니요" 두 가지 선택지를 만든 뒤 좀더 불길한 두번째 트윗을 올렸다. "이 투표의 결과는 중요합니다. 신중하게 투표해주세요."[19]

이때쯤, 머스크는 거의 2개월간 트위터 주식을 사고 있었으며 이제는 회사 지분의 5퍼센트를 훨씬 넘게 보유하고 있었다. 연방 증권거래위원회에서는 5퍼센트라는 문턱을 넘는 순간 투자자에게 서류를 제출하도록 요구했다.[20] 그러나 머스크는 투자를 공개하지 않은 상태였다. 그는 그냥 이 규칙을 무시하고, 어쨌든 계속해서 트위터 주식을 사들였다. 트위터 투표에 응답이 쏟아지자 머스크는 1억 3300만 달러의 트위터 주식을 더 사들였다. 그가 단 하루에 구매한 액수로는 두번째로 많은 금액이었다.

투표가 종료되었을 때 보니 70퍼센트 이상의 응답자가 "아니요"에 투표했다. 트위터가 언론의 자유 원칙을 고수하지 않는다고 생각한다는 뜻이었다. 머스크는 이어지는 트윗을 띄웠다. "트위터가 사실상 공공의 광장 역할을 한다는 점을 생각했을 때, 트위터가 언론의 자유 원칙을 고수하지 못한다는 점은 민주주의를 근본적으로 약화합니다. 어떻게 해야 할까요?[21] 새로운 플랫폼이 필요할까요?"[22]

머스크의 핸드폰에 메시지가 한 통 더 왔다. 이번에는 전처가 아니라 트위터의 전 CEO가 보낸 메시지였다. 잭 도시는 머스크의 트윗을 보고 사적으로 연락해 문제의 무게를 가늠해보려 했다. 두 사람은 이어지는 3시간 30분 동안 메시지를 주고받았다.

도시: 네, 새로운 플랫폼이 필요해요. 회사여서는 안 됩니다. 그래서 내가 떠난 거예요.

머스크: 그래요.

머스크: 그럼 어때야 할까요?

도시: 오픈소스 프로토콜이어야겠죠. 해당 프로토콜을 소유하지는 않고 개발하기만 하는 재단에서 기금을 대야겠고요. 시그널•과 조금 비슷합니다. 광고를 사업 모델로 둘 수는 없어요. 그랬다가는 정부와 광고주들이 새로운 플랫폼의 표면에 영향을 미치고 통제하게 됩니다. 프로토콜 이면에 중앙화된 존재가 있으면 그 존재가 공격당할 거예요. 이건 복잡한 작업이 아닙니다. 그냥 트위터에 일어난 것 같은 일을 겪지 않도록 제대로 하기만 하면 돼요.

머스크: 아주 흥미로운 아이디어네요.

도시: 나는 5월 중순에 트위터 이사회를 떠나 회사에서 완전히 손을 뗍니다. 그렇게 해서 우리의 실수를 바로잡을 생각이에요. 트위터는 원래 프로토콜이었습니다. 절대 회사가 되어서는 안 됐어요. 그게 원죄죠.

머스크: 할 수만 있다면 돕고 싶네요.

도시: 내 문제가 다 정리되면 당신한테 이야기하려 했어요. 당신은 트위터에 큰 애정을 가지고 있고, 트위터의 중요성을 이해하는데다가 생각조차 할 수 없는 많은 방법으로 도움을 줄 수 있을 게 분명하니까요. 행동주의 투자자들이 들어왔을 때, 나는 당신을 이사회에 참여시키려고 최선을 다했습니다. 그런데 이사회에서 거절했죠. 그때쯤 내가 떠날 준비를 해야겠다고 결정한 거예요. 힘든 결정이었지만.

• 종단 간 암호화를 제공하는 무료 오픈소스 메신저 앱으로, 광고나 사용자 데이터 수집 없이 운영된다. 비영리 재단의 지원으로 개발되며, 사용자 프라이버시를 중시하는 서비스로 널리 알려져 있다.

머스크: 잠깐 얘기할 시간 있어요?

도시: 저녁 먹으러 갈 참이었는데, 잠깐은 괜찮아요.[23]

약 13분 뒤, 아마 짧은 통화를 한 끝에 메시지 교환이 이어졌다. 도시는 제스 콘과 엘리엇이 나타난 이후, 머스크를 이사로 데려오겠다는 자신의 아이디어가 거절당했다며 트위터 이사회를 비난했다.

도시: 주된 이유는 이사회가 그냥 위험 회피 성향이 엄청나게 강하고 당신을 이사회에 참여시키면 위험도가 올라갈 거라고 생각했기 때문일 겁니다. 난 그게 그야말로 멍청하고 후진적인 발상이라고 생각했어요. 하지만 나한테는 투표권 한 개와 회사 지분 3퍼센트밖에 없었고, 이중 의결권 주식도 없었어요. 상황이 어려웠죠. 얘기 좀더 해볼까요?

머스크: 네, 그래야겠네요.

머스크: 트위터를 더 나은 방향으로 움직이고, 탈중앙화된 새로운 무언가를 시도하는 건 둘 다 가치 있는 일일 겁니다.

도시: 그게 아마 최선일 거예요. 나한테는 의구심밖에 없지만, 열린……[24]

머스크의 전처가 트위터를 매입하라는 아이디어를 주입한 것과 별개로, 지금은 트위터의 창업자가 자신이 만든 회사에 중대한 변화가 필요함을 인정하고 있었다. 머스크는 트위터가 민주주의에 대한 위협이라고 분명히 느꼈다. 도시도 동의하는 듯했다. 그는 심지어 회사의 기업 구조와 이사회 구성원, 광고업도 비판했다. 머스크는 회사에 상당히 많은 돈을 투자한 터였다. 2년 전, 도시를 쫓아내려 했을 때 엘리엇이 취득한 지분보다 훨씬 많았다. 엘리엇이 트위터에 한 장난질은 누군가가 20억 달러와 약간의 공격성만 가지고도 회사에 크나큰 변화를 강제할 수 있음을 증명했다. 머스크에게는 두 가지가 다 있었다.

같은 날 밤, 도시와의 문자 대화를 끝내고 한 시간도 채 지나지 않아 머스크는 다시 핸드폰을 꺼내 여전히 트위터 이사회의 이사로 있던 실버레이크의 투자자 에곤 더번에게 다른 메시지를 보냈다.

머스크가 거창한 일을 할 무대가 마련되었다. "일론입니다. 시간 있을 때 전화 주세요. 트위터 이사회 관련 문제입니다."[25]

머스크, 트위터의 날개를 쥐다

브렛 테일러는 비서가 알려준 주소에 일찍 도착해, 그가 본 임대 주택 중 가장 이상한 곳을 둘러보았다. 멸망 이후 세계를 그린 블록버스터 영화의 세트장에 우연히 들어온 기분이었다. 근처에는 버려진 트럭이 몇 대 있었다. 농기계는 말할 것도 없었고, 심지어 동물들도 있었다. 트위터 이사회 의장은 핸드폰을 꺼냈다. "최근 회의를 해본 장소 중에서 가장 이상한 곳이네요. 공항 근처의 에어비앤비를 찾았나봅니다. 트랙터랑 당나귀도 있어요."[26] 그는 메시지에 어깨를 으쓱하는 이모지를 붙여 머스크와 트위터의 새 CEO 파라그 아그라왈에게 보냈다.

머스크가 처음 에곤 더번에게 문자를 보내고 겨우 며칠이 지났다. 그는 이미 트위터 이사회의 다른 구성원들에게도 투자에 대해서, 또한 회사에 참여하고 싶다는 예상치 못한 관심에 대해서 이야기한 터였다. 테일러는 뉴욕으로 여행을 갔다가 머스크를 직접 만나 저녁을 먹으려고 일찍 돌아왔다. 한편, 머스크는 테슬라에서 나름의 회의를 하느라 베이에어리어에 있었다. 아그라왈도 만찬에 오기로 했다. 트위터팀은 서둘러 비밀스러우면서도 편리한 곳을 찾느라 에어비앤비를 이용하게 된 것이다.

트위터 이사회는 머스크와 함께 일하게 되어 신이 나 있었다. 어차피 다른 선택지가 있었던 건 아니지만 말이다. 머스크는 전형적인 행동주의 투자자처럼 보이지 않았지만, 엘리엇이 2년 전에 제기했던 모든 위험성을 똑같이 제기했다. 트위터의 최대 주주로서, 그는 투자를 공개하는 방식에 따라 모두의 인생을 아주 기쁘거나 비참하게 만들 수 있었다. 머스크는 더번과 이야기한 후 테일러, 아그라왈, 그리고 마사 레인 폭스를 소개받았다. 마사 레인 폭스는 이사회 내의 인사 및 기업 지배구조위원회 위원장이었다.

더번은 그에게 이사회를 소개하며 이런 메시지를 보냈다. "일론, 모두가 당신이 참여한다는 전망에 신이 났습니다. 다음 단계는 당신이 세 사람과 이야기를 나누는 것입니다. 그래야 이 일을 빠르게 진행할 수 있습니다. 다음 며칠 동안 일을 성사시킬 수도 있겠죠."[27]

테일러에게 트위터의 이사회 의장이라는 역할은 새로운 경험이었다. 그러나 머스크가 연락을 취했을 때쯤, 괴짜 같은 테크계의 억만장자를 다루는 것은 그에게 너무도 익숙한 일이었다. 테일러는 테크 업계의 최상위까지 많은 사람이 걸어온 길을 걸어왔다. 스탠퍼드에서 컴퓨터과학을 공부해 학부와 대학원을 졸업한 다음, 초기에는 구글에서 구글 맵 등의 제품을 개발했다. 그후 독립해서 프렌드피드라는 이름으로 자기 나름의 소셜 네트워킹 스타트업을 만들었다. 그 사업은 페이스북에 인수되었고, 테일러는 페이스북이 아직 대체로 대학생 어린애들이 이용하는 소셜 네트워크로 알려져 있던 과거에 마크 저커버그 밑에서 CTO로 3년간 일했다. 테일러의 다음 스타트업은 큅이라는 이름의 문서 공동 작성 프로그램을 운영하는 사업체였는데, 이 회사는 마크 베니오프의 세일즈포스에 7500만 달러에 인수되었다.[28] 테일러가 트위터의 이사회 의장이 되었을 때쯤, 그는 세일즈포스의 공동 CEO였으며 부유하고 까다로운 테크 업계의 CEO들을 상대하는 데 이골이 나 있었다. 테일러는 기술자였으며 제품을 만드는 방법을 알았다. 이 점이 세상의 저커버그들을 감동시켰다. 하지만 그는 동시에 나대지 않고 정중했으며 교과서적이었다. 그래서 시끄럽고 성급하며 뭐든 자기가 원하는 것은 하고야 마는 베니오프 같은 사람들을 보완해주었다.

이 모든 요소 때문에 테일러는 머스크를 맞이하기에 좋은 사람이었다. 공항 근처에서 열린 만찬은 머스크가 원하는 것을 더 잘 이해하기 위한 계획의 일부였다. 머스크가 성급한 짓을 하지 않도록 우호적인 관계를 쌓을 수 있다면 더 좋을 것 같았다. 트위터팀은 머스크가 세 가지 방안을 고려하고 있다고 생각했다. 경쟁 서비스를 만들고 싶어하거나, 트위터 이사회에 들어오고[29] 싶어하거나, 회사를 매수하고 싶어하는 것이었다. 저녁에 모두는 일론이 이사회에 참여하는 것이 가장 좋고 간단한 방법이라는 점에 의견을 모았다. 머스크에게 그럴 자격이 있다는 건 분명했다. 그는 트위터 사용을 즐길 뿐 아니라, 트위터를 개선할 수많은 아이디어를 가지고 있는 놀랍도록 성공적인 기업가였다. 도시도 그를 좋아했다. 더욱이 머스크는 누구보다 트위터 주식을 많이 보유하고 있었다. 그 말은 머스크가 현재 트위터의 성공에 재정적으로 연결돼 있다는 뜻이었다. 세 남자는 머스크를 이사회에 합류시킬 개략적인 안을 만들고 첫번째 회의를 마쳤다. 모두가 협력하게 되어 신난 것처럼 보였다. "저녁 맛있었습니다 :)" 머스크는 그날 밤 늦게 사람들에게 메시지를 보냈다. 테일러가 답장했다. "정말 훌륭했습니다. 당나귀와 디스토피아를 감시하는 헬리콥터가 분위기에 잘 어울리더군요."[30]

개인적으로 머스크는 티를 낸 것만큼 열정적이지는 않았다. 그는 특히 아그라왈을 걱정했다. 아그라왈은 괜찮은 사람 같았지만, 머스크가 생각하기에 트위터 운영에 어울리는 날선 리더는 아니었다. 그는 회의 이후, 전기 작가인 아이작슨에게 이렇게 말했다. "트위터에 필요한 것은 불을 뿜는 용입니다. 파라그는 그 용이 아니고요."[31] 그러나 머스크는 가족 사무실의 수장으로서 그의 재산을 관리하는 데 도움을 주는 재러드 버철에게 공식적으로 트위터 이사회에 합류하는 데 필요한 서류를 만들도록 했다. 같은 날 저녁 늦게, 머스크는 도시에게서 문자를 한 통 더 받았다. "좋은 일이 있다던데요."[32]

머스크의 트위터 지분 소유는 4월 4일, 증시가 개장하기 전에 온라인 공시를 통해 공개되었다. 머스크는 그냥 트위터 주주가 아니었다. 공시는 그가 트위터의 최대 주주임을 보여주었다. 머스크는 7300만 주, 다른 말로는 회사 주식의 9.2퍼센트 이상을 보유했다.[33] 그가 제출한 13G 양식도 놀라웠다. 그 양식은 보통 '수동적' 투자에 활용되었다. 그 말은 머스크에게 트위터 지분을 활용해 회사에 변화를 강제할 계획이 전혀 없다는 뜻이었다.

트위터 투자자들은 세계에서 가장 부유한 사람이 갑자기 이 소셜 네트워크에 관심을 가진다는 소식에 짜릿해했다. 트위터 주가는 하루 만에 27퍼센트까지 올랐다. 머스크를 비롯해 수많은 사람들이 아주 많은 돈을 벌었다. 공식 서류 작업을 미루겠다는 그의 결정은 연방 증권거래위원회의 검토를 받았다. 머스크는 제때 서류를 제출하지 않은 덕분에 공시와 함께 가격 폭등이 이루어지기 전에 주식을 사서 1억 5천만 달러를 훨씬 넘는 돈을 아꼈다고 추산되었다.[34]

머스크는 걱정하지 않는 듯했다. "어, 안녕하세요. ㅋ" 그는 온 세상이 이 뉴스를 받아들이는 가운데 장난스럽게 트윗을 남겼다. 친구와 지인들이 이 투자에 대해 축하하고, 그의 최종 목표가 무엇인지 염탐하려 했기에 머스크의 핸드폰이 터질 듯했다. 머스크는 시타델의 억만장자 헤지펀드 매니저인 켄 그리핀과 독일의 언론사 악셀 슈프링어의 CEO인 마티아스 되프너의 문자메시지를 받았다. 되프너는 일종의 동업 관계를 맺고 싶어했다. 몇몇 친구들은 머스크가 이제야 주요 투자자로서 트위터의 '검열'을 끝낼 거라고 기대했다. 벤처 투자자이자 미국 정부와 협력해 반테러 작업을 한 것으로 유명한, 논란의 데이터 기업인 팔란티어의 공동창업자 조 론즈데일도 문자를 보냈다. "트위터 지분 확보 소식 너무 좋은데요. 대박입니다. 사람들이 당신더러 흑막이라 하더라고요 하하. 당신이 트위터에 영향력을 행사할 수 있으면 좋겠네요. 분명 이사회에서는 검열

결정이나 내부의 자잘한 파벌 싸움에 대해 제대로 된 보고도 못 받고 있을 겁니다. 그래선 안 되는데 말이죠. 이사회의 좌파들은 아마 나중에 빠져나갈 구실을 남겨두고 싶어할 거예요!"[35]

자기 프로그램에서 몇 차례 머스크를 인터뷰했던 인기 있는 팟캐스트 운영자 조 로건도 비슷하게 직설적으로 말했다. "트위터를 검열에 미친 폭도들로부터 해방할 건가요?"[36]

머스크가 트위터 대주주 지위로 무엇을 할 것인지에 대한 추정이 마구 몰아치는 가운데, 트위터 이사회는 그를 공식적인 구성원으로 맞아들이는 데 필요한 서류 작업을 서둘러 마무리했다. 그들은 머스크와 그의 어마어마한 투자금은 평화롭게 들어오는 것이며, 머스크가 트위터의 존재를 위협하지는 않을 것이라고 모두를 안심시키려 했다. 폭스와 버컬은 여전히 서류를 주고받고 있었다. 그중에는 상황이 안정될 때까지 머스크가 더이상 주식을 사지 못하게 막는 매입 중지 합의서도 있었다. 아그라왈은 자기가 보내고 싶은 트윗의 사본을 머스크에게 보냈다. 거기에 사용된 언어를 머스크가 괜찮다고 여길지 확인하기 위해서였다.

트위터 CEO는 다음날인 4월 5일 화요일, 머스크가 이사회에 합류한다는 신나는 소식을 트윗에 올렸다.

"머스크는 트위터 서비스의 열정적인 신봉자인 동시에 강렬한 비판자입니다. @Twitter가 장기적으로 강해지려면 우리에게, 또 이사회에 필요한 바로 그 사람이죠. 환영합니다, 일론!"[37]

도시는 머스크가 이사회에 합류한다는 소식을 듣고 감정이 북받쳤다. 그는 몇 달 뒤 회사를 떠날 예정이었으나 제자를 CEO로 세우고 우상을 이사회에 집어넣었다. 그의 트윗에도 이런 흥분이 반영되었다. "일론은 우리 세상과, 트위터가 그 세상에서 하는 역할에 깊은 관심을 가지고 있습니다. 파라그와 일론은 둘 다 진심어린 지도자이며, 놀라운 한 팀이 될 것입니다."[38]

도시가 트윗을 올리고 얼마 지나지 않아, 모든 것이 빗나갔다.

소음 속의 트위터

잭 도시는 개인적으로 일론 머스크에게 메시지를 보내 트위터 이사회에 합류해주어 고맙다는 인사를 전했다. 머스크가 답장을 보냈다. "그럼요. 도움이 되면 좋겠습니다!"

"어마어마한 도움이 되죠. 파라그는 뛰어난 엔지니어입니다. 이사회는 엉망진창이고요. 필요한 게 있으면 언제든지 연락하세요."[39]

머스크는 바로 비밀리에 대화하고 싶어했다. 둘은 두 시간도 채 되지 않아 통화를 시작했다. 도시는 말을 아끼지 않았다. 그는 1주일 전, 이 모든 절차를 촉발한 메시지에서 했던 말을 반복했다. **"트위터는 상장사여서는 안 됩니다."** 트위터를 비상장 기업으로 만드는 것은 도시에게 새로운 아이디어가 아니었다. 그는 3개월에 한 번씩 실적보고를 해야 하는, 상장사의 쳇바퀴 같은 일상을 오래도록 경멸해왔다. 도시는 이 시스템이 트위터에 중요한 변화를 일으키는 것을 어렵게 만든다고 생각했다. 그렇게 했다가는 사용자 수 증가율이나 수익 증가율이 흔들리고 주가가 폭락할 수 있기 때문이다. 그는 이렇게 덧붙였다. **"트위터가 비상장 기업이었다면 트위터를 바꾸는 일이 더 쉬웠을 겁니다. 계획 실행에 더 집중할 수도 있었겠죠."**[40]

머스크는 트위터 이사회에 참여하자마자 태도가 달라진 것처럼 보였다. 테슬라 이사회 구성원 중 한 명인 아이라 에렌프라이스가 그날 밤 늦게 머스크에게 문자메시지를 보내, 트위터 이사 위원회 중 어느 한 곳에라도 참여하라는 조언을 내놓았지만 머스크는 별 관심을 보이지 않았다. 그는 이렇게 답장을 보냈다. "난 이사회 자체에도 들어가고 싶지 않아요! 하도 들어오래서 들어가는 거지."[41]

CBS 아침 프로그램의 진행자인 게일 킹은 머스크에게 인터뷰 요청 메시지를 보냈다. 사람들이 이미 올린 트윗을 바꿀 수 있도록 트위터에 '편집' 버튼을 만들어달라는 제안과 함께 말이다. 머스크는 몇 분 만에 대답했다. "제가 트위터에 그런 영향을 끼칠 수 있다는 얘기는 과장입니다. 9퍼센트 지분으로 통제권을 갖기는 어렵죠."[42]

그주가 이어지면서 머스크는 아그라왈과 몇 차례 메시지를 주고받았다.[43] 머스크는 영구 계정 삭제라는 조치를 없애고, 일반인이 신분 확인을 위해 신분증을 제출함으로써 더 쉽게 파란색 인증 마크를 받을 수 있게 하는 등 트위터를 변화시킬 아이디어를 내놓았다. "아이디어는 엄청나게 많은데, 내가 너무 압박하는 거라면 알려주세요. 난 그냥 트위터가 최대한 놀라운 서비스가 되기를 바랄 뿐입니다."

한편, 아그라왈은 직원들의 사기를 관리하려 노력하고 있었다. 머스크가 이사회에 합류한다는 소식에 꽤 충격이 있었던 것이다. 투자자들은 이런 움직임을 무척 좋아했지만, 트위터의 직원 일부는 회의적이었다. #OneTeam의 초청 연사로서는 머스크가 괜찮았다. 하지만 몇몇 사람들은 압도적으로 자유주의적이고 진보적인 사내문화를 고려하면, 그가 이사회에 별로 어울리지 않는다고 걱정했다. 어쨌든 머스크는 아무 증거 없이 다른 사람을 '소아성애자'라고 부른 것으로 유명했고, 트위터에서 대마초나 섹스와 관련된 농담을 일상적으로 했다. 젠더 대명사• 개념을 조롱하는 부적절한 밈을 트윗한 전적도 있었다. 트위터에서는 많은 사람이 회의나 이메일 서명에 젠더 대명사를 병기했는데 말이다.

한 직원은 회사 슬랙에 이렇게 썼다. "우리는 머스크가 노동자와 트랜스 공동체, 여성 등 힘없는 사람들에게 해를 끼쳐왔다는 걸 알고 있습니다. 그런 머스크를 이사로 받아들인다는 결정을 우리 가치관과 어떻게 통합할 수 있습니까? 혁신이 인류애도 짓밟아버리는 건가요?" 머스크의 자동차 회사인 테슬라에서 일했던 다른 직원도 그가 트위터에 어울리지 않는다고 확신했다. "지금 아주 불안합니다. 머스크가 어떤 일을 할 수 있는지 직접 봤으니까요."[44]

이런 댓글 일부가 《워싱턴 포스트》에 샜다. 아그라왈은 머스크가 이런 비판을 신경쓸까봐 걱정했다. 그는 머스크에게 회사로 찾아와 직접 직원들과 이야기하고, 그들의 질문에 답하라고 권했다. 《워싱턴 포스트》 기사는 대단한 게 아니니 무시하라고 말이다. "침묵하는 다수는 당신이 이사회에 참여하면서 일어날 변화를 무척 좋아할 겁니다. 신문에 실린 의견

• 영어권에서는 자신이 사용하는 젠더 대명사(he/him, she/her, they/them 등)를 이메일 서명이나 프로필에 명시해 성 정체성을 존중하는 문화가 있다.

이 우리 모두를 대표하는 건 아니에요. 얼마든지 이야기를 나누어도 좋습니다. 이런 건 전혀 놀랍지 않습니다."

두 엔지니어는 문자로 서로를 간보며 한 주를 보냈다. 어느 시점에는 자신들이 얼마나 기술적인 지식을 많이 가지고 있는지 자랑하기 위해 서로의 이력을 주고받기도 했다.[45] "나는 20년간 강력한 소프트웨어를 작성해왔습니다." 머스크의 이런 말에 아그라왈은 이렇게 답변했다. "나는 전직 CTO였고, 오랫동안 우리 코드베이스를 다뤘습니다." 머스크는 사람들을 관리하는 걸 좋아하지 않는다고 말했다. 대체로는 기술적인 제품 관련 문제를 해결하는 게 좋다고 말이다. "나는 프로그램 관리자나 MBA 타입 사람들보다는, 고강도 프로그래밍을 할 수 있는 엔지니어들과 상호작용하는 게 훨씬 좋습니다." 4월 7일 목요일에 그는 아그라왈에게 이런 메시지를 보냈다.

"다음에 만나면, 저를 CEO보다는 엔지니어로 대해주세요. 어떻게 되는지 보죠." 아그라왈의 답장이었다.

하지만 둘에게는 그럴 기회가 없었다. 머스크는 4월 9일 토요일에 트위터 이사회에 합류할 예정이었으나, 자신의 결정을 다시 생각해보며 지난 한 주를 보냈다. 트위터 이사회와 시간을 보내면 보낼수록, 머스크는 그들이 마음에 들지 않았다. 머스크의 남동생 킴벌을 비롯해 그와 가까운 친구와 가족 일부는 결정을 재고하라고 권했다. 머스크는 이사회에 공식적으로 합류하기로 한 날 아침, 하와이에서 친구 래리 엘리슨의 개인 소유 섬인 라나이에 있었다. 새벽 3시 30분이었다. 머스크는 밤을 꼬박 새우던 중 트위터를 열었다.[46] 그는 협업하기로 약속한 회사에 불을 지르기로 했다.

머스크는 트위터에서 가장 팔로워 수가 많은 계정 10개의 명단을 찾았다. 저스틴 비버, 케이티 페리, 테일러 스위프트 같은 사람들의 계정이었다. 그는 이 명단을 리트윗했다. 목적은 이런 계정 다수가 트윗을 "거의 하지 않는다"는 점을 지적하는 것뿐이었다.

"트위터는 죽어가는 걸까요?"[47] 그는 8100만 명의 팔로워에게 큰 소리로 물었다. 나중에, 그는 트위터의 이름에서 w를 지우고 이 서비스를 '티터'•라고 불러야 하지 않겠느냐고 묻는 투표를 올렸다. 그는 트위터가 샌프란시스코 본부를 노숙자 센터로 바꿔야 하는지[48] 묻는 다른 투표도 올리면서, 트위터가 유료 사용자를 위해 광고를 제거해야 한다고 말했다.

아그라왈은 낙담했다. 그럴 만도 했다. 그의 직원 일부는 머스크가 이사회에 합류한다는 소식에 이미 화가 나 있었다. 그런데 이사 임명이 공식화되려는 지금, 머스크가 공개적으로 회사를 망신 주고 있었다. 아그라왈은 신경질이 나서 머스크에게 문자메시지를 보냈다. "'트위터는 죽어가는 걸까요?'든 뭐든, 하고 싶은 말을 올리는 건 당신 자유입니다. 하지만 지금 나는 트위터를 개선하려 노력하고 있습니다. 내 작업에 이런 발언이 아무 도움이 되지 않는다는 말을 할 수밖에 없군요. 그게 내 책임이니까요." 아그라왈은 이렇게 세계 최고의 부자를 꾸짖었다. "다음에 만나면, 현재 트위터 내부의 집중력이 어느 선까지 흩어졌는지에 관해서나 이런 집중력 분산이 우리의 일하는 능력에 얼마나 큰 해를 끼치고 있는지

• titter는 킬킬거린다는 뜻으로, 트위터가 웃음거리로 전락했다는 의미다.

알려드리고 싶습니다."

파라그는 이어서 말했다. "나는 회복이 쉬워지고 집중력이 흩어지지 않는 수준으로 회사를 이끌어가고 싶습니다. 하지만 아직 우리는 그 수준이 아닙니다."[49] 아그라왈은 머스크를 직원들 앞에 세워 질의응답 시간을 갖게 하고 싶었다. 머스크의 말을 트윗이 아닌 그의 입으로 직접 듣게 하면 직원들의 우려를 일정 부분 해소할 수 있을 테니 말이다.

아직 잠들지 않았던 머스크는 1분도 지나지 않아 새벽 5시가 막 지났을 때 답장을 보냈다. "이번주에 당신이 한 일이 뭡니까?" 그는 아그라왈에게 조롱하듯 쏘아붙였다. "난 이사회에 들어가지 않을 겁니다. 시간 낭비예요. 대신 트위터를 비상장 기업으로 전환하겠습니다."[50]

아그라왈은 이야기를 할 수 있겠느냐고 묻는 답장을 보냈다. 머스크는 답장하지 않았다. 몇 분 뒤, 트위터 이사회 의장 브렛 테일러가 머스크에게 문자를 보내 역시 통화를 요청했다. 머스크는 이제 막 비행기에 탈 참이라 통화할 수 없다고 말하고, 대신 일련의 문자를 보냈다.

머스크: 비상장 기업으로의 전환 제안이 있을 겁니다.

파라그와 수다를 떨어서 트위터를 고친다는 건 통하지 않는 방법입니다.

극적인 조치가 필요합니다.

상장사로서는 이런 변화를 실행하기 어렵습니다. 가짜 사용자들을 없애버리면 수치가 끔찍해 보일 테니까요. 그러니 구조조정은 비상장 기업이 되었을 때 해야 합니다.

잭의 의견도 같습니다.[51]

트위터 이사직을 수락한 지 1주일도 되지 않아 머스크는 그 제안이 공식화되기도 전에 발을 뺐다. 아그라왈은 다음날인 일요일 저녁에 사원들에게 이메일을 보냈다. 머스크가 마음을 바꿨다는 불길한 소식이 담긴 이메일이었다. 아그라왈은 머스크가 회사를 사고 싶어한다는 말은 하지 않았다. 그건 전사 차원의 이메일에 넣을 수 있는 정보가 아니었다. 그러나 공지를 읽은 직원들은 머스크와 트위터의 관계가 종료되려면 아직 멀었다는 걸 느낄 수 있었다.

아그라왈은 직원들에게 이렇게 썼다. "앞으로 집중력을 잃을 일이 생길 겁니다. 소음은 신경쓰지 말고, 우리가 만드는 서비스에만 계속 집중합시다."[52]

13장

@elonmusk

몇 가지 면에서, 남아프리카공화국에서 보낸 일론 머스크의 어린 시절은 그 시대의 소년들과 크게 다르지 않았다. 그는 산악자전거 경주를 하고 동생이나 사촌들과 함께 장난감총을 쏘았으며 집에서 만든 로켓으로 이것저것 날려버리곤 했다. 머스크는 가판대에서 레모네이드를 파는 대신, 부활절 달걀을 장식해 부유한 남아프리카공화국의 이웃들을 집집마다 방문하며 팔았다. 그의 첫 창업 모험이었다. 머스크는 손에 넣을 수 있는 모든 책을 읽었다. 때로는 하루에 열 시간 이상을 읽었다. 그에게는 대부분의 어머니가 그렇듯, 자기 아들이 부정할 수 없이 똑똑하다고 믿는 사랑하는 어머니가 있었다.[1]

그녀의 생각이 옳았다. 머스크의 정신은 독특했다. 그는 컴퓨터를 무척 좋아했고, 12세에 자기가 할 비디오게임 코드를 작성했다. 이 내용이 지역 업계 전문지에 실렸다. 그에게는 사진 기억력이 있었다. 또한 그는 때로 깊은 몰아상태에 빠져 주변에서 벌어지는 모든 일에 둔감해졌다. 이런 일이 너무도 일상적으로, 너무도 깊이 일어났기에 부모가 그를 의사에게 데려가 청각 검사를 받게 할 정도였다. 머스크에게 뭔가 문제가 있다면 지나치게 똑똑한 것이 문제였다. 그는 재미삼아 백과사전을 읽고 누군가 던지는 모든 질문에 대한 답을 아는 것처럼 보이는, 괴짜 천재라는 놀림을 종종 받았다.[2]

그러나 머스크의 상황은 보이는 것처럼 목가적이지 않았다. 어린 시절의 행복한 기억은 그 횟수도, 빈도도 낮았다.

머스크는 1971년 여름에 남아프리카공화국에서 태어났으며, 요하네스버그 바로 외곽에 있는 부촌 프레토리아의 부잣집에서 자랐다. 머스크의 아버지 에롤은 손으로 온갖 일을 다 할 수 있는 기계 및 전자 엔지니어였다.[3] 그의 어머니 마예는 머스크가 태어나기 2년 전에 미스 남아공 결승전에까지 오른[4] 영양사 겸 모델이었다. 에롤과 마예는 머스크가 9살쯤 되었을 때 이혼했으며, 머스크는 결국 아버지의 집에 들어가 살게 되었다. 실수였다. 에롤은 아이들에게 까다롭고 강압적이었다. 때로는 한 번에 몇 시간씩 훈계를 했다. 그의 행동 중 몇 가지는 문제적인 게 너무 분명해서, 머스크 남매는 그 이야기를 하지 않는다. 몇 년 뒤 머스크는 "아버지는 삶을 비참하게 만드는 솜씨가 뛰어났다"고 말했다. 다른 가족들도 에롤이 보통 그와 상호작용하는 모든 사람의 상황을 불쾌하게 만든다는 데 동의한다. 그 결과, 머스크는 고등학교 시절 내내 가정생활에 어려움을 겪었고 아버지를 경멸하게 되었다. 그는 자신의 아이들이 영영 아버지를 만나지 못하게 하겠다고 맹세했다.[5] (몇 년 뒤, 에롤은 일상적으로 아들에게 인종차별주의적 장광설과 음모론이 가득한 편지를 보냈다.[6] 충격적이게도, 그는 자신보다 40살 어린 의붓딸과 아이 둘을 더 낳았다.[7])

학교에서도 머스크의 상황은 좋지 않았다. 그는 책벌레에 괴짜였다. 그 말은 몇 년 동안 그를 괴롭혀온 학교의 일진들이 그를 종종 표적으로 삼았다는 뜻이다. 8학년인가 9학년의 언젠가는 그는 일진 패거리에게 기습당해 콘크리트 계단에서 굴러떨어져 병원 신세를 졌다.[8] 이러한 어린 시절의 경험은 머스크를 대부분의 사람보다 강하게 만들었지만, 인생의 다른 문제에는 둔감하게 만들었다. 2022년에 그는 이렇게 말했다. "말이 거칠다고 걱정하는 사람은 얼굴을 주먹으로 맞아본 적이 없는 겁니다."[9]

이 모든 비참함 탓이었을까? 머스크는 모든 일이 늘 긴급하다고 느끼게 되었다. 이런 조바심은 지금까지도 그의 인생 거의 모든 측면에 스며 있다. 머스크는 열 살쯤에 첫 컴퓨터를 갖게 되었다. 코모도 VIC-20이었다. 그는 컴퓨터에 딸려오는 설명서를 재빨리 펼쳤다. 그 책에는 코드 작성법을 가르쳐주는 기초적인 강의가 빽빽하게 채워져 있었다. 다 배우는 데 여러 달이 걸리는 과정이었다. 머스크는 72시간 안에 그 내용을 학습했다. "그냥 그 책에 엄청난 강박증이 생겨서, 사흘간 잠도 자지 않고 모든 일을 해냈습니다." 2015년에 출간된 머스크에 관한 책의 저자 애슐리 반스에게 그가 한 말이다. "그 책이 다른 무엇보다도 심한 강박증을 일으켰거든요."[10] 머스크가 십대에 남아프리카공화국을 떠난 것도 미국에 가서 살아야겠다는 비슷한 긴급성 때문이었다. 그는 18세 생일쯤에 캐나다로 이사하고 어머니를 통해 시민권을 얻었다. 살 곳이 없다는 건 중요하지 않았다.

결국 머스크는 육촌과 함께 방을 구했고, 몇 가지 허드렛일을 연달아 한 끝에 1989년 가을 온타리오주 퀸즈대학교에 등록했다.[11] 이후 몇 년은 대학에서 보냈다. 퀸즈에서 보낸 2년간은 경영을 공부하고 대중 연설을 연습했으며, 나중에 아내가 된 저스틴을 만났다. 그런 다음, 결국 미국으로 가 펜실베이니아주립대학교에서 몇 년을 보냈다. 여기서는 경제학과 물리학을 공부했다. 머스크의 주장에 따르면, 그는 대학에 다니던 이 시기에 기술, 우주, 재생에너지 관련 프로젝트를 하겠다는 욕망을 굳혔다.[12]

머스크는 학교를 졸업하자마자 이것저것 만들기 시작했다. 거의 30년이 지나 트위터에 투자하기 시작했을 때, 그의 이력은 실리콘밸리의 전설이 되었다. 머스크의 이야기는 두 가지 지속적이고도 두드러지는 테마로 규정된다. 그는 일반적으로 다른 누구보다도 오래, 열심히, 빠르게 일했으며, 개인적 위험을 대단히 선호했다.

그는 동생 킴벌과 함께 1995년 첫번째 스타트업인 집2(Zip2)를 실리콘밸리에서 창업했다. 둘은 작은 사무실을 임대했는데, 잠깐은 이곳이 둘의 아파트 역할도 했다. 이곳에서 그들은 인터넷 전화번호부 제공 서비스라고 할 수 있는, 온라인 기업 주소록을 만들었다. 1990년대 중반치고는 참신한 생각이었다. 이들은 벤처 투자자들에게서 빠르게 돈을 투자받았고, 투자자들은 사업 모델을 바꾸어 머스크를 CEO 자리에서 몰아냈다. 집2는 결국 몇 년 뒤 3억 달러 이상에 콤팩 컴퓨터에 팔렸고,[13] 머스크는 큰돈을 벌어 나왔다.

이 매각으로 그는 2200만 달러의 순자산을 갖게 되었다.[14] 그가 처음 산 것 중 하나는 백만 달러짜리 맥라렌 스포츠카였는데,[15] 그는 도요타 캠리라도 되는 듯 그 자동차를 몰고 샌프란시스코를 돌아다녔다. 중요한 건, 집2에서의 경험이 그에게 기업 지배권에 관한 값진 교훈을 알려주었다는 것이다. 잭 도시가 몇 년 뒤, 트위터에서 어렵사리 배운 것과 비슷한 교훈이었다.

이어 머스크는 2200만 달러의 절반 이상을 다음 벤처기업인 X.com에 투입했다. X.com은 입출금 계좌를 개설하는 모든 신규 고객에게 20달러를 주는 홍보 행사를 무기로 삼는 온라인 은행이었다. 다른 창업가인 피터 틸과 막스 레브친이 팰로앨토에 있던 X.com의 사무실 일부 공간을 임대했다. 이들은 X.com의 경쟁사로서, 사람들이 이메일로 돈을 보낼 수 있게 해주는 영리한 제품인 페이팔을 만들고 있었다. 결국, 두 업체는 경쟁을 시작하면서 통합되었다. 머스크는 CEO이자 새로운 합작 회사의 최대 주주가 되었다.[16]

이번에도 그는 일자리에서 밀려났다. 직원의 반란 때문이었다. 새로 합병된 회사의 직원들은 머스크가 점점 늘어나는 경영 문제에 제대로 대처하지 못한다고 판단했고, 무리를 지어 X.com의 이사회에 찾아가 불만을 제기했다. 머스크는 저스틴과 신혼여행을 하던 중에 쫓겨났음을 알게 되었다. 틸이 CEO로 임명되어 회사 이름을 빠르게 페이팔로 바꾸었다. 머스크는 상처받았지만, 더 큰 부자가 되기 직전이었다. 2002년, 이베이가 15억 달러에 페이팔을 인수하면서 머스크는 2억 5천만 달러를 벌었다.[17]

돈은 사람에게 미래에 관해 생각할 특별한 자유를 준다. 머스크는 그 자유를 이용해, 완수하는 데 몇 년 혹은 몇십 년이 걸릴 문제들을 생각했다. 페이팔을 매각한 이후, 2억 달러 이상의 금전으로 무장한 머스크는 정말로 큰 꿈을 꾸기 시작했다. 그는 우주 탐사에, 결과적으로는 인간을 화성으로 보내는 일에 점점 집착했다. (부분적으로는) 언젠가 지구에 무슨 일이 터져 인간이 다른 행성에서 살 수밖에 없으리라는 두려움 때문이었다. 그래서 머스크는 로스앤젤레스로 이사했다. 페이팔이 이베이에 매각된 것과 비슷한 시기에, 그는 자기 돈으로 '스페이스X'라고 알려진 스페이스 익스플로레이션 테크놀로지를 설립했다. 그는 상업적인 우주 회사가 로켓만 만드는 게 아니라 결국 화성에 식민지를 건설하기를 바랐다.

2년 뒤, 머스크는 다시 650만 달러를 테슬라라는 이름의 회사에 투자했다. 테슬라는 종류는 다르지만 규모만은 비슷하게 큰 문제, 즉 인류가 화석연료에 지나치게 의존한다는 문제를 해결하는 데 도움을 줄 전기차를 개발하고 있었다. 머스크는 즉시 이 회사의 최대 주주이자 의사회 의장이 되었고, 2008년에는 CEO가 되었다.[18]

그는 이사회에 앉아 있는 부자에 그치지 않았다. 스페이스X에서든, 테슬라에서든 머스크는 상당한 시간과 개인 재산을 써서 일을 계속 진행시켰다. 그는 오랜 시간 일하고, 거의 휴가를 가지 않고, 직원들에게 불가능한 일을 요구하는 까다로운 상사라는 평판을 얻었다. 두 회사 모두에서, 머스크는 대담하고 현실성이라고는 전혀 없는 목표를 습관적으로 내세웠다. 그는 처음에 스페이스X의 첫번째 로켓이 회사 창립 후 겨우

15개월 만에 발사되리라고 생각했다.[19] 화성으로의 첫 비행이 10년 안에 이루어질 거라고 말이다. 스페이스X의 첫번째 발사는 실패했다. 그나마 거의 4년이 지나서야 시도되었는데 말이다. 스페이스X의 첫 발사 성공에는 6년이 걸렸다. 2023년 12월까지도 스페이스X는 화성으로 로켓을 보내지 못했다.

테슬라에서, 머스크와 그의 팀원들은 첫 자동차인 테슬라 로드스터라는 이름의 반짝이는 빨간색 스포츠카를 2006년 초반까지 일반 대중에게 판매할 수 있으리라 생각했다. 그런 일은 2008년 중반까지 일어나지 않았다.[20] 이런 지연과 늘어난 일정은 두 회사 모두 초창기에는 일상적으로 현금 부족에 시달렸다는 뜻이다. 머스크는 자기 돈 대부분을 사업을 계속 운영하는 데 썼다. 2008년 초에 그는 청구서를 지불하기 위해 맥라렌을 팔았다. 2008년 말에는 두 회사 모두 위험할 정도로 현금 보유량이 적어졌다. 머스크는 크리스마스이브에 테슬라의 자금 조달을 마무리했다. 그러지 못했다면 몇 시간 뒤 회사가 파산했을 것이다.

그 모든 고통과 스트레스와 극적 상황에는 그만한 가치가 있었다. 스페이스X는 2008년에 처음으로 로켓 발사에 성공했고, 상업적 우주산업 분야에서 세계의 선두기업으로 빠르게 자리잡았다. 2022년 초에, 스페이스X는 위성을 비롯한 짐을 실은 로켓을 정기적으로 우주로 실어날랐다. 게다가 로켓이 망가지지 않고 지구로 돌아오게 하는 기술을 완전히 익혀, 그 로켓들을 재활용할 수 있었다. 전에는 들어본 적도 없는 일이었다.

한편, 테슬라는 세계에서 가장 성공적인 전기차 회사에 그치지 않고 가장 성공적인 자동차 회사가 되었다. 2021년 10월, 테슬라는 시가총액

1조 달러를 넘어서며 세계에서 가장 가치가 높은 자동차 제조사가 되었다. 어느 시점에는 상위 5개의 경쟁사를 합친 것보다도 큰 가치를 띠었다.[21] 1년 뒤인 2022년, 테슬라는 130만 대 이상의 전기차를 생산했다.[22]

머스크의 순자산이 증가하면서 그의 제국도 커졌다. 그에게 너무 복잡해서 다루지 못할 문제란 없는 것처럼 보였다. 2016년, 그는 '두뇌-컴퓨터 인터페이스'를 만드는[23] 뉴럴링크라는 회사를 세웠다. 뇌 활동을 이용해 컴퓨터나 핸드폰으로의 출력을 제어하는 이식 가능한 칩을 만드는 회사였다. 보어링 컴퍼니라는 고속여행을 위해 지하 터널을 만드는 데 집중하는 '일종의 취미 회사'도 발족시켰다. 그는 화성에 식민지를 세우겠다는 말을 정기적으로 계속했다. 심지어 그는 우주에서 열핵 폭발을 계속 일으켜 인공 태양을 만들겠다는 아이디어를 냈다.

머스크는 또한 다가오는 다른 위기, 즉 인구 붕괴에서 세계를 구하는 일에도 참여했다. "사람들이 아이를 더 낳지 않으면 문명은 무너질 겁니다.[24] 내 말 명심하세요." 2021년 인터뷰에서 그가 한 말이다. 2022년 4월에, 머스크는 세 명의 다른 여자에게서 최소 아홉 명의 자녀를 낳았다.[25] 순자산이 2700억 달러에 이르면서,[26] 그는 세계에서 가장 큰 부자가 되었다. 이제 그는 할일 목록에 또하나의 복잡한 과제를 추가할 준비가 되었다. 세계에 언론의 자유를 회복시키겠다는 것이었다.

트위터를 매입할 시간이었다.

트위터를 사겠습니다

일론 머스크의 트위터에 대한 최초 입찰을 이해하기가 매우 어려웠던 이유는, 돈과 명성과 성공으로 넘쳐나는 사람이긴 해도 그에게 12세 소년 같은 유머 감각이 있었기 때문이다. 보어링 컴퍼니에서, 머스크는 가장 좋아하는 영화인 〈스페이스볼〉에서 본 농담을 따서[27] 화염방사기를 만들어 일반 대중에게 팔았다.• 사샤 바론 코헨이 나오는 또다른 코미디인 〈독재자〉는 스페이스X의 스타십 로켓을 '더 뾰족하게' 만들겠다는 머스크의 결정에 영감으로 작용했다. 그는 성적 농담(69!)과 대마초 농담(420!)을 즐겼고,•• 동시에 여러 기업을 운영하고 있다는 점을 생각하면 매일 상당히 많은 시간을 트위터에 밈을 올리며 보냈다.

때로 머스크의 익살은 그를 곤란에 빠뜨렸다. 2018년 녹화중 팟캐스터 조 로건과 함께 대마초를 피운 뒤, 머스크와 스페이스X 직원 대다수는 미국 정부로부터 1년간 무작위 약물 검사를 받게 되었다. 스페이스X가 연방 정부와 계약을 맺고 있었기 때문이다. 이 상황은 우스꽝스러운 동시에 끔찍했다. "나와 스페이스X가 맞이한 결과는 사실 좋지 않았습니다."[28] 머스크는 여전히 웃긴 했지만, 나중에 이렇게 인정했다.

• 영화 〈스페이스볼(Spaceballs)〉(1987)은 SF 패러디 코미디로, 등장인물들이 영화에서 화염방사기를 꺼내는 장면이 유명하다. 머스크는 이 장면을 인용해 보어링 컴퍼니의 굿즈로 알코올 연료 화염방사기를 제작 및 판매했는데, 몇 주 만에 2만 개를 판매해 약 1천만 달러의 매출을 올렸다.

•• 69는 성관계시의 특정 체위를 의미하는 은어다. 420은 1970년대 미국 고등학생들 사이에서 시작된 은어로, 오후 4시 20분에 대마초를 피우자는 의미에서 유래했다. 현재는 대마초 문화의 상징적인 숫자로 널리 쓰인다.

그러나 머스크가 골탕먹는 걸 가장 좋아하는 장소는 트위터인 것으로 보였다. 이곳에서 그는 끊임없이 의식의 흐름에 따라 트윗을 올렸다. 많은 경우는 변기에 앉아서 그렇게 했다.[29] 머스크는 2018년의 어느 트윗에서 동굴 탐사자를 '소아성애자'라고 지칭해 소송을 당했다. 2018년에는 주당 420달러에 테슬라를 사들여 비상장 회사로 만들 "자금을 확보했다"는 트윗을 올려 소송을 당하기도 했다. 이는 대마초 농담이기도 했고, 증권거래위원회에서 우려한 대로라면 거짓말이기도 했다. 위원회에서는 머스크에게 소송을 걸고 그와 합의했다. 머스크는 테슬라 이사회 의장직을 내려놓을 수밖에 없었다.[30]

회사로서의 트위터와 머스크도 몇 년간 복잡한 관계를 맺어왔다. 다만 그는 엄밀히 말해 트위터의 규정을 어긴 적은 없었다. 오히려 그 반대였다. 도시는 머스크에게 홀딱 빠져, 이 억만장자를 "가장 좋아하는 트위터(tweeter)"라고 불렀다. 트위터가 '탑 3' 명단을 '탑 X'로 확장하며 수십 명의 세계 지도자들에게 특별한 계정 보호를 해주었을 때, 도시는 머스크의 계정이 이 명단에 추가되도록 했다. 그러나 머스크는 트위터에 대해 불평하는 것도 좋아했다. 그는 몇 년간 비공개로 불평을 해왔다. 처음에는 도시에게, 나중에는 아그라왈에게 말이다. 그는 트위터가 자신의 전세기 위치를 추적하는 계정 @ElonJet을 허용하지 않는다는 점을 못마땅하게 여겼다. 심지어 트위터 주식을 사기 시작한 2022년 1월까지도 아그라왈에게 @ElonJet에 관해 불평했다. 머스크는 스팸 메시지나 암호화폐와 관련된 메시지를 보내는 봇이 너무 많다는 점도 마음에 들어하지 않았다. 또 그의 회사와 그 회사의 주가를 공격하기로 작정한 테슬라 공매도자들이 트위터에 잔뜩 있다는 점도 싫어했다. 머스크의 불평은 종종 도시나 아그라왈을 거쳐 트위터의 최고 변호사인 비자야 가데에게 전달되었으며 가데는 이런 불평을 자신의 팀원들에게 전달했다. 직원들은 가끔 하던 일을 멈추고 머스크의 피드에서 수동으로 봇을 삭제해야 했다. 머스크는 심지어 개인 변호사인 알렉스 스피로에게, 여러 해에 걸쳐 도시나 가데와 몇 차례 통화하도록 해 봇이나 공매도자들에 대한 답답함을 귀에 못이 박히도록 말했다. 머스크는 공매도자들이 테슬라 주가를 조작하고 있다고 느꼈다.

그러니 4월 13일 저녁, 머스크가 트위터를 주당 54.20달러에 매입하겠다며 공식 입찰 제안을 넣었을 때 이사회 구성원 일부가 망설인 이유는 납득할 만하다. 머스크가 이사회에 합류하기로 한 지 2주도 채 지나지 않았다. 그런 다음에 머스크는 생각을 바꿔 트위터를 광대놀음판처럼 보이게 만들어놓고 떠났다. 또한 머스크는 증권거래위원회에 트위터 투자가 수동적 투자였다고 밝히는 서류를 제출하기도 했다. 제안된 주가조차 의문을 키웠다. 머스크가 또 대마초 농담을 하는 건 아닐까? 정말 거래를 성사시킬 돈을 마련해둔 걸까? 이 모든 것이 그냥 시끌벅적한 장난질에 불과한 건 아닐까?

머스크의 제안서는 확실히 진지해 보였다. 그는 트위터 이사회에 이런 서신을 보냈다. "나는 트위터에 전 세계 자유 언론을 위한 플랫폼이 될 잠재력이 있다고 믿으므로 이 회사에 투자했으며, 제대로 작동하는 민주주의 사회를 위해서는 자유 언론이 사회적 필수재라고 생각합니다. 그러나 투자를 한 이후로, 이 회사가 현재 형태로는 번창할 수도 없고 이러한 사회적 의무를 수행할 수도 없다는 점을 깨달았습니다. 트위터는 비상장 회사로 변모해야 합니다."

서신에는 협박도 포함되어 있었다. "이 제안은 내가 할 수 있는 최고의 최종적 제안이며, 이 제안이 받아들여지지 않는다면 나는 주주로서의 입장을 재고해야 합니다."

머스크는 협상하고 싶지 않았다. 트위터가 거래를 거부하면, 그는 상당한 이익을 내면서 주식을 팔아치우고 트위터의 주가가 폭락하는 꼴을 구경할 터였다. 트위터 이사회에는 머스크의 말을 심각하게 받아들이는 것 말고 아무 선택지가 없었다. 그들은 단지 머스크도 같은 계획이기를 바랐다.

트위터 구매에 필요한 돈

머스크의 공식적인 트위터 인수 제안은 그를 평소보다 더 인기 있고 흥미로운 인물로 만들었다. 머스크를 '흑막'이라 불렀던 조 론즈데일이 다시 그에게 메시지를 보냈다. 이번에는 플로리다주 주지사 론 디샌티스를 만나보라는 초청장이었다.[31] 디샌티스는 트위터 이사회에 '격분한' 상태였고, 머스크를 강하게 지지하고 있었다. 게일 킹도 다시 한번 인터뷰 요청을 해왔다. "이건 요즘 애들이 '간지 대폭발'이라 부르는 일이에요." 라이엇 게임즈의 공동창업자인 마크 메릴은 머스크에게 "그야말로 고담시에 필요한 영웅"이라는 메시지를 보냈고, 암호화폐 거래소인 FTX의 CEO

샘 뱅크먼-프리드조차 회의를 잡자며 연락해왔다(18개월도 되지 않아 FTX는 붕괴하고, 뱅크먼-프리드는 일곱 건의 사기, 음모, 자금세탁 등 혐의로 유죄 판결을 받았다[32]).

머스크의 친구 제이슨 칼라카니스만큼 신난 사람은 없었다. 둘은 몇 년 전, 칼라카니스가 테크 기자였을 때 만났다. 나중에 그는 2012년 테슬라의 첫 모델 S를 머스크에게서 샀다.[33] 둘은 머스크의 제안 이후 2주 동안 수십 건의 메시지를 주고받았다. 칼라카니스는 아이디어를 쏟아냈다. 그는 트위터가 유튜브처럼 영상 크리에이터들과 더 많은 수익을 공유해야 한다고 썼다. 회사는 텍사스주로 근거지를 옮겨, 60일 안에 더 많은 직원에게 사무실로 복귀할 것을 요구해야 한다고도 덧붙였다. 그는 머스크에게 회사의 직원을 절반 이상 해고해야 한다는 주장을 펼쳤다. "조직을 공장 초기화하세요." 칼라카니스는 개인 메시지에 이렇게 썼다. 머스크가 마침내 거래가 마무리되는 대로 전략자문을 맡아달라는 제안을 내놓자, 칼라카니스는 1분도 되지 않아 그 제안을 받아들였다. 그는 이렇게 썼다. "이사든, 자문이든, 뭐든 좋습니다. 제가 칼이 되어드리죠." 그런 다음 그는 혹시나 해서 덧붙였다. "트위터 CEO는 나의 꿈의 직업입니다."[34]

설령 머스크가 칼라카니스의 꿈을 실현해주고 싶었더라도 그건 어려운 일이었다. 그러자면 머스크는 이미 소유한 9퍼센트의 지분을 제외한 회사 주식 91퍼센트를 매입하고, 다른 거래 비용과 법무 비용을 치를 460억 달러를 손에 넣을 방법을 알아내야만 했다.[35] 세계 최고의 부자인 머스크에게도 그런 돈은 있었다. 적어도 서류상으로는 그랬다. 문제는 그

돈의 대부분이 다른 회사, 특히 테슬라에 묶여 있었다는 것이다. 테슬라 주식 400억 달러어치를 파는 것은 사실 방법이라고 할 수 없었다. 그렇게 했다가는 주가가 곤두박질치며 투자자들에게 머스크가 1조 달러짜리 자동차 회사를 운영하는 것보다는 트위터에 더 관심이 있다는 메시지를 보내게 될 테니 말이다. 보다 논리적인 해결책은 돈을 빌리거나 다른 투자자들을 꼬여 함께 입찰하게 하는 것이었다. 머스크가 제안서를 보내자마자 모건 스탠리에 있는 그의 담당 은행가들은 이 투자에 참여하라며 다른 은행과 투자자들에게 전화를 돌리는 일에 매진했다.

머스크 역시 자금을 마련하러 다녔는데, 돈을 대출 가능성이 있는 사람들에게 전화해 자신의 대략적인 사업 계획을 공유했다.[36] 그는 거래가 성사될 경우 트위터에서 해고 등의 방식을 동원해 극적으로 비용을 삭감할 것이라고 약속했으며,[37] 트위터 사업을 확장해 더 많은 구독자 수 확보에 초점을 맞추는 방안도 논의했다. 억만장자들은 보통 다른 억만장자들을 아주 많이 알았다. 머스크에게도 그처럼 편리한 주소록이 있었다. 마치 커피 마시게 5달러만 빌려달라는 것처럼 10억 달러 규모의 투자가 빠르게 이루어졌다. 오라클 창업자이자 테슬라 이사회 구성원인 래리 엘리슨 같은 사람이 그랬다. 머스크는 트위터 이사회에 편지를 보내고 1주일 뒤인 4월 20일에 엘리슨에게 문자를 보냈다.

머스크: 혹시 트위터 거래에 관심 있어?

엘리슨: 응…… 당연하지.👍

머스크: 좋네

머스크: 대략 얼마나? 뭔가 약속하라는 건 전혀 아닌데, 거래에 참여하려는 사람이 너무 많아서 참여자 몇 명을 빼거나 쫓아내야 하거든.

엘리슨: 10억 달러나…… 네가 추천하는 대로.

머스크: 나야 너 좋은 게 좋지. 추천은 20억 달러 이상. 잠재력이 아주 큰 사업이거든. 다른 사람보다는 네가 들어왔으면 좋겠고.

엘리슨: 잠재력이 아주 크다는 건 동의…… 엄청 재미있기도 할 거야.

머스크: 당연하지 :)[38]

순자산이 1천억 달러 정도였던[39] 엘리슨은 10억 달러를 투자했다.[40]

엘리슨 같은 사람이 참여한 상태에서도 이 거래가 성사될지 확신하는 사람은 아무도 없었다. 트위터 이사회는 머스크가 진지하게 인수 제안을 한 것인지조차 확신할 수 없었다. 머스크는 트위터 이사회에 참여하겠다고 했다가 오히려 회사를 모욕하면서 신뢰를 심각하게 무너뜨렸다. 입찰 제안이 공개되기 전날, TED 컨퍼런스에서 한 공개 인터뷰에서 머스크는 트위터의 재정에는 신경조차 쓰지 않는다고 말했다. "이건 돈을 벌기 위한 방법이 아닙니다. 나의 강한 직감은 최대한의 신뢰를 받으며, 광범위하게 모두를 포괄하는 공적 플랫폼을 두는 것이 문명의 미래에 대단히 중요하다는 것입니다. 경제 문제는 전혀 신경쓰지 않습니다." 회의론자들은 그의 논리를 어떻게 이해해야 할지 알 수 없었다. 누가 돈을 되찾을 염려도 없이 460억 달러를 지출한단 말인가?

그러나 머스크는 진지했고, 트위터 입찰이 거절당할 경우의 대비책도 세우고 있었다. 그는 TED 컨퍼런스 무대 위에서 '플랜B'에 대한 질문도 받았으나 자세한 내용을 공유하지 않겠다고 했다. 그러나 그는 비밀리에 신뢰하는 사람들에게 메시지를 보냈다. 사용자들이 공개 장부를 통해 메시지를 올릴 수 있는 블록체인 기반 소셜 네트워크를 생각하고 있다는 내용이었다. 머스크는 심지어 엔지니어들을 만나 트위터 거래가 실현되지 않을 경우에 대비해 블록체인 아이디어를 구축할 방법을 논의하기도 했다.

트위터 이사회는 머스크가 입찰을 위한 재원을 끌어모을 수 있을지 불안하게 지켜보기 시작했다. 그러나 잭 도시는 거래가 이미 성사된 것처럼 트윗을 올려댔다. 보통, 인수 논의 때는 관련자 모두가 절차를 방해하지 않으려고 침묵을 지킨다. 하지만 도시는 공식 절차에 관심이 없는 듯했고, 트위터 이사회에 아무 도움이 되지 않는 트윗을 몇 건 올렸다. 도시는 상장사라는 트위터의 상태가 주된 문제라고 주장했다. 그는 이렇게 트윗했다. "상장사로서, 트위터는 언제나 '판매용'이었습니다. 그게 진짜 문제입니다."[41] 그런 다음 그는 트위터 이사회로 방향을 돌려, 그들이 "늘 회사에 역기능적이었다"[42]고 말했다. 이상한 자책이었다. 도시는 이사회 구성원 전체를 직접 선발했을 뿐 아니라 트위터 창업 때부터 이사회의 일원이었기 때문이다. 사실, 그는 여전히 이사회 구성원이었다. 적대적 합병 협상의 열기 속에서, 동료들은 도시의 트윗을 좋게 받아들일 수 없었다. 파열되었던 관계가 더 나빠졌다. 몇몇 이사회 구성원은 거래가 어찌 되든 도시를 떠나보낼 준비가 되었다.

4월 20일, 머스크의 팀은 일련의 서류를 증권거래위원회에 제출했다. 머스크가 돈을 마련해온 것이다.[43] 이번 안에 따르면, 다양한 출처에서 대략 465억 달러가 조달될 터였다.[44] 머스크가 테슬라 주식을 담보로 125억 달러의 개인 대출을 받을 예정이었다. 그가 매입하려는 회사인 트위터도 은행으로부터 130억 달러를 차입하기로 했다. 이자율을 생각하면, 이자만 연간 약 10억 달러 발생할 터였다. 머스크는 개인적으로 나머지 210억 달러를 대기로 했다. 테슬라 주식을 팔든, 엘리슨 같은 다른 자산 투자자들의 도움을 받든 말이다.

서류에는 새로운 정보도 있었다. 머스크의 제안은 "더이상 경영 실사의 대상이 아니었다". 그는 보닛도 열어보지 않고 트위터라는 차를 샀다. 머스크는 돈을 마련했고, 트위터라는 회사를 심하게 갖고 싶어했다.

트위터 인수 계획

트위터 이사회는 머스크가 소셜 네트워크를 사겠다는 제안이 진심인지 더이상 고민하지 않았다. 이제 그들은 그가 제안한 주당 54.20달러가 괜찮은 거래인지 아닌지만 판단하면 되었다. 이사회는 주말에 금융전문가, 변호사들과 함께 모여 이 문제를 판단했다. 보통 이런 제안은 다른 잠재적 매수자들에게도 동기가 되어 경매로 이어진다. 이번에는 아니었다. 머스크가 빠르게 움직이기도 했거니와 가장 덩치가 큰 잠재적 인수 희망자들은 이미 몇 년 전, 디즈니와 세일즈포스가 거래를 포기했을 때 트위터를 살펴봤다. 한편으로는 미국의 규제 당국이 몇 년간 테크 기업의 인수합병에 대해 강경한 입장을 보이기도 했다. 연방거래위원회는 이미 '불법 독점' 혐의로 페이스북을 제소한 상태였다.[45] 사법부도 비슷한 혐의로 구글에 소송을 걸 준비를 하고 있었다.[46] 만에 하나 규제 당국이 이번 거래를 승인한다고 해도 트위터에는 유의미하거나 관심이 있는 다른 매수자가 없었다.

트위터의 재정팀에서는 내부 모델을 이용해, 머스크가 트위터를 인수하지 않을 경우의 상황을 추정했다. 이들은 트위터 이사회에 제시할 다양한 시나리오를 만들었다. 본질적으로는 저성과, 중성과, 고성과를 다룬 시나리오였다. 어떤 결과에 근거하든 트위터가 내부적으로 세운 수익 목표에 도달할 가능성이 없음이 빠르게 자명해졌다. 트위터 경영진은 회사의 수익이 2023년에 72억 달러가 될 거라고 추산했다.[47] 트위터의 공개, 비공개 목표 모두에 미달하는 수치였다. 트위터가 사용자 수 목표를 달성할 거라고 예상하기도 힘들었다. 트위터의 투자은행인 골드만삭스와 JP모건에서도 트위터의 사업에 관한 재무추정치를 내놓았다. 둘 다 머스크의 제안은 '공정하다'고 결론내렸다.

이사회에서 미친듯이 여러 방안을 논의하고 있을 때, 살면서 모든 일을 시속 백만 마일의 속도로 처리해온 머스크는 조바심을 내기 시작했다. 4월 24일 일요일, 제안을 공개하고 겨우 열흘이 지났을 때 머스크는 트위터에 편지를 또 한 통 보냈다. 이 편지는 이사회에서 문제를 숙고하고 있을 때 도착했다. "앞서 논의했듯, 주당 54.20달러는 내가 제시할 수 있는 최선의 최종 금액입니다." 그는 자신의 변호사들이 동봉해 보낸 합병계약서가 "매도자에게 유리하다"는 말도 덧붙였다. 이사회에서 그의 제안을 거절할 경우 머스크가 트위터에서 아예 손을 뗄 준비가 되어 있다는 점은 명백했다. 머스크의 변호사들은 모든 것을 보내면서 트위터에 이 모든 것이 "모두에게 쉬운 방식으로, 최대한 빠르게 거래를 성사시키기 위한 것"이라고 말했다.

양측은 일요일 저녁에서 월요일 아침까지 협상을 진행했다(머스크도 밤새 깨어 있었지만, 거래 관련 작업 때문이 아니었다. 그는 친구들과 파티를 하느라 레드불을 너무 많이 마셨을 뿐이다[48]). 트위터의 변호사들은 계약서에 몇 가지 작은 변화를 끼워넣었다. 그중에는 거래가 성사될 때까지 머스크의 승인 없이 직원들을 고용하거나 해고할 수 있는 회사의 권리를 유지한다는 내용도 있었다. 그들은 계약서에 '특정 이행' 조항도 추가했는데,[49] 이 조항은 머스크가 단순히 위약금을 내고 거래를 무를 수 없도록 만든 것이었다. 트위터가 이 거래에서 자신의 의무를 다하는 한, 법원명령에 따라 머스크 역시 생각이 바뀌더라도 계약을 끝까지 이행해야 했다. 물론, 둘 다 그리 중요한 조항은 아닌 것으로 보였다. 머스크가 트위터를 사고 싶어한다는 건 매우 분명했으니 말이다.

4월 25일 월요일 오후 2시 48분경, 뉴욕 증권거래소는 트위터 주식 거래를 중단했다. 2분 뒤, 언론보도가 나왔다. "일론 머스크, 트위터 인수."

머스크는 트위터를 비상장 기업으로 만들기 위해 440억 달러를 지불하기로 했다. 그해 늦게 거래가 마무리되면, 현재 주주는 모두 주당 54.20달러를 받게 될 터였다. 트위터 이사회는 투표를 통해 회사를 머스크에게 매각할 것을 만장일치로 의결했다.[50]

이 발표는 몇 주 전만 해도 전혀 믿을 수 없는 일처럼 보이던 사건을 공식화했다. 머스크가 전처에게서 《바빌론 비》에 관해 불평하는 문자메시지를 받은 지 겨우 32일 만이었다. 그 문자메시지로 일론은 팔로워들에게 세상에 트위터를 대체할 서비스가 필요하냐고 묻게 되었다. 그 시점에는 아무도 머스크가 트위터 주식을 보유하고 있다는 사실조차 몰랐다. 이제 갑자기, 믿을 수 없게도 그는 트위터라는 회사를 통째로 사는 데 전력했다. 트위터는 겨우 9년간 상장 기업으로 존재했으며, 이제는 도시가 소원을 이루게 되었다. 트위터는 더이상 사업성과 사용자 수 증가에만 신경을 쓰던 월스트리트 투자자들에게 붙잡히지 않을 터였다. 머스크는 경제적인 문제에 아무 관심이 없었다. 그가 직접 그렇게 말했다. 이 말은 트위터가 커다란 기업으로 발전하지 않더라도 자신의 존재를 정당화할 수 있다는 뜻이었다. 사상 처음으로 트위터는 가장 잘하는 일에만 초점을 맞출 수 있었다. 세상에 대화하고 논쟁하고 의견을 낼 공간을 제공하는 일 말이다. 세계의 의식이라는 트위터의 역할이 이제야 충분해질지도 몰랐다.

그날 밤, 도시는 트윗을 띄웠다. 그는 트위터가 애초에 상장사가 되어서는 안 됐다고 썼다. "트위터는 월스트리트와 광고 모델에 소유되고 있었습니다. 트위터를 월스트리트에서 되찾아오는 것이 올바른 첫 단계입니다."[51] 도시는 이런 결말에 황홀해했고, 자신이 만든 기업을 자신이 무척 존경하는 남자에게 건네줄 준비가 되어 있었다. 누군가 트위터의 문제를 고칠 수 있다면 그건 바로 머스크였다. 도시는 이런 트윗을 썼다. "일론은 내가 신뢰하는 유일한 답입니다. 나는 의식의 빛을 확장하겠다는 그의 사명을 신뢰합니다."[52]

그날 일찍, 언론보도가 이루어지고 4분 뒤에 도시는 머스크에게 개인 메시지를 보내 이러한 감정을 전했다.

도시: 고맙습니다. ♥

머스크: 난 기본적으로 당신 조언에 따른 거예요!

도시: 나도 알아요. 고맙습니다. 이게 유일하게 옳은 길이에요. 이 방법이 통할 수만 있다면 난 뭐든지 계속하겠습니다.[53]

14장

거래 보류

CEO 자리를 지키기 위한 파라그 아그라왈의 비공식적 오디션은 거의 시작과 동시에 끝났다.

트위터—머스크 거래가 발표되고 하루 뒤, 잭 도시는 일론 머스크에게 메시지를 보내 아그라왈과 통화 약속을 잡아주려 했다. "거래가 마무리될 때까지, 파라그가 당신의 목표를 위해 할 수 있는 모든 것을 하도록 하고 싶습니다. 파라그는 구체적인 지시가 주어지면 일을 무척 잘해냅니다."

도시는 회의 때 검토할 항목을 문서로 작성했다. 여기에는 트위터가 해결하려던 문제와 단기적인 행동목표, 장기적 우선순위가 포함되어 있었다. 그는 머스크에게 이 문서를 검토해달라고 보냈다. "이런 문제들을 해결하면 일 진행이 빨라질 겁니다." 도시는 그렇게 썼다. 심지어 머스크에게 영상통화를 위한 구글 미트 링크까지 보냈다.[1] 그는 자신이 새로 뽑은 소유주가 예전에 뽑은 CEO를 마음에 들어하기를 바란 것이 분명했다.

통화는 재앙이었다. 아그라왈이 트위터의 서비스 개발 방향에 대해 무슨 말을 하든 미래의 상관은 심드렁하기 짝이 없었다. 머스크가 아그라왈에게 트위터의 최고 변호사이자 정책경영진의 권한을 활용해 도널드 트럼프 계정을 정지하고 헌터 바이든의 노트북 관련 기사를 차단하라는 결정을 내린 비자야 가데를 해고하라고 요구하는 불편한 순간도 있었다. 설령 아그라왈이 가데를 해고하고 싶어했더라도 인수 거래가 진행중인 상황에서 그게 가능한지는 불분명했다. 게다가 머스크는 아직 공식적인 트위터의 소유주가 아니었으므로, 이런저런 요구를 할 권한이 없었다. 아그라왈은 머스크에게 가데를 해고하지 않겠다고 말했다. 10년 중 대부분의 기간을 가데와 일해온 도시는 그녀를 변호해주지 않았다.

머스크는 통화 종료 후 도시에게 이런 메시지를 보냈다. "당신과 나는 완전히 의견이 같군요. 파라그는 그냥 너무 느리게 움직이면서, 자기가 뭘 하든 만족하지 않을 사람들을 기쁘게 하느라 노력하고 있습니다."

도시가 답장을 보냈다. "그래도 당신과 파라그가 함께 일할 수 없다는 점만은 분명해졌네요. 덕분에 상황이 좀더 명확해졌어요."[2]

머스크는 가데를 해고할 수 없었으므로 대신 공개적으로 그녀를 비판하기로 했다. 통화가 이루어진 그날에, 머스크는 헌터 바이든의 노트북 사건에서 가데가 한 역할에 관한 트윗을 띄웠다. "사실에 근거한 기사를 냈다는 이유로 주요 언론사의 트위터 계정을 일시정지한 것은 대단히 부적절한 일임이 명백합니다."[3] 머스크는 8400만 명의 팔로워에게 메시지를 보냈다. 24시간도 못 되어, 그는 가데를 비판하는 두번째 트윗을 올렸다. 이번 트윗은 트위터가 '좌편향'되었다고 주장하는 밈이었다.[4] 이 게시물은 몇 년 전 가데가 조 로건의 팟캐스트에 출연했다는 점을 조롱했다.

이 트윗은 오래도록 트위터의 정책을 마음에 들어하지 않고, 회사가 보수주의자들을 검열한다고 생각해온 사람들에게 신호탄이 되었다. 가데는 그들에게 좌절감을 쏟아놓을 분출구가 되었다. 그녀의 계정은 빠르게 비판으로 흘러넘쳤다.[5] 사람들은 '카레'라는 단어를 사용하거나 인도의 카스트제도를 언급하며 그녀의 인도 혈통을 비하했다. 수많은 트윗이 그녀의 해고를 요구했고, 일부 게시물은 트위터의 규정을 위반해 삭제되어야만 했다.

트위터 경영진 일부가 가데의 변호에 나섰다. 그중에는 회사의 전직 CEO 두 사람도 있었다. 딕 코스톨로가 머스크에게 트윗을 보냈다. "괴롭히기는 리더십이 아닙니다. 이게 무슨 짓입니까? 당신은 방금 매수한 당신 회사 경영진을 괴롭힘과 협박의 표적으로 만들었습니다."[6]

에브 윌리엄스는 이렇게 썼다. "콘텐츠 조정에 대해서는 미묘하게 다른 수많은 입장이 있고, 이런 입장 모두가 나름대로 정당합니다. @vijaya는 제가 아는 가장 사려 깊고 원칙적인 사람 중 하나입니다."[7]

직원들은 전직 CEO 한 명이 일단 침묵을 지키고 있다는 사실을 빠르게 알아챘다. 도시는 사흘간 이 사건에 대해 트윗을 올리지 않았다. 마침내 트윗을 올렸을 때, 그는 가데의 이름을 언급하지 않고 바이든 노트북 사건 관련 결정의 책임자가 자신이라고만 밝혔다. 말하자면 말이다.

"우리가 한 모든 결정은 결국 나의 책임입니다."[8] 그는 실제로 트윗에 별표를 달아 올렸다. "또한, 개인이나 회사가 이런 책임을 진다는 것은 말도 안 되게 잘못된 일입니다."[9] 도시는 모든 일이 자신의 책임이라고 했지만, 이어진 트윗을 보면 그렇지 않았다. 도시는 자신이 노트북 사건 관련 결정을 파악하자마자 트위터가 그 결정을 번복했다고 말했다.[10] 다시 말해, 가데가 도시 모르게 결정을 내렸다는 뜻이었다.

머스크와의 거래는 1주일도 되지 않았지만, 직원들은 이미 옛 상사에게 반감을 품기 시작했다. 도시는 오랫동안 트위터 직원들이 가장 좋아하는 사람이었다. 그가 강력한 업계의 리더이기 때문만이 아니라, 트위터에서 일한다는 것을 특별하고도 중요한 일처럼 느껴지게 해주는 사람이었기 때문이다. 그는 직원들이 접근할 수 있는 경영자였고, 직원들의 문제에 민감하게 반응했다. 트위터의 고위급 스태프는 언제나 무척 친밀해 보였고, 도시는 트위터 직원들을 진심으로 신경쓰는 듯했다. 그는 종종 직원들을 얼마나 사랑하며 고맙게 여기는지 말하곤 했다. 도시의 부모까지 전사 차원의 워크숍에 참석했다. 그는 근무일 중 일부를 직원들의 아이들에게 닥터 수스를 읽어주며 보냈다.

그러나 지난 한 달간, 도시는 다른 사람처럼 보였다. 그는 트위터 이사회에 대해 공개적으로 불평했고, 이윤을 추구하는 회사라며 트위터의 존재 자체를 아쉬워했다. 일부 트위터 직원들은 도시가 너무도 공개적으로 머스크를 변호하며 그가 회사를 매입한 것을 옹호하자 실망하고 말았다. 전반적으로 좌파적인 트위터의 문화에 새로운 소유주가 문화적으로 전혀 어울리지 않는다는 점을 생각했기 때문이다. 머스크는 천박한 성적 농담을 즐겨했고, 테슬라에서는 노동조합에 맞서 싸웠으며,[11] 트위터 프로필에 젠더 대명사를 넣는 사람들을 대놓고 조롱했다.[12] 도시는 그 모든 것을 기꺼이 무시하는 것처럼 보였다. 그는 심지어 머스크를 "의식의 빛"이라고 불렀다. 이제 도시는 회사의 가장 큰 실수인 헌터 바이든 노트북 관련 결정을 직속부하에게 떠넘기고 있었다. 여러 해 동안, 도시 자신이 아무 결정을 할 필요가 없도록 그런 어려운 결정을 떠맡겼던 여성에게 말이다. 도시는 더이상 CEO가 아니었지만, 직원들은 어쨌든 배신당했다고 느끼기 시작했다.

아그라왈은 하루가 갈수록 떨어지기만 하는 직원의 사기를 유지하느라 분투했다. 어떤 사람들은 거래가 처음 발표되었을 때 머스크의 개입에 들뜨기도 했다. 머스크는 돈이 너무 많아서 사실상 원하는 것은 무엇이든 할 수 있었다. 그는 어쨌든 인간을 화성에 보내고, 화석연료를 태우는 자동차를 세상에서 몰아내려는 사람이었다. 머스크가 보내는 감시의 눈초리 아래에서 회사가 어떤 모습이 될지 지켜볼 준비가 된 일부 트위터 직원들에게 이는 신나면서도 정당성이 있는 일로 보였다.

그러나 다수 직원은 "전반적으로 걱정하는 쪽과 두드러지게 분노하는 쪽" 사이의 어딘가에 있는 것으로 보였다. 일부는 회사 내부 슬랙에 머스크에 관한 우려를 올렸다.[13] 그 메시지가 언론에 샜다. 한 직원은 《뉴욕포스트》를 통해 공개된 메시지에서 이렇게 썼다. "우리는 모두 애도의 다섯 단계를 거치고 있습니다. 모두의 신경이 너덜너덜해졌어요." 다른 직원은 이렇게 썼다. "여기에 이런 말을 해도 될지 모르겠지만, 인수가 이루어지면 나는 이 회사에서 일하지 않을 겁니다." 아그라왈은 트위터가 왜 회사를 팔았는지에 관한 수많은 질문을 받았다. 이사회 구성원으로서, 그는 회사를 머스크에게 매각하는 결정에 직접적으로 관여했으니 말이다. 하지만 그는 그래야 투자자들이 돈을 벌 수 있었다는 것 말고는 이 거래를 정당화할 이유를 떠올리지 못하는 듯했다. 아그라왈은 〈대부〉의 마이클 콜레오네에게 이입하는 것처럼 보였다. **개인적인 문제가 아니야, 철저하게 사업 문제지**. 거래가 발표되고 나서 열린 전사 차원의 여러 회의에서 아그라왈은 이 결정을 설명하기 위해 **수탁자**로서의 결정이라는 단어를 반복적으로 사용했다. 트위터 이사회는 다른 무엇보다도 주주 가치를 생각해야 한다면서 말이다. 머스크의 제안은 그냥 넘겨버리기엔 너무 좋은 제안이었다.

세상을 향해 목표 의식과 가치를 설파하던 회사에서 여러 해 일해온 직원들에게 이는 불만족스러운 답변이었다. 월스트리트 투자자들을 위해 매각 결정을 내린다는 것은, 그보다 의미 있는 일에 참여하기로 했던 사람들에게 불편하게만 느껴졌다. 더 나쁜 것은 아그라왈이 만일 트위터가 기업으로서 더 좋은 성과를 냈다면 이 모든 일을 피할 수 있었을 것이라고 말했다는 점이다.

그는 거래가 성사되고 며칠 뒤 직원들에게 말했다. "이게 유일한 방법은 아니었습니다. 여러 가지 생각이 드네요. 나는 지난 10년간 내가 했던 일에 대해 책임감을 느낍니다. CEO가 된 건 겨우 4개월 전이지만, 나는 이 회사에 10년 동안 근무했습니다. 네, 우리는 더 잘할 수 있었습니다. 더 잘했어야 합니다."[14]

거래에 서명이 이루어지고 열흘 뒤, 트위터는 또 한번 회사 전체 회의를 열었다. 거래가 발표된 뒤 세번째였다. 수많은 직원은 머스크가 들어와 회사를 해체할 거라고 생각했기에 짓밟힌 듯 사기가 꺾였다. 경영진은 이들에게 동기를 부여하고자 프레젠테이션 자료를 준비했다. 제목은 "거슬릴 것 있나요?"였다. 동기 부여에는 별 효과가 없었다.[15] 코비드에 걸려 집에 머물고 있던 아그라왈이 잠시 출연해, 트위터의 고위급 개발 팀장 중 한 명인 제이 설리번에게 프레젠테이션을 넘겼다. 설리번은 직원들에게 서로에 대한 책임이 있으며, 그들이 여전히 수억 명의 사람들이 이용하는 서비스를 작동시키고 있다는 점을 일깨워 사기를 올리려 했다. 그는 트위터가 여전히 세계에서 가장 중요한 대화의 필수적인 통로라고 덧붙였다. **"우리 모두가 함께 이 일을 하고 있습니다."**

다른 경영진이 곧 자리에서 일어나 모두에게 공식적으로 5월이 되었다는 점을 상기시켰다. 5월은 '정신건강의 달'이었다. 그녀는 이렇게 말했다. **"여러분 자신을 꼭 돌보세요."**

인수를 보류합니다

일론 머스크는 뉴욕시 메트로폴리탄박물관 바로 앞 레드카펫을 밟고 서서, 수십 대의 카메라가 주변에서 번쩍이는 가운데 포즈를 취했다. 탄성을 지르고 아첨하는 시늉을 했다. 깊은 생각에 잠겨 있거나 수상한 무언가의 냄새를 맡은 듯 심각한 표정을 지어 보이기도 했다. 머스크는 검은 턱시도에 흰색 나비넥타이를 매고, 메트로폴리탄박물관의 연례 파티인 멧 갈라에 참석한 터였다. 그의 어머니 마예가 일론과 팔짱을 끼고 있었다. 멧 갈라는 박물관의 모금 행사였지만, 세계의 부자와 유명인들이 모이는 장소이기도 했다. 그들은 보통 유명 디자이너가 만든 훌륭한 옷을 입고 나왔다. 배우 블레이크 라이블리는 4.5미터쯤 되는 뒷자락이 달린 베르사체 드레스를 입었다.[16] 매우 날씬한 킴 카다시안은 3주 만에 7.3킬로그램을 빼고[17] 참석했다. 1962년에 매릴린 먼로가 존 F. 케네디 대통령에게 '생일 축하합니다' 노래를 불러주었을 때 입은 드레스를 입기 위해서였다. 1년 전 멧 갈라에는 국회의원 알렉산드리아 오카시오-코르테스가 등판에 선명한 빨간색으로 '부자에게 세금을'이라는 말이 적힌 흰 드레스를 입고 왔다.[18]

다른 참석자들과 비교하면, 머스크는 세련된 동시에 조금은 따분하게 보였다. 그는 자신이 "〈다운튼 애비〉•에서 나온 사람 같았다"[19]고 말했다. 그러나 트위터의 새로운 소유주로서 참석자 중 그보다 흥미로운 사람은 아무도 없었다. 그의 440억 달러짜리 거래가 발표된 지 정확히 1주일이 흘렀다. 머스크는 마예 외에도 레드카펫 기자들을 몰고 다녔다. "나는 훌륭한 패션을 존경합니다. 그러니까 돌아다니면서 훌륭한 옷을 구경해 보죠."[20] 그가 말했다. 머스크가 하려는 일은 옷구경이 전부가 아니었다. "나는 저 안에 있는 사람들한테 '제발요! 제발! 제발 트위터를 사게 도와주세요!'라고 부탁할 겁니다."[21] 그가 농담했다.

우스꽝스러운 표정과 가벼운 도움 요청 이면에는 진짜 난제가 파묻혀 있었다. 머스크는 엄청나게 많은 돈을 모아야 했다. 멧 갈라 며칠 전, 머

• 20세기 초 영국 상류층 가문과 그 하인들의 삶을 그린 영국 시대극 드라마.

스크는 테슬라 주식 85억 달러어치를 팔아,[22] 트위터와 그가 개인적으로 동원한 은행에 주기로 약속한 210억 달러의 일부를 마련했다. "오늘 이후로, 더이상의 TSLA 매각은 계획되어 있지 않습니다."[23] 그는 이런 트윗을 날렸다. 이 약속은 그가 나머지 돈을 마련할 다른 곳을 찾아야 한다는 뜻이었다.

모건 스탠리에 있는 머스크의 금융자문들은 투자자를 찾으려 노력하고 있었다. 그들은 처음에 푸에르토리코의 억만장자이자 사모펀드 업계의 거물인 올란도 브라보를 후보로 올렸지만, 그가 예상치 못하게 물러나는 바람에 발등에 불이 떨어졌다. 모건 스탠리의 세계 기술투자팀 팀장이자 이 업계의 큰손들 가운데 인맥이 좋은 사람에 속하는 마이클 그라임스가 머스크에게 샘 뱅크먼-프리드와 만나보라는 메시지를 보냈다. 뱅크먼-프리드는 가상화폐 거래소인 FTX를 운영하고 있었다. 그라임스는 그가 "엄청난 천재이자 행동파 창조자"이고, 더 중요한 건 머스크와의 협력에 큰 관심을 가지고 있다고 말했다. 그라임스는 이렇게 덧붙였다. "한 시간 안에 50억 달러를 얻을 수 있습니다." 머스크는 그와 만나기로 하고 이렇게 답장했다. "힘겨운 블록체인 관련 토론을 해야 하는 것만 아니라면요."[24]

한편, 머스크는 자기 나름대로 인맥을 동원하고 있었다. 그는 이미 친구 래리 엘리슨을 끌어들였고, 이제는 다른 테크계 거물들을 보고 있었다. 그는 벤처 자본가이자 링크드인의 공동창업자인 리드 호프먼과 문자를 주고받으며, 그의 회사에 20억 달러를 투자하라고 권했다. 머스크는 또다른 벤처 투자자이자 페이팔의 전직 경영자였던 친구 데이비드 색스에게도 투자할 생각이 있는지 물어보았다.[25] 제이슨 칼라카니스는 머스크 대신 모금에 나서겠다고 제안했다.[26] 머스크는 심지어 도시에게도 트위터 지분을 현금화하는 대신 새 회사의 지분으로 전환해 보유하라고 설득했다. 그 가치가 10억 달러에 조금 못 미쳤다(나중에, 머스크는 도시의 불안을 덜어주고자 현금화를 원한다면 회사 가치와 상관없이 주당 52.20달러에 현금화하게 해주겠다고 약속했다[27]).

트위터를 매입할 돈을 구하는 일은 5주 전, 머스크가 처음 이사회에 접근했을 때만 해도 별문제가 아닌 것처럼 보였다. 당시 머스크의 순자산은 3월 한 달 동안 테슬라 주가가 거의 25퍼센트 상승하면서 약 2700억 달러에 이르렀다. 그러나 이후 테슬라 주가는 빠르게 20퍼센트 하락했는데, 그중 13퍼센트는 단 1주일 만에 떨어졌다.[28] 머스크의 순자산은 5주 동안 400억 달러 줄어들었다.[29] 그는 여전히 충분한 돈을 가지고 있었지만, 경제상황이 점점 더 불안정하게 보였다. 러시아가 우크라이나와 전쟁을 벌이는 바람에 유럽경제가 수렁에 빠지며 세계의 나머지 지역에도 영향을 미쳤다. 물가상승률도 유의미하게 높아졌다. 5월에는 미국의 상품 가격을 광범위하게 추적하는 소비자 물가지수가 1981년 이래 가장 큰 폭으로 뛰었다.[30]

멧 갈라가 있던 며칠 후, 머스크는 트위터 매입계획을 재구조화했다. 그는 처음에 테슬라 주식을 담보로 잡고 125억 달러의 개인 대출을 받기로 했다. 테슬라 주가가 떨어지고 있었기에 그는 더 많은 주식을 걸어야 하는 상황을 피하고자 대출액을 절반으로 줄였다. 그 말은 머스크가 62억 5천만 달러를 알아서 더 구해야 한다는 뜻이었다. 이제 그에게는

자체적으로 272억 5천만 달러를 구해야 할 책임이 있었다.[31]

좋은 소식은 도움을 구하려는 머스크의 노력에 결실이 있었다는 점이다. 대출을 재조정한 바로 그날에, 머스크는 증권거래위원회에 투자 파트너 명단을 제출했다. 엘리슨은 몇 주 전 머스크와 문자를 교환한 이후 실제로 10억 달러를 넣었다. 테크 업계에서 가장 걸출한 벤처캐피털 회사 중 하나인 세쿼이아 캐피털은 8억 달러를 넣었다.[32] 이 회사는 이미 X.com, 스페이스X, 심지어 보어링 컴퍼니에 이르기까지 머스크의 다른 벤처기업에도 투자한 터였다. 또다른 저명한 벤처캐피털 회사인 안드레센 호로비츠는 4억 달러를 투자했다. 머스크는 총 71억 달러의 투자 약속을 받아냈다.[33] 그는 필요한 돈을 조금씩 구해가고 있었다.

5월 6일 금요일 저녁, 머스크는 처음으로 트위터의 샌프란시스코 사무실을 방문해 회사 경영진 일부와 만나고,[34] 회사 매입을 서두르느라 생략했던 실사를 시작했다. 머스크는 늦게 도착했고, 트위터 사무실 2층의 커다란 회의실 탁자 한가운데에 앉았다. 회사의 CFO인 네드 시걸의 사무실 바로 맞은편에 있는 회의실이었다. 트위터의 CEO 파라그 아그라왈도 참석했지만, 아직 코비드에 걸려 있었기에 영상통화로 참여할 수밖에 없었다. 회의실의 나머지 공간은 다양한 금융자문과 변호사, 기업개발팀으로 채워졌다.

이들은 두 시간 넘는 시간에 걸쳐, 이런저런 주제를 최대한 빠르게 훑었다. 트위터는 재정 전망치를 내놓았다. 머스크는 트위터의 지출을 걱정하며, 비용과 직원 수를 줄이라고 권했다.[35] 그는 트위터 사용자 수의 규모도 우려했다. 트위터는 분기 실적보고서에 총사용자의 5퍼센트 미만이

스팸이나 봇 계정, 즉 사람이 아닐 거라는 말을 오래도록 넣어왔다. 머스크는 본인의 트위터 경험을 토대로 생각했을 때 봇의 수가 그보다 훨씬 많을 수밖에 없다고 생각했다. 트위터팀은 다시 알아보겠다고 약속했다.

회의가 끝났을 때 양측은 회의에 관해 서로 다르게 느꼈다. 트위터 쪽에서는 만족했다. 머스크는 회사의 광고 비즈니스를 제대로 이해하지 못하는 것이 분명했지만, 다들 상냥하고 예의바르게 그를 대했고, 그가 이해하지 못한 부분은 충분히 학습 가능한 영역이었다.

그러나 머스크는 매우 다른 생각을 가지고 떠났다. 그는 트위터가 실사 준비를 형편없이 했다고 생각했고, 봇에 대한 그의 질문에 명확한 답이 없었다는 점에 특히 기분이 상했다. 트위터는 다시 알아보겠다고만 약속했다. 나중에 머스크는 개인적으로 트위터팀이 한 무리의 "망할 머저리"처럼 보였다고 불평했다. 가장 중요한 건 머스크가 트위터의 값을 지나치게 치렀다는 확신을 품고 떠났다는 점이다. 그는 나중에 "그때가 내 평생에 본 최악의 실사였다"[36]고 말했다.

봇 문제는 그 이후로도 며칠간 머스크의 머릿속을 맴돌았다. 5월 8일, 그라임스는 머스크에게 임시 CFO를 임명해 거래를 마무리짓도록 하라고 메시지를 보냈다. 머스크에게는 은행과의 채무 문제를 해결하는 데 도움을 줄 믿을 수 있는 사람이 필요했다. 그라임스는 '미친 속도'로 일을 진행하기를 바랐다. 그 말은 금융 쪽 동업자들을 다룰 수 있도록 빠르게 CFO를 뽑겠다는 뜻이었다. 그라임스는 이 일자리에 어울리는 후보 두 명을 언급했는데, 둘 다 머스크가 이미 만나본 사람들이었다. 머스크는 둘 다 마음에 들지 않았다. 그는 답장을 보냈다. "둘 다 대단하진 않던데요. 괜찮은 질문을 던지지도 않았고, 괜찮은 의견을 내지도 않았습니다."

사실, 머스크는 그 순간 무엇에도 딱히 만족하지 않았다. 그는 잠깐 쉬어가고 싶었다. "며칠만 속도를 늦춥시다." 그가 그라임스에게 답장을 보냈다. 그는 다음날로 예정된 블라디미르 푸틴 대통령의 말을 기다리고 싶었다. 푸틴이 우크라이나와의 전쟁에 대해 이야기할 예정이었다. "우리가 제3차세계대전에 돌입한다면 트위터를 산다는 건 말이 되지 않을 겁니다." 머스크는 그렇게 덧붙였다.

이렇게 시간을 끌면, 머스크는 트위터에게서 봇 문제에 관한 답신을 들을 시간도 벌 수 있었다. 며칠 전 회의에서 봇 계정의 수를 계산하는 방법을 설명하지 못한 회사의 무능력은 여전히 그의 신경을 갉아대고 있었다. 그는 그라임스에게 이런 메시지를 보냈다. "회사에서는 금요일에 이 문제에 대답하지 못했습니다. 말도 안 되는 일이죠. 내 피드로 보면 봇의 비율이 50퍼센트는 됩니다. 정말 그렇다면 트위터가 기업 가치를 광고주와 투자자에게 근본적으로 잘못 알리고 있는 겁니다." 그는 여전히 트위터를 인수하고 싶긴 하지만, 트위터가 거짓말을 하는 게 아님을 확인해야만 한다고 말했다.[37]

머스크는 양측의 변호사와 금융전문가들이 거래 마무리를 위해 노력을 이어나가는 동안 심사숙고하며 며칠을 더 보냈다. 트위터는 머스크에게 봇에 관한 업데이트 자료를 보냈고, 양측은 다음주인 5월 13일 금요일로 예정된 후속 회의에서 그 자료를 다루기로 했다.

그러나 트위터는 머스크와 이 문제에 대해 깊이 이야기할 기회를 갖지 못했다. 억만장자는 후속 회의가 있던 날 아침에 일어나서, 변호사나 금융전문가들에게 아무런 경고도 하지 않은 채 트윗을 올렸다.

"스팸/가짜 계정이 사용자의 5퍼센트 미만이라는 계산을 뒷받침할 자료가 아직 마련되지 않아 트위터 인수를 잠시 보류했습니다."[38] 머스크는 트위터를 최대한 빨리 사들이려고 자신이 쓸 수 있는 모든 수단을 다 쓰며 몇 주를 보냈다. 트위터는 그가 가져야만 하는 회사였다. 그러나 순자산이 쪼그라들고 유럽에서는 전쟁이 터지고 트위터가 사용자 수에 관해 거짓말을 하고 있다는 갑작스러운 의심이 든 지금, 머스크의 확신은 흔들렸다.

불신, 전쟁의 씨앗

그날 오후의 회의는 완전한 재앙이었다. 두 시간 뒤, 머스크는 거래를 '보류'한다는 트윗에 이어 두번째 게시물을 올렸다. 뜨뜻미지근하게 느껴지기는 해도, 아직 "인수 노력중"이라는 말이었다. 머스크는 그의 변호사인 알렉스 스피로와 경영관리자인 재러드 버철이 발언을 철회해달라고 간청한 뒤에야[39] 이 트윗을 올렸다. 머스크는 회의에 나타나지 않았고, 고문 몇 명을 대신 보냈다.

아마 머스크가 자리를 비운 것이 잘된 일이었을 것이다. 봇을 헤아리는 방법에 관한 트위터팀의 설명은 딱히 인상적이지 않았다. 트위터는 인간 검토자들이 하루에 100개, 분기별로 약 9천 개의 계정을 추출한다고 말했다.[40] 그런 다음, 검토자들은 계정에 연결된 IP 주소나 전화번호 등 내부 자료를 활용해 계정 주인이 진짜 사람인지 판정했다. 이 절차를 통해 그들은 활성 사용자로 등재한 계정의 5퍼센트 미만만이 봇임을 확인했다. 머스크의 고문들은 트위터 경영진에게 이런 방법에 대한 의문을 반복적으로 제기했다. 그들은 2시간짜리 회의 내내 질문을 난사했다. 트위터가 사실을 말한다는 점을 의심하는 것 같았다. 이번에는 아무도 낙관적인 기분으로 회의실을 나서지 않았다.

머스크는 회의에 불참했지만 보고는 받았다. 그날 오후, 그는 트위터의 봇 계산 방법에 관한 공개 트윗을 올리며 자기가 직접 그 방법을 써볼 계획이라고 말했다. "나의 팀에서 @twitter의 팔로워 100명을 무작위로 추출할 겁니다. 여러분도 같은 방법을 써서 어떤 결과가 나오는지 살펴보기를 권합니다."[41] 트위터의 변호사들이 전화를 걸어 머스크가 이 계산방법을 공개해 비밀 유지 조항을 어겼다고 불평하자 머스크는 황당하다는 반응을 보였다. "트위터 법무팀에서 방금 전화를 걸어, 내가 봇 확인을 위한 샘플의 크기가 100개라는 점을 폭로했다는 이유로 비밀 유지 조항을 어겼다고 했습니다! 실화입니다."[42]

이어진 몇 주 동안 머스크는 기회가 생길 때마다 트위터의 봇 문제를 두들겨패기 시작했다. 그는 트위터의 경영진이 몇 년간 거짓말을 해왔다고 암시했다. 때로는 자신의 의심 말고는 아무 근거도 없는 혐의를 마구 던지기도 했다. "봇이 일일 활성 사용자의 90퍼센트를 넘을 가능성도 어느 정도 존재합니다."[43] 재앙 같은 회의 다음날, 그는 이런 트윗을 올렸다. 며칠 뒤, 머스크는 색스와 칼라카니스 등 친구 몇 명이 주최하는 마이애미의 컨퍼런스에 화상으로 참석했다. 그의 친구들은 〈올인〉이라는 제목의 인기 있는 팟캐스트를 공동진행자로 참여시켰다. 머스크는 이 비공개 행사에 참석하기 위해 티켓당 7500달러를 지불한 참석자들을 상대로 말했다. "지금 내가 듣는 얘기는 트위터의 봇 숫자를 알 방법이 전혀 없다는 겁니다. 인간의 영혼처럼 알 수가 없다네요." 머스크는 봇이 최대 트위터 사용자의 90퍼센트에 이를 수 있고, 보수적으로 봐도 최소 20퍼센트라는 주장을 반복했다. 놀랍지도 않지만 머스크는 당연하게도 가능하다면 더 낮은 가격에 트위터 거래의 재협상을 시작하겠다고 덧붙였다. "불가능한 일은 아니죠."[44]

아그라왈은 사려 깊고 미묘한 답장을 통해 머스크의 공격에 정면으로 맞서는 실수를 저질렀다. 트위터 CEO는 트윗 15개짜리 공개 스레드를 올려 트위터에서 봇을 계산하는 방법을 설명했다. 여기에는 트위터가 오직 내부에서만 볼 수 있는 자료를 활용해 추산치를 확정한다는 내용도 있었다. 그는 이 절차를 제대로 실행하는 것이 어렵다고 인정했다. "곤란하게도, 표면적으로 가짜처럼 보이는 수많은 계정이 진짜 사람입니다. 실제로는 가장 위험하며, 우리 사용자에게 가장 큰 피해를 주는 스팸 계정이 정상 계정으로 보일 수도 있고요."[45]

머스크는 똥 이모지로 아그라왈에게 답했다.[46]

머스크가 무슨 게임을 하려는 건지는 아무도 확실히 알지 못했다. 그는 매수자의 회한을 강하게 느낀 뒤, 거래를 중지하고 빠져나가고 싶어하는 것처럼 보였다. 〈올인〉 컨퍼런스에서 한 발언은 그가 단지 더 나은 거래 조건을 찾고 있는 것일지도 모른다는 의미로 보였다. 머스크의 순자산은 여전히 급락하고 있었다. 이제 그의 자산은 2100억 달러가량이었다. 2주 전, 멧 갈라에서보다 수백억 달러 적어진 수치였다. 트위터에 봇이 있다는 사실에 머스크가 정말로 놀랐을 거라고는 생각할 수 없다. 그는 몇 년씩 봇에 대해 불평해왔고, 트위터를 매입할 때는 봇 문제 해결을 핵심적인 우선 과제로 삼았다. 트위터의 활성 사용자 중 5퍼센트 미만이 봇이라는 사실도 몇 년째 공시에 공개되어 있었다. 실사를 거쳐야만 그 사실을 알 수 있는 사람은 아무도 없었다. 머스크는 그냥 트위터가 진실을 말한다고 믿지 않았던 것 같다.

최종 목표가 무엇인지는 몰라도 그의 극적인 변심은 거래가 처음 발표된 이후 생겨났던 흥분을 빠르게 지웠다. 양측에 남아 있던 신뢰마저 깡그리 사라졌다. 트위터의 경영진은 특히 머스크나 그의 고문들에게 공유한 내용이 머스크의 트위터 피드를 통해 공개될 수 있다고 걱정했다. 머스크와 트위터, 구속력 있는 합병 계약으로 묶인 양측이 갑자기 전쟁에 돌입했다.

이상하고 기이한 5월

빠르게 긴장감이 쌓여가는 가운데, 아그라왈은 거래가 존재하지 않았던 것처럼 계속 트위터를 운영하기로 결심했다. 2022년 봄, 일론이 트위터를 사들이려 했을 때 아그라왈은 트위터가 콘텐츠 규정 위반 여부를 판정하는 방식을 변경하는 중요한 내부 프로젝트를 시작했다. 이런 노력에는 프로젝트 새턴이라는 암호명이 붙었다. 트위터의 콘텐츠 관리에 만족하는 사람이 거의 한 명도 없다는 현실이 이 프로젝트의 주된 동기였다. 머스크를 포함한 많은 사람은 트위터가 검열에 너무 깊이 빠져들었다고 생각했다. 다른 사람들은 트위터가 혐오 발언이나 거짓 정보를 올릴 재량을 너무 많이 주었다고 생각했다. 프로젝트 새턴은 시스템 전체를 철저히 점검하는 것, 사용자에게 각자의 경험에 관한 통제권을 더 주고 트위터가 정말로 개입해 처벌을 내려야 할 때는 투명성을 제고하는 것이었다.

이 계획에는 '호라이즌'이라 불리는 여러 단계가 포함되었다. 각각의 호라이즌은 몇 년에 걸쳐 실행되어야 했다. 호라이즌1이라고 알려진 가장 시급한 변화는 2022년 후반으로 예정되어 있었다. 그 내용은 대부분의 규정 위반에 영구 계정 삭제라는 처벌을 적용하지 않는 것이었다. 대신, 트위터는 더 긴 기간 동안 계정을 정지하기로 했다. 예를 들면 30일, 90일, 1년씩 말이다. 이미 트위터 계정을 삭제당한 도널드 트럼프 같은 사람들은 노력을 통해 돌아올 기회를 갖게 될 터였다. 프로젝트 새턴에는 벌점 제도에 대한 계획도 있었다. 사람들이 각자의 위반 내용을 추적하고, 앞으로 더 중한 처벌을 받을 위기에 처해 있는지 판단할 수 있도록 말이다.

호라이즌2와 호라이즌3에서 사용자들은 각자의 피드에 트윗을 표시하는 데 사용되는 알고리즘을 고를 기회를 갖게 될 것이다. 언젠가, 모든 것이 계획대로 된다면 트위터는 심지어 사용자들이 접근할 수 있는 기능의 종류나, 그들의 트윗이 전파되는 폭에 영향을 끼치는 '평판 점수'를 도입할 예정이었다.

머스크가 트위터를 물어뜯는 가운데, 경영진은 내부적으로 이처럼 엄청난 변화를 백서에 집어넣는 방안을 생각하고 있었다. 그들은 이 백서를 그해 후반에 공개하고 싶었다. 아그라왈과 가데는 둘 다 프로젝트 새턴의 개발에 참여했다. 트위터의 신뢰 및 안전팀, 서비스 개발팀, 디자인팀의 고위직 리더들도 참여했다. 영구 삭제를 배제하는 방안 등 이런 변화의 상당 부분은 머스크가 직접 말한 내용과 결이 맞는 것으로 보였다. 최소한, 회사는 거래가 마무리되었을 때 머스크에게 보여줄 유의미한 무언가를 갖게 될 터였다.

머스크가 그랬듯, 아그라왈도 트위터의 지출을 걱정하고 있었다. 회사는 4월에 일련의 중요한 비용 절감을 계획하고 있었다. 여기에는 1200개 이상의 일자리를 줄이는 전사 차원의 해고 계획도 있었다. 머스크가 회사를 사겠다는 제안을 내놓는 순간 이런 계획은 조용히 옆으로 밀려났다. 그러나 악화하는 경제는 머스크의 순자산에만 영향을 미친 것이 아니었다. 트위터의 3개년 계획도 한 주, 한 주 흐를수록 전망이 점점 더 나빠 보였다. 5월 중순에, 아그라왈은 최대한의 비용 절감 계획을 실행했다. 그는 목요일 아침, 전 직원에게 이메일을 보내 트위터가 돌연 고용 동결에 들어가며, 어떤 경우에는 이미 제시된 취업 제안도 취소할 수 있다고 발표했다. 모두가 마케팅, 여행, 행사비용을 줄이라는 지시를 받았다. 아그라왈은 이렇게 썼다. "앞으로도 계속 트위터의 자원을 여러분의 것처럼 대해주세요. 가장 중요한 것에 우선순위를 두고, 예산을 촘촘히 관리하십시오."

무엇보다 충격적이었던 건 아그라왈이 두 명의 핵심 경영진을 해고했다는 사실이었다. 소비자 서비스팀 팀장인 케이본 베이크푸어와 수익성 서비스 팀장인 브루스 팔크가 잘렸다. 둘 다 몇 달 전, 아그라왈이 CEO 자리를 맡았을 때 승진한 사람들이었다. 팔크는 자신이 해고되었다는 사실을 그 사실이 발표되기 겨우 며칠 전에 알았다. 베이크푸어는 신생아인 딸과 함께 출산 휴가를 떠나 있을 때 이 사실을 알았다.

이런 타이밍은 내부의 수많은 사람들을 어리둥절하게 했다. 대체로는 머스크와의 거래가 아직 정체되고 있는 상황에서 최고위 경영진 두 사람을 해고하는 것이 이상하게 보였기 때문이다. 아그라왈의 이메일은 이런 해고의 이유를 설명하지 않았으나, 트위터의 사업 부진을 암시하기는 했다. 그는 이렇게 썼다. "2020년 팬데믹이 처음 시작될 때, 사용자와 수익을 크게 성장시키고자 공격적으로 투자해야 한다는 결정이 이루어졌습니다. 회사로서, 우리는 이러한 목표의 달성을 자신할 수 있을 만한 중간 목표를 충족하지 못했습니다." 물론, 이 말은 베이크푸어와 팔크가 협력해 만들어낸 3개년 계획을 언급한 것이었다. 아그라왈이 전체 사업 전략을 다시 설정하고 싶어한다는 점이 명백해졌다.

5월은 트위터 직원들에게 점점 더 기이하게 느껴졌다. 5월 19일, 《비즈니스 인사이더》에서는 머스크의 성희롱 협의를 자세히 다뤘다. 2018년, 한 전직 승무원이 스페이스X가 소유한 비행기에서 머스크에게 성추행을 당했다고 주장했다. 이에 스페이스X는 합의금으로 25만 달러를 지출했다. 그녀는 머스크가 마사지 중 사적인 공간에서 신체를 노출하고 자신에게 성적인 제안을 했다고 주장했다. 심지어 머스크는 그녀에게 선정적인 마사지를 해주면 말 한 마리를 사주겠다고 제안했다고 한다.[47]

머스크는 재빨리 이런 주장이 전부 "완전한 거짓"이라고 말하며,[48] "트위터 인수에 간섭하기 위해" 공격용 기사를 쓴 《비즈니스 인사이더》를 비난했다. 해당 기사는 분명 머스크에게 불리한 내용이었고, 이미 머스크의 트위터 인수에 불만을 품고 있던 트위터 직원들에게는 더욱 타당성을 부여해주는 격이 되었다. 그러다가 상황이 더 심각해졌다. 1주일 뒤 트위터의 연례 주주총회에서, 도시가 공식적으로 이사회에서 물러난 것이다. 그는 재선 대상으로 지명되지 않았다. 그 말은 그가 이 회사에서 공식 직원이나 이사로 일한 16년의 세월이 공식적으로 끝났다는 뜻이었다.

머스크는 성적 농담으로 축하했다. 그는 트위터에 이렇게 올렸다. "잭 이사회 퇴장!"•[49] 이후 도시는 말 이모지만이 담긴 트윗으로 답했다.••[50]

트위터 직원들은 경악했다. 혐의가 사실이든 아니든, 그들의 전직 CEO와 미래의 CEO가 머스크의 성희롱 혐의에 대해 공개적으로 농담하고 있었다. 머스크야 저질 농담을 일상적으로 하는 사람이었지만, 도시의 게시물은 아프게 느껴졌다. 전 CEO는 트위터에서 오랫동안 여성과 소수자의 옹호자였다. 이번에도 도시의 트윗은 그의 성품과 완전히 어긋나게 보였다. 성희롱 혐의가 처음 공개된 이후로 1주일이 지났는데, 트위터 경영진은 그 문제를 전혀 다루지 않았다. 도시의 트윗은 사람들을 한계까지 밀어붙였다.

한 직원은 슬랙에 이렇게 썼다. "트위터에서 일하는 여성으로서, 나는

• 원문은 "Jack off the board!"다. 겉으로는 "잭이 이사회에서 물러났다"는 뜻이지만, 영어권에서는 "jack off(자위하다)"라는 속어와 겹친다.

•• 머스크가 승무원에게 말을 사주겠다고 말했다는 기사 내용을 연상시킨다.

이런 완전한 침묵에 극도로 기운이 빠집니다."

다른 직원은 이렇게 썼다. "너무 부끄럽고 당혹스럽네요. 침묵에 귀가 먹을 것 같아요."

한때는 트위터 사내에서 사랑받는 인물이었고, 트위터의 감동적이고 감성적인 기업문화의 상당 부분을 만들어낸 인물이었던 도시는 옛 직원들의 호의를 빠르게 잃어갔다. 트위터 내부의 모든 사람은 도시가 머스크를 존경한다는 걸 알고 있었다. 하지만 아무도 그가 성희롱에 관한 농담을 할 거라고는 생각하지 않았다.

세번째 직원은 참을 만큼 참았다고 생각했다. 그는 이렇게 썼다. "이 시점에서, 일론과 잭은 둘 다 부끄러운 존재입니다."

실망, 실망, 대실망

머스크에게도 회의적인 직원들의 마음을 얻을 기회가 있긴 했다. 첫번째 기회는 6월 16일이었다. 이때 머스크는 전사 차원의 영상회의를 열었고, 질의응답 시간을 이용해 트위터에 관한 비전을 이야기했다. 타이밍은 최악이었다. 그는 몇 주 동안 트위터의 사용자 수를 물고늘어지며, 사실상 회사와 그 경영진이 거짓말쟁이라고 비난해왔다. 성희롱 혐의는 머스크의 매력을 더욱 떨어뜨렸다. 이제는 증권거래위원회의 연방 규제 당국에서도 제대로 공개되지 않았던 그의 트위터 주식 매수를 조사하고 있었다.[51] 트위터 직원들은 머스크가 지금도 회사를 사고 싶어하는 건지조차 확신할 수 없었다. 거래를 '보류'하겠다는 그의 트윗에 트위터 경영진은 전사 직원과 만나 거래를 보류한다는 것이 머스크가 실제로 할 수 있는 일은 아니라고 설명해야만 했다.[52] 트위터 직원들의 마음을 얻는 것은 어려운 싸움이 될 터였다.

게다가 머스크는 지각까지 했다. 트위터 직원들은 각자의 주방이나 침실, 재택 사무실에 앉아 머스크가 영상통화에 들어오기를 기다렸다. 그가 입을 떼기 전부터 답답한 느낌이 쌓여가고 있었다. 트위터 직원들이 머스크에 대해 점점 더 적대감을 느끼는 것처럼 보였기에 트위터 경영진은 이 회의를 걱정했다. 인수 거래가 절로 붕괴할 것 같았다. CMO 레슬리 벌랜드에게 질의응답을 진행하는 임무가 주어졌다. 그녀가 보통 회사의 전사 차원 회의 진행을 맡았기 때문이다. 그주 초에 벌랜드는 머스크와 이야기를 나누며 회의를 준비하려 했다. 모든 것이 금방이라도 깨질 것처럼 긴장되게 느껴졌다. 아그라왈은 머스크에게 문제를 제기해봐야 그를 거래에서 더 밀어낼 뿐임을 체험해서 알고 있었다. 그러니 벌랜드는 예의바르고 정중하되, 직원들이 반란을 일으키지 않을 정도로는 거칠게 굴어야 했다. 한참 만에 머스크가 목깃 단추를 푼 채 흰 셔츠를 입고 영상통화에 들어왔다. 그는 주방에서 통화를 하는 듯했다. 밤새 깨어 있었거나 방금 침대에서 기어나온 것처럼 머리가 부스스했다.

벌랜드는 부드럽게 시작했다. 그녀는 사실을 전달하듯 말했다. "트위터를 무척 좋아하시죠. 이유가 무엇인가요? 또 과거에는 왜 트위터를 사고 싶으셨고, 지금은 왜 사고 싶으신가요?"

머스크는 트위터의 사람들을 통해 아주 많은 것을 배웠다고 말했다.

트위터 덕분에 자기 의견을 대중에게 밝힐 직접적이고도 선명한 방법을 갖게 되었다고도 했다. 그는 농담을 던졌다. “어떤 사람들은 헤어스타일로 자신을 표현하죠. 저는 트위터를 씁니다.”

하지만 머스크가 거의 8분 내내 말을 이어가면서, 대화의 방향이 틀어졌다. 그의 생각은 이리저리 마구 튀었다. 그는 언론을 비판한 다음(“언론은 압도적으로 부정적인 게 분명합니다”) 콘텐츠 검열에 관한 자신의 관점을 이야기했다(“사람들은 아주 터무니없는 말도 할 수 있어야 합니다”). 그는 더 많은 사용자를 확보해, 트위터를 중국의 위챗 같은 ‘만물 앱’으로 바꾸어야 한다고도 말했다. 트위터가 유튜브로 너무 많은 트래픽을 보내고 있다는 점에 아쉬움을 표현하기도 했다.

15분 뒤, 재택근무에 관한 질문을 받으면서 머스크는 정말로 청중의 마음을 잃기 시작했다. 트위터 직원들은 팬데믹이 시작된 이후로 2년 넘게 재택근무를 하고 있었고, 수많은 사람들이 다른 도시나 주로 이사했다. 그러나 머스크는 재택근무를 그리 좋아하지 않았다. 그의 다른 회사에서, 재택근무는 불가능한 일이었다. 모두가 각자의 거실에서 일할 때는 자동차나 로켓을 만들 수 없는 법이다. “당연히, 출근해서 일하는 것이 강력하게 권장되어야 합니다.” 머스크는 올스타급 재원에게는 예외를 두겠다며 이렇게 말했다. “특출한 사람한테는 재택근무도 괜찮겠죠.”

그런 다음, 머스크는 해고가 있을 수 있다고 말했다. 영상통화를 하던 사람들은 더욱 기분이 나빠졌다. “회사는 건강해져야 합니다. 지금 당장은 비용이 수익을 초월하고 있습니다. 좋은 상황은 아니죠. 그러니 직원 수와 비용을 일부 합리화해, 수익이 비용보다 많아지도록 해야 합니다.

그러지 않으면 트위터는 유효하지 않습니다. 성장할 수 없고요." 트위터의 사업 모델에 관해서는 머스크의 말이 맞았지만, 그렇다고 그게 듣기 좋은 말이었던 것은 아니다. 이번에도 올스타급 직원들에게는 예외가 있으리라고 했다. "중요한 기여를 한 게 분명한 사람은 아무것도 걱정할 필요가 없습니다."

어느 시점에, 머스크는 자신의 정치적 견해에 관해 이야기하기 시작했다. 그는 자신의 견해가 "온건하며" "상당히 중도적"이라고 말했다. 그는 평생 민주당에 투표해왔다고 말했다. 다만 최근 텍사스주에서 열린 선거에서는 하원의원으로 공화당의 마이라 플로레스에게 투표했다고 했다. 머스크는 "의식의 범위와 규모, 수명을 늘린다"는 인생 전반의 임무에 대한 언급으로 통화를 마쳤다. 사람을 화성에 보내는 것이든, 세계에서 화석연료를 없애는 것이든, 워크(woke) 폭도들에게서 언론의 자유를 구하는 것이든 자신의 목표는 언제나 인류를 재앙에서 구하는 것이라고 했다. "문명은 어느 시점에 종말에 이를 겁니다. 하지만 최대한 오래 살려보도록 노력하죠." 머스크는 이렇게 말했다. 이것이 외계인과 다른 항성계로의 여행에 관한 최종적 생각으로 이어졌다(머스크는 '외계인이 존재한다는 실제 증거'를 본 적이 없다고 확인했다).

트위터 직원들은 거의 모두가 실망했다. 머스크와의 첫 상호작용은 상상할 수 있는 최악의 형태로 이루어졌다. 생각나는 대로 말하는 머스크의 스타일은 준비가 제대로 되어 있지 않은 것처럼 느껴졌고, 거리감마저 들게 했다. 재택근무는 중단될 예정이었다. 해고도 이루어질 터였다. 자신이 정치적 온건주의자라는 머스크의 주장도 직원들에게는 마음에 들지 않았다. 플로레스는 1월 6일 폭동이 정치적 좌파에 의해 일어났다는 주장을 소셜미디어에 퍼뜨린 것으로 알려져 있었으며, 극우 음모론 단체인 큐어넌의 해시태그를 반복적으로 사용했다.[53]

대화 내내 트위터 내부 슬랙 채널은 실시간으로 터져나갈 듯했다. 토론은 유독 양극화되었다. 일부 직원들은 플로레스에게 투표한 머스크의 결정을 불편하게 여겼고, 다른 직원들은 머스크의 개인적 투표에 관한 토론이 회사 차원의 회의에는 부적절하다고 생각했다. 전반적으로 직원들은 슬랙을 활용해 머스크를 개인적으로 조롱했다.

"천재라며?"

"왜 회의 준비를 안 한 것 같은 느낌이 들지?"

"그러니까 이젠 내가 '특출한지'에 따라 실직을 걱정해야 하는 거네."

"술 마시기엔 너무 이르지 않나?"[54]

재택근무를 중단한다거나 지나치게 늘어난 직원 수를 줄이는 것이 사업상 합리적인 결정인지는 중요하지 않았다. 이 회의는 트위터 직원들에게 머스크의 사고방식을 한 시간 동안, 여과되지 않은 상태로 들여다보게 해주었다. 그래서 머스크는 더욱 무서운 괴물이 되었다. 트위터의 개발자 서비스팀 팀장인 아미르 셰밧은 텍사스주 오스틴의 자택에서 이 인터뷰를 실시간으로 보았다. 두번째 화면에는 트위터의 슬랙 채널을 띄워둔 채로 말이다. 화난 직원들의 메시지가 쏟아져 들어왔다. 통화가 끝난 뒤, 셰밧은 갑자기 직업에 대해 걱정하거나 심지어 사직할 준비까지 된 팀원들에게서 불안한 전화를 몇 통 받았다. 머스크의 질의응답은 보류중인 인수에 대한 사람들의 인식을 개선하기 위해 마련된 자리였다. 그러나 대체로는 그 반대 작용을 했다. 셰밧은 나중에 그 회의를 이처럼 음울하게 요약했다. "아마 내 커리어에서 가장 민망한 경험이었을 것이다."

15장

트위터 대 일론 머스크

일론 머스크는 텍사스주 오스틴에서 비행기를 타고 2시간 18분 동안 날아 아이다호주 선밸리로 간 다음, 선밸리 로지의 앞에 진을 친 기자들을 피해 뒷문으로 조용히 들어갔다.[1] 머스크는 앨런 앤 컴퍼니의 연례 워크숍에 연사로 온 터였다. 이 행사는 보통 "억만장자의 여름 캠프"로 불렸다. 머스크는 목요일 오후, 자신의 전용기인 걸프스트림을 타고 왔으나 컨퍼런스의 마지막날인 7월 9일 토요일까지는 연사 명단에 오르지 않다가 모두가 탐내는 마지막 발언 순서에 들어갔다. 그주 선밸리의 손님은 모두가 부유하고 유명한 사람들이었지만, 머스크만한 사람은 없었다.

컨퍼런스는 비공식 이름처럼 화려했다. 소형 투자회사인 앨런 앤 컴퍼니는 매년 세계에서 가장 강력한 선도적 사업가만이 포함된 초청장을 만들었다. 머스크가 도착했을 때는 페이스북의 마크 저커버그, 폭스 회장 루퍼트 머독, 전설적인 투자자 워런 버핏[2]이 이미 와 있었고, 지역 공항은 전세기로 어지러웠다. 리조트에는 수영장과 테니스장, 약 560평의 스파[3] 등 예상되는 편의시설이 있었다. 볼링장과 실외 원형극장도 있었다. 가장 중요한 건 이곳에서 수많은 거래가 이루어졌다는 것이다. 선밸리는 역대 가장 큰 미디어 및 테크 거래의 산실이었다. 컴캐스트는 2009년 선밸리의 골프장 9번 홀 옆 콘도에서, 제너럴 일렉트릭으로부터 NBC 유니버설을 인수한다는 거래를 초안했다.[4] 이곳은 1995년, ABC를 190억 달러에 인수하겠다는 디즈니의 계획이 파종된 곳[5]이기도 했다. 2013년, 아마존의 제프 베이조스는 선밸리에서 비밀리에 《워싱턴 포스트》의 CEO 도널드 그레이엄을 만나[6] 이 회사를 사겠다는 계약을 체결했다.

그러나 2022년의 선밸리는 무산된 거래로 기억되었다.

머스크는 토요일까지 기다리지 않고 컨퍼런스 중앙 무대에 올랐다. 금요일에, 그의 변호사들이 트위터의 최고 법률가인 비자야 가데에게 440억 달러의 거래를 종료하겠다는 서한을 보냈다.[7] 머스크의 변호사들은 트위터가 거래에 중요한 정보, 특히 트위터 사용자 기반에 얼마나 많은 '허위 및 스팸' 계정이 포함되었는지 직접 계산해보는 데 필요한 데이터를 반복적으로 감추었다고 주장했다. "트위터에서 일부 정보를 제공하긴 했지만, 그 정보에는 조건이 달려 있거나, 사용제한이 있거나, 인위적인 형식 제약이 있었다." 변호사들의 주장이었다. 이는 트위터가 약속대로 거래를 마무리하는 데 협조하지 않고 있음을 말하는 세련된 방식이었다.

트위터의 전체 사용자 수를 정확하게 파악하는 것은 이 회사의 광고 사업에 중요했다. 트위터가 머스크의 예상대로 진짜 사람이 아닌 봇에게 광고를 보여주고 있는 거라면, 이는 트위터의 가치에 큰 충격을 줄 수 있었다. 머스크는 스팸 문제 자체가 '중대한 부정적 영향(material adverse effect)'에 해당할 수도 있다고 보았다. 이 표현은 주관적인 법률용어로, 트위터가 제시한 정보가 실제와 다르며, 그로 인해 자신이 인수하려던 비즈니스의 성격이 크게 달라졌다고 주장할 수 있는 근거가 된다는 의미였다. 서한의 끝에서, 머스크는 CEO 파라그 아그라왈이 몇 달 전에 추진한 사업상의 변화에 대해서도 불평했다. 여기에는 최고위 보좌관 두 명의 해고도 포함되었다. 머스크는 트위터가 약속과는 달리 "일상적인 방식으로 사업을 진행"하지 못했다[8]고 주장했다.

증권거래위원회에 제출된 이 서한은 트위터에 악몽을 실현했다. 머스크가 거래를 포기하고, 주식을 팔고, 주가를 폭락시킨 뒤 트위터를 훨씬 더 가난해진 투자자와 직원, 경영진만이 존재하는 독립적인 회사로 남겨놓고 떠날 거라는 악몽 말이다. 머스크의 서한이 공개되자 트위터 주가는 7퍼센트 떨어졌다.[9] 머스크가 제안한 주당 54.20달러에 한참 못 미치는 34달러 근방에서 거래되었다. 투자자들이 거래 성사 여부에 큰 의구심을 품고 있다는 표시였다.

440억 달러짜리 거래를 중단하려 든 것 때문에 선밸리에서 예정되어 있던 머스크의 출연은 더욱 흥미로워졌다. 긴장감을 더한 건, 트위터 사람 세 명도 그주 리조트에서 머물고 있었다는 사실이다. 아그라왈과 CFO인

네드 시걸, 트위터 이사회 의장 브렛 테일러가 모두 참석해 있었다. 이들은 원하던 이유 때문은 아니었지만 갑자기 매우 인기가 높아졌다.

다음날, 모두가 기대하던 인터뷰에서 머스크는 트위터에 대해 짧게 언급하기는 했다. 그러나 거래에 대한 질문은 대체로 회피했다. 그는 트위터가 사용자 기반에 대해 더 투명하게 공개해야 하며, 도널드 트럼프의 계정을 영구 삭제한 결정에 대해서는 여전히 동의하지 않는다고 말했다. 심지어 그는 청중에게 트위터 사용자 기반의 5퍼센트 미만만이 봇이라고 정말로 믿는다면 손을 들어보라고 했다. 그러나 대체로, 머스크는 스페이스X나 화성에 인간을 보내겠다는 최종적인 희망에 관해서 이야기했다. 그는 이것이 "민간의 생명보험"이라고 말했다.[10]

그가 연설하는 동안 아그라왈과 시걸, 테일러는 객석에 아내들과 함께 조용히 앉아, 지난 몇 달간 트위터를 요요처럼 다루어온 남자를 지켜보고 있었다. 머스크는 처음에 이사회에 들어오겠다며 소동을 벌였고, 이제는 매수를 두고 난리였다. 다른 세상에서라면, 이들은 아마 인수를 기념하며 머스크와 축배를 들고 있었을 것이다. 그러나 모두가 거리를 지켰다. 지금부터는 변호사들이 이야기하게 될 터였다.

트위터의 선전포고

트위터는 사흘 뒤 델라웨어 형평 법원에 일론 머스크를 제소했다. 머스크가 회사 인수 거래를 이행하도록 강제해달라고 요청한 것이다. 트위터에는 거래가 침몰하게 놔둘 여력이 없었다. 이는 전반적으로 당혹스러운 일이었으며, 직원 사기에 파괴적인 영향을 끼칠 뿐 아니라, 주당 54.20달러를 받고 싶어하는 사람들의 갖은 주주 소송에 트위터 이사회를 노출시킬 터였다.

62페이지짜리 소장에서 트위터가 한 주장은 단순했다. 머스크는 트위터를 사기로 합의했고, 그 거래를 포기할 합당한 이유가 없다는 것이었다. 트위터의 변호사들은 머스크를 경제가 나빠지자 자기 지갑을 지키려 드는, 진정성 없는 위선자로 그렸다. 소장은 계속해서, 머스크가 트위터 서비스에 스팸과 봇 계정이 있다는 사실을 분명히 알고 있었다고 주장했다. 머스크는 심지어 440억 달러짜리 거래를 발표하는 합동 기자회견에서 "스팸 봇의 척결"을 최우선 과제로 언급하기도 했다.[11] 머스크의 타이밍은 그야말로 끔찍했다.

"트위터를 끌어들여 공개적인 구경거리로 만들고, 매도자 친화적인 인수 계약을 제안하고 체결한 머스크는 델라웨어 계약법에 따라야 하는 다른 모든 이해당사자와는 달리 자기 마음대로 생각을 바꾸고 회사를 망가뜨리고 그 운영을 방해하고 주가를 폭락시키고도 무사하리라고 생각하는 것으로 보입니다."[12] 소장의 내용이다. 변호사들은 하루가 갈수록 트위터의 사업이 피해를 입는다고 주장했다. 머스크가 공개적으로, 시끄럽게 트위터의 사용자 수는 허위라고 주장하고 있으니 더더욱 그랬다. 트위터는 또한 이 분쟁을 신속하게 처리해달라는 신청서를 제출하면서 재판을 9월에 열어달라고 요청했다. 이는 회사에 계속해서 발생하는 피해를 최소화하기 위한 조치였다.

최고경영진을 해고하고 고용을 동결하기로 한 아그라왈의 결정에 대해서는 이렇게 말했다. "머스크의 고문은 당시 이러한 결정에 대해 통지받고도 아무 항의를 하지 않았습니다. 이런 결정은 머스크 자신이 밝힌 비용 삭감이라는 우선순위와도 일치하는 것이었습니다."[13]

트위터는 훌륭한 평판을 가진 뉴욕의 로펌 워치텔, 립턴, 로젠 앤 카츠를 선임해 트위터 법인 설립지인 델라웨어 법정에 세웠다. 이 회사의 소송 부문 공동대표인 빌 서비트는 수십 년간 인수합병 계약을 다뤄온 인물로, 즉시 머스크에 대항하는 트위터의 싸움을 주도해나갔다. 서비트는 한때 뉴욕에서 공과금을 내기 위해 택시를 몰고,[14] 변호사가 되기 전에는 음악가로 사는 삶을 꿈꿨던 인물이다. 그러나 이후 그는 업계 최고의 기업 전문 변호사가 되었다. 그는 모든 자격조건을 충족시켰다. 브라운대학교와 컬럼비아 로스쿨에서 학위를 받았는데, 컬럼비아대학교에서는 《컬럼비아 로 리뷰》의 편집장을 맡았다. 그후 루스 베이더 긴즈버그 대법관 밑에서 대법원 서기생활을 했다.[15] 세월이 지나면서, 서비트는 사모펀드인 KKR와 부동산 업계의 거물 소더비, 2015년에 타임 워너와 인수합병을 한 이후 소송에 직면했던 차터 커뮤니케이션스[16]와 협업했다. 인수나 합병과 관련해 법적 분쟁이 생기면, 보통 서비트가 참여했다. 법률 전문 매체 《로드래곤》의 빌 서비트 관련 인물 기사에는 "《월스트리트 저널》을 읽으면, 빌 서비트의 한 달 일정을 볼 수 있다"[17]는 말이 실려 있다. 일이 잘 풀려, 2016년에 서비트와 그의 아내가 뉴욕 어퍼웨스트사이드에 540만 달러짜리 콘도를 구입하자 《뉴욕 타임스》의 부동산 면에서 두 사람의 이야기를 다루었다.[18]

아그라왈은 소장을 제출하고 몇 시간 뒤 직원들에게 이메일로 이 사실을 알렸다. 그는 머스크의 이름을 언급하는 대신, "우리는 인수자에게 계약의무를 이행할 책임을 전부 지게 할 계획"[19]이라고 말했다. 아그라왈의 이메일에는 주의가 산만해지고 언론의 관심이 높아지는 것에 대한 경고도 들어 있었다. 회사는 집중력과 회복력을 발휘해야 할 터였다. 궁극적으로, 아그라왈은 낙관적이었다. "우리는 법원에서 우리 입장을 입증할 것입니다. 우리가 이기리라 믿습니다."

세상에서 가장 흥미진진한 전쟁터

트위터가 델라웨어 형평 법원에 일론 머스크를 고소하리라는 것을 처음 알았을 때, 로렌 프링글은 황홀해했다. 프링글은 법원의 일상만을 다루는 소규모 업계 간행물인 《챈서리 데일리》의 편집장으로 델라웨어를 휩쓸 이런 종류의 유명 사건을 몇 년이나 기다렸다. 그녀는 《챈서리 데일리》에서 겨우 몇 달 일했을 뿐이다. 하지만 가까운 친구이자 전 동료인 카일 와그너 콤턴이 법원 깊숙한 곳, 법률가와 판사들만의 작은 세상을 위한 뉴스레터를 쓰기 시작한 10년쯤 전에 프링글은 이 간행물의 첫 구독자가 되었다. 회사법에 대한 프링글의 관심은 2000년대 중반, 펜실베이니아주립대학교 로스쿨에 다니던 시절에 생겨났다. 그녀는 회사법이 일상에 얼마나 큰 영향을 끼치는지 일반 대중은 제대로 모른다고 생각했다.

머스크가 그 모든 것을 바꿀 수 있었다. 세계에서 가장 부유한 사람이 방금 이 법원에서 몇 년간 본 적 없던 유명 사건을 촉발했기 때문이다. 작가와 기자들에게는 금광과도 같은 사건이었다. 형평 법원이 일하는 방식을 실제로 이해하는 프링글 같은 사람에게는 특히 그랬다. **'이건 사람들에게 정말 울림을 주는 방식으로 세상에 회사법을 알릴 기회야.'** 그녀는 그렇게 생각했다.

문제는 딱 한 가지였다. 프링글은 《챈서리 데일리》의 트위터 계정 암호를 알아낼 수 없었다. 이 계정의 팔로워는 400명뿐이었고 계정에 먼지가 쌓여가고 있는 것은 분명했다. 그러나 프링글은 트위터와 머스크에 관련된 사건이 트위터 자체에서 엄청난 소식이 되리라는 걸 이미 알고 있었다. 《챈서리 데일리》를 통해 그녀가 상상한 새로운 독자에게 가닿으려면 트위터에 직접 기사를 올려야만 했다. 그래서 프링글은 7월 초에 새로운 계정을 만들고, 이와 구분하기 위해 과거 계정 이름에 밑줄을 넣었다. 그다음, 소송에 대한 자신의 분석을 트윗하기 시작했다. 새로운 신청서가 제출되거나 판사가 의견을 낼 때마다 프링글은 @chancery_daily에 트윗을 올렸다. 3개월 안에 @chancery_daily에는 1만 3천 명 이상의 팔로워가 생겼고, 프링글은 미국의 모든 중요 언론사를 위해 그해의 가장 큰 재판을 해석해주는 일만을 전담하게 되었다. 친구들과 트위터 팔로워는 심지어 그녀에게 '챈스'라는 새 별명을 붙여주었다.•

프링글의 직감은 정확했다. 델라웨어 형평 법원은 '트위터 주식회사 대 일론 R. 머스크' 같은 사건을 본 적이 없었다. 이 법원은 이토록 큰 관

• 《챈서리 데일리》에서 따온 이름이기도 하고, '기회'라는 의미이기도 하다.

심을 받는 데 별로 익숙하지 않았지만, 소송의 거의 모든 측면이 법원 체계를 멋진 구경거리로 만들었다. 다가오는 재판은 전 세계 언론의 관심을 끌었고, 법원 전화기는 쉴새없이 울려댔다. 법원 공보팀은 최대 200개의 취재 허가증을 내줄 계획이었으며, 보안이나 다가오는 재판에서의 인원 통제 등에 관해 이야기하느라 몇 주 동안 회의를 열었다. 이 유명한 분쟁 때문에 미국 전역의 법학도들은 갑자기 델라웨어에서 일하는 것을 멋진 아이디어라 생각하게 되었다. 2022년 후반, 델라웨어 형평 법원은 서기 지원서를 엄청나게 많이 받았다.

이 소송의 모든 점이 흥미로웠다. 델라웨어가 지도 어디에 있는지조차 모르는 사람들에게도 말이다. 법원의 수석 판사인 캐슬린 맥코믹은 델라웨어주에서 어린 시절을 보낸, 말씨는 조용하지만 헛소리를 용납하지 않는 판사였다. 법적 싸움이 이어지면서 그녀는 《뉴욕 타임스》, 《월스트리트 저널》, 《옵서버》의 인물 특집 기사에 실렸다.

일론 머스크의 변호사인 알렉스 스피로는 이미 나름의 유명인이었고, 이 사건에 허세라는 요소를 더했다. 스피로는 머스크가 트위터에서 어떤 영국인 동굴 탐험가를 소아성애자라 부르고 명예훼손으로 소송당했을 때 그를 성공적으로 변호하면서 머스크의 법적 오른팔이 되었다. 스피로는 머스크에게 돈을 받지 않을 때면 제이지나, NFL의 뉴잉글랜드 패트리어츠 구단주인 로버트 크래프트라는 억만장자 등 다른 요주의 인물을 위해 일했다.[20] 스피로는 배심원 앞에서 자신감과 쇼맨십으로 진가를 발휘했다. 단조로운 형평 법원의 일처리 동안에도 그는 트위터—머스크의 교전에 관한 이목을 모았다.

이 사건이 워낙 사람들을 흥분시켰기에 극명한 현실에 대한 집중도는 오히려 떨어졌다. 머스크가 승소할 가능성이 매우, 매우 낮아 보인다는 현실 말이다. 그가 서명한 합병 계약을 폐기할 수 있는지 아닌지는 트위터가 사용자 기반에 대해 거짓말을 했을 뿐 아니라 그런 거짓말이 트위터의 사업에 '중대한 악영향'을 끼칠 만큼 중요한 것이었음을 증명할 수 있느냐에 달려 있었다. 어쨌거나 머스크는 매도자 친화적 거래에 서명했고, 트위터는 그가 그냥 벌금을 내고 빠져나가지 못하도록 하는 조항을 계약에 넣어두었다. 대부분의 법 전문가들은 머스크가 대단히 불리하다[21]는 점에 동의하는 것처럼 보였다.

트위터는 소송을 제기하고 1주일 만에 첫번째 승리를 기록했다. 맥코믹은 이때 신속 심리를 요청한 트위터의 손을 들어주었다. 그녀는 머스크가 선호했던 다음해 2월이 아닌 10월을 재판 주간으로 정했다. 맥코믹은 "현실적으로 계속 지연되면 트위터에 즉각적 피해가 발생할 수 있다"[22]고 말함으로써 트위터의 주장을 받아들였다.

신속 심리는 트위터에 좋은 소식이었다. 트위터는 정말로 상황이 어려워진 터였다. 7월 중순에, 트위터는 실망스러운 실적을 보고했다.[23] 해가 갈수록 수익성이 악화하고, 이번 분기에만 2억 7천만 달러의 순손실이 발생했다. 1주일 뒤, 트위터는 비용 절감을 위해 샌프란시스코와 뉴욕을 포함한 일부 핵심 시장의 사무실을 폐쇄하거나 축소했다.

아무 해결 없이 흘러가는 하루하루는 직원의 사기와 생산성도 박살 내고 있었다. 트위터 내에서, 이 사건은 사람들의 집중력을 심하게 흩어 놓았다. 아무도 머스크가 없애버릴지 모르는 것을 만드는 데 시간과 에너지를 쓰고 싶어하지 않았기에 이루어지는 일이 별로 없었다. 보류중인 재판은 트위터의 고위직 몇 명도 비참하게 만들었다. 카메라와 마이크를 숨겨 상대가 모르게 그들에 관한 내용을 녹음하는 우파 비밀 언론 조직인 '프로젝트 베리타스'는 이미 사전 통지 없이 이스트베이에 있는 트위터 이사회 의장 브렛 테일러의 동네에 나타난 적이 있었다. CMO 레슬리 벌랜드는 프로젝트 베리타스의 누군가가 꽃배달을 온 것처럼 꾸며 그녀에게 전화를 건 이후로 더욱 고생하고 있었다. 벌랜드가 집에 있다는 것을 확인한 그들은 뉴욕에 있는 집 앞으로 가 그녀를 놀라게 했다. 경영진과 직원 모두가 최후의 심판이라도 기다리듯, 뭐라도 분명해지기를 기다리며 2022년 여름을 보냈다. 8월 중순, 고용 동결이 여전히 전면적으로 발동되는 가운데 트위터의 퇴직률은 18퍼센트까지 올라갔다.[24]

판을 흔들다

일론 머스크와 트위터의 변호사들은 각기 신청서를 내거나 판사에게 편지를 써서 상대편 변호사에 대한 불만을 제기하는 등 변호사들이 하는 온갖 일을 하며 여름 대부분을 보냈다. 머스크는 7월 후반에 트위터의 최초 소송에 대한 반소를 제기했다. 사실상 그는 트위터의 주장 전부를 부인하면서, 트위터가 일부러 직접 봇 계산을 하는 데 필요한 중요한 정보를 감추었다고 주장했다. 트위터는 자체적인 봇 계산 방법론에 관해 "시끄러운 말과 고차원적인 설명"만을 내놓았을 뿐이라면서 말이다. 머스크의 변호사들은 머스크와의 회의를 잡는 것 자체가 어려웠다는 트위터의 소장 내용을 인정했다. 하지만 그 이유는 단지 머스크가 "그런 회의의 실체를 꿰뚫어보았기 때문"이라고 주장했다. 이런 회의의 목적이 "사용자 데이터에 관한 머스크 팀의 중요 요청으로부터 관심을 돌리기 위한 것"이었다는 말이었다.

양측 모두가 거래에 관련된 것처럼 보이는 모든 사람을 소환하기 시작했다. 당연히 잭 도시도 소환되었다. 케이본 베이크푸어와 브루스 팔크도 불려왔다. 트위터는 머스크와 대화를 나누었을지 모르는 사실상 모든 은행이나 투자사를 소환했다. 여기에 더해 그의 친구와 동업자도 몇 명 불러왔다. 래리 엘리슨도 소환장을 받았고, 벤처 회사를 통해 머스크에게 거래 대금 4억 달러를 제공했던 마크 안드리센도 불려왔다. 머스크와 친구인 전직 페이팔 경영자 데이비드 색스는 소환장을 받고, 블룸버그 텔레비전과 한 인터뷰 도중 어마어마한 서류 더미를 들어올리며 트위터에서 "그물을 지나치게 넓게 쳤다"고 말했다. 그는 이렇게 덧붙였다. "나는 트위터의 경영을 소리 높여 비판해왔습니다. 내가 입을 열면 좋을 게 없을 텐데요."[25] 머스크의 변호사들도 색스와 같은 의견이었다. 그들은 판사에게 보내는 편지에서 트위터의 소환 요청이 지나치게 광범위하다[26]고 주장했다.

거래가 성사될 유일한 징조는 머스크가 8월 초, 69억 달러의 테슬라 주식을 매각했다[27]는 점뿐이었다. 이 거래가 눈에 띄었던 이유는 그가 테슬라 투자자들에게 더이상 주식을 팔지 않겠다고 이미 약속했기 때문이었다. 그는 이런 매각에 예방 조치라는 프레임을 씌웠고, 또 한번 테슬라 투자자들에게 매각은 끝이라고 약속했다. "트위터가 거래를 억지로 마무리짓고 '더 나아가' 일부 사모펀드에서 발을 뺀다면(그럴 가능성이 크지는 않기를 바랍니다만), 그때 가서 테슬라 주식을 비상 매도하지 않는 게 중요합니다."[28] 그는 이런 설명을 트윗했다.

몇 주 뒤, 머스크는 기대하던 대로 크게 한숨 돌리는 듯했다. 전 트위터 경영진이자 일명 '머지'로 알려진 피터 자트코가 내부고발자로서 사법부를 포함한 미국 규제 당국에 트위터를 고발했기 때문이다. 머지는 트위터에서 겨우 14개월 일했으나, 이 회사의 가장 높은 자리에 있었다. 그는 트위터의 모든 보안 조치를 이끌었으며 도시의 직속부하였다. 온라인 해킹의 세상에서 머지는 전설이었다. 그는 테크 업계와 정부기관 양쪽에서 오랫동안 이력을 쌓아왔다. 이런 이력 중에는 미국 국방부 산하 연구개발 기관인 DARPA에서 사이버 프로그램을 운영한 경력도 있었다.[29]

도시는 2020년 여름, 플로리다주 출신의 17세짜리 해커가 조 바이든과 머스크의 계정을 포함한 트위터에서 가장 중요한 계정에 접근해[30] 비트코인 사기를 홍보하는 트윗을 올리는 당혹스러운 사건을 겪고 나서 그해 후반에 머지를 고용했다. 언제나 자신을 해커로 상상했던 도시는 머지를 존경했으며, 트위터 시스템의 보안을 위해 그를 영입했다. 보안 업계에서 갑자기 우스갯거리가 된 트위터의 체면을 살리는 데도 이런 고용이 도움이 되기를 바랐다.

둘의 짧은 관계는 처음부터 파멸할 운명이었다. 도시는 거의 머지가 들어오자마자 트위터에서 발을 빼려 했다. 게다가 도시는 적극적으로 머지를 영입했음에도 그와 거의 말을 섞지 않았다. 머지는 트위터에 들어오고 첫 12개월 동안 도시와 십여 차례 통화를 하면서, 그가 겨우 50단어밖에 말하지 않았을 거라고[31] 말했다. 트위터 직원들도 머지를 대단치 않게 여겼다. 머지는 인정받는 해커였지만, 꼭 훌륭한 경영자인 것은 아니었다. 아그라왈은 도시를 대체해 CEO가 되고 얼마 지나지 않아 머지를 해고했다.[32] 이제는 머스크와의 440억짜리 법적 전투가 한창 벌어지고 있는 와중에, 머지가 공개적으로 트위터의 더러운 속살을 드러낸 것이다.

머지의 비난은 치명적이었다. 그는 트위터의 보안 시스템이 낡고 비효율적이라고 주장했다. 가장 문제가 되었던 점은, 머지가 보기에 트위터가 2011년 연방통상위원회에 약속했던 사생활 보호 정책을 위반하고 있었다는 점이다. 과거에 해커들이 트위터의 사용자 개인정보에 접근한 적이 있었다. 그뒤로 트위터는 사용자 데이터를 더 잘 보호하겠다고 서약하며 보안 강화 '합의명령'에 서명했다. 연방통상위원회에서 언제든 트위터의 시스템을 점검하고, 트위터가 시정 명령에 따르지 않을 경우 벌금을 부과할 수 있다는 내용의 합의였다. 머지는 동료들이 '일관적으로' 그에게 "트위터에서는 2011년 연방통상위원회의 합의명령에 따른 적이 한 번도 없으며 그 명령에 따르려는 노력도 전혀 하지 않았다"고 말했다고 주장했다.

그러나 머스크와 변호사의 구미를 돋운 것은 고발장 9페이지였다. 그 부분의 제목은 "일론 머스크에게 봇에 관해 거짓말함"이었다.[33] 머지는 트위터의 사용자 계산 방식에 대한 아그라왈의 설명이 오해를 일으킨다고 주장했다. 더 나아가, 그는 트위터 경영진이 실제 트위터에서 활동하는 봇의 숫자를 모르고 있다[34]고 했다.

이 고발장이 모두에게 박차를 가했다. 양측이 모두 머지를 소환했다. 머스크의 변호사들은 반소장에 머지의 고발을 넣고 머지에게서 더 많은 정보를 얻을 수 있도록 재판을 연기해달라고 요청했다. 머스크의 변호사 스피로는 9월 초에 열린 심리에서 맥코믹 판사에게 말했다. “결국 문제는 속도 대 진실 찾기입니다. 그 진실을 찾아내는 데는 더 많은 시간이 필요합니다. 몇 주는 더 필요합니다.”[35]

트위터의 변호사들은 머지가 트위터에서 일하는 동안 스팸 및 봇 계정과는 아무 상관이 없었고, 회사의 방침에 관해 불평하거나 우려를 제기한 적도 없었다고 말했다. 그들은 이런 주장의 타이밍이 “매우, 매우 이상하다”고 호소했다.[36] 머스크를 도우려고 머지가 앞으로 나서서 형편없이 내부고발을 위장했다는 것이었다.

트위터에 대한 머지의 공격은 결국 첫인상만큼 큰 위력을 발휘하지 못했다. 봇 계정의 개수에 대해 트위터가 파악하지 못했다는 주장은 아마 사실이었겠지만, 그건 논점이 아니었다. 트위터에는 수십억 개의 봇이 있을 수 있었다. 그러나 트위터가 그런 봇을 활성 사용자로 계산하지 않는 한 회사는 머스크의 주장과 달리 분기 실적보고에서 거짓말을 한 게 아니었다. 사실, 머지는 트위터가 사실상 좀더 공식적인 사용자 수 계산에서 봇의 수를 꽤 잘 걸러내고 있음을 인정했다. 고발장에는 이렇게 적혀 있었다. “트위터는 이미” 활성 사용자 수를 “계산할 때 스팸 봇을 비롯한 무가치한 계정을 꽤 잘 걸러내고 있다.”[37] 그러나 트위터의 보안상 허점은 실제로 우려할 만한 일이었다. 사실, 트위터는 겨우 몇 달 전 머지가 고발장에서 언급한 바로 그 연방통상위원회 합의명령서 이행 위반으로 1억 5천만 달러의 벌금을 물었다.[38] 그러나 트위터의 형편없는 보안은 머스크가 거래를 포기하려는 이유가 아니었다.

결국, 맥코믹은 머스크에게 머지의 주장을 반소장에 넣도록 허가했으나 재판 기일을 미루지는 않았다. "4주의 지연도 트위터에는 정당화하기 어려운 큰 손해를 끼칠 것으로 보인다."[39] 그녀는 결정문에 이렇게 썼다. 트위터로서는 또 한번의 승리였다. 맥코믹이 머지의 비난을 재판의 결정적 요소로 보지 않는다는 좋은 징조이기도 했다.

문자메시지 공개

9월 말이 되자, 소송과 관련한 거의 모든 측면이 트위터에 유리하게 돌아가는 것처럼 느껴졌다. 맥코믹은 재판에 중요한 개인 메시지를 제출하지 않았다며 머스크를 질타했다.[40] 머스크의 일부 메시지가 다른 사람들이 제출한 것을 통해 드러나면서, 왜 머스크가 직접 메시지를 제출하지 않는지에 대한 의문이 제기되었다. 머지의 내부고발은 적어도 머스크 관련해서는 무효였다. 9월 중순에, 트위터 주주들은 트위터-머스크 합병을 두고 찬성표를 던졌다. 투표는 형식적인 절차였지만 머스크의 마지막 탈출구이기도 했다. 주주들이 투표로 거래를 거절하면 머스크는 아무 벌을 받지 않고 떠날 수 있었다. 그러나 유효 투표의 98.6퍼센트는 거래에 찬성했다.[41] 모두가 주당 54.20달러를 받고 싶어했다.

9월 29일, 법원은 재판의 증거 개시 절차에서 수집되고 드러난 수십 건의 문서를 공개했다. 그중에는 머스크가 친구, 투자고문, 심지어 전처와 주고받은 40페이지 분량의 개인 메시지도 있었다. 이 서류 더미에 모든 것이 있었다. 머스크가 래리 엘리슨, 게일 킹과 주고받은 메시지며, 조 로건, 제이슨 칼라카니스, 그리고 투자고문인 마이클 그라임스와 주고받은 개인적 서신도 들어 있었다.

이 서류 더미는 세상 사람들에게 역사상 가장 흥미로운 기업 거래가 어떻게 성사되었는지 그 막후를 들여다볼 기회를 주었다. 440억 달러의 사업적 결정이 이토록 스스럼없이, 우연하게 이루어질 수 있다니 충격적이었다. 머스크는 힘이 있고 인맥도 탄탄한 것으로 보였지만, 그의 메시지는 트위터를 인수하겠다는 결정이 외부에서 보았던 그대로 그저 흐름에 따라 이루어졌다는 인상을 주기도 했다. 메시지는 또한 머스크의 친구들에게도 당혹스러웠다. 많은 사람들이 머스크가 하는 모든 결정에 알랑거리는 것처럼 보였다. "머스크의 메시지가 큰 깨달음을 주는 것은 머스크의 연락처에 있는 권력자들이 그야말로 보잘것없고 상상력이 부족한 아첨꾼이라는 점이 드러났기 때문이다."[42] 《애틀랜틱》의 칼럼니스트 찰리 워젤은 이렇게 썼다. "브레인스토밍에 나쁜 아이디어란 없다고 말했던 사람은 머스크의 핸드폰 내용을 본 적이 없는 사람일 것이다."

그러나 이 서류를 통해 도시만큼 이미지가 나빠진 사람은 없었다. 전직 트위터 CEO는 여름 대부분을 파리에서 보냈다. 재직하던 회사의 미래를 놓고 트위터와 머스크가 싸우는 모습을 멀리서 지켜보고만 있었다. 그는 인수 계약에 서명이 이루어지고 나서 트위터에 대해 대체로 침묵을 지켰다. 대신 그는 비트코인이나 자신이 가장 좋아하는 래퍼인 켄드릭 라마에 관한 개인적 관심사만을 트윗했다. 켄드릭 라마가 새로운 앨범을 냈는데, 도시는 도저히 그 앨범을 그만 들을 수 없는 듯했다.[43] 그는 백미러로 트위터를 구경하며 삶을 즐기게 된 듯했다. 6월의 파리 패션 위크의 루이뷔통 쇼에서 남자 모델들은 루브르 안뜰의 밝은 노란색 런웨이를 뽐내며 걸어갔다. 도시는 이때 생중계 공연을 하는 라마와 겨우 몇 자리 떨어진 곳에 앉았다.[44] 도시는 심지어 라마의 뮤직비디오 중 한 편에 잠깐 카메오로 출연하기도 했다.[45] 둘이 어슴푸레하게 밝혀진 라운지에서 잔을 부딪치는 장면이었다.

문자메시지는 즉시 도시를 트위터의 지옥 같았던 여름 한복판으로 데려왔다. 도시가 머스크를 부추겨 이사회에 합류하라고 한 다음, 다시 그를 부추겨 트위터를 인수하게 했음이 문자메시지를 통해 드러났다. 또한 도시가 머스크와 아그라왈의 관계를 매끄럽게 해주려 노력했으나, 통화가 뜻대로 풀리지 않자 자신의 후계자를 그저 무시해버렸음을 보여주었다. 트위터를 매각하는 결정은 도시 혼자 내린 것이 아니었다. 트위터 이사회가 만장일치로 매각에 찬성했다. 그러나 메시지가 공개되기 전까지는 도시가 트위터의 매각에 얼마나 깊이 연루되어 있었는지 아무도 제대로 알지 못했다. 몇 년 동안 도시를 사랑하고 변호했던 직원들은 배신감과 분노를 느꼈다. 트위터 직원들 사이에서 전직 CEO의 평판은 절대 회복될 수 없었다.

아마 개인적인 문자메시지가 인터넷 전체에 뿌려진 걸 본 머스크는 초조함을 느꼈을 것이다. 아니면 10월 초로 예정되어 있던 증언 조사 때 무슨 일이 일어날지 몰라 걱정했을 수도 있다. 머스크의 변호사들은 최대한 시간을 끌었지만, 재판이 한 달도 채 남지 않은 상태였다. 머스크는 결국 위증의 벌을 받겠다는 맹세를 하고 며칠 동안 질문에 답해야 할 터였다. 이유가 무엇이든, 머스크는 마음을 바꿨다. 10월 3일 월요일, 아그라왈이 증언 조사를 마치고 불과 몇 시간이 지났을 때 머스크의 변호사들은 트위터에 서신을 보냈다. 머스크가 원래의 거래를 되살리고 싶어한다[46]는 내용이었다. 4월에 합의된 가격과 조건 그대로 말이다. 언론과 법정에서 몇 달씩 싸운 끝에, 머스크는 지치고 말았다.

6개월 만에 두번째로, 머스크는 트위터를 사기로 했다.

BATTLE
FOR
THE BIRD

4부

트위터 2.0

16장

잘 생각해보세요!

2022년 10월 26일 수요일 아침, 일론 머스크는 트위터의 샌프란시스코 본부 로비로 흰 도자기 세면대를 가져갔다.

"트위터 본부에 들어갑니다. 잘 생각해보세요!"[1] 머스크는 이런 트윗을 올리며 자기 모습을 담은 영상을 게시했다. 이 영상에서, 머스크는 세면대를 옮기며 자신의 농담에 스스로 웃고 있었다. 그의 목소리가 로비 벽에 쩌렁쩌렁 울렸다. 얼굴에는 미소가 가득했다. 머스크의 전형적인 방식이었다. 이 퍼포먼스는 누구든 "잘 생각해보세요(Let that sink in)!"라 말하는 사람에게 열린 문 앞에 세면대가 있는 사진을 답장으로 올리는 밈을 따라한 것이었다. **세면대를 들여보내주세요. 아니, 진짜로요. 밖은 춥다고요!•**

여러 달에 걸쳐 논쟁적이고 값비싼 법적 싸움을 벌인 뒤에 머스크가 한 가벼운 썰렁 개그는 트위터 주식회사 대 일론 R. 머스크의 비공식적 종료를 나타냈다. 수많은 트위터 직원들은 이 농담을 전혀 재미있다고 생각하지 않았지만 말이다. 그들을 해고할 계획이던 남자, 지금까지 6개월 동안 트위터 경영진을 비판하고 직원들이 하는 일에 의구심을 표현해온 남자, 트위터를 사지 않으려고 할 수 있는 모든 일을 시도했던 남자가 갑자기 회사를 뒤집어놓겠다며 정문으로 들어왔다.

새로운 상사가 샌프란시스코에 나타난 일은 거의 모두에게 놀라운 일이었다. 이 행사는 마지막 순간에야 서둘러 성사되었다. 인수는 공식적으로 마무리되지 않은 상태였다. 공식적인 마감일은 아직 이틀 남았고, 대부분의 직원은 사무실에 있지도 않았다. 그해 초여름에, 직원들을 상대로 전사 차원의 기운 빠지는 행사에서 머스크를 인터뷰했던 트위터의 CMO 레슬리 벌랜드는 머스크의 방문 일정을 전날 오후, 트위터 보안팀이 이야기를 꺼내고서야 알았다. 머스크에게 이번 방문을 위한 어떤 계획도, 안건도 없다는 걸 안 벌랜드는 서둘러 머스크가 아무 목표 없이 복도를 돌아다니지 않도록 회의 목록을 작성했다. 그런 다음, 그녀는 같은 날 아침 뉴욕에서 전용기에 올라타고 미국을 가로질러 날아가서 머스크의 보모 역할을 하러 트위터 사무실로 빠르게 이동했다. 그녀는 서둘러 이메일을 보냈다. 이메일을 받은 직원 디수는 아직 모닝커피를 마시고 있거나 컴퓨터를 부팅하고 있었다.

• Let that sink in을 관용구가 아닌 문자 그대로 해석하면 '세면대를 들여보내주세요'라는 뜻이 된다.

제목: 일론 사무실 방문

팀원 여러분, 안녕하세요.

곧 듣거나 보시겠지만, 일론이 이번주 샌프란시스코 본사에서 사람들을 만나고 복도를 돌아다니며 여러분 모두가 하는 중요한 일을 지속적으로 살펴볼 예정입니다. 샌프란시스코에서 일론을 만나면 인사해주세요! 나머지 분들에게는 이번 행사가 일론과 회의하고 대화할 수많은 기회의 시작일 뿐임을 알립니다. 금요일에는 여러분 모두 일론의 말을 직접 듣게 되실 거예요.

저도 곧 샌프란시스코 본사로 갑니다. 모두를 만나게 되어 신나네요!

♥

– 레슬리 벌랜드

아침나절에는 트위터의 가십 공장이 바쁘게 돌아갔다. 검은색 티셔츠에 검은 청바지를 입고, 돌쟁이 아들 X를 업은 머스크는 벌랜드와 함께 사무실을 돌아다녔다. 그의 양옆에는 보안 인원과 그의 전기 작가인 월터 아이작슨이 있었다. 이들이 트위터의 사내 식당을 가로질러가는 동안, 유명인을 본 충격에 빠진 직원들은 일단 거리를 지켰다. 넓은 가슴과 어깨를 가진, 거의 190센티미터의 머스크는 **세계에서 가장 큰 부자**라는 점을 제외하더라도 신체적으로 위압적이었다. 그날 어찌어찌 출근한 직원들은 핸드폰으로 사진과 영상을 찍으며, 할리우드 연예인이라도 보듯 새로운 상관을 보고 입을 쩍 벌렸다. 머스크의 위치에 관한 소식이 직원들 사이에 빠르게 번졌다. 일부는 새로운 상관을 잠깐이라도 보고 싶어했고, 일부는 이제 사무실 어느 곳을 피해야 하는지 알고 싶어했다.

소프트웨어 엔지니어이자 사내 만화가인 마누 코르네는 대부분의 사람보다 대담했다. 그는 지난 6개월의 대부분을 혼란스러운 인수 절차에 대해 트위터의 경영진과 머스크를 비판하는 그림을 그리며 보냈다. 그랬던 만큼, 머스크가 사무실에 왔다는 소식을 들은 그는 근처 공용 업무 공간에서 자기 만화 한 편을 인쇄해 건물로 들어갔다. 그날 머스크가 코르네의 책상 옆을 지나갈 때였다. 엔지니어는 새로운 상관에게 만화를 건넸다. 머스크가 쇼핑하러 나와 다양한 테크 회사 로고가 줄줄이 늘어선 선반을 훑어보는 그림이었다. 그림 속에서는 머스크가 실수로 트위터의 새를 선반에서 쳐 떨어뜨리는 바람에 새가 바닥에 부딪히며 산산이 조각나 있었다. 가게 주인은 이렇게 소리쳤다. "망가뜨렸으니 사세요!" 코르네는 이 만화에 서명을 하고 설명을 덧붙였다. "일론 머스크에게, 트위터의 '궁중 광대'를 너무 불쾌하게 여기진 않으셨으면 좋겠네요. 저를 해고하시든지요." 머스크는 만화를 가져가 힐끗 훑어보았다. "뭐, 어쨌든 사긴 샀죠."[2] 그는 그렇게 대답하더니 떠났다. 코르네는 해고당하지 않았다. 적어도 당장은 말이다.

투어가 진행되면서, 머스크는 트위터의 사내 카페인 '퍼치'로 갔다. 이곳에서 그는 계산대에 기대섰다. 마침내 호기심 많은 직원들이 그의 생각을 알아보려고 다가왔다.[3] 어떤 사람들은 머스크에게 트위터 서비스에 관한 계획을 묻거나 새로운 기능에 대한 의견을 냈다. 머스크는 트위터를 사용한 자신의 경험에 대해 이야기했다. 어느 순간 그는 직원들에게 때로는 트윗이나 트위터에 올라온 비판자들의 답장을 읽다가 정말로 슬퍼진다고 진지하게 말했다. 아무리 돈이나 명성이 많아도 트위터 트롤들로부터 안전해지는 건 아닌 듯했다.

지난 6개월의 아수라장에도 불구하고, 트위터 본부에 온 첫 며칠 동안 머스크를 만난 사람들은 놀랍게도 낙관적인 기대를 품었다. 머스크에게는 사람들을 홀리는 재주가 있었다. 그를 좋아하지 않으려고 작정한 사람까지 말이다. 그는 사람들의 예상보다 호기심이 많고 생각이 깊었기에 진심을 담아 많은 것을 물어보았다. 더 중요한 건 그에게 사람들이 듣고 싶어하는 말을 하는 기술이 있었다는 것이다. 그가 불안해하는 직원들에게 둘러싸인 채 퍼치에 서 있을 때였다. 누군가가 결국 해고 이야기를 꺼냈다. 직원들은 머스크가 오는 것을 두려워하며 몇 달을 보냈다. 부분적으로는 그가 과감한 비용 절감을 실시하리라고 확신했기 때문이었다. 며칠 전《워싱턴 포스트》는 머스크가 트위터 인력의 75퍼센트를 해고할 계획이라고 보도했다.[4] 그 말이 사실일까?

머스크는 아니라고 대답했다.[5] 그 숫자가 어디에서 나왔는지조차 모른다고 했다.

아마 새로운 상관은 결국 그리 나쁘지 않을지도 몰랐다.

트윗 대장 머스크

머스크는 바로 그 첫날, 트위터 프로필을 '트윗 대장'으로 바꾸었다. 그는 마켓 스트리트에 있는 트위터 본사 바로 뒤, 10번가 1번지에 있는 두번째 사무실의 2층에 고문들과 함께 자리잡았다. 트위터는 뒤쪽 건물 여러 층을 몇 년째 임대해왔다. 심지어는 직원들이 엘리베이터를 타지 않고 쉽게 오갈 수 있도록 두 건물을 연결하는 유리 연결 통로도 의뢰한 상태였다.[6] 그러나 10번가 1번지의 사무 공간은 최근에 버려져 있다시피 했다. "어디에서든 일한다"라는 트위터의 정책은 샌프란시스코 사무실에 출근하는 사람이 훨씬 적어졌다는 의미였고, 회사는 청소 비용을 절감하기 위해 이 건물 여러 층을 대부분 사용하지 않았다.

빈 공간은 머스크에게 다리를 뻗을 자리가 충분히 있다는 뜻이었다. 그는 재빨리 2층 전체를 비공식적 지휘부로 삼았다. 그곳에는 돌아가면서 회의할 회의실 여러 곳이 있었다. 엘리베이터에는 보안 요원들이 배치되었다. 그의 두 살배기 아들 X가 뛰어다닐 공간도 충분했다. 머스크가 계속해서 지각했기에, 엘리베이터와 맞닿은 넓은 공간은 그를 만날 차례만 기다리며 시간을 죽이는 직원들을 가둬두는 우리 역할을 했다. 머스크의 빡빡한 일정을 생각하면, 이런 지연을 피하는 건 불가능했다. 잠시 사무실에 방문할 때를 제외하면, 그는 트위터에서 보낸 첫 며칠을 끊임없는 회의로 보냈다. 대체로는 회사를 사기 전에 방임하고 하지 않았던 실사를 하기 위해서였다.

처음 며칠 동안은 대여섯 명의 신뢰받는 고문과 충성파가 머스크와 함께했다. 샌프란시스코에 있는 자기 집에 머스크를 묵게 했던[7] 데이비드 색스, 또다른 친구이자 에인절 투자자인 제이슨 칼라카니스, 그리고 트위터 서비스 개발팀 이사였다. 머스크의 트위터 인수 거래에 4억 달러를 투자한 벤처 투자회사 안드리센 호로비츠에 최근 합류한 스리람 크리슈

난도 있었다.

머스크는 자신이 소유한 다른 기업이나 벤처 회사의 충성파도 불러들였다. 그의 개인 자산운용 책임자인 재러드 버컬도 왔고, 방금까지 법정에서 트위터와 몇 달을 싸워온 변호사 알렉스 스피로도 왔다. 테슬라와 스페이스X 양사의 이사였던 또다른 벤처 투자자 안토니오 그라시아스는 빠르게 막강한 존재감을 드러냈다. 머스크의 사촌 제임스와 앤드루가 이끄는 수십 명의 스페이스X와 테슬라 엔지니어들도 나타나 트위터의 엔지니어들과 만나고 코드를 점검했다.[8] 머스크의 터널 회사인 보어링 컴퍼니의 사장 스티브 데이비스는 트위터 직원들의 눈총을 샀다. 그가 일만 돕는 것이 아니라 사실상 배우자 및 새로 태어난 아기와 함께 사무실에 살고 있다[9]는 소문이 돌았기 때문이다. 직원들은 즉시 머스크의 고문 집단을 '졸때기들'이라고 부르기 시작했다.

이 집단은 빠르게 산개해, 트위터 사업의 다양한 영역에 자리잡았다. 스피로는 법률 및 정책 담당자들과 만났고, 버컬과 그라시아스는 영업 및 마케팅 부서와 회의했다. 색스는 트위터의 서비스 개발팀 최고 팀원 대부분과 만났다. 이 집단은 상관의 말을 통역하고 그를 응원하는 역할을 둘 다 하며, 머스크의 아이디어를 전달하고 트위터 직원들이 패닉에 빠지지 않도록 노력했다. 그라시아스는 트위터의 영업팀 팀장들에게 말했다. "머스크는 이기러 온 겁니다. 머스크는 승자예요. 어디서든 이깁니다."[10] 스피로는 트위터의 회의적인 법률가들, 그리고 신뢰 및 안전팀 직원들에게 머스크의 비전을 설명하려 애썼다. 그는 머스크와 그의 고문들이 갑자기 트위터를 트럼프에게 집착하는 우익 소셜 네트워크로 바꿔놓을지 모른다는 우려를 잠재우려 노력했다. 그는 직원들에게 "난 여러분 생각보다 진보적입니다"라고 말했다.

머스크는 모두와 만난 듯했다. 아그라왈과도 잠깐 만났다. 하지만 머스크는 다른 모든 사람보다 특정한 그룹, 즉 엔지니어들에게 중점을 두었다. 트위터를 '고치겠다는' 머스크의 계획 중 일부는 새로운 서비스와 기능을 개발하는 회사의 능력을 키우는 것이었고, 그 말은 엔지니어를 우선한다는 뜻이었다. "소프트웨어 엔지니어링, 서버 운영과 설계가 중심이 될 겁니다."[11] 그는 회사를 점령하기 몇 주 전에 트윗을 올렸다. 이런 평가가 머스크만의 것은 아니었다. 실리콘밸리에서 소프트웨어 엔지니어는 다른 직원들보다 종종 더 대우받는 경우가 많았다. 특별한 능력을 가진 데다 영업팀이나 마케팅팀에서 홍보하는 서비스를 실제로 만든다는 사실 때문이었다. 그 결과, 소프트웨어 엔지니어들은 종종 테크 업계에서 가장 높은 봉급을 받았다. 대부분의 테크 기업은 코드를 작성할 더 많은 인력이 언제나 필요했기에 그들은 직업 안정성이라는 혜택도 지속해서 누렸다. 본인도 엔지니어였던 머스크는 대체로 자신이 가장 잘 아는 사람들과 시간을 보내는 데 주된 관심을 두었다.

머스크는 바로 이런 생각에서 회사의 최고 엔지니어 및 개발팀 이사들과 함께 첫날, 첫 회의에 들어갔다. 이 회의는 벌랜드를 비롯한 트위터의 다른 경영진들이 새로운 CEO에게 좋은 첫인상을 주고자 마련한 자리이기도 했다. 회의의 형식은 머스크가 참석자들에게 질문을 던지는 '일상적인 대화'였다. 트위터 사람들은 머신러닝에 대해, 그리고 서비스를 더 개인화하여 피드 알고리즘을 개선하는 계획에 대해 이야기하고 싶어했다.

그러나 대화는 이리저리 튀었다. 머스크는 다양한 코딩 언어에 관해 이야기하고 싶어했으며, 태동기에 있는 회사의 구독 서비스인 트위터 블루에 유독 관심을 두는 듯했다. 그는 트위터 블루 코드 책임자가 누군지 알려달라고 했다. 그 사람을 만나야 한다고 말이다. 회의가 시작되고 얼마 지나지 않았을 때 머스크는 갑자기 핸드폰을 꺼내 뭔가를 트윗해야 한다고 알렸다. 참석자들은 90분의 회의가 끝난 뒤 그가 잠시 회의를 멈춘 이유가 세면대 영상을 트윗하기 위해서였다는 걸 알았다.

머스크의 호기심 많은 성격에도 불구하고, 그와 회의를 해본 직원들은 새로운 상관이 트위터의 서비스나 광고사업에 관해 거의 아무것도 모른다는 점을 빠르게 깨달았다. 더 나쁜 건, 머스크에게 뭔가 개선할 계획이 있는 것 같지도 않았다는 점이다. 머스크의 서비스 아이디어 대부분은 회사에서 이미 고려했다가 취소하거나 묵혀둔 것이었다. 심지어 몇 년 전의 아이디어도 있었다. 예컨대, 머스크는 트위터가 약 6년 전에 종료한 단편 영상 앱인 바인을 되살리는 방안에 대해 이야기했다. 트위터 블루를 운영하는 팀과 회의를 할 때, 이 회의에는 다양한 유형의 계정에 다양한 유형의 인증 배지를 달아주는 아이디어가 나왔는데, 이 역시 몇 년째 돌아다니던 콘셉트였다.

직원들이 알아챈 가장 큰 문제는 트위터에 대한 머스크의 이해가 사용자로서 그가 한 경험에 거의 전적으로 채색되어 있다는 점이었다. 그가 1억 1천만 명이 넘는 팔로워를 거느린 억만장자라는 점을 생각하면 그 경험을 일반적이라고 말하기 어려웠는데도 말이다. 머스크는 트위터를 매우 훌륭하게 사용했고, 그 누구보다도 이 서비스의 힘을 잘 이해했다. 그는 몇 년 동안 자신의 자동차 회사인 테슬라의 광고에 돈을 지출하지 않았다. 부분적으로는 머스크 자신이 살아 숨쉬는 광고판 역할을 했기 때문이다. 그는 30초짜리 TV 광고보다도 단 하나의 트윗으로 더 많은 관심을 끌 수 있었다(그것도 공짜로!). 다른 유명 트위터인 도널드 트럼프 대통령과 매우 비슷하게도, 머스크는 진정성 있으면서도 논쟁적인 존재가 되는 것이 트위터에서 관심을 받는 이상적인 방법임을 알았고, 이 두 가지를 완벽하게 뒤섞는 재주를 가지고 있었다.

그러나 직원들은 머스크가 '평균적인' 트위터 사용자 경험과 동떨어져 있음을 파악했다. 머스크는 광범위한 서비스에 적절한지와는 관계없이, 그 자신의 독특한 욕구에 적절한 서비스와 기능으로 빠르게 기울어졌다. 예컨대 트위터 디자이너들과의 회의에서, 직원들은 머스크에게 회사가 내부적으로 시험하고 있던 기능의 초안을 선보였다. 특정한 트윗이 리트윗이나 '좋아요' 외에도 얼마나 많은 '조회수'를 기록하는지 보여주는 기능이었다. 트위터는 이런 조회수 측정 기준을 트위터 블루 유료 구독자를 위한 특권으로 넣을지 고민하고 있었지만, 조회수를 공개적으로 표시하는 방안에는 회의적이었다. 설령 이 수치를 보여준다고 해도 트윗을 올린 자신만 볼 수 있도록 할 생각이었다. 대부분의 사람들에게, 자신이 올린 트윗을 수많은 다른 사용자가 보았지만 '좋아요'를 누르지 않았다는 정보는 사기를 떨어뜨릴 수 있었다.

애초에 트윗이 별로 조회되지 않는 신규 사용자들도 문제였다. 대부분의 사람들은 트위터에 처음 가입했을 때 팔로워가 전혀 없고, 주요 타임라인은 인기 있는 트윗을 보여주는 데 집중한다. 그러므로 신규 사용자의 게시물은 디지털 허공에 대고 소리를 지르는 것이나 마찬가지였다. 트위터에는 심지어 이런 문제를 지칭하는 내부적 이름까지 있었다. 바로 '외로운 새' 문제라는 별칭이었다. 조회수는 신규 사용자들에게 아무도 그들의 게시물을 보지 않는다는 사실을 상기시킬 뿐이었다.

이 모든 것은 머스크에게 아무 문제가 되지 않았다. 그는 즉시 조회수 아이디어에 매달려 짧은 회의 시간 대부분을 그 기능에 집중시켰다. 그는 조회수를 공개하는 것이 트위터가 누군가를 비밀리에 쉐도우 밴하고 있는지 드러내는 훌륭한 방법이라고 생각했다. 물론, 일부 트위터 직원들은 다른 동기도 있을 거라 느꼈다. 조회수 공개는 머스크를 비롯한 모두에게 그의 트윗이 얼마나 인기 있는지 보여줄 터였다.

해고, 해고!

머스크가 세면대를 들고 정문으로 들어온 다음날 아침, 비자야 가데는 휘하의 정책 및 법률팀에서 일하는 약 300명과 영상회의를 했다. 몇 달 전, 아그라왈과의 통화에서 머스크가 이미 가데를 해고하려 했다는 점을 아는 사람은 거의 없었지만, 트위터에서 그녀가 보낼 시간이 얼마 남지 않았다는 점은 대부분이 추측했다. 그녀는 인수합병 문제로 머스크와 소송을 벌이며 여름 대부분을 보냈다. 뿐만 아니라, 트위터의 새주인은 헌터 바이든의 노트북 기사나 트럼프에 대한 계정 정지 조치 등 가데의 결정을 공개적으로 비판해왔다. 머스크는 그냥 가데를 별로 좋아하지 않는 것처럼 보였다.

하지만 그주 목요일 아침에는 가데가 아직 트위터에 있었다. 그녀의 팀원들은 몇 가지 놀라운 소식을 전해들었다. 그녀가 전날 밤, 처음으로 머스크와 일대일로 만났다는 소식이었다. 법정에서 몇 달씩 싸운 상대와 만날 때의 피할 수 없는 긴장감에도 불구하고, 약 30분의 상호작용은 친근하게 이루어졌다. 비록 머스크가 "달달 볶였다"라는 말을 계속하긴 했지만 말이다. 두 사람은 트위터의 콘텐츠 정책을 개선하겠다는 아그라왈의 계획, 즉 '프로젝트 새턴'에 대해 이야기했다. 가데는 머스크에게 그의 위성 인터넷 서비스인 스타링크를 이용해 트위터 사용자들이 정부 검열을 피하도록 하자고 건의했다. 심지어 그녀는 머스크에게 테슬라의 상하이 공장이 있는[12] 중국과의 잠재적 충돌에 대해서 생각해본 적 있느냐고 묻기도 했다. 중국 정부가 상하이의 테슬라 사업을 활용해, 트위터의 머스크에게 압박을 가할 가능성이 있어 보였다. 가데의 팀원 일부는 그녀와 머스크의 회의를 긍정적인 신호로 받아들였다. 그들은 가데가 적어도 인수인계에는 도움을 줄 수 있겠다고 생각했다.

그날 오후, 서부 표준시로 오후 4시에 머스크는 트위터를 인수하겠다는 440억 달러짜리 거래를 공식적으로 마무리했다. 가데는 즉시 해고당했다. CEO 파라그 아그라왈과 CFO 네드 시걸의 계약도 종료되었다. 둘 다 그날 이른 시각에 이런 칼부림이 있으리라 예상하고 사무실을 떠났다. 소송에 깊이 관여한 트위터의 법무 담당자 션 에짓도 해고당해, 보안팀의 에스코트를 받으며 트위터 본부에서 떠났다.[13] 머스크가 통제권을 쥐고 30초도 되지 않아 트위터의 고위직 간부 절반이 쫓겨났다.

트위터 이사진은 이런 사태에 대비해왔다. 그들은 즉시 해고당하는 경우에 대비해 각자의 일을 넘겨받을 다른 사람들을 대기시켜두었다. 어쨌거나 이들은 방금 머스크에게 승소한 사람들, 머스크가 회사를 살 수밖에 없도록 강제한 사람들이었으니 말이다. 머스크는 처음 이사회와 협상할 때, 이사회 의장 브렛 테일러에게 자신이 트위터를 인수하려는 이유는 부분적으로 트위터의 경영진을 전혀 신뢰하지 않기 때문[14]이라고 말했다. 그중 누구도 일자리를 지키게 될 거라고 예상하지는 않았다.

머스크의 인수에 대비해, 네 명의 이사는 모두 인수 거래가 마무리된 첫해에 해고당할 경우 발동되는 '황금 낙하산' 조항을 마련해두었다. 이에 따라, 이들이 가진 수백만 달러의 주식 일부 혹은 전부가 해고 즉시 지급될 예정[15]이었다. 이런 종류의 지급 확정은 인수 거래에서 흔히 나타난다. 모두에게 거래 성사를 위해 일할 동기를 주기 위해서다. 예컨대 아그라왈과 가데는 트위터를 머스크에게 매각함으로써 일자리를 잃을 가능성이 높다는 걸 알았지만, 적어도 예정보다 일찍 급료를 받게 될 터였다. 아그라왈 혼자만 해도 해고당하는 대가로 약 5천만 달러를 벌어들일 예정[16]이었다.

최소한, 정해져 있기로는 그랬다. 트위터 이사진이 계약 종료를 확인하는 이메일을 받았을 때, 머스크는 그들 각자에게 '빅엿'을 하나씩 더 먹였다. 그는 이들을 정리해고한 게 아니었다. '정당한 사유로' 해고함으로써 그들의 황금 낙하산을 떼어버렸다. 아그라왈과 가데가 수백만 달러를 받고 싶다면 법정에서 머스크와 싸워야 할 터였다. 한번 더 말이다.

머스크는 황금 낙하산을 떼는 것만으로 만족하지 않았다. 거래가 마무리되고 며칠 뒤, 트위터 법무팀 팀원들은 머스크에게서 그의 변호사와 면담할 시간을 잡으라는 지시를 받았다. "회사에서는 이사, 팀장, 고문의 특정 행위에 관한 조사를 실시하고 있습니다." 편지의 내용이었다. 직원들은 인수 거래, 트위터의 재정 보고서, 심지어 내부고발자인 피터 머지자트코의 처분과 관계된 모든 통신 기록 및 서류를 유지하라고 요구받았다.

"이메일, 문자메시지, 모든 플랫폼에서의 메시지 등 트위터에서의 업무와 관련된 모든 서류와 통신 기록을 즉시 보존해주십시오." 머스크는 그냥 황금 낙하산을 보류한 게 아니었다. 보복 소송을 걸 생각으로, 자신과 법정에서 싸웠던 경영진의 먼지를 털고 싶어했다. 머스크는 복수를 원했다.

거래가 마무리된 날 밤 9시경, 회의와 해고로 가득했던 하루를 마무리한 머스크는 트윗을 올렸다. 그는 이렇게 썼다. "새는 풀려났습니다."[17]

트위터 계정 관리 문제

요엘 로스는 상사인 가데가 해고당했다는 사실을 처음 알았을 때 울기 시작했다. 그러나 슬퍼할 시간은 많지 않았다. 소식을 듣고 얼마 지나지 않아 그는 낯모르는 테슬라 엔지니어에게서 별도의 메시지를 받았다. 2층에 있는 머스크의 사무실로 오라는 내용이었다. 공식적인 사주가 된 지금, 머스크는 트위터가 사용자 계정을 관리하는 데 사용하는 내부 시스템을 더 알고 싶어했다. 신뢰 및 안전팀의 팀장인 로스는 이 문제에 관한 전문가였다. 그는 머스크의 지휘부까지 가는 길에 사내의 핼러윈 파티장을 지나쳤다. 코스튬을 입은 아이들이 다행스럽게도 주변에서 펼쳐지는 회사의 드라마는 전혀 모른 채 뛰어다니고 있었다.

로스는 여러 보안검사를 통과해 머스크가 있는 층에 도착했다. 그곳은 이런저런 활동으로 북적거렸다. 머스크의 아들 X가 보모와 함께 뛰어다니고 있었다. 로스는 전에 머스크를 만나본 적이 한 번도 없었다. 그러나 새로운 상관은 트위터에서 규정 위반에 대처하는 방식이나 트윗에 허위정보 딱지를 붙이는 절차, 심지어 규정 위반에 대해 사용자 계정을 정지하는 데 활용한 기술을 이해하고 싶어 안달난 것처럼 보였다. 로스는 머스크의 계정을 띄워 기술을 시연했다. 머스크팀은 트위터의 불량직원이 허락 없이 머스크의 계정을 정지하거나 변경하려 들지 모른다고 걱정했다. 몇 년 전, 트위터 직원이 회사를 떠나는 날에 도널드 트럼프 계정을 비활성화했다는 점을 생각하면 합리적인 우려였다.

로스는 그 자리에서 몇 가지 제안을 내놓았다. 첫번째 권고는 머스크가 트위터의 외부 콘텐츠 관리자들과 계속해서 협업해야 한다는 것이었다. 이런 외주업체는 트위터 관리 작업의 상당 부분을 담당하며, 스팸을 비롯한 부적절한 게시물을 삭제했다. 그러나 이들은 사용자 계정에 접근할 수 없었다. 로스는 브라질이 중요한 선거를 치르고 있으며, 트위터가 허위정보를 전파하거나 폭력을 일으키는 데 오용될 수 있다는 우려가 있다고 설명했다. 로스로서는 놀랍게도, 머스크는 제3의 외주업체를 건드

려서는 안 된다는 점에 동의했다.

두번째 권고사항은 트위터 내부의 신뢰 및 안전팀 직원 다수가 이런 도구에 접근하지 못하도록 제한해야 한다는 것이었다. 대체로는, 이들의 접근 권한이 제3의 외주업체에 비해 훨씬 광범위하기 때문이었다. 예컨대, 그중 다수는 계정을 정지할 수 있었다. 어느 불만 많은 직원이 멋대로 제재를 가할 위험을 최소화해야 한다는 것이 로스의 설명이었다. 이번에도 머스크는 동의했다. 트위터는 이런 광범위한 접근권을 단 열두 명에게만 부여했다.

마지막 권고사항은 트위터가 내부의 거의 모든 사람에게 '톱X'라 알려진 가장 중요한 계정에 접근할 권한을 제한해야 한다는 것이었다. 이 계정에는 대부분의 국가 정상을 비롯해 잭 도시나 머스크 자신 같은 유명 사용자가 포함되었다. 두 사람은 트위터 내부에서는 오직 로스만이 이런 계정을 변경할 권한을 가져야 한다는 점에 합의했다.

통과. 통과. 통과.

로스는 머스크와의 첫 대면에서 의외로 괜찮은 경험을 했고, 조심스럽게나마 낙관적인 기대를 품었다. 그는 머스크가 트위터의 콘텐츠 관리 장치를 첫날부터 무너뜨리리라 예상했다. 가데가 해고당했다는 것을 안 이후로는 특히 그랬다. 그러나 머스크는 그의 말에 귀기울였고, 심지어 그의 권고사항 전부에 동의했다. 꽤 긍정적인 출발이었다.

혼돈의 첫날

다음날, 즉 트위터의 새 사주로서 머스크가 보낸 **공식적인** 첫날은 대혼란 그 자체였다. 거래가 전날 밤에 마무리되었음에도 머스크는 이러한 중요 사건에 대해 직원들에게 공식적인 발표를 하지 않았다. 자신이 방금 CEO, CFO, 법무 담당자, 정책팀 팀장을 해고했다는 점도 공고하지 않았다. 직원들은 동료에게 듣거나 뉴스를 읽고 나서야 이런 정보를 알게 되었다.

혼란이 가중되었던 것은 금요일 아침에 두 명의 장난꾼이 상자를 들고 샌프란시스코의 트위터 본사에서 걸어나가며 방금 해고당했다고 주장했기 때문이다. CNBC와 《데일리 메일》을 포함한 전국 단위 언론사가 회사 앞에 진을 치고 있다가, 이 '직원'들을 인터뷰하고 정리해고가 시작되었다는 기사를 실었다.[18] 실제 트위터 직원들은 잠시 공황에 빠졌다가 둘을 아는 사람이 아무도 없다는 것을 깨달았다. 둘은 '라훌 리그마'와 '대니얼 존슨'이라는 가명을 사용했는데, 둘의 이름을 이어보면 중학교 운동장에서 히트를 칠 만한 저질 농담이 되었다(리그마 존슨은 "내 거시기나 빨아라"•를 연상시켰다). 언론이 속았다는 걸 깨달았을 때쯤에는 너무 늦었다. 물론, 머스크는 이 모든 일을 그야말로 우스꽝스럽다고 생각했고 나중에 두 '직원'과 사진까지 찍었다. 그는 "실수를 인정한다는 건 중요한 일입니다. 이 사람들을 해고한 건 분명 내가 저지른 가장 큰 실수였습니

• lick my johnson.

다"[19]라는 트윗을 올렸다.

트위터 내부도 혼란스럽기는 마찬가지였다. 머스크와 '졸때기들'은 여전히 회의를 열고 있었다. 점점 더 많은 테슬라 엔지니어들이 와서 트위터 코드를 살펴보았다. 불과 몇 달 전에 해고당한 서비스 개발팀 팀장 케이본 베이크푸어가 사무실을 돌아다니며 머스크와 개인적인 회의를 하는 모습이 눈에 띄었다. 그가 돌아올지도 모른다는 의구심이 생겨났다. 새로운 트위터 서비스와 기능에 관한 아이디어가 모두에게 돌았다. 어느 서비스 개발 회의에서는 색스가 돈을 벌어들일 새로운 방법으로 사이트 전체에 유료 서비스를 추가해야 한다는 아이디어를 아무렇지 않게 내놓았다. 그렇게 하면 서비스 전체가 극적으로 바뀔 텐데 말이다.

정오쯤에, 엔지니어들은 소프트웨어 코드를 종이에 인쇄하라는 이상한 지시를 받았다. "지난 30일간 작성한 코드 50페이지를 프린트하십시오." 어느 경영진 비서가 트위터의 슬랙 채널에 적었다. "코드가 최근에 작성된 것인지도 중요하지만, 우리 코드의 복잡성을 보여주는 코드를 선택해야 합니다." 몇몇 직원들은 머스크가 직접 코드를 검토하리라는 말을 들었다. 그래서 엔지니어들은 종이 더미를 들고 프린터 주변을 돌아다녔다. 얼마 지나지 않아 그들은 슬랙으로 다른 지시를 받았다. "업데이트: 인쇄 그만하세요."[20] 누군가가 어디에선가 트위터의 코드베이스 전체를 인쇄하는 것은 불필요한 일이며, 노트북으로 코드를 살펴보는 것만으로도 충분하리라는 점을 깨달았다. "이미 인쇄했다면 세절해서 샌프란시스코 10번가에 버리세요. 감사합니다!" 어쨌든, 코드 검토는 결국 이루어지지 않았다.

한편, 머스크는 하루종일 트윗을 올렸다. 그는 새벽 5시가 막 지났을 때 이렇게 썼다. "가즈아!"[21] @catturd2라는 계정에 그 계정이 쉐도우 밴을 당했는지 조사하겠다[22]고 약속한 지 겨우 30분 만이었다. 지역 시각으로 오전 11시경에, 머스크는 "매우 다양한 관점을 가진 콘텐츠관리위원회"를 만들어[23] 트위터의 중요 콘텐츠 정책 결정을 전부 검토하겠다고 약속했다. 이들이 살펴볼 정책 결정에는 이전 경영진이 금지했던 트럼프의 계정을 되살리는 안도 있었다. 겨우 3시간 뒤에, 머스크는 또다른 트윗을 올려 "사소한 이유, 의심스러운 이유로 정지당한 모든 계정은 트위터 감옥에서 풀려날 것"[24]이라고 약속했다. 점심이 지나자마자, 그러니까 엔지니어들이 코드를 인쇄하던 그 시점에 머스크는 "이제 트위터에서 코미디는 합법입니다"[25]라고 선언했다.

모두가 머스크처럼 즐거워하는 건 아니었다. 바로 그날, 머스크는 트위터의 최고위 경영진인 존 첸과 줄리아나 헤이스에게 전사 차원의 정리해고를 감독하는 참담한 일을 맡겼다. 트위터는 지난 4월에 대규모 정리해고를 할 뻔했지만, 머스크가 회사를 인수할 예정이었으므로 그 계획을 미뤄왔다. 그러나 첸과 헤이스에게는 아직 원래의 정리해고 방안이 있었다. 그들은 회사에 이 안을 갱신하고 목표를 조정하자고 제안했다. 직원의 약 20퍼센트를 해고하도록 말이다. 머스크는 이 아이디어를 승인하고, 두 사람에게 모든 것을 마무리할 시간을 주었다. 겨우 24시간.

머스크와의 회의를 마치고 나와서 헤이스는 존 첸에게 함께 사임하고 이 건물을 떠나는 건 어떻겠느냐고 말해보았다. 하지만 그들은 결국 이 일을 머스크와 그의 고문들에게 맡기는 것이 직원들에게는 더 나쁜 일이 되리라고 판단했다. 사직하는 대신, 그들은 트위터의 인사팀 팀장 캐슬린 파시니에게 전화를 걸었다. 세 사람은 한데 모여 계획을 논의했고, 얼마 지나지 않아 이 끔찍한 지시를 트위터의 관리자들에게 전달했다. 해고에 대비해 각자의 팀 직원들에게 순위를 매기라는 지시였다.

그런데 이 절차가 더 복잡해졌다. 그들 모르게 머스크가 사촌 제임스와 앤드루가 이끄는 테슬라와 스페이스X의 엔지니어들에게도 트위터의 엔지니어팀을 대상으로 유사한 순위 매기기 작업을 감독하라고 지시했기 때문이다. 그들은 머스크가 거래를 마무리하고 나서 첫 24시간을 트위터의 코드베이스를 샅샅이 훑고 직원의 기여 내용을 검토해 저성과자를 판별하는 데 썼다. 머스크는 그들에게 트위터의 엔지니어팀 팀원을 90퍼센트 이상 해고하고 싶다[26]고 말했다.

트위터팀은 바로 그날 저녁 순위가 매겨진 명단을 제출하라는 요구를 받았다. 이에 다들 미친듯이 허둥댔다. 수백 명, 심지어 수천 명으로 구성된 큰 팀일수록 더 그랬다. 모든 것이 끝났을 때 머스크가 바라는 회사가 어떤 모습인지 분명하지 않았기에, 관리자들은 어떤 유형의 직원을 데리고 있어야 하는지에 관한 지침 없이 작업해야만 했다.

테슬라 엔지니어들은 트위터 관리자들에게 지난 한 달간 최소 100줄의 코드를 썼는지에 따라 직원 서열을 매기라고 권고했다. 대부분의 관리자를 비롯해 서비스 개발팀의 수많은 직원들이 실제로 코드를 작성하지 않는다는 점을 생각하면 다소 쓸모없는 기준이었다. 수십 명, 심지어 수백 명의 직원으로 이루어진 비교적 큰 팀에서는 기준이 존재하지 않았기에 직원 줄 세우기가 거의 불가능했다. 관리자들은 호봉에 따라 직원에게 우선순위를 매겨야 할까? 물리적 위치를 우선해야 할까? 사람들은 대체로 머스크가 트위터의 '어디서든 근무 가능' 정책을 철회할 거라고 전망했다. 그렇다면, 사무실 근처에 살지 않는 원격 근무자들을 먼저 해고자 명단에 올리는 게 관리자 자신의 생존을 위한 전략으로 합리적일까? 관리자들은 머스크의 고문단을 통해서도 추가적인 지시를 받고 있었다. 그라시아스는 영업팀 리더들에게 트위터가 "뛰어나거나" "출중한" 사람은 누구든 데리고 있어야 한다고 말했다.

그 결과, 관리자들은 비일관적인 명단 수십 개를 내놓았다. 어떤 사람들은 자기 조직의 상위 30퍼센트와 하위 30퍼센트 직원들을 찾아냈다. 영업을 담당하며 광고주와 협력하는 팀의 팀장들은 약 1400명의 직원들을 데리고 있었는데, 자기 팀의 20퍼센트만 정리해고의 영향을 받으리라 생각했다.

오스틴에 사는 개발자 서비스팀 팀장, 아미르 셰밧 같은 다른 관리자들은 아무런 기준도 전달받지 못했다. 그가 해고 절차를 주도하는 팀에 어떤 기준으로 서열을 잡아야 하느냐고 물었을 때 받은 답은 "우리도 모른다"였다. 셰밧은 그날 오후 6시까지 팀원들의 서열을 매기고, 4시간 뒤 구글 문서에 명단을 제출하라는 지시를 받았다. 문서에 대한 그의 접근 권한은 아무런 설명 없이 즉시 끊겼다.

첫째 날이 공식적으로 끝났다.

배지의 조건

일론 머스크를 위해 일한다는 건 일반적으로 샤워, 식사, 그리고 수면을 포함한 다른 모든 일이 부차적이고 필요 없게 여겨질 만큼 빠르게 움직인다는 뜻이다. 야근과 주말 근무는 당연하고, 밤을 새는 일도 드물지 않다. 세계에서 가장 큰 부자가 되기 한참 전에 샌프란시스코의 젊은 20대 창업가였던 머스크는 거의 사무실에서 살다시피 했다. 인터넷 전화번호부인 집2를 만들었을 때는 책상 옆 빈백 소파에서 잠을 자곤 했다.[27] 그는 매일 아침, 직원들이 하나둘 들어와 발로 툭 차면 잠에서 깨서 하루를 시작했다. 2018년, 테슬라가 생산으로 분주했던 기간에 머스크는 공장 바닥에서 잠을 잔 것으로 유명하다. 집에 가거나 샤워할 시간조차 없을 만큼 바빠서 말이다. 나중에 그는 이렇게 설명했다. "나는 내 상황이 회사의 누구보다도 나쁜 것이기를 바랐습니다. 의도적으로요. 사람들이 어떤 고통을 느끼든, 내 고통이 더 심각한 것이기를 바랐달까요."[28] 머스크는 필요하다면 참호에서라도 살 생각이었다. 그리고 직원들도 그와 함께하기를 기대했다. 그의 전기 작가인 아이작슨은 이렇게 썼다. "머스크는 과격한 전사들이 편안함보다는 심리적 위기감을 느끼는, 호전적이고 압박감이 심한 환경을 선호했다."[29]

트위터에 이런 정신 상태는 새로운 것이었다. 이런 생각이 회사의 엔지니어 일부에게 빠르게 옮겨붙었다. 만화가 마누 코르네는 머스크가 트위터의 사주로서 하루를 꼬박 보낸 첫날인 금요일에 처음으로 사무실 소파에서 잤다. 새로운 CEO는 절대적으로 중요한 프로젝트 몇 가지를 빠르게 지정했는데, 그중에는 회사의 구독제 서비스인 트위터 블루의 개선도 있었다. 트위터 블루를 만드는 팀은 머스크에게 좋은 인상을 주고, 머스크만큼 이 프로젝트를 시급하게 여긴다는 점을 보여주려고 일을 서둘렀다. 코르네는 엄밀히 말해 트위터 블루팀 소속이 아니었으나, 이 기능을 개발하는 직원들이 며칠 안에 머스크의 손에 새로운 시제품을 쥐여주지 못하면 해고당할 거라는 소문을 들었기에 도와주겠다고 자원했다. 그 사무실에서는 소파에서 잠을 자는 것이 합리적인 생각처럼 느껴졌고, 코르네는 일하느라 늦게까지 남아 있었다.

머스크는 트위터 블루에 대해 기이할 만큼 높고 비현실적인 야심을 품고 있었다. 처음 며칠간 트위터 블루팀과 회의하면서, 그는 거의 없다시피 할 정도로 미미한 트위터 블루의 구독료 수익을 회사 전체 수익의 50퍼센트까지로 높이고 싶다고 발표했다. 1년에 수십억 달러에 달하는 도약이었다. 머스크는 트위터가 생존하기 어려울 정도로 광고수익에 의존하고 있으며, 두번째 사업 노선이 필요하다고 생각했다. 구독은 좋은 선택으로 보였다. 부분적으로는 트위터가 이미 구독 서비스를 판매했기 때문이었으나, 넷플릭스나《뉴욕 타임스》같은 비교적 전통적인 미디어사의 구독 모델이 성과를 내는 것처럼 보이기 때문이기도 했다.

그러나 머스크가 오기 전에 트위터의 구독 서비스는 태동기에 있었으며 거의 전적으로 파워 유저에게 집중되어 있었다. 도시는 2020년 후반, 엘리엇이 나타난 이후에야 구독 프로젝트에 청신호를 내려주었다. 그 이후로 이 서비스는 트위터 내부에서 몇 년간 굴러다녔다. 구독 서비스 관련 업무를 하는 팀은 트위터 원, 트위터 플러스, 트위터 프리미엄 등 몇 가지 이름을 고려했으나 도시가 떠올린 트위터 블루가 이름이 되었고, 회사 마케팅팀은 이를 아쉬워했다. 블루는 한 달에 단돈 4.99달러에 구독자들에게 핸드폰에 표시되는 앱 아이콘의 색깔을 바꾸거나 더 긴 영상을 올리는 등의 특권을 제공했다. 궁극적으로, 이 팀은 구독의 일환으로 광고 없는 트위터를 판매하고 싶어했으나 그런 일은 아직 일어나지 않았다.

머스크가 왔을 무렵, 트위터 블루는 회사 사업 부문 중에서 거의 비중이 없었다. 머스크는 이것이 "말도 안 되는 개소리"[30]라고 생각했다. 그는 사람들이 구독하면서 받는 기능 세트를 정비하고 싶어했다. 본격적으로 돈을 벌어들이려면, 머스크는 트위터의 파워 유저만이 아니라 평범하고 일상적인 사용자들도 신용카드 번호를 넘기도록 유인해야 했다. 그는 이렇게 할 한 가지 방법이 트위터의 '파란색 체크' 인증 배지를 구독 패키지의 일환으로 제공하는 것이라고 생각했다.

트위터는 몇 년 동안 이런 배지를 붙여주었는데, 연예인이나 정치인, 기자 같은 사람들의 유명 계정을 인증하기 위해 사용자의 프로필 페이지에 달아주는 방식이었다. 배지는 파란 원 안에 흰 체크 표시가 들어 있는 모양이었다. 트위터에서는 아무나 무작위 이메일 주소를 활용해 사칭 계정을 만들 수 있었기 때문에 실질적으로 이 체크 표시는 트위터 사용자가 공식적인 진짜 계정을 알아볼 수 있도록 도와주었다. 그러나 체크 표시는 일종의 사회적 인정의 표시로도 작동했다. 파란색 체크는 실제로는 아무도 당신이 **누군지** 모른다 한들 트위터에서는 당신이 중요한 인물임을 확인해주는 명예의 훈장 같은 것이었다.

머스크는 파란색 체크 표시에 가치가 있다는 것도, 트위터가 이런 배지를 공짜로 나눠주며 몇 년을 보냈다는 것도 알고 있었다. 처음에 그는 트위터 블루 구독료로 한 달에 20달러를 받고 싶어했지만,[31] 언론에 가격이 새자 사용자들이 경악했다. "파란색 체크 표시를 계속 달고 있겠다고 한 달에 20달러를 내란 말이야? 엿이나 먹으라고 해. 트위터에서 나한테 돈을 줘야지. 이걸 정말로 실행하면 난 트위터를 떠날 거야. 엔론처럼."[32] 700만 팔로워를 거느린 작가, 스티븐 킹이 이렇게 트윗을 남겼다. 머스크가 이 트윗을 보고 답장을 남겼다. "우리도 먹고는 살아야죠! 8달러는 어때요?"[33] 바로 그렇게, 트위터는 트위터 블루의 새로운 월간 구독료를 정했다. 7.99달러였다.

머스크의 생각은 파란색 체크 표시에 가치가 있다는 것만이 아니었다. 그는 이 체크 표시를 파는 것이 몇 달간 그의 불만이었던 봇 문제에 대한 해결책이라고 판단했다. 그러니까 봇 계정이라면 한 달에 8달러를 내지 않을 거라고 생각한 것이다. 그 말은 인증 배지를 판매하는 것이 진짜 사람과 봇을 구분하는 데 도움을 주리라고 믿었다는 뜻이다(물론, 이런 논리는 트위터를 사용하는 진짜 인간은 누구나 한 달에 8달러를 낼 거라는 가정에 근거한다. 이 역시 머스크가 일반적인 트위터 사용자와 얼마나 괴리되어 있었는지를 보여주는 사례다).

머스크는 배지를 주던 방식도 문제삼았다. 많은 경우, 파란 배지를 받는 것은 실제로 유명인이 되는 것보다는 트위터에서 일하는 누군가를 아는지에 따라 결정되었다. 수많은 기자에게 배지를 준 까닭에 기자들이 트위터에서 머스크가 적절하다고 생각하는 것보다 더 높은 지위와 권위를 갖게 된다는 사실을 상당히 심각하게 생각하는 듯했다. 머스크는 트위터의 인증 프로그램을 '영주와 농노 시스템'[34]이라고 불렀다. 이 모든 이유로 그는 최대한 빨리 이 시스템을 바꾸기로 작정했다.

트위터 블루를 실제로 추진하기 위해, 그는 트위터의 비교적 실험적인 서비스에 여러 차례 참여해온 개발팀 관리자 에스터 크로퍼드에게 의지했다. 에스터가 참여했던 프로젝트에는 콘텐츠 크리에이터를 트위터로 유인하기 위한 기능도 있었다. 크로퍼드는 트위터에서 가장 연차가 높은 개발자도 아니었고, 두번째나 세번째로 직급이 높은 사람도 아니었다. 하지만 그녀는 몇 년 전, 트위터에서 그녀가 개발한 소셜미디어 앱 '스쿼드'를 매입하면서 트위터에 합류한 스타트업 창업자였다. 그녀는 머스크가 기대하는, 지치지 않는 실행력에 익숙했다. 가장 중요한 건 그녀가 머스크를 위해 열정적으로 일하고 싶어했다는 점이다. 그래서 그녀는 수많은 동료 사이에서 조금 튀었다. 머스크는 크로퍼드에게 트위터 블루를 개조해 다시 출범시킬 때까지 1주일 조금 넘는 시간을 주었다. 이제 트위터 블루에는 유료 구독자를 위한 인증 배지가 포함될 터였다. 평시 기준으로도 이상할 만큼 빠른 마감 시간이었지만, 기업인수에 따르는 다른 모든 혼란을 생각하면 유독 급한 일정이었다. 테크 뉴스 사이트인 《버지》에서는 에스터의 팀이 미국 중간선거 전날인 11월 7일이라는 마감 기한을 맞추지 못하면 전원 해고당할 것[35]이라고 보도했다.

마감일이 설정되고 며칠이 지나자 크로퍼드도 사무실에서 자게 되었다. 한 동료가 회의실 바닥에 은색 침낭을 깔고, 눈에는 검은 안대를 쓰고서 잠을 자는 그녀의 사진을 올렸다. 크로퍼드는 이 사진을 리트윗하며 설명을 달았다. "팀원들이 마감에 맞추려고 하루종일 일하고 있다면, 가끔은 나도 #일하는곳에서자야지."[36]

크로퍼드의 동료들은 이를 달갑지 않게 여겼다. 트위터는 어떤 상황에서도 직원들에게 직장에서 자라고 요구하지 않는 회사였다. 직장에서 자기는커녕 오히려 그 반대였다. 트위터 같은 테크 회사에서는 일과 삶의 균형이 언제나 중요한 사원 모집의 도구였다. 코비드 당시에, 트위터는 심지어 정신적 번아웃을 해결하는 데 도움이 되도록 한 달에 하루씩 추가 휴가를 주었다. 크로퍼드의 게시물은 머스크의 건강하지 못한 노동기준을 받아들인 결과로 보였다. 그뿐만 아니라, 그에게 아부하기 위한 연극으로도 보였다. 크로퍼드는 이런 불만에도 물러나지 않았다. 그녀는 몇 시간 뒤 연달아 트윗을 올렸다. "이성을 잃는 사람들이 있어서 설명하자면, 어려운 일을 하는 데는 희생이 필요합니다. 나는 가족을 사랑하고, 목표를 실현하기 위해서는 무리해서라도 일을 밀어붙여야 할 때가 있음을 이해해주는 가족들에게 감사합니다."[37] 몇 달 뒤, 크로퍼드는 더 자세한 설명을 덧붙이게 된다. 그녀는 트위터에 이렇게 썼다. "나는 삶을 게임이라고 생각합니다. 기업인수 이후 트위터에서 일한다는 것은 하드 모드로 10레벨의 인생 게임을 하는 것입니다."[38]

동료들이 뭐라고 느끼든, 침낭 속에 웅크린 크로퍼드의 사진은 적어도 한 가지를 확인해주었다. 트위터의 편안한, 직원 친화적인 기업문화는 이제 과거가 되었다.

월세를 내지 맙시다

머스크가 비용 절감을 위해 세운 계획은 정리해고만이 아니었다. 트위터를 매수하고 며칠 만에 그는 보어링 컴퍼니 사장인 스티브 데이비스에게 돈을 아낄 다른 방법을 찾으라고 지시했다. 첫 주 주말에 트위터 지도자 몇 명과 회의를 하면서, 데이비스는 그들에게 연간 5억 달러를 절약할 방안을 떠올려야 한다고 말했다. 뻔한 방법은 트위터의 사무 공간을 줄이는 것이었다. 정리해고가 이미 실시되고 있었으니 더욱 그랬다.

회의에 참석한 이사 중 한 명인 트레이시 호킨스는 부동산을 담당하는 트위터의 부사장이었다. 그녀는 서둘러 회사의 다양한 임대 계약을 자세히 설명하는 스프레드시트를 준비했다. 계약은 도합 50건 정도였다. 그녀는 이 목록에 포함된 계약 중 몇 가지는 취소해볼 수 있으리라 생각했다. 그렇게 하면 물론 위약금을 물어야겠지만 말이다. 호킨스는 며칠 뒤 이 목록과 비용을 데이비스에게 제출했고, 데이비스는 손을 내저었다. "그냥 내지 말죠." 트위터를 상대로 제기된 소장에 따르면 그는 이렇게 말했다고 한다. "그냥 월세를 내지 맙시다."[39]

17장

열핵폭탄

일론 머스크의 전용기, 걸프스트림이 맨해튼에서 그리 멀지 않은 뉴저지주 테터버러공항에 내려섰다.[1] 핼러윈 새벽 2시경이었다. 머스크는 트위터 사주로서의 첫 주 대부분을 샌프란시스코의 트위터 본사에 틀어박혀 보냈다. 그런 다음, 캘리포니아주에서부터 4시간 30분 비행한 끝에 트위터의 뉴욕 지사에서 한 주를 시작했다. 그는 세계에서 가장 큰 광고주들에게 그가 방금 매수한 회사가 지금도 돈을 쓰기에 안전한 곳임을 설득하고자 뉴욕에 온 터였다.

트위터의 영업팀 경영진은 이 회사의 가장 중요한 광고 파트너들과 머스크의 회의를 잡느라 주말을 보냈다. 이들은 새로운 상관이 지난 72시간 동안 심해진 걱정을 해소해주기를 바랐다. 불행히도, 그런 걱정이 너무 많았다. 머스크의 기업인수가 마무리되자마자, 인종차별주의적 욕설 및 코비드-19와 관련된 허위정보가 담긴 트윗이 즉시 다시 발흥했다. 몇 가지 언어에 걸쳐, 흑인을 비하하는 '니거'라는 단어를 사용하는 사용자 수가 1300퍼센트 증가했다.[2] 정점에 이르렀을 때 이 단어는 5분에 170번씩 트윗되었다. 머스크가 인수하기 전에는 5분에 12번도 트윗되지 않았는데 말이다. 명예훼손방지연맹은 머스크의 거래가 마무리되고 24시간 동안 반유대주의적 밈이 1200번 트윗되거나 리트윗되었음을 확인했다. 이 단체에서는 사람들이 "@elonmusk의 회사 인수에서 노골적으로 용기를 얻고 있다"[3]고 주장했다. 조지아주 의원 마저리 테일러 그린 등 논쟁적인 트위터 사용자들은 팔로워의 즉각적 증가를 목도했다.[4] 문제 있는 트윗의 일부는 자동 계정에서 올린 것이었지만, 전부 그런 것은 아니었다. 머스크가 트위터의 규정을 집행할 때 더 관대하게 굴 거라 믿은 사람들이 바로 간을 보러 온 듯했다.

최악은 머스크 자신이 음모론을 트윗하고 있었다는 점이다. 새로운 CEO는 그주 주말, 미국 하원의장 낸시 펠로시의 남편 폴 펠로시에게 가해진 최근의 공격에 대해 음모론을 내세우는 기사를 링크했다. 일반적인 보도와는 달리, 이 기사에서는 우익 미치광이가 폴 펠로시를 공격한 것이 아니라 폴 펠로시가 남성 에스코트와 말다툼을 했기에[5] 이런 사건이 일어났다고 주장했다. 나중에 머스크는 해당 트윗을 삭제했지만, 이미 트윗이 널리 관심을 받은 뒤였다. 해당 트윗을 해롭고도 불쾌하다고 여긴 사람들에게서 비판도 많이 받았고 말이다.

불쾌한 트윗의 양이 폭증한 것은 광고주들에게 걱정스러운 일이었다. 펩시나 애플 같은 대형 브랜드에서 절대 원하지 않는 것이 바로 인종차별주의적 게시물로 가득한 트위터 피드에 광고가 뜨도록 돈을 쓰는 것이었다. 주요 언론사에서 인종차별주의적 트윗에 관해 보도한 이후로, 트위터 영업팀 팀장들은 불안해하는 마케터들을 달래기 위해 켈로그, 아디다스, 애플, 마이크로소프트 같은 중요 브랜드에 즉시 전화를 걸어 우려를 불식시키려 노력했다. 머스크는 트위터의 규정이 너무 엄격하다고 느꼈을지 모르지만, 마케터들은 여전히 그 규정이 중요하다고 생각했다.

머스크는 그들의 불안을 이미 인정한 터였다. "물론, 트위터는 모두가 자유롭게 생활하는 난장판이 될 수 없습니다."[6] 그는 거래가 마무리된 날, 광고주들에게 이런 메시지를 보냈다. "우리 플랫폼은 따뜻하고 모두를 환영하는 공간이 되어야 합니다." 그러나 인종차별주의적 콘텐츠가 급증했다는 사실은 머스크가 트위터를 완전히 잘못된 방향으로 방임하리라는 두려움에 정당한 근거가 있음을 드러냈다. 갑자기, 트위터의 연간 수익에서 약 90퍼센트[7]를 차지하던 광고사업이 취약해 보였다. 이를 만회할 방법은 없었다. 뉴욕에서의 회의가 잘 풀려야만 했다.

좋은 소식은 머스크가 아슬아슬하게 도착하긴 했어도 지각하지는 않았다는 점이다. 그는 그주 월요일 아침, 세계에서 가장 큰 미디어 회사인 WPP의 CEO 마클 리드와의 첫 회의가 시작되기 10분 전에 뉴욕 지사에 도착했다. 트위터 경영진은 머스크가 제때 도착한 것을 보고 안도의 한숨을 쉬었지만, 그가 데려온 수행원을 보고는 깜짝 놀랐다. 머스크는 두 살짜리 아들 X를 데려왔을 뿐 아니라 자기 어머니인 마예 머스크도 사무실에 데려왔다.[8] 트위터 직원들은 그녀가 X를 돌봐주러 온 것이라 생각했지만 마예는 회의에 참여할 생각이었다. 머스크의 친구이기도 한 벤처 투자자 제이슨 칼라카니스도 합류했다.

머스크는 영상통화로 런던에 있던 리드와 만났다. WPP는 유니레버, 마스, IBM 같은 고객사가 지출하는 수십억 달러의 광고 예산을 관리했다.[9] 그러므로 이 첫 회의는 대단히 중요했다. 리드와 머스크는 타협에 성공했다. 리드는 머스크에게 WPP의 고객들을 직접 만나 그들의 질문에 답하라고 요청했다. 물론 머스크는 수락했다. 천생 영업사원인 리드는 머스크에게, 전기차 제조업체인 테슬라가 마케팅을 시작하기로 하면 언젠가 테슬라의 광고도 맡고 싶다고 말했다. 오랫동안 모델로 일해온 마예는 매력적이었고, 나름대로 통찰력 있는 질문을 몇 가지 던졌다. 회의가 끝날 때쯤, 리드와 머스크는 핸드폰 번호를 교환하고 협력이 서로에게 도움이 된다는 점을 확인했다. 트위터에 WPP가 필요하다는 건 분명했다. 그러나 WPP 역시 트위터와 계속 일하기를 원했다. 부분적으로는 트위터가 페이스북이나 구글 같은 대형 플랫폼의 대안이었기 때문이다. 마케터들은 단일 서비스에 예산이 너무 많이 묶이는 것을 절대로 좋아하지 않는다. 괜찮은 시작이었다.

머스크의 다음 회의는 호라이즌 미디어의 CEO 빌 쾨니히스베르크와 잡혀 있었다. 그는 캐피털 원이나 버거킹 같은 브랜드를 대표했다. 이번에도 머스크는 매력을 발휘했다. 그러나 이후 몇 주, 몇 달 동안 그와 트위터를 반복적으로 곤란에 빠뜨릴 자기 파괴적 경향도 드러났다. 머스크는 종종 동업자들이 듣고 싶어하는 말을 한 다음, 그들이 경악해 고개를 젓게 할 행동을 하곤 했다. 이런 위반 행위는 트위터에서도 종종 공개적으로 일어나는 듯했다. 새로운 트위터 소유주는 트윗을 통해 문제를 자초

하는 능력이 대단히 뛰어났다.

호라이즌과의 회의에, 쾨니히스베르크는 고객 다수가 트위터에서 전 대통령 도널드 트럼프의 복귀를 허용할 것인지 물었다고 언급했다. 머스크는 자신도 같은 질문을 받고 있다고 대답했다. 머스크는 이미 트럼프를 되찾아오겠다고 약속했지만, 전직 대통령이 트위터에 존재했던 가장 분열적이고 논쟁적인 인물임을 생각했을 때 그의 계정을 복원하려는 계획은 당연히 섬세하게 다루어져야 했다. 라이벌을 공격적으로 저격하고, 민주주의를 약화하려는 것으로 잘 알려진 사람을 어떻게 통제할 것인지 광고주들과 충분히 소통해야 했다. 광고주들이 이미 트위터에 대해 느끼고 있던 일반적 불안감을 생각할 때, 이는 사려 깊고도 절제된 답변을 해야 하는 순간이었다.

그러나 머스크는 핸드폰을 꺼내 트윗을 입력했다. "누가 나한테 트럼프가 이 플랫폼에 돌아올 것이냐고 물을 때마다 1달러를 저금했으면, 트위터는 돈을 찍어내고 있었을 겁니다!" 그는 회의실에서 이 트윗을 큰 소리로 읽은 뒤, 그 내용을 1억 1200만 명의 팔로워에게 전송해야겠느냐고 물었다. 오직 트위터의 영업팀 팀장 JP 마후만이 반대했다.[10] 그랬다가는 대답할 수 없는 질문들이 쏟아지리라는 것을 알았기 때문이다. 머스크는 그냥 웃으며 어쨌든 그 게시물을 올렸다.[11] 불가피하게도 이는 광고주들에게 더 큰 불안을 안겼다. 또한 마후는 머스크가 반대 의견을 좋아하지 않는다는 것을 곧 알게 되었다.

머스크는 광고주들에게 변명을 하는 한편 트위터의 유력한 콘텐츠 협력사 대표들도 만났다. 그중에는 NFL 총재 로저 구델도 있었다. NFL은 가치가 높고 전문적으로 제작된 영상을 트위터에 업로드하는 계약을 체결한 터였다. NBA가 그랬듯, NFL도 하이라이트 영상을 트위터에 아주 많이 올렸다. 트위터는 하이라이트가 시작되기 전에 짧은 영상광고를 띄우고, 그 수익을 리그와 공유했다. 트위터는 보통 이런 협력사에 일정 수익을 보장해주었다. 그 말은 트위터가 광고를 팔든 말든 NFL이 돈을 받는다는 뜻이었다.

구델은 트위터의 뉴욕 지사로 머스크를 만나러 왔다. 머스크에게는 리드나 쾨니히스베르크에게 한 것과 같은 홍보를 할 기회였다. 트위터는 안전하며, 자신은 그 점을 입증하고 광고주들의 염려를 덜어주기 위해 노력할 열정이 있다고 말이다. 트위터에 콘텐츠를 올리는 다른 광고주와 마찬가지로, NFL은 자신들의 터치다운 기념 영상이 나치가 올린 트윗 사이에 뜨는 것을 바라지 않았다.

머스크의 변호사인 알렉스 스피로도 뉴욕에 와서 상사의 회의에 참여했다. 그는 협력사 사람들과 악수하며 그들을 달래려 노력했다. 스피로는 A급 고객 명단을 가지고 있었다. 그 말은 그가 전에도 수많은 중요 스포츠리그 및 언론사와 일해왔다는 뜻이었다. 트위터는 그를 참여시켜 인맥의 혜택을 볼 수 있으리라 기대했다.

그날 밤 늦게, 트위터의 최고위 영업팀 경영진은—초대받지 못한 마후는 빠졌다—머스크와의 통화를 즉시 시작했다. 그날 회의는 충분히 잘 진행되었지만, 회사의 상황이 선명해진 것은 아니었다. 수많은 광고주가 여전히 트위터에 대한 머스크의 계획을 걱정하고 있었다. 이후, 나쁜 소식이 더 많이 들려왔다. 트위터의 고객 총괄 임원이자 경영팀 최고지도자인 세라 퍼소넷이 사임하고, 공식적으로 회사를 떠났다.[12] 퍼소넷은 지난 몇 년간 트위터 광고주들에게 안도감을 주는, 아는 얼굴이었다. 그녀가 떠났다는 소식이 새면 우려가 더 심해질 게 분명했다. 이제 남은 최고위 영업팀 경영자는 공식적으로 마후가 되었다.

다음날 아침, 퍼소넷의 사직 사실이 공개되었다. 트위터의 미국 영업팀 팀장 로빈 휠러는 영상통화로 팀원들을 진정시키려 했다. **"심호흡하세요. 다 잘될 겁니다."** 회의를 하던 중에 누군가의 통화가 휠러를 방해했다. 마후가 보안팀의 에스코트를 받으며 뉴욕 지사를 떠나고 있다고 직원이 알린 것이다. 트위터의 CMO이자 지난주 샌프란시스코에서 머스크의 안내자 역할을 했던 문화적 지도자 레슬리 벌랜드도 같은 날 회사를 떠났다. 완전히 뒤통수를 맞은 휠러는 무슨 말을 해야 할지 알 수 없었다. 회의는 모두가 대체 무슨 일이 벌어지는 건지 이해하려 애쓰는 가운데 갑자기 종료되었다. 마후는 머스크의 트윗에 반대 의견을 밝히고 24시간도 되지 않아 해고당했다.

머스크가 뉴욕에 온 목적은 모든 것이 통제하에 있으며, 트위터는 계속 돈을 써도 좋은 안정적이고 안전한 곳이라고 광고주를 설득하기 위해서였다. 그런데 이제 트위터의 최고위 영업팀 팀장 두 명이 떠났고, 회사는 하룻밤 사이에 광고주들이 가장 싫어하는 존재가 되었다. 그야말로 예측 불가능한 존재가 된 것이다.

새로운 CEO가 던진 폭탄

트위터의 정리해고를 실행하는 데는 머스크가 처음 계획했던 것보다 오랜 시간이 걸렸다. 알고 보니, 24시간 만에 수천 명의 사람들을 해고하는 일은 사실 불가능했다. 이 절차를 다양한 집단이 진행할 경우에는 더더욱 그랬다. 다른 장애물도 이 절차를 느리게 만들었다. 머스크와 그의 고문들은 트위터가 실제로는 일하지 않는 사람들에게 돈을 주고 있을지 모른다고 걱정했다. 확실히, 이는 수만 명의 해외 직원을 거느린 대규모 테크 회사에서 종종 벌어지는 문제였다. 최고회계책임자 로버트 케이든이 주말 동안 회사의 모든 직원이 진짜 인간임을 확인하는 수고스러운 일을 맡았다. 머스크는 관리자들에게 계속 데리고 있고 싶은 사람들을 변호해보라는 단호한 입장을 굽히지 않았다. 그 말은 일부 관리자가 주말 내내 잔류할 직원이 '출중한' 이유를 설명하는 메모를 명단에 달아야 했다는 뜻이다.

관리자들이 금요일 늦게 처음으로 직원 명단을 제출했을 때, 대부분의 사람들은 정리해고가 주말 동안이나 늦어도 월요일 아침에는 이루어질 거라고 생각했다. 그 날짜가 핵심이었다. 트위터의 약 7500명 직원 중 다수가 다음날인 11월 1일 화요일에 주식 보상을 확정받을 예정이었다. 트위터 경영진은 머스크가 보상 확정 전에 사람들을 해고하리라고 생각했다. 그러면 회사에서 수백만 달러를 아낄 수 있었기 때문이다. 어떤 직원들은 1년에 네 차례 확정되는 스톡옵션으로 봉급 대부분을 받았다. 트위터가 비상장 기업이 된 지금, 모든 스톡옵션은 주당 54.20달러의 현금으로 직원들에게 지급되어야 했다. 11월 1일에 트위터와 머스크는 2억 달러 이상을 치러야 할 터였다.

그러나 월요일은 대대적인 해고 없이 지나갔고, 직원들은 집단적으로 안도의 한숨을 쉬었다. 머스크는 핼러윈에 주식 지급을 확정하겠다고 공식적으로 승인했다. 괜히 밤늦게까지 발표를 미뤄 그의 승인만을 기다리던 트위터 재무팀 팀원들에게 불필요한 스트레스를 주기는 했지만 말이다. 최소한 해고 예정자도 마지막 보너스를 챙겨갈 수 있게 되었다.

이런 지연은 결국 처음 계획한 것보다 훨씬 더 많은 사람들에게 유리하게 작용했다. 그주, 정리해고를 담당하는 트위터팀이 데이비드 색스 및 안토니오 그라시아스와 만날 때마다 머스크의 고문들은 더 많은 사람을 해고하라고 압박했다. 최초의 계획은 직원 20퍼센트를 해고하는 것이었는데, 겨우 며칠 만에 그 숫자가 회사 직원의 50퍼센트 수준까지 늘어났다.

머스크는 다른 방법으로도 필사적으로 돈을 아꼈다. 같은 시기에 다른 비용 5억 달러를 감축하려고 노력하던 스티브 데이비스는 트위터 직원들에게 나가서 회사가 맺은 모든 계약을 재협상하라고 지시했다. 트위터는 즉시 직원을 위한 법인 신용카드 사용을 취소했고, 데이비스가 약속했듯 사무실 임대료를 더이상 내지 않았다.

머스크는 회의론자들의 마음을 되찾으려고 한 주 내내 열심히 일했다. 약속했듯 마크 리드와 함께 그는 WPP의 고객사를 만났다. 소셜 네트워크 회사와 그들의 콘텐츠 정책을 소리 내서 비판하던 인권활동단체와도 만났다. 보수파 정치인들과는 달리, NAACP(전미유색인종지위향상협회), 컬러오브체인지, 명예훼손방지연맹 등은 소셜 네트워크가 충분한 규제를 하지 않는다고 생각했다. 이들은 사실상 업계의 감시견이 되어, 혐오 발언에 대한 규제를 개선하도록 회사에 문제를 제기했다. 그리고 이런 개선이 이루어지지 않으면 지출을 중단하라고 광고주들을 압박했다. 몇 년 전, 인권단체들은 아디다스, 코카콜라, 포드 등 일반인이 이용하는 브랜드 수십 곳의 페이스북 광고 보이콧을 진행했다. 머스크는 이들의 영향력을 분명히 이해했으며, 몇몇 단체와 통화를 통해 선거를 앞두고 있는 만큼 트위터의 허위정보 규제 정책을 그대로 유지하겠다고 약속했다. 그는 트럼프의 계정을 비롯해 금지된 계정을 복구해야 할지 검토하는 콘텐츠관리위원회를 만들겠다는 계획도 거듭 밝혔다.[13]

머스크의 노력에도 불구하고 광고주들은 여전히 겁을 먹고 있었다. 머스크의 말은 그의 주변에 휘몰아치는 토네이도를 생각하면 별로 중요하지 않았다. 혐오 발언이 급증했다는 사실은 절대로 무시할 수 없었다. 머스크가 회사를 인수하고 며칠 만에 영업팀 최고위 경영자 몇 명이 그만두거나 해고당했다는 사실도 마찬가지였다. 이제 브랜드 회사들은 트럼프가 돌아올지 모른다는 점도 고민하고 있었다. 대형 광고주들은 계속해서 트위터에 전화를 걸어 답변을 요구했으나 영업팀은 그 답을 들려줄 수 없었다. 머스크가 회사를 인수한 첫 주에, 최상위 광고주 수백 곳이 트위터 광고구매를 중단했다. 세계에서 가장 큰 광고대행사 중 한 곳인 IPG는 닌텐도와 CVS 같은 브랜드를 포함한 모든 고객사에 광고 캠페인을 일시 중단하라고 알렸다.[14] 머스크는 광고주들에게 한 약속이 통하지 않는다는 점에 빠르게 좌절감을 느끼고, 물러서려는 사람들을 자극하기 시작했다. 그는 트위터 팔로워들에게 트위터의 광고주들이 어느 쪽을 지지해야 한다고 생각하는지 묻는 설문조사를 올렸다. "언론의 자유"와 "정치적 '올바름'" 중 하나[15]를 선택하라고.

마후와 벌랜드가 보안팀에 의해 사무실에서 쫓겨나고 난 뒤에는 휠러가 국제 영업 및 마케팅팀의 새로운 수장으로 들어왔다. 트위터의 베테랑인 휠러는 10년도 더 전, 이 회사의 조그만 애틀랜타 지사에 취직해 영업을 시작하면서 사내의 승진 사다리를 올라왔다. 그녀는 단 한 가지 조건만을 걸고 최고위직을 맡았다. 그 조건은 머스크가 트위터 영향력위원회와 대화해야 한다는 것이었다. 이 위원회는 트위터에 종종 조언을 해주고 외부의 시각을 제공해주는, 미디어 및 광고계의 고위 경영진으로 구성된 단체였다. 머스크는 지금까지 광고주들과 일대일로 만나겠다는 입장을 고수해왔다. 위원회와의 만남은 영향력 있는 업계의 경영진이 단번에 그의 말을 들을 수 있는 기회였다.

트위터 영향력위원회는 11월 3일 목요일에 소집되었다. 트위터 인수 거래가 공식적으로 마무리된 지 1주일 만이었다. 머스크와 휠러는 트위터의 샌프란시스코 사무실 2층에 있는 회의실에 나란히 앉아 영상통화에 참여했다. 트위터의 신뢰 및 안전팀 팀장인 요엘 로스는 근처 회의실에서 참여해, 회의중 언급되는 모든 정책 관련 질문에 답했다. 세계적인 대형 브랜드 다수가—모두 놀라울 정도로 위험을 회피하는 성향을 가지고 있었다—이 회의에 경영진을 참여시켰다. 그중에는 제너럴 일렉트릭, 마스터카드, NBC, 포드 등 일반인에게도 잘 알려진 기업 이름이 있었다.

머스크는 늘 그랬듯 온갖 입바른 소리를 했다. 그는 트위터가 "전파할 자유가 아닌, 발언의 자유"를 위한 서비스가 될 거라고 했다. 회사에서 규정을 일부 느슨하게 적용하더라도 의심스러운 콘텐츠가 담긴 트윗은 많은 사람들에게 보이지 않으리라는 뜻이었다. 그는 자신이 만들려는 콘텐츠관리위원회에 대해서도 다시 이야기했다. 트럼프를 비롯한 사람들을 복권시키는 결정에도 이 위원회가 참여할 거라고 했다.

머스크는 까다로운 질문에 대응했다. 그중에는 포드의 경영진이 던진 질문도 있었다. 트위터에서의 역할을 활용해 테슬라가 다른 자동차 기업보다 경쟁에서 우위를 점하도록 하겠느냐는 것이었다. 머스크는 트위터의 CEO로서 포드를 비롯한 자동차 회사들이 마케팅이나 제품 출시와 관련해서 진행하는 일에 대해 데이터와 통찰력을 갖게 될 터였다. 대부분의 자동차 제조사들은 머스크가 새로운 역할을 남용할지 모른다는 걱정에 트위터에 대한 지출을 일시정지한 터였다. 물론, 머스크는 포드의 경영진에게 걱정할 건 전혀 없다고 말했다.

회의는 약 90분간 진행되었다. 트위터 내외의 인사 모두에게 이 회의는 긍정적인 한걸음으로 비쳤다. 아마 이것이 길기만 했던 한 주의 전환점일지도 몰랐다. 어쩌면 모든 것이 이미지에 신경쓰는 광고주들과 트위터의 새로운 괴짜 소유주 사이에 발생한 짧은 오해였을지도 몰랐다. 휠러와 머스크는 회의가 끝난 뒤 하이파이브했다. 머스크가 그녀에게 말했다. "봤죠? 난 광고를 팔 수 있다고요."

하지만 그뒤에 머스크가 트윗을 올렸다. 바로 다음날, 인권단체와 회의를 한 지 48시간도 채 되지 않아 머스크는 자신이 트위터에서 본 "엄청난 수익 하락"[16]이 "활동가 단체" 탓이라고 말했다. "콘텐츠 관리와 관련해서는 아무것도 바뀌지 않았고, 트위터는 활동가들을 달래기 위해 할 수 있는 일을 모두 했음에도" 이 단체들이 광고주에게 캠페인 중단을 압박하고 있다면서 말이다.

머스크는 이어서 이렇게 말했다. "지극히 엉망진창입니다! 이들은 미국에서 언론의 자유를 파괴하려 하고 있습니다."

누군가가 머스크의 트윗에 지출을 줄이는 광고주의 "이름을 밝혀 망신을 줘야 한다"고 답장했다. 머스크는 참지 못하고 미끼를 물었다.

"이런 일이 지속된다면 핵폭탄급 조리돌림을 할 수밖에 없죠."[17] 머스크는 그렇게 썼다.

트위터의 영업팀 간부들은 눈을 믿을 수가 없었다. 지난주의 모든 노력이, 리드, 구델, 영향력위원회와의 회의가 갑자기 새로운 CEO의 자기파괴적 트윗으로 물거품이 되었다. 머스크의 위협이 무슨 뜻인지 묻는 전화가 쇄도했다. 핵폭탄급 폭발을 겪을 무언가가 있다면, 그건 트위터의 광고사업이었다.

끝없는 해고

에릭 벌린은 트위터 사무실 5층 라운지에 동료 몇 사람과 함께 앉아 있었다. 그중 일부는 이미 손에 술을 들고 있었다. 그때, 정리해고를 발표하는 이메일이 마침내 도착했다. 트위터 인사팀의 메시지에는 "우리의 전 직원과 관련한 새소식"이라는 제목이 붙어 있었으며, 직원들에게 앞으로 15시간 안에 도착할 두번째 메일에 대비하라고 알렸다. 이메일이 직원의 업무용 계정에 전달되면 그들의 일자리는 안전했다. 개인 메일 수신함으로 전송되면 해고당했다는 뜻이었다. 이런 발표에는 회사에 기여해준 것과 인내심을 발휘해준 것에 대해 감사하는 일반적인 메모가 포함되어 있었다. 직원들은 이 편지에 서명한 것이 실제 사람이 아니라 그냥 '트위터'라는 걸[18] 빠르게 알아보았다.

벌린은 몇 년 전, 트위터가 그녀의 팟캐스트 스타트업을 인수하면서 이 회사에 합류했다. 그녀는 동시에 소식을 전해 받은 동료들과 함께 이 메일을 읽었다. 샌프란시스코에서는 이제 막 오후 5시를 넘긴 시각이었다. 머스크가 인수 거래를 마무리해 트위터의 새로운 사주가 된 뒤로 거의 정확하게 1주일이 지난 시점이었다. 보안 요원이 다가와 벌린을 비롯한 사람들을 사무실에서 내보냈다. 트위터는 안전상의 이유로 본부를 폐쇄하고, 정리해고가 종료될 때까지 출입증을 활용한 출입을 전면 취소하기로 했다. 회사에서는 해고당한 직원들이 계속 사무실에 들어오는 것을 원하지 않았다. 이들은 사무실 맞은편, 비어 홀이라고 불리는 술집으로 이동해 술을 마시며 일자리를 지키게 될 것인지를 두고 보았다.

일론 머스크의 첫 한 주는 그가 오는 것을 걱정하던 수많은 직원의 우려를 거의 불식하지 못했다. 직원 다수는 새로운 CEO의 말을 직접 들어본 적도 없었다. 머스크는 직원들에게 이메일을 보내지도 않았고, 질문에 대답하기 위한 회의를 주최하지도 않았다. 대신, 직원들은 새로운 상사의 움직임을 언론이나 그의 트위터 계정을 통해 추적했다. 이 두 곳에서는 트위터의 사업이 위험하게 흔들리고 있다는 점이 빠르게 자명해지는 중이었다. 관리자들이 정리해고자 명단을 만드는 가운데, 일부 직원들은 그 명단에 포함되려고 비밀리에 경쟁했다. 정리해고를 당하는 것이 일론 머스크 밑에서 일하는 것보다 나은 선택으로 보였다.

저녁이 이어지면서 직원들은 자신들이 해고당했음을 알게 되었다. 그러나 약속된 것처럼 별도의 메일을 받은 것은 아니었다. 대부분은 갑자기 업무용 이메일 계정 및 트위터의 슬랙에 접속할 수 없게 되면서 일자리를 잃었다는 걸 알았다. 트위터는 한 번도 이렇게 많은 사람들을 단번에 자른 적이 없었다. 그래서 정리해고를 실시하는 팀에서는 이메일이 전송되자마자 해당 인원의 접근 권한을 끊어버리는 특수한 도구를 만들었다. 그러나 서둘러 프로그램을 만들었다는 말은 이 도구가 실제로 활용될 때까지 시험받은 적이 없다는 뜻이었다. 결국 이 도구는 관련 소식을 전달하는 이메일이 전송되기도 전에 트위터 내부 시스템에서 사람들을 실수로 쫓아내버렸다.

벌린은 잘렸다는 것을 깨닫기도 전에 바에서 집으로 돌아갔다. 개발자 서비스팀 팀장으로서 1주일 전 나름의 정리해고자 명단을 제출해야 했던 아미르 셰밧은 다른 누군가의 명단에 올라 있었다. 셰밧의 접속 권한은 지역 시간으로 자정이 지나자마자 그가 텍사스에서 컴퓨터 화면을 들여다보고 있는 가운데 끊겼다. 어느 직원은 트위터의 구독 서비스 개조 작업을 서둘러 마무리하던 간부 에스터 크로퍼드와 심야 개발 회의를 하던 와중에 접근 권한을 빼앗겼다. 이 직원은 경고도 없이 영상통화에서 쫓겨났다.[19] 밤이 이어지면서 트위터의 슬랙에는 거대한 파란색 하트 이모지가 쏟아졌다. 직원들이 작별인사를 하는 방법이었다.

일반적으로 회사의 정리해고는 은밀하게 일어난다. 그러나 트위터의 직원들은 일자리를 잃은 것에, 또 그들이 두고 떠나는 회사에 대해 대놓고 슬퍼했다. 어쨌거나 트위터는 공개적인 게시물을 올리는 것을 매우 편안하게 여기는 사람들로 가득했다. 이들이 해고 사실을 알리면서 피드는 빠르게 파란색 하트 이모지와 경례 이모지로 채워졌다. 시그널과 아이메시지의 개인 메시지 그룹이 활활 타올랐다. 직원들은 해고 소식에 반응하며 누가 일자리를 유지하고 유지하지 않을지에 관한 새로운 소식과 가십을 공유하고 있었다. 트위터의 소셜미디어팀을 이끌었던 알폰조 테렐은 그날 밤 모든 일이 진행되는 가운데 팀원들과 영상통화를 하고 있었다. 그는 사람들이 서로 이야기하고 트위터에서 보낸 시간에 관한 이야기를 나눌 수 있도록 트위터 스페이스를 활용해 라이브 오디오 방을 운영하기로 했다. 테렐은 그 방을 '트윕 테라피'라고 불렀다. 수천 명의 사람들이 청취하고 이야기를 나누러 들어왔기에, 이 스페이스는 자정이 훨씬 넘어서까지 유지되었다. 추모식 같았다.

해고 후 닥친 문제들

머스크는 결국 트위터의 직원 약 7500명 중 절반을 해고했다. 금요일 아침에 불안한 마음으로 침침한 눈으로 깨어나 아직 쫓겨나지 않았다는 걸 알게 된 사람들은 시그널과 슬랙에서 메시지를 보내 살아남은 사람이 누구인지 알아보았다. 해고가 마구잡이로 성급하게 진행되었다는 말은 살아남은 수많은 직원들이 더이상 관리자가 존재하지 않는다는 사실을 빠르게 깨달았으나 이제부터 누구에게 보고해야 하는지는 명확하지 않았다는 뜻이다.

해고는 사업의 모든 부분에 충격을 주었다. 약 400명으로 이루어졌던 트위터의 마케팅팀은 해체되어 겨우 24명의 직원만이 남았다. 약 100명으로 이루어졌던 홍보팀은 2명으로 축소되었는데, 둘 다 다음주에 떠날 예정이었다(물론, 머스크는 자신이 직접 트위터의 마케팅과 홍보를 모두 해낼 수 있을 거라고 생각했다). 인사, 신입 채용, 다양성 강화 등을 담당하던 인사팀은 200명 이상, 즉 직원의 약 60퍼센트를 해고했다. 트위터의 개발 및 엔지니어팀은 유독 심한 타격을 입었다. 두 집단 모두에서 50퍼센트가 훨씬 넘는 사람들이 잘려나갔다. 그중에는 서비스를 운영하고 핵심 인프라를 만드는 엔지니어들도 굉장히 많았다.[20] 사람들이 프로젝트나 중요 정보를 남아 있는 동료들에게 전달하기도 전에 해고당했기에 이처럼 과격한 해고는 다양한 문제로 이어졌다.

트위터 엔지니어팀의 인원 감축으로 웹사이트 전체가 어느 순간에든 무너질 수 있다는 의구심이 팽배했다. 일부 사용자들은 다른 사용자에게 각자의 트윗 및 계정과 연관된 데이터를 다운로드하라고 독려했다. 그래야 사이트가 사라져도 그 정보를 유지할 수 있을 테니 말이다. 트위터는 정리해고 며칠 전에 '코드 동결'을 실시했다. 사이트 안정성을 유지하고, 떠나는 직원들이 나가는 길에 행패를 부려 변화를 일으키는 것을 막기 위한 노력이었다. 그러나 회사에 갑자기 너무 많은 구멍이 생겼다. 남아 있는 직원들은 건물 내의 누구도 해결 방법을 모르는 문제가 발생할 수 있다고 우려했다. 또다른 사람들은 다가오는 미국 중간선거를 앞두고 허위정보와 싸울 회사의 능력이 저해될 것을 걱정했다. 선거는 1주일도 남지 않았다.

비교적 상황이 나은 팀도 있었다. 휠러의 영업팀은 돈을 벌고 광고주들을 되찾아와야 한다는 트위터의 긴급한 필요 탓에 대체로 목숨을 건졌다. 그녀는 팀원의 25퍼센트만을 잃었다. 영업을 담당하며 광고주들과 협업하는 직원이 1천 명 이상 남아 있었다. 머스크는 트위터의 신뢰 및 안전팀 사람들도 대체로 살려두었다. 트위터의 정책 결정에 대해 그가 했던 말을 생각하면 처음에는 놀라운 일이었다. 트위터가 여전히 사이트를 안전하게 관리하는 데 신경을 쓴다고 광고주들을 설득하기 위한 노력이 분명했다. 역시 목숨을 건진 로스는 자기 팀의 15퍼센트만이 해고당했다는 트윗을 올렸다.[21]

금요일 오후, 머스크는 마침내 트윗에서 정리해고 문제를 다루었다.[22] 그러나 공감하는 티는 전혀 내지 않았다. "트위터의 인원 감축과 관련해 말씀드립니다. 불행하지만 회사가 매일 400만 달러 이상의 손실을 보고 있는 상황에서 다른 선택지는 없었습니다." 그는 이렇게 쓰고, 모두가 "3개월 치 퇴직수당을 받게 될 것"이라고 덧붙였다. 엄밀히 말해 그 말은 사실이 아니었다. 미국 노동부는 100명 이상의 직원을 둔 고용주에게 '대량 정리해고' 60일 전에 이 사실을 통보할 것을 요구했다. 그 결과, 트위터에서 해고한 직원들은 2개월간 회사의 임금 대장에서 지워지지 않았다. 이 기간이 60일의 통고 기간으로 간주되었고, 직원들은 어떤 일도 할 필요가 없었다. 직원들의 고용 계약이 공식적으로 종료된 다음에야 한 달 치 퇴직수당이 지급되는 것이었다. 그러므로 직원들이 3개월 치 급료를 받게 되는 것은 사실이지만, 퇴직수당은 한 달 치만 받는 셈이었다. 이런 구분은 중요했다. 트위터와 머스크는 정리해고 이후 직원들로부터 집단소송을 당하게 되었는데, 원고측 주장은 머스크가 직원들에게 계약상 지급해야 하는 돈을 지급하지 않았다[23]는 것이었다.

도시의 사과

정리해고 다음날, 마침내 도시가 트윗을 올렸다. "과거에도, 현재도 트위터 사람들은 강하고 회복력이 있습니다. 지금 이 순간이 아무리 힘들어도 그들은 언제나 방법을 찾아낼 것입니다. 나는 수많은 사람들이 내게 화가 났다는 걸 압니다. 모두가 이 상황에 처한 것은 내 책임입니다. 내가 회사의 규모를 너무 빠르게 키웠습니다. 사과합니다."[24]

물론, 그 말은 사실이었다. 수많은 직원은 옛 상사에게 극도로 화가 났다. 도시는 계속해서 머스크를 트위터의 진정한 "의식의 빛"이라며 지원했고, 직원들은 충격과 좌절감 속에 그 꼴을 지켜보았다. 그러는 동안 새로운 사주는 회사와 그 경영진을 공격했다. 도시는 몇 년 동안이나 트위터가 사회에 중요한 서비스라고, 주주를 위해 돈을 버는 것만이 트위터의 목표는 아니라고 설교해왔다. 그런 그가 트위터의 직원 대다수와 절대 결을 맞출 수 없는 사람에게 트위터를 넘겨주는 데 일조했다. 코비드 호황 때 규모를 키우고 회사를 너무 빠르게 성장시킨 것은 용서할 수 있었다. 그러나 머스크에 대한 도시의 가차없는 지지에 대해서는 많은 사람이 다르게 느꼈다.

한때 #WeBackJack으로 도시를 변호하고, 그가 내세운 트위터의 사명을 받아들였던 직원들이 갑자기 그에게 등을 돌렸다. 어느 전 직원은 도시에게 답장을 보냈다. "넌 성질이 난다고 트위터의 투자자, 직원, 사용자를 기찻길로 밀어버렸어. 꺼져."[25] 다른 직원은 더욱 직설적으로 말했다. "엿 먹어. 넌 운동화 센스도 거지 같아, 이 개 같은 코인팔이 새끼야."[•26]

도시는 반격하는 대신, 약간의 슬픔을 담아 메시지를 마무리했다. "트위터에서 일한 적이 있는 모든 사람에게 고맙습니다. 사랑합니다. 여러분도 내게 같은 감정을 느낄 거라는 기대를 이 순간에는…… 어쩌면 앞으로도 영원히 할 수 없겠지만…… 이해합니다. ♥"

트위터의 핵폭탄

"얼마나 심각합니까?"

금요일 저녁이었다. 트위터에서 정리해고가 이루어진 바로 그날, 머스크가 트위터 광고주들에게 '핵폭탄'을 떨어뜨리겠다고 위협한 지 겨우 몇 시간 만이었다. 머스크는 영업팀 팀장 로빈 휠러와 통화중이었다. 트위터의 사업이 어떻게 되어가는지 알아보려는 중이었다. 트위터 광고를 중단한 광고주 명단은 점점 늘어나고 있었다. 이제 이 명단에는 유나이티드

• 도시가 가끔 신발 사진을 SNS에 올리는, 패션 감각이 있는 CEO 이미지를 가지고 있었기에 한 말이다.

항공, REI, 폭스바겐도 포함되었다.[27] 머스크는 문제가 무엇인지 이해하지 못했고 점점 짜증을 냈다. 그는 아직 트위터의 언론 정책을 전혀 바꾸지 않았다. 인종차별주의적 트윗의 급증이 문제이긴 했지만, 팀은 빠르게 움직여 상황을 통제하고 불쾌한 계정 다수를 삭제했다. 머스크는 지금도 자신의 행동이 문제라는 걸 이해하지 못하는 듯했다.

휠러는 뻔한 문제부터 시작해 머스크에게 그의 '핵폭탄' 트윗이 문제였다고 말했다. "광고주와 전쟁을 벌이면 안 되죠." 그녀가 경고했다.

"아아, 전쟁은 해야죠. 난 전쟁에서 이깁니다." 머스크의 답이었다.

휠러는 다른 이유도 댔다. 지금까지 트위터에서 광고를 돌리고 있는 광고주들이 사용자에게 괴롭힘을 당하고 있다는 말이었다. 머스크의 트위터 인수로 화가 난 사람은 직원만이 아닌 게 분명했다. 일반 사용자도 트위터 서비스에 돈을 내는 브랜드를 트롤링하기 시작했다. 더이상의 광고비 지출을 막고자 압박을 가한 것이다.

머스크는 격분했다. 그는 휠러와 트위터의 신뢰 및 안전팀 팀장인 요엘 로스 둘 모두에게 문자메시지를 보냈다. "요엘, 광고주를 괴롭혀서 트위터 광고를 중단하도록 하는 데 참여한 트위터 계정을 전부 정지해주세요. 그건 용납할 수 없습니다."

로스는 혼란스러웠다. 지출을 중지하도록 광고주를 압박하는 일, 심지어 광고주를 트롤링하는 일은 확실히 트위터의 규정 위반이 아니었다. 사람들은 늘 브랜드의 지출 방식에 압박을 가했다. 트위터에서든 다른 곳에서든 말이다. 브랜드를 트롤링했다는 이유로 사용자 계정을 정지하는 조치를 트위터 규정에 따라 정당화할 수는 없었다. 이는 언론의 자유를 지키겠다던 머스크의 약속과도 전혀 일치하지 않았다.

그러나 머스크는 무작위적인 트위터 트롤들이 그의 사업을 방해할지 모른다는 사실에만 화가 난 게 아니었다. 그보다 깊은 이유가 있었다. 머스크는 트위터가 사회에 이롭다고 믿었다. 그 말은 트위터의 성공을 가로막는 사람은 누구나 일종의 도덕적 타락을 저지르고 있다는 뜻이었다. 트위터에 이런 행동을 막는 규정이 없다면, 그냥 만들면 됐다. 머스크는 로스에게 전화를 걸어 짧은 통화를 하는 동안 트위터 광고주를 트롤링하는 일이 회사에 '협박 편지'를 보내는 것과 비슷하다고 격분했다. 그리고 "이제부터 협박은 규정 위반입니다"라고 선언했다.

로스는 전화를 끊고 바로 그 자리에서 사직하는 방법을 고민했다. 그러나 그는 휠러에게 전화를 걸어 머스크를 설득해보라고 부탁했다. 그때까지 로스는 머스크의 인수에 대해 신중하지만 낙관적인 기대를 품고 있었다. 머스크는 회사에 들어오자마자 트위터의 규정을 박살낼 거라는 예상에도 불구하고, 실제로는 로스가 대체로 원하는 대로 상황을 운영하도록 놔두었다. 그러나 지금 머스크는 처음으로 사용자의 발언과 관련해 온갖 선을 넘는 요구를 하고 있었다.

휠러는 머스크를 설득하는 데 성공했지만 이 사건은 머스크의 '언론의 자유' 약속이 변덕에 따라 얼마든지 내버려질 수 있다는 사실을 상기시켰다. 트위터의 새로운 주인이 된 자신에게 반기를 드는 사람들을 침묵시키려는 머스크의 시도는 이때가 처음이었다. 그러나 마지막은 아니었다.

트위터 블루스

금요일 정리해고의 여파는 주말 내내 이어졌다. 남은 트위터 직원들이 정신을 차리고 회사 운영을 지속하려 애썼다. 당혹스럽게도 트위터 관리자들은 회사가 실수로 너무 많은 사람을 해고해 이제는 일손이 달린다는 사실을 깨달았다. 어느 관리자는 슬랙에 "해고당한 사람들에게 혹시 돌아올 생각이 있느냐고 물어볼 기회"가 생겼다고 썼다. 회사의 핵심 인프라팀, 어쩌면 iOS와 안드로이드 앱에도 도움이 필요하다면서 말이다. 모든 지명은 24시간 안에 이루어져야 했다. "회사에 돌아올 수도 있는 사람 중 우리에게 도움이 될 만한 사람들과 연락이 되는 분이 있다면 내일 4시 전에 이름을 알려주세요."

최고경영진 전체가 떠난 지금, 새로운 지도부의 역할은 자리를 잡기 시작했다. 로빈 휠러는 영업팀과 마케팅팀을 운영했다. 로스는 여전히 신뢰 및 안전팀을 이끌고 있었다. 여기에는 발언과 관련된 규제를 집행하는 사람들도 포함되었다. 고위급 엔지니어 관리자 베남 레자이는 이제 회사 전체의 엔지니어링을 총괄했다.[1] 엔지니어가 이 회사에서 가장 중요한 직원이라는 머스크의 믿음을 생각했을 때 대단히 중요한 보직이었다. 머스크에게는 일반적인 규칙이 있었다. 엔지니어의 직속상관은 모두 엔지니어여야 한다는 것이었다.

머스크가 회사의 몰락에 어떤 영향을 끼쳤는지 성찰하며 주말을 보냈을지 모른다는 트위터 내부의 모든 기대는 월요일 아침이 되자 빠르게 무너졌다. 머스크는 눈을 뜨자마자 자위에 관한 농담을 두 번 트윗했다.[2] "낚시질의 달인을 뭐라고 부를까요?"• 그의 게시물은 머스크의 계정을 팔로우하는 십대 소년들을 낄낄거리게 했을 것이다. 다른 트윗에서, 그는 마스토돈의 스크린샷을 담았다. 마스토돈은 일부 기술적 문제를 겪고 있는, 새로운 경쟁 소셜 네크워크였다. 그는 이렇게 썼다. "트위터가 마음에 들지 않는다면, 마스터베이트돈이라는 멋진 사이트가 있습니다."

머스크는 자신의 행동이 회사의 광고사업 부진에 영향을 미친다는 걸 몰랐거나 그냥 신경쓰지 않았다. 머스크에게 충격적인 트윗을 올리고 1억 1500만 명의 팔로워에게 논쟁거리를 던지는 행동은(그의 팔로워 숫자는 매일 늘어나고 있었다) 오랫동안 일상적인 일이었다. 게다가 지금, 그는 자신의 트윗이 트위터로 상당한 관심을 끌어모았다는 것을 깨달은 것처럼 보였다. 도널드 트럼프를 제외하면 머스크는 트위터 계정으로 뉴스를

• 자위를 뜻하는 masturbate과 낚시질(baiting), 달인(master)의 발음 유사성을 활용한 말장난.

만들어내는 데 세계 최고였다. 자위에 관한 농담을 트윗하는 것도 아마 이런 쇼의 일부였을 것이다. 사람들에게 트위터에 접속해, 이 서비스의 새로운 우두머리가 활동하는 모습을 구경하도록 독려하는 쇼 말이다.

머스크는 그주 월요일을 다가오는 미국 중간선거에 관한 게시물을 올리며 보냈다. 그는 민주당 대통령인 조 바이든에게 균형추 구실을 하도록 공화당 국회의원에게 투표하라고 독려했다. 머스크는 한때는 민주당 지지자였던 적도 있으나 더는 아니라고 고백했다. 그는 새들은 실제로 존재하지 않는다는 말도 안 되는 음모론에 관한 농담을 올렸다. 그날 저녁, 머스크는 트위터 사용이 그의 인수를 둘러싼 혼란에도 불구하고 급증했다고 말했다. "트위터 사용량은 그 어느 때보다 높아졌습니다. ㅋ[3] 서버가 녹지만 않았으면 좋겠네요![4]" 눈앞에서 재앙이 펼쳐지는 것을 구경하는 것만큼 사람들을 사로잡는 일은 없으니 당연한 일이었다.

트위터 같은 광고업체에 '어느 때보다 높아진' 사용량은 보통 좋은 소식이었다. 사용자가 는다는 것은 관심도 늘어난다는 뜻이었고, 그 말은 광고수익이 늘어난다는 뜻이었다. 하지만 이런 자명한 현실로 머스크는 더욱 좌절감을 느꼈다. 트위터의 광고주들이 여전히 거리를 지키고 있었기 때문이다. 트위터 영향력위원회는 머스크의 '핵폭탄' 위협으로 취소되었다. 수십 곳의 광고주는 지금도 서비스 규제 계획에 관해 더 많은 정보가 나오기만을 기다리고 있었다. 그래서 트위터의 경영진은 머스크를 다시 내돌리기로 결정했다. 다만, 이번에는 공개적으로 하고 싶었다. 지금까지 머스크의 광고주 회의는 전부 폐쇄적으로 이루어졌다. 여러 정보가 어쨌든 언론을 통해 새어나가긴 했지만 말이다. 머스크가 공개적으로 발언하면 중개자가 사라지면서 바라건대 그의 메시지를 널리 퍼뜨릴 수 있을 터였다.

11월 9일 수요일, 머스크는 트위터 스페이스에서 라이브 방송을 켰다. 이 방송에는 '광고주 공개회의'라는 이름이 붙었다. 이번에도 휠러가 진행을 맡았고, 로스도 정책 관련 질문에 답하고자 참여했다. 11만 4천 명 넘는 사람들이 머스크의 말을 들으려고 접속했다. 트위터 스페이스에서 열린 최대의 대화였다. 머스크와 트위터 인수 이야기가 얼마나 사람들의 관심을 사로잡는지 보여주는 징표였다. CEO는 지난주 내내 개인적으로 전달한 중요 메시지를 반복해서 말했다. 트위터는 콘텐츠관리위원회를 만들어 정지된 계정의 복권을 검토할 것이며, 지금도 최대한 빠르게 악성 콘텐츠를 제거하고 있다는 말이었다. 그는 규정이 바뀌지 않았다고 사람들을 안심시켰다. 사람들이 언론의 자유를 가진다는 것이 전파의 자유까지 갖는다는 뜻은 아니라고도 말했다. "결국 트윗 대장은 나니까 책임도 내가 집니다. 뭔가 잘못되면 내 잘못입니다." 그는 덧붙였다.

머스크는 심지어 사람들이 언젠가 은행계좌를 트위터에 연결할 것이라고 말했다.[5] 그때가 되면 회사에서 사용자의 계좌 잔액에 대해 "극도로 높은 수익"을 제공하고, 이어 체크카드나 수표 같은 다른 은행 서비스를 제공할 수 있을 거라는 비현실적인 아이디어를 내놓기도 했다. 이 모든 것이 트위터를 "최대한 유용하게" 만들려는 광범위한 계획의 일환이라는 것이었다. 머스크는 피드백이나 질문이 있는 사람은 자신의 트위터 게시물에 답글을 달라고 진심으로 독려하며 통화를 마쳤다. 엄청나게 많은 머스크의 팔로워 숫자를 생각하면 그야말로 비현실적인 고객 서비스였다. 머스크는 '트윗 대장'만이 아니라 트위터의 고객 서비스팀 팀장이기도 한 모양이었다.

스페이스를 진행하는 동안 머스크는 몇 차례 트위터 블루를 언급했다. 이는 트위터가 서둘러 출범시키려 노력한 구독 서비스였다. 사실은 사람들이 파란색 체크 표시를 구매할 수 있게 하는 트위터 블루의 새 버전이 그날 아침 공개되었다. 머스크에게 트위터 블루는 광고주가 트위터에 돈을 써야 하는 또하나의 이유였다. 그는 파란색 인증 배지를 8달러에 사게 하면 트위터의 봇이 제거될 것이며, 브랜드는 진짜 사람과 접촉하고 있음을 더 쉽게 파악할 수 있을 거라고 주장했다.

파란 배지를 돈 주고 사는 사람은 계정에 신용카드를 연결해야 하는데, 이론적으로 이는 봇이나 스팸 군단을 운영하는 사람들에게 값비싸고 어려운 일이 될 터였다. 머스크는 이렇게 덧붙였다. "그 사람들에게는 엄청나게 많은 신용카드와 엄청나게 많은 전화기가 필요해질 겁니다. 결국은 시도하지 않게 될 테고요." 머스크는 트위터의 실제 인간 사용자는 기꺼이 매달 8달러를 지출할 것이며, 인증 표시가 없는 봇 계정만이 예외일 거라고 확신했다. "이 방법은 대단히 잘 통할 겁니다." 그의 결론이었다.

머스크의 구독 시스템에서 중요한 결점은 모두가 매달 트위터에 기꺼이 돈을 내리라는 부정확한 가정만이 아니었다. 파란색 배지를 사는 데는 신원 확인이 필요하지 않다는 것도 문제였다. 사용자들은 그냥 계정에 신용카드를 등록하기만 하면 됐다. 그러면 각자의 계정을 자기가 원하는 유명인이나 브랜드의 계정처럼 꾸밀 수 있었다. 파란색 체크는 언제나 트위터에서 합법성의 징표로 이용되었으므로, 신분 도용자들은 서브

웨이에서 샌드위치를 하나 사 먹을 돈으로 사람들을 속여 신분을 사칭할 수 있었다.

처음에 트위터는 파란색 체크 표시에 더해, 영향력이 큰 계정에 '공식' 배지를 달아주어 이런 사태를 피할 계획을 내놓았다. 8달러를 내는 사람은 누구나 파란색 체크 표시를 달게 되겠지만, 대형 브랜드나 유명인만이 '공식' 딱지를 받을 수 있을 터였다. 실질적으로 이 시스템은 원래의 파란색 체크 시스템과 같은 방식으로 작동했다. 놀랍지도 않지만 그 말은 머스크가 이 서비스를 싫어했다는 뜻이다. 그는 11월 9일 아침 공식 배지를 죽여버렸다. 이런 배지가 "두 개의 계급 제도"를 만드는 "미학적 악몽"이라고 했다.

휠러는 머스크에게 신분 도용의 위험에 대해 물었다. "이 점은 우리 협력사가 분명히 우려할 문제입니다."

머스크는 걱정하지 않는 게 분명했다. "누가 브랜드를 사칭하려 하면, 그 계정은 정지될 테고 그 사람들이 낸 8달러는 우리가 갖게 될 겁니다. 계속 그 짓을 하면, 우리는 계속 8달러를 받는 거죠."

머스크는 도발하듯 말했다. "하루종일 해보라죠. 결국 그만둘 겁니다."

트위터 기업문화의 종말

한밤중에, 대부분의 트위터 직원이 자고 있을 때 머스크는 CEO 자리를 차지하고 나서 처음으로 직원들에게 메일을 보냈다. 그가 세면대를 들고 샌프란시스코 본사에 들어온 이후로 2주가 지났지만, 대부분의 직원은 머스크의 말을 직접 들어본 적이 한 번도 없었다. 그가 직원 전체와 한 첫번째 공식적인 의사소통은 불길했다.

제목: 어려운 시기가 다가옵니다

전 직원에게 보내는 첫 이메일이 이런 내용이라 미안하지만, 사탕발림할 방법이 없네요.

솔직히, 앞으로의 경제적 전망은 끔찍합니다. 어려운 경제 환경에서 광고에 심히 의존하는 우리 같은 회사는 특히 그렇습니다. 게다가 우리 광고의 70퍼센트는 구체적 성과 광고가 아니라 브랜드 광고입니다. 그래서 우리는 두 배로 취약합니다!

지난 열흘 동안의 우선 과제가 트위터 블루 인증 구독 서비스를 개발하고 출범하는 것이었던 이유가 그래서입니다(담당 팀을 응원합니다!). 유의미한 구독료 수익이 없다면, 트위터는 다가오는 경제적 어려움에서 생존할 수 없을 가능성이 큽니다. 우리는 이윤의 약 절반을 구독료에서 창출해야 합니다. 물론, 그때도 광고에 상당히 의존하게 되겠죠. 그러니 트위터가 계속 광고주들에게 매력적인 회사로 남을 수 있도록 우리의 영업팀 및 협력사 팀과 시간을 보내겠습니다. 다음은 내가 로빈, 요엘과 함께 한 스페이스 회의입니다: [링크]

앞으로의 길은 고될 것이고, 성공하는 데는 강도 높은 노력이 필요할 겁니다. 우리는 특별한 예외 상황이 아니라면 재택근무가 더이상 허용되지 않도록 트위터의 정책도 변경할 것입니다. 관리자들은 내가 검토해 승인할 수 있도록 예외자 명단을 보내세요.

내일(목요일)부터, 모두가 1주일에 최소 40시간은 사무실에 출근해야 합니다. 물론, 신체적으로 사무실에 올 수 없거나 중요한 개인적 용무가 있는 사람이 빠지는 것은 양해할 수 있습니다.

트위터를 완전히 새로운 차원으로 올려놓기 위해 여러분과 협력할 일이 무척 기대됩니다. 우리의 잠재력은 정말이지 놀랍습니다!

감사합니다.

– 일론

이 이메일은 직원들의 명치를 때린 것이나 마찬가지였다. 머스크의 메시지를 읽으면 트위터의 사업이 하수구로 떠내려가는 것만 같았다. 게다가 모두가 갑자기 그날 아침부터 사무실로 출근해야 했다. 트위터 직원들은 거의 3년간 재택근무를 할 수 있었다. 그중 다수는 유연성을 누리기 위해 새로운 곳으로 이사했다. 몇몇 사람들은 트위터 지사가 없는 주에 살기도 했다. 트위터의 직원 친화적인 기업문화가 머스크 아래에서도 살아남을 거라고 생각했던 순진한 사람들은 모두 빠르게 생각을 고쳤다.

머스크는 이미 트위터 블루에서 생겨나는 문제들을 보고 있었을 것이다. 아니면, 그냥 트위터의 광고주들에게 핵폭탄을 터뜨리겠다던 약속을 지키고 싶었는지도 모른다. 어느 쪽이든 그는 재빨리 전사 직원에게 두번째 이메일을 보냈다. 이번 이메일은 훨씬 더 짧았다.

제목: 최우선 과제

앞으로 며칠 동안, 절대적인 최우선 과제는 인증된 봇/트롤/스팸 계정을 찾아서 정지하는 것입니다.

감사합니다.

– 일론

단돈 8달러

알고 보니, 브랜드 도용에 관한 휠러의 불안감에는 이유가 있었다. 8달러에 파란색 체크 표시를 사는 것은 온라인에서 사람들을 괴롭히는 재미있고도 값싼 방법이었고, 사칭범들은 트위터 블루가 재출범한 다음날부터 대량으로 활동하기 시작했다. 머스크와 그의 기업을 포함한 모든 주요 회사가 표적이 된 것으로 보였다. 일부 사칭범들은 그냥 장난삼아 조악한 농담을 올렸다. 진짜 @Tesla 계정과 똑같은 프로필 사진에 파란색 체크 표시가 달린 @TeslaReal이라는 계정은 모든 테슬라가 내비게이션 시스템 문제로 인해 "즉시 운행 중단될 것"이라는 게시물을 올렸다. 대부분의 사람은 이 계정이 도용된 것임을 빠르게 알아차렸지만, 이 계정은 몇 개의 게시물을 더 올린 뒤에야 정지되었다. 어느 게시물은 성범죄자 기슬레인 맥스웰 옆에 있는 머스크의 사진을 담고 있었으며, 이 사진에는 "우리의 놀라운 창업자들에게 감사를 전합니다"라는 설명이 붙어 있었다. 다른 게시물은 2만 2천 개 이상의 '좋아요'를 받으며 바이럴을

탔다. "속보: 두번째 테슬라, 월드트레이드센터 공격."[6]

머스크에게는 당혹스러운 일이었다. 하지만 그는 적어도 트위터의 소유주로서 뭔가 할 수 있었다. 다른 브랜드와 연예인들은 얼어붙은 채 무작위적인 사람들이 8달러를 내고 온라인에서 그들을 조롱하는 모습을 지켜볼 수밖에 없었다. 한 사용자는 미국 닌텐도 계정과 동일한 프로필 사진에 파란색 배지를 달아, 마리오가 모두에게 가운뎃손가락을 날리는 사진을 올렸다. 전 대통령 조지 W. 부시의 패러디 계정은 이제 공식적인 파란색 체크 표시를 자랑하며, "이라크놈들 죽이던 그날이 그립다"[7]라는 게시물을 올렸다. 인증을 받은 전 영국 총리 토니 블레어 패러디 계정이 "솔직히, 나도"라는 댓글을 달았다.

트위터 광고주들은 격분했다. 유독 심한 손해를 끼친 게시물은 거대 제약회사 일라이 릴리를 사칭한 사용자가 올린 것이었다. 파란색 인증 배지와 일라이 릴리의 진짜 계정과 동일한 프로필 사진을 갖추고 있던 이 계정에서는 "이제부터 인슐린이 무료로 제공된다는 기쁜 소식을 알려 드립니다"라는 트윗을 올렸다. 트위터는 이 트윗이 6시간 이상 게시된 다음에야 해당 계정을 정지했다. 일라이 릴리의 경영진은 이 트윗이 바이럴을 타는 모습을 지켜보며 공황에 빠졌다. 이 모든 일이 벌어지고 난 뒤, 일라이 릴리는 트위터에 대한 모든 광고지출을 중단하기로 했다.[8] "허위 일라이 릴리 계정의 잘못된 메시지를 받은 모든 분께 사과를 전합니다."[9] 그날 늦게, 일라이 릴리의 진짜 계정에서 게시물을 올렸다. 허위 트윗이 투자자들에게 얼마나 영향을 미쳤는지는 몰라도, 다음날 일라이 릴리 주가는 거의 4퍼센트 떨어졌다.

트위터 내에서는 직원들도 비슷하게 혼란에 빠졌다. 지난 며칠간 미국 중간선거에 관련한 트윗을 감시해온 신뢰 및 안전팀은 갑자기 초점을 바꾸어 모든 브랜드 사칭 계정을 정지하는 데 전력했다. 장난꾼이 너무 많아 이 팀은 가장 유명한 계정과 관련된 사건을 우선순위에 두고 소규모 사칭범 다수는 그냥 방치할 수밖에 없었다. 트위터는 몇 년 동안 사칭 계정으로 가득했다. 그중 일부는 꽤 웃기거나 인기 있기도 했다. 하지만 전에는 이런 계정이 인증받은 적이 한 번도 없었고, 덕분에 누군가 이런 계정을 진지하게 받아들일 가능성은 낮았다. 그런데 머스크가 즉흥적으로 트위터 정책을 변경했다.[10] 그는 사칭 계정이 파란색 체크 표시를 받으려면, 사용자 이름과 프로필에 모두 '패러디'라는 단어를 넣어야 한다는 트윗을 올렸다.

이런 조치는 완전한 재앙이었다. 머스크는 봇을 제거하고 광고주들에게 좋은 인상을 주고, 무엇보다도 트위터가 돈을 벌 수 있게 해주는 웅장한 서비스 공개를 기대했다. 그러나 이 웅장한 서비스 공개는 트위터가 잘못 관리되고 있다는 인상을 주었고, 광고주들을 더욱 밀어냈다. 맥도날드나 애플 같은 브랜드와 협업하는 또다른 주요 미디어 대행사 옴니콤그룹은 다음날 고객들에게 편지를 보내, 트위터에 대한 지출 중단을 권고했다.[11]

트위터 블루 출시와 관련된 머스크의 실수는 요엘 로스와 트위터의 신뢰 및 안전팀에게 유독 분노를 일으켰다. 이들은 우후죽순으로 돋아나는 사칭 계정을 정지하려고 허둥대야 했다. 이런 사칭 문제가 발생할 수 있음을 예견하고 머스크에게 경고하기까지 했는데 말이다. 1주일 전에 작성된 내부 보고서에서, 신뢰 및 안전팀은 트위터 블루 프로젝트를 출범할 때의 위험을 열거했다. 그중에는 "세계 지도자, 광고주, 브랜드 협력사, 선거 관리위원 및 유명한 개인에 대한 사칭"이 있었다. 이 팀의 우려 사항 목록에는 일반 사용자가 회사에 사칭범을 신고할 방법이 없다는 점도 있었다. "기존 인증 제도는 사칭 규정을 적용할 강력한 근거가 되었으며, 이 제도가 없어지면 트위터 내 유명 계정에 대한 사칭이 늘어날 가능성이 큽니다." 보고서는 결국 무시되었다.

트위터에서 최소 한 사람은 이 모든 일을 재미있다고 생각했다. "굉장한 하루군요!" 머스크는 그날 자정이 가까운 시각에 트윗을 올렸다. "특별히 웃긴 트윗이 좀 있네요. 😂😂"[12] 다음날 아침, 트위터는 추후 통지가 이루어질 때까지 구독 서비스를 중단하기로 결정했다.[13]

수많은 사표들 사이에서

일론 머스크가 트윗 대장으로서 주재한 첫번째 회사 전체 회의는 브랜드 사칭범들이 미쳐 날뛰던 그날에 열렸다. 직원들은 회의 시작 예정 시각이 한 시간도 남지 않았을 때 이 사실을 통지받았다. 머스크는 모두가 트위터의 샌프란시스코 본사 10층에 있는 회의 공간인 '새장'에 나와, 서둘러 마련한 질의응답 시간에 참여하기를 바랐다. 거의 2주간 침묵하던 머스크는 12시간 내 세번째로 직원들과 소통하려 했다.

워낙 급하게 통보가 이루어진데다 직원들이 다시 사무실로 출근해야 한다는 사실을 바로 그날 아침에 알게 된 덕분에 겨우 20여 명의 직원만 이 회의실에서 머스크가 말하는 모습을 볼 수 있었다. 대부분은 영상으로 그 모습을 보았다. 평소처럼 검은 바지와 티셔츠를 입은 머스크가 초록색 식물로 장식된 커다란 '살아 있는 벽' 앞에 서 있었다. 그의 양옆에는 프로젝터 화면이 있었다. 평소처럼, 그는 15분 늦었다.

"안녕하세요. 다들 만나서 반갑습니다." 머스크는 트위터가 세상에 이토록 중요한 서비스인 이유를 설명하는 데서부터 시작했다. 그는 트위터를 사람들이 교양 있는 토론을 할 수 있는 "공공의 마을 광장"이라고 불렀다. 트위터는 "수많은 경우, 바라건대 폭력을 대체할 수 있는 이념의 전장"이 될 테고, "사람들은 물리적으로 싸우는 대신 그냥 이야기할 수 있을" 터였다. 그는 이렇게 말했다. "나는 트위터가 인류를 위해 선한 성과를 아주 많이 거둘 수 있다고 생각합니다."[14]

머스크의 기나긴 수다 대부분이 그랬듯(이번 수다는 한 시간 이어졌다) 그의 생각은 정처 없이 떠도는 듯했다. 절대 끊이지 않는, 반쯤 만들다 만 아이디어와 대단한 야심으로 가득찬 의식의 흐름이 그를 몰아가는 듯했다. 머스크는 지불 기능을 다루고 싶어했다. 그는 이것이 "변화의 기회"라며, 사용자들에게 고수익 은행계좌를 제공하겠다는 전날의 목표를 반복해서 말했다. 그는 트위터가 영상 크리에이터들에게 유튜브처럼 돈 벌 기회를 제공했으면 좋겠다면서, 트위터가 유튜브의 발끝에도 미치지 못한다고 인정했다. 트위터는 심지어 사람들이 긴 영상을 올리거나 이미 올린 짧은 영상에 대해 돈을 버는 것도 허용하지 않았다. 트위터는 사람들이 최고의 콘텐츠를 찾는 데 도움을 주어야 했다. 이는 틱톡이 유독 잘하는 일이라고, 머스크는 덧붙였다. 어쩌면 그 말은 트위터가 몇 년 전에 중단한 짧은 영상 서비스인 바인을 되살려야 한다는 뜻일지도 몰랐다. 다른 의미일지도 몰랐고. 일반적으로 머스크는 그 무엇도 배제하지 않았다. 직원들과 한 개인 회의에서 그는 트위터가 경쟁자들을 베끼는 행위나 신제품의 비용을 두려워해서는 안 된다고 말했다. 회사에 돈을 벌어다줄 가능성이 있다면 뭐든 해볼 가치가 있었다.

머스크의 서비스 아이디어 대부분은 비현실적이었다. 적어도 당장은 말이다. 은행업이 엄청난 규제를 받는 산업인 데는 이유가 있었다. 단순히 고수익 계좌를 만들어주거나 지불 서비스를 제공하는 방안도 실현하는 데는 종종 몇 년이 걸렸다. 유튜브가 세계에서 가장 큰 영상 서비스인 데도 여러 이유가 있었다. 텍스트 게시물과 링크를 중심으로 만들어진 트위터는 인터넷에서 가장 큰 성공을 거둔 영상 업체와 전혀 경쟁할 수 없었다.

그러나 머스크가 유튜브를 따라잡거나 사람들에게 저축 계좌를 만들어주고 싶어한다는 사실은 일부 사람들이 처음 그의 인수를 낙관했던 이유이기도 했다. 머스크는 결점으로 보일 만큼 대담하고 야심 찼다. 그는 자율주행 자동차를 만들고, 인간이 화성에 식민지를 건설할 것이라고 습관처럼 약속하는 사람이었다. 머스크에게 트위터를 위한 구체적 계획이 없다는 건 분명했다. 그렇지만 그가 꾸며내는 온갖 일은 몇 년째 너무도 느리게 움직이는 회사에서 별다른 재량을 발휘할 수 없었던 직원들에게 확실히 신나는 말처럼 들렸다. 머스크는 그날 직원들에게 말했다. "그냥 이상한 일들을 시도하세요. 모험하지 않으면 얻는 것도 없습니다.

지나치게 신중하게 군다면 어떻게 혁명적인 개선을 이루어내겠습니까? 혁명은 조심성으로 하는 게 아닙니다."

특정한 유형의 직원들에게는 트위터의 서비스 잠재력에 관한 머스크의 대담한 낙관주의가 일종의 전환점이 될 수도 있었다. 머스크가 트위터의 상태에 관해 야심 찬 만큼 비관적이지만 않았다면 말이다. 머스크는 직원들에게 세상이 경기침체를 향해 질주하고 있으며, 경기침체에는 어려운 결정이 요구된다[15]고 반복적으로 경고했다. 비용 절감에 관한 머스크의 불안은 부분적으로 그가 전에도 몇 차례 경기침체에서 살아남았다는 점에서 기인했다. 그는 2000년에 페이팔, 2009년에 테슬라에서 일하며 경기침체를 헤쳐나왔다. "나는 경기침체 PTSD가 있습니다." 그는 인정했다. 트위터가 지출을 통제하지 못하면 회사가 살아남지 못할 가능성이 있었다. "우리는 그냥, 쓰는 것보다 더 많은 돈을 가져와야 합니다." 그가 직원들에게 말했다. "그렇게 하지 않으면 또 현금흐름이 심하게 악화하면 파산도 고려해야만 합니다."

트위터 직원들이야 파산을 두려워했을지 모르지만 머스크에게 파산은 새로운 일이 아니었다. 수년간 테슬라와 스페이스X 모두에서 파산 위기에 내몰렸던 그는 임금을 지급하고 회사를 살리기 위해 필요한 모든 방법을 썼다. 파산에 대해 공개적으로 논의하는 것은 머스크의 경영방식이 되었다. 직원들에게 동기를 부여하고 긴박감을 불어넣기 위한 전략인 듯했다. 며칠 전, 머스크는 테슬라 주식 40억 달러어치를 팔았다.[16] 지금, 그는 직원들에게 이것이 "트위터를 구하겠다는" 구체적인 목적에 따른 결정이었다고 말했다.

"2009년에 생존하는 것은 괴로울 정도로 어려운 일이었습니다."[17] 머스크는 테슬라에 관해 이렇게 말했다. 이번에도 그는 종종 그랬듯 자신의 다른 회사를 예시로 들었다. "우리가 살아남을 수 있었던 이유는 부분적으로 편집증적이었기 때문입니다. 앤디 그로스가 '오직 편집증적인 사람만이 살아남는다'는 명언을 남겼죠. 뭐, 그렇다면 편집증적으로 굴어야 합니다. 그러면 살아남을 겁니다."

머스크는 마침내 모두가 사무실로 출근해야 한다던 이메일에 관한 질문을 받았다. 재택근무에 익숙해진 직원들에게는 이것이 어마어마한 쟁점이었다. 머스크는 눈 깜짝하지 않고 자신의 기대치를 밝혔다. "기본적으로 사무실로 출근해야 하는데 그렇게 하지 않는 사람에게서는 사표를 받겠습니다. 그게 결론입니다."[18]

팀원들이 아직 알지 못한 것은 머스크가 이미 그날 아침 줄사표를 받았다는 점이었다. 머스크가 10층에서 직원들에게 이야기하는 동안에, 로스와 휠러는 한 층 아래에 있는 로스의 사무실에서 함께 사직서 이메일을 전송했다. 그들은 소화기를 들고 머스크가 지른 불을 끄러 뛰어다니는 데 신물이 났다. 그런 사람은 이들만이 아니었다.

미친 하루

머스크가 회사를 인수하고 몇 주 만이었다. 트위터 경영진은 새로운 상사를 위해 일할 때 따르는 잠재적인 법적 결과에 대해 불안해하기 시작했다. 2011년에 트위터는 해커들이 몇몇 사용자 개인정보에 접근할 수 있도록 허용하는 보안상의 실수로 연방통상위원회의 처벌을 받았다.[19] 통상위원회와의 합의에 따라 트위터는 유효기간 20년짜리 '합의명령'에 서명했다. 그 말은 트위터가 공식적인 경고를 받았으며 사업을 진행하면서 사용자의 개인정보를 더 잘 보호하지 않는다면 추가적인 벌금과 제재를 받을 수 있다는 뜻이었다. 몇 년 뒤, 트위터는 합의명령을 위반했다. 트위터는 사용자가 이중 인증 등 개인정보 보호를 위해 제출한 전화번호를 타깃광고에 활용한 것이다. 연방통상위원회에서는 2022년 트위터에 1억 5천만 달러의 벌금을 매겼는데, 이는 트위터를 규제 당국의 조준경으로 돌려놓은 당혹스러운 실수였다. 합의의 일환으로 트위터는 개인정보 보호 프로그램을 강화하고 제3자 감사에 응해야 했다.[20] 이에 따라 고위 간부 다섯 명으로 이루어진 데이터 거버넌스위원회가 만들어졌다.[21] 이들은 회사가 규정을 준수하도록 보장할 책임이 있었다. 이제 트위터에서 서비스 기능을 개발하려면 합의명령을 위반하지 않았는지 확인하는 단계를 몇 번 더 거쳐야 했다.

정리해고의 심각성이나 머스크가 갑자기 모두에게 시속 백만 킬로미터의 속도로 일하라고 요구했다는 점 때문에 일부 경영진은 걱정하기 시작했다. 5인으로 구성된 규제준수위원회는 구성원 두 명이 사임하면서 빠르게 3인 위원회로 축소되었다. 머스크가 책임을 맡고 있는 한, 트위터는 연방통상위원회의 규제를 따르지 못하거나 따르지 않을 수도 있을 것 같았다. 머스크가 인수한 이후로 트위터가 간부를 위한 소송 보험료 지출을 중단했다는 말도 있었다. 소송 보험이란 대부분의 회사에서 업무중에 한 결정에 따라 소송을 당한 경영진을 보호하기 위해 두는 정책이다. 트위터에 남아 있으면 개인적으로 법적 위험을 감수하게 될 수 있다는 우려가 생겼다.

트위터의 연방통상위원회 규정 준수는 고위직 간부 몇 명의 대화 주제가 되었다. 그중에는 개인 메시지 앱인 시그널을 통해 이야기를 나누던 로스와 휠러도 있었다. 이들은 처음에는 정리해고와 관련된 이야기를 하려고 모였다. 그러나 머스크를 둘러싼 혼란이 계속되자 연방통상위원회와 관련된 우려가 이들 사이를 먹구름처럼 맴돌기 시작했다. 이 집단의 구성원 몇 명은 사임 계획을 이야기하기 시작했다. 머스크가 정리해고를 맡겼던 경영진 존 첸과 줄리아나 헤이스는 이미 난파선에서 뛰어내린 뒤였다. 이들은 정리해고가 완료되고 얼마 지나지 않아 사직서를 제출했다.

그런 뒤에는 심각한 경종이 울렸다. 머스크의 첫 전체 회의가 열리기 겨우 몇 시간 전에, 거버넌스위원회에 남아 있던 세 사람인 개인정보 보호 최고책임자 다미언 키란, 정보보안 최고책임자 레아 키스너, 규정 준수 최고책임자 마리안 포가티가 모두 사직했다. “난 〈왕좌의 게임〉을 보지도 않습니다. 직장에서 그걸 하고 싶은 생각은 전혀 없어요.”[22] 포가티는 며칠 전 이런 트윗을 올렸다. 통상위원회 규정 준수를 책임지고 있던 트위터 경영진 다섯 명 모두가 이제 공식적으로 사퇴했다.

이와는 별개로, 트위터의 변호사 한 사람이 트위터의 전사 차원 슬랙 채널에 경고 메시지를 올려 불난 집에 부채질을 했다. 이 변호사는 머스크의 변호사인 알렉스 스피로한테서 “일론이 트위터와 트위터 사용자에 관해서라면 기꺼이 엄청난 위험을 질 생각이라고 말했다"는 말을 들었다고 주장했다. "'일론은 우주로 로켓을 쏘는 사람이기에 연방통상위원회를 두려워하지 않는다'는 게 이유였다." (나중에 스피로는 이런 진술을 부인했다.[23]) 변호사는 데이터 거버넌스위원회가 해체된 지금, 직원들이 서비스를 만들 때 해당 서비스가 연방통상위원회의 규정을 준수하는지 '자체 인증'해야 한다고 덧붙였다. "이로써 엔지니어들은 개인적, 직업적, 법적으로 크나큰 법적 위험을 부담하게 될 것입니다. 내 예상으로는 여러분 모두가 경영진의 압박을 받아 변화를 일으키게 될 테고 이런 변화는 중대한 결과로 이어질 가능성이 큽니다." 게시물 말미에 그녀는 트위터의 윤리지원기관과 제3자 내부고발 단체의 연락처를 올렸다. 정리해고를 둘러싼 혼란, 그리고 머스크에게서 진짜 소통의 시도가 없었다는 점이 직원들을 공황에 빠뜨렸다.

로스는 사직 이메일을 보낸 뒤 조용히 사무실을 나섰다. 그러나 베이브리지를 건너 버클리에 들어가기도 전에 전화통에 불이 나기 시작했다. 스피로가 무슨 일인지 알아보려 연락했다. 머스크의 해결사 재러드 버컬도 마찬가지였다. 그날 밤늦게 머스크도 로스에게 전화를 걸어 생각을 바꿀지 물어보았다. 그러나 로스는 이미 결정한 터였다. 로스의 팀이 한 경고를 무시했던 트위터 블루 사태는 믿을 수 없을 만큼 좌절감을 안겨주었다. 로스는 트위터 직원들을 이끌고 머스크와 함께 일할 때의 기복도 감당하기 어려웠다. 여기에는 사람들을 심하게 몰아붙이는 동시에 비용을 절감하고 방향을 바꾸는 일이 모두 포함되었다. 머스크는 이해한다고 말했다. 나중에 로스는 친구들에게 전 상사인 머스크와 좋게 헤어졌다고 생각했다고 말했다.

비슷한 상황이 휠러에게도 벌어졌다. 그는 버컬과 엔지니어팀 팀장 레자이에게서 전화를 받았다. 그러나 로스와 달리, 휠러는 처음부터 사임에 대해 불안감을 느꼈다. 특히 버컬은 결정을 재고하라고 그녀를 설득했다. 남아서 머스크와 더 대화를 해보라고 했다. 휠러와 로스, 둘 모두가 떠난다는 소식이 언론에 새자 그녀는 고객과 협력사로부터 더 많은 질문을 받기 시작했다. 결국 휠러는 머스크에게 한번 더 기회를 주기로 하고 사직을 철회했다. 그녀는 트위터 내부 슬랙 채널에 게시물을 올렸다. "팀원 여러분, 전 아직 여기 있습니다." (휠러는 결국 불과 1주일 뒤 머스크에게 해고당했다.)

미친 하루였다. 머스크의 기준으로 봐서도 그랬다. 트위터는 사실상 혼자서 뉴스 업계를 먹여 살리며, 기자들에게 헤드라인을 연달아 공급하고 있었다. 그날 트위터의 직원들은 재택근무를 취소하겠다는 머스크의 심야 이메일을 읽으며 하루를 시작했다. 이어 트위터 블루에서 사칭범 소동이 일어났고, 연방통상위원회에서는 개인정보 보호 관련 우려를 제기했다. 머스크는 전체 회의를 열어 파산에 대해 우려했고, 새로운 경영진의 대탈출이 일어났다.

늘 세계에서 가장 뉴스가 많은 회사였다지만, 트위터 내의 소동은 새로운 차원에 이르렀다.

트위터는 죽었다

11월 13일 일요일 아침, 머스크는 트위터를 열어 사과문을 올렸다.[24] "그건 그렇고, 트위터가 여러 나라에서 엄청나게 느리다는 점에 사과합니다." 그는 이 문제를 트위터 앱의 무슨 소프트웨어 코드 탓으로 돌렸다.

이런 비판은 8년간 이 회사에서 일해온 트위터의 엔지니어 에릭 프론호퍼의 신경에 거슬렸다. 트위터는 실제로 느렸지만 머스크가 주장하는 이유 때문은 아니라[25]는 게 그의 생각이었다. 트위터는 오랫동안 직원들에게 내부적으로 이사진을 비판할 재량권을 넓게 인정했고, 수많은 직원이 이런 자유를 이용했다. 직원들이 슬랙 채널이나 심지어 공개 트윗을 활용해 전직 CEO인 잭 도시를 포함한 트위터 경영진의 결정을 비판하는 것은 일반적인 관행이었다. 그래서 프론호퍼는 깊이 고민하지 않고 머스크의 트윗에 댓글을 달았다. "안드로이드 버전 트위터 작업을 6년간 해온 사람으로서, 이 말은 틀렸다고 말할 수 있습니다."[26] 그는 이런 게시물을 올려 새로운 상관의 말에 공개적으로 반박했다.

몇 시간 뒤, 머스크가 이 비판을 보았다. 그는 답장을 남겼다. "그럼 어디가 틀렸는지 알려주시죠. 트위터 안드로이드 버전은 엄청나게 느립니다. 그걸 고치기 위해 당신은 무슨 일을 했습니까?" 프론호퍼는 이 문제에 관한 자신의 생각을 설명하는 기술적 트윗을 연달아 보냈지만, 이미 엎질러진 물이었다. 머스크는 그로부터 얼마 지나지 않아 다른 사용자에게 답장을 보냈다. 프론호퍼를 해고했다는 내용이었다. 프론호퍼는 머스크의 게시물을 친구가 보내주기 전까지 그 사실을 알지도 못했다. 나중에 그는 트위터의 이메일과 슬랙 시스템에서 쫓겨났다. 다른 트위터 소프트웨어 엔지니어인 벤 레이브도 머스크의 사과 게시물에 댓글을 달았다. "자신 있게 말하는데, 이놈은 자기가 무슨 말을 하는 건지도 몰라." 레이브 역시 그 비판을 이유로 해고당했다.[27]

훗날 프론호퍼는 《뉴스위크》의 외부인 칼럼에 이렇게 기고했다. "엿 같았다. 트위터의 핵심 가치 중 하나는 '신뢰를 쌓기 위해 겁없이 소통하라'였다. 우리는 뭔가 옳지 않다고 생각하거나 서비스와 관련된 결정이 틀렸다고 생각하면 그 사람에게 이야기하도록 권장받았다. 옛 트위터에서라면 나는 아직 실업자가 아니었을 것이다."[28]

프론호퍼를 비롯한 사람들이 그주에 빠르게 깨닫게 된 한 가지는 옛 트위터가 죽었다는 사실이었다. 프론호퍼와 레이브는 시작에 불과했다. 이후 며칠에 걸쳐 머스크는 공개적으로 자신을 비판했다거나 내부 슬랙 채널에서 자신에게 반론했다는 이유로 수십 명의 직원을 해고했다. 머스크의 사촌들을 포함한 충성스러운 소수 엔지니어 집단은 회사 내부 시스템을 샅샅이 뒤져[29] 새로운 사주에게 충성하지 않기에 믿을 수 없는 사람들을 찾아냈다. 트위터 인사팀의 이메일에는 직원들의 "최근 행동이 회사 정책을 위반했다"는 말이 적혔다.

오리건주 포틀랜드에서 재택근무를 하던 다른 엔지니어 사샤 솔로몬은 몇 주 동안 트위터에서 머스크를 자극했다. 머스크가 처음으로 회사 전체 회의를 연 뒤에 그녀는 조롱하듯 트윗했다. "직원 사기가 개선될 때까지 매일 전체 회의를 여러 차례 열어야겠네요."[30] 이후 머스크가 트위터의 안드로이드 앱이 느리다는 트윗을 올리자 그녀는 신경질이 났다. 이 문제가 그녀의 팀에서 다루는 작업과 관련되어 있었기 때문이다. 그녀는 트위터에 마구 감정을 쏟아냈다. 머스크가 너무 많은 트윗에 언급되는 만큼 어쨌든 자신의 트윗을 보지 못하리라 생각했다. "우리 일에 대해서는 쥐똥만큼도 모르고, 이미 해고한 사람들을 다시 고용하느라 허둥대는 주제에 인프라에 똥을 싸면 안 되지."[31] 그녀는 트위터에 이렇게 적었다. 머잖아 솔로몬은 업무 관련 영상통화에 참여하려고 컴퓨터를 켰다가 자신의 계정이 차단되었다는 것을 알고 해고당했음을 깨달았다. 트위터의 직원이지만 아무 게시물도 올리지 않은 그녀의 남편 역시 다음날, 아무 설명 없이 잘렸다. 나중에 솔로몬은 이런 트윗을 올렸다. "나는 내가 한 말을 후회하지 않아. 엿이나 처먹어, 일론."[32]

머스크가 직원들과 공개적으로 결투를 벌이는 모습을 지켜보던 트위터의 여러 직원들은 회사 꼬락서니에 고개를 내저을 수밖에 없었다. 트위터의 기업문화는 몇 주라는 짧은 기간에 완전히 뒤집혔다. 훗날 솔로몬은 이렇게 말했다. "트위터는 언제나 솔직한 표현을 중요하게 여겼습니다. 내부에서, 우리는 언제나 목소리를 냈어요. 할말이 있으면 절대 그 여파에 대해서는 걱정하지 않았습니다." 머스크 밑에서는 아니었다. 사람들은 갑자기 새로운 상관에게 문제를 제기하는 걸 두려워하게 되었다. 뿐만 아니라 경영진이 이래저래 일을 그만두고 있었다. 회사에 남은 사람 중에도 퇴직하고 싶어하는 사람들이 많았다. 직원들은 CEO를 조롱했고, CEO도 직원들을 조롱했다. 트위터는 딱한 꼴이 되었다.

한 사람만은 희망을 버리지 않았다. 잭 도시였다. 트위터의 옛 CEO는 여전히 머스크의 실험이 결국 통할 거라고 확신했다. 머스크는 자신이 해고한 직원들을 '천재'라고 부르며 조롱했다. 그다음날, 도시는 이런 트윗을 올렸다. "트위터는 살아남아 번창할 것입니다. 하지만 시간이 필요하겠죠."[33] 다른 사용자가 도시에게 왜 트위터를 구하지 않았느냐고 묻자 그는 빠르게 답장했다. "나는 트위터를 구했습니다."[34]

남거나 떠나거나

11월 16일 수요일, 트위터 직원들은 일론 머스크에게서 이메일을 한 통 더 받았다.

제목: 갈림길

앞으로 나아가, 트위터 2.0이라는 돌파구를 만들고 점점 더 경쟁적으로 변화하는 세상에서 성공하기 위해 우리는 극도로 치열해져야 합니다. 그 말은 고강도로 오랜 시간 일해야 한다는 뜻입니다. 특출한 성과만이 통과 점수를 받을 것입니다.

또한, 트위터는 엔지니어링에 크게 의존할 것입니다. 디자인과 서비스 운영도 매우 중요하고 내가 직속으로 관리하겠으나, 훌륭한 코드를 작성하는 사람이 우리 팀의 대다수를 구성하고 더 큰 영향력을 갖게 될 것입니다. 본질적으로 트위터는 소프트웨어 및 서버 회사입니다. 그러니 이건 말이 되는 결정이라 생각합니다.

새로운 트위터의 구성원이 되고 싶다고 확신한다면 아래 링크에서 '예'를 클릭하세요.

동부 표준시로 내일(목요일) 오후 5시까지 링크를 클릭하지 않은 사람은 3개월 치의 퇴직수당을 받게 됩니다.

어떤 결정을 하든 트위터의 성공을 위한 여러분의 노력에 감사합니다.

– 일론

50퍼센트의 직원을 정리해고했는데도 트위터는 여전히 너무 컸다. 특히 영업팀이 그랬다. 점점 더 많은 광고주들이 광고를 중지하고 있었으므로, 영업팀은 몇 주 전에 비해 갑자기 지나치게 크고 쓸모없어 보였다. 게다가 첫번째 정리해고에서 살아남은 수많은 직원이 어쨌든 머스크 밑에서 일하기를 원치 않는 것처럼 보였다. 머스크는 슬랙을 이 잡듯 뒤져 일부 직원들을 이미 걸러냈으나, 해고는 더 뿌리깊게 이루어져야 했다. 앞으로 나아가는 가장 쉬운 방법은 사람들이 지금도 회사에 남고 싶은지 스스로 결정하게 하는 것이었다.

직원들은 이 이메일에 당황했다. 일부는 이것이 장난이라 생각해 링크를 누르지 않았다. 다른 사람들은 이것이 충성심 테스트라 생각해 즉시 링크를 클릭했다. 또다른 사람들은 즉시 노동 변호사에게 연락했다. 그들은 이 문서에 서명하기를 거부했다는 이유로 퇴직수당을 받지 못하는 것은 아닌지 확인하고 싶어했다. 새로운 상관을 정말로 신뢰하는 사람은 아무도 없었다. 일부는 이 결정을 농담삼아 "빨간 약, 파란 약" 선택 상황이라고 불렀다. 인기 있는 SF 영화 〈매트릭스〉에 빗댄 말이었다. 직원들은 이제 결정해야만 했다. 그들은 치열한 사람인가? 아니면 트위터를 다른 사람의 골칫거리로 남겨두고 떠나는 게 나을까?

수많은 직원은 후자로 기울었다. 마감 시간이 다가오면서 머스크와 테슬라 및 스페이스X에서 온 그의 엔지니어 간부들은 서둘러 트위터에서 가장 재능 있는 엔지니어들을 만나, 트위터 2.0에 남으라고 그들을 설득했다(테슬라 엔지니어들은 머스크 밑에서 일하면 아주 큰 돈을 벌 수 있다고 주장했다). 머스크는 5시 정각이라는 마감 시각을 겨우 몇 시간 앞두고 다른 이메일을 보냈다. 재택근무에 대한 입장을 약간 완화한 이메일이었다. "재택근무를 허락받으려면 관리자에게서 트위터에 훌륭한 기여를 하고 있음을 확인받으십시오. 관리자가 책임을 지기로 할 경우 재택근무가 가능합니다." 총 1200명의 직원은 회사를 떠나라는 제안을 받아들였다.[35] 여기에는 사이트를 계속 운영하는 데 꼭 필요한 팀원 전체도 들어갔다. 머스크가 세면대를 들고 트위터에 들어온 날 회사에 있던 직원 7500명 중 약 3분의 2가 이제는 사라지고 없었다.

트위터는 직원들에게 마감 이후인 금요일에는 사무실이 문을 닫을 것이라는 이메일을 보냈다. 이는 보안팀에게 어떤 직원이 아직 회사에서 일하는지 분류할 시간을 주려는 안배였다. 그러나 머스크는 즉시 그 계획을 제쳐두고, 엔지니어들에게 당일 오후 2시에 트위터의 샌프란시스코 본사 10층으로 와 코드 점검 회의에 참여하라는 메일을 보냈다. "트위터 본부에 오는 것이 물리적으로 불가능하거나 가족과 관련된 비상 상황이 있는 경우에만 예외를 인정합니다." 그는 이렇게 썼다.

새롭고 치열한 버전의 트위터가 어떤 모습일지 궁금해하는 사람이 있었다면 이제 그 모습을 언뜻 볼 수 있었다. 머스크는 심지어 사무실 소파에서 자기 시작했다.[36] 자기 소유의 다른 회사에서 그랬듯, 머스크는 트위터 직원들에게 자신의 헌신을 보여주고 비슷한 수준의 헌신을 돌려받고 싶어했다. 회의 4시간 30분 전, 그는 직원들에게 메일을 한 통 더 보냈다. "가능하다면 비행기를 타고 샌프란시스코로 직접 와주면 좋겠습니다."

19장

복스 포퓰리, 복스 데이*

억만장자치고도 일론 머스크는 전용기를 많이 탔다. 그는 계속해서 걸프스트림을 타고 이런저런 회의와 로켓 발사 등 '부자가 하는 일'을 하러 다녔다. 교황을 만나러 가거나 슈퍼볼에 참석하는 식이었다. 머스크에게 로스앤젤레스 근처에 있는 스페이스X 본부와 텍사스에 있는 테슬라의 기가팩토리 사이를 같은 주에도 여러 번 오가는 것은 드물지 않은 일이었다. 머스크는 베이 에어리어에도 일상적으로 들렀다. 테슬라가 오클랜드 바로 남쪽의 프레몬트에도 중요한 제조 시설을 두고 있었기 때문이다. 2020년에, 플로리다주의 어느 청소년은 머스크의 비행기를 추적하겠다는 목적만으로 @ElonJet이라는 계정을 만들기도 했다. 인수 이후, 수많

* '민중의 목소리는 곧 신의 목소리'라는 의미의 라틴어 속담.

은 트위터 직원이 새로운 상사가 사무실에 있는지 확인하고자 이 계정을 팔로우하기 시작했다.

이제는 트위터까지 돌아보아야 했던 머스크는 그 어느 때보다 오랫동안 비행했다. 12월 초에, 그는 오클랜드에서 뉴올리언스까지 3시간을 비행해 프랑스 대통령 에마뉘엘 마크롱과 깜짝 회의를 했다. 뉴올리언스 미술관 안의 비공개 공간에서[1] 두 사람은 마크롱이 나중에 트위터의 콘텐츠 정책과 유럽의 규제에 관한 "선명하고도 정직한 대화"[2]라 부른 이야기를 나누었다. 이어 머스크는 바로 다시 비행기에 올라 베이 에어리어로 날아갔다.[3] 다음날인 12월 3일, 그는 다시 걸프스트림을 타고 미국을 횡단해 동부 연안까지 갈 준비를 하고 있었다. 머스크는 시간을 죽여야 했다. 의자를 젖히고 책을 읽거나 낮잠을 자는 대신, 그는 핸드폰으로 트위터 앱을 열어 이미 진행중이던 스페이스의 라이브 오디오 채팅에 참여했다.

채팅방은 머스크를 가장 시끄럽게 지지하던 사람들이 연 것으로, 그중에는 창업가이자 암호화폐 신봉자인 마리오 나우팔과 인터넷 범죄를 저질렀다는 혐의로 미국에 송환되지 않으려고 뉴질랜드에서 살고 있던[4] 초기 인터넷의 해커 킴 닷컴 등이 있었다. 머스크는 그들과 합류해 2시간을 훨씬 넘게 이야기를 나누었다. 비행기가 이륙해 미국 서부를 가로지르면서 그의 목소리가 끊겼다가 다시 들려오곤 했다. 거의 10만 명의 사람들이 머스크가 하는 말을 들으려고 실시간 채팅에 접속했다. 마크롱과의 회의 직후였으니 트위터의 정책과 인터넷에서의 발언을 규제하는 트위터의 역할에 관한 생각이 그의 머릿속에 크게 자리잡고 있었다.

머스크에게는 할말이 아주 많았다. 직원 수를 줄이고 광고주들에게 구애하고 트위터 블루를 다시 론칭하느라 처음 몇 주를 보낸 머스크는 최근에야 트위터의 콘텐츠 관리 규정으로 관심을 돌렸다. 추수감사절 직전 주말에, 머스크는 즉흥적인 설문조사 결과에 근거해 도널드 트럼프의 계정을 되살리겠다는 극적인 결정을 내렸다. '트윗 대장'은 1억 1700만 명의 팔로워에게 트럼프를 복권시켜야 하느냐고 물었다.[5] 선택지는 예/아니요 중 하나였다. 1500만 명 이상이 투표에 참여했고, 그중 52퍼센트가 복권에 찬성했다. 머스크 자신은 이런 표의 상당수가 봇이 한 것이라고 지적했다. 물론, 그가 몇 년 동안 트위터 봇에 대항하는 십자군 전쟁을 벌여왔다는 점을 생각하면 아이로니컬한 일이었다. 하지만 트럼프 문제에 관해서는 그게 중요하지 않은 모양이었다. 머스크는 다음날 트럼프를 복권했다. 그는 "민중이 의견을 냈습니다"[6]라고 쓰고는 라틴어 문구 "복스 포퓰리, 복스 데이"를 덧붙였다. **민중의 목소리가 신의 목소리**라는 뜻이었다.

머스크는 몇 주 동안 광고주들에게 계정 삭제와 정지를 뒤집는 결정은 아직 꾸려지지 않은 콘텐츠 고문위원회의 조언을 구할 때만 이루어질 것이라고 약속해왔다. 알고 보니 그런 약속은 무의미했다. 트럼프 복권은 시작에 불과했다. 머스크는 트위터의 사주이자 최종 결정권자로서 빠르게 권력을 휘두르기 시작했다. 트럼프를 복권하고 며칠이 지나 그는 코비드-19에 관한 허위정보 전파를 금지하는 트위터의 규정을 삭제했다. 그런 다음 트위터가 "정지된 계정을 일반적으로 사면해야 하는지" 묻는 또 다른 설문조사를 올렸다. 이 역시 투표자들의 찬성을 받았다. "복스 포퓰리, 복스 데이." 머스크는 다시 트윗을 올렸다.

그 이후로는 상황이 복잡해졌다. 머스크는 래퍼인 예, 소위 칸예 웨스트에게 트윗을 보내 그를 트위터로 다시 불러들였다.[7] 칸예는 반유대주의적 트윗을 공유했다는 이유로 이전의 트위터 체제에서 계정 차단을 당했기에 몇 주 동안 게시물을 올리지 못하고 있었다. 머스크가 키를 잡은 지금, 웨스트는 다시 편안하게 게시물을 올릴 수 있었다. 그는 며칠 만에 다윗의 별 안에 들어 있는 스와스티카 그림을 트윗했다. 머스크조차 그렇게까지 어처구니없는 트윗을 정당화할 수는 없었다. "난 최선을 다했습니다." 머스크는 그렇게 트윗한 다음 다시 웨스트를 정지시켰다.[8]

웨스트의 계정 정지는 머스크가 걸프스트림에 타고 있을 때 나눈 대화의 첫 주제였다. 머스크는 이렇게 말했다. "그게 내 결정이었음을 사람들에게 알리는 게 중요합니다. 선량한 의도가 아닌 게 명백한 방식으로 스와스티카를 게시하는 것은 폭력 선동입니다." 그는 덧붙여 말했다. "나는 개인적으로 칸예를 두들겨패고 싶습니다. 그러니까 내게는 확실히 폭력이 선동된 셈이죠. 그러므로 좋은 일은 아닙니다."

"결국, 나는 우리 모두가 억압당하지 않고 발언이 제약되지 않는 세상, 나쁜 결과를 두려워하지 않고 하고 싶은 말을 할 수 있는 미래를 원할 뿐이라고 생각합니다." 머스크는 이렇게 덧붙였다. 그는 몇 달 동안 자신의 콘텐츠 관리법을 단순한 용어로 설명해왔다. 합법적이면 허락된다는 것이었다. "실제로 다른 사람에게 해를 입히는 게 아니라면 하고 싶은 말을 할 수 있어야 합니다."

콘텐츠 관리에 관한 머스크의 시각은 트위터에 친숙한 방식과는 달랐다. 그는 전임자들에 비해 훨씬 더 직접적인 접근법을 취했다. 전 CEO 잭 도시는 계정을 삭제하거나 정지해야 하는지에 관해 결정을 내린 적이 거의 없었다. 대신, 그는 이런 임무를 직속부하들에게 맡겼다. 그 절차는 정책에 관한 결정이 느리고 혼란스럽게 이루어진다는 뜻이었다. 트위터 경영진이 자유로운 발언의 뉘앙스에 대해 논하며 힘겨운 회의를 이어갔기 때문이다. 트위터는 거의 한 번도 사용자의 계정을 삭제하거나 정지하기로 결정한 직원을 특정한 적이 없었다. 대신, 트위터는 그런 결정을 회사나 팀 차원의 결정으로 돌렸다.

반면 머스크는 중요한 결정을 전부 혼자 내리는 것이 매우 편안한 것처럼 보였다. 예컨대 웨스트의 계정을 정지한 것은 머스크의 결정이었으며, 섣부른 사용자 설문조사 결과에 근거해 트럼프를 복권한 것도 마찬가지였다. 트윗 대장은 급히 결정을 내렸고, 그런 결정을 내린 사람이 자신이라는 사실을 숨기지 않았다. 누가 책임자인지 모두가 알았다.

이 모든 변화는 머스크의 성격을 반영하는 데서 그치지 않았다. 이런 결정은 그의 영업 멘트이기도 했다. 머스크는 트위터 2.0이 과거의 체제와는 모습도, 느낌도 다르기를 바랐다. 이는 트위터가 온라인 발언을 지나치게 검열한다고 생각하는 머스크 자신과 비슷한 보수적 사용자들을 다시 끌어들일 전략의 일환이었다. 트럼프를 되찾아오는 것은 손쉬운 승리였다. 웨스트를 지지하는 것도 마찬가지였다(적어도 처음에는 그랬다). 그러나 앞으로 나아가면서 변화를 일으키는 것만으로는 충분하지 않았다. 머스크는 트위터 1.0도, 법정에서 그를 상대로 싸워 이 회사를 인수할 수밖에 없도록 강제한 모든 경영진도 지워버리려고 작정한 듯했다.

그러기 위해 머스크는 트위터의 더러운 속살을 만천하에 드러내기로 결정했다. 그는 트위터의 내부 메시지를 샅샅이 훑어볼 기자들을 데려왔다. 그가 공개한 내부 메시지에는 이메일과 비공개 슬랙 및 구글 메시지가 포함되었다. 머스크는 기자들에게 트위터의 중요한 콘텐츠 정책에 대해 기사를 쓰도록 했다. 이는 트위터에 있었다는 몇 년간의 편향을 드러내기 위한 계획이었다. "햇빛은 훌륭한 살균제죠." 머스크는 이렇게 설명했다. 그는 손수 선정한 기자들에게 원하는 모든 내부 문서에 대한 "무제한 접근"을 허락했다. "이건 북한의 관광투어가 아닙니다." 그는 비행기에 탄 채로 농담했다. 기자들은 "원하는 곳이면 어디든, 언제든 원할 때, 원하는 방식으로" 갈 수 있었다.

이 프로젝트를 '트위터 파일'이라 불렀다. 머스크는 이를 트위터가 신뢰를 되찾기 위한, 당혹스럽지만 중요한 방법이라고 광고했다. 그는 다른 네트워크보다 '진실한' 존재가 되는 것이 트위터가 장기적으로 사용자 수를 증가시키는 데 도움이 되는 차별점이라고 믿었다.

머스크가 걸프스트림에서 왕처럼 회의를 주재한 건 첫번째 트위터 파일 더미가 만들어진 지 24시간도 되지 않았을 때였다. 많은 사람들이 이 파일을 기대했다. 머스크가 팔로워들에게 직접 이 파일을 홍보하면서 맷 타이비 기자가 관련 소식을 업데이트할 때마다 리트윗했기 때문이다. 머스크는 개인적으로 트위터 사무실에 기자들을 초대해[9] 파일을 검토하게 했다. 하지만 그는 초대장을 보내는 것 이상으로 깊이 관여한 것 같다. 머스크는 트위터 파일이 첫 무대에 오르기 직전에 이런 트윗을 올렸다. "몇 가지 팩트를 이중으로 확인하고 있습니다."[10]

첫번째 서류 더미는 트위터가 2020년 대선 직전, 헌터 바이든의 노트북 사건을 다룬 방식을 다루었다.[11] 그 이후의 파일은 트럼프 계정 정지와 관련된 내부 대화나 트위터 직원과 미국 법 집행기관이 계정 정지 혹은 트윗 삭제를 두고 나눈 메시지 등 다른 사건을 다루었다. 목적은 트위터를 부패하고 보수파에 적대적인 편향을 가진 플랫폼으로 보이게 만드는 것이었다. 많은 사람들에게 이 방법이 통했다. 트위터 파일은 회사 경영진이 정부기관과 종종 뒷거래를 하거나, FBI 혹은 대통령 선거 캠프에서 위험하다고 표시한 계정을 삭제했음을 보여주었다. 이는 또한 트위터가 몇몇 논쟁적인 사용자들의 메시지 전달 범위를 축소해, 사용자에게 알리지 않은 채로 그들의 계정이 서비스에서 유행하는 것을 막았음[12]을 보여주기도 했다. 정확히 말해 쉐도우 밴을 먹인 것은 아니지만, 트위터는 일부 사용자의 트윗 전파에 암암리에 영향을 주고 있었다.

그러나 트위터 파일은 대체로 주류 언론사에서 별다른 반향을 일으키지 못했다. 언론사들은 흥미진진하게 첫번째 파일 공개를 기다렸으나 트위터 파일 3호쯤에 이르러서는 사실상 더이상 관심을 기울이지 않았다. 트위터의 정책 결정을 면밀히 추적해온 사람들에게 이 파일은 사람들이 이미 아는 것, 즉 콘텐츠 관리 결정은 혼란스럽고 복잡하며 종종 불완전하다는 사실을 확인해주었을 뿐이다. 이메일을 보면, 트위터의 직원들은 무슨 일을 해야 할지에 관해 의견 불일치를 보이거나, 계정 정지가 실제로 규정에 일치하는 조치인지 질문하고 있었다. 트위터가 헌터 바이든의 노트북 관련 기사를 검열한 사건을 실수가 아니라고 할 사람은 거의 없었다. 트위터 경영진은 심지어 이 사건이 발생하고 얼마 지나지 않아 공개 사과를 하기도 했다. 세계의 언론을 관리한다는 것은 끔찍한 일이었고, 트위터 경영진은 때로 그 책임에 힘겨워한 것이 분명했다.

그러나 머스크는 트위터의 과거 경영진이 이런 실수에 대해 공개적 처벌을 받도록 하는 데 전념하는 것처럼 보였다. 언론사 대부분이 트위터 파일의 폭발성을 얕보자 머스크가 분노를 터뜨렸다. "언론사는 미국 민중을 속이는 데 공모했기에 이 일을 아무것도 아닌 것으로 치부하려 듭니다. 부끄러운 줄 알아야죠."

트위터의 사주로서 머스크가 보낸 처음 몇 주에 관한 뉴스는 대체로 그의 사업적 결정에 관한 소식 중심이었다. 그러나 무엇보다도 트위터의 콘텐츠 관련 결정에 머스크 자신이 끼친 영향력이 기억되기를 바란다는 점이 점점 분명해졌다. 걸프스트림에서 대화를 진행하던 중 머스크는 애초에 왜 트위터를 샀느냐는 질문을 받았다. 머스크는 단순히 《바빌론 비》 때문이라기보다는 한동안 자라온 어떤 느낌 때문이었다고 말했다. "우리는 언론의 자유가 점점 더 억압되는 길을 걷고 있습니다. 이 점이 내겐 걱정거리였습니다." 그가 말했다. 놀랍지도 않지만 그의 동기는 화성을 식민화하고 싶어하는 이유와 유사했다. "나의 생물학적 신경망은 트위터를 사는 것이 중요한 일이며, 트위터를 매수해 좋은 방향으로 이끌어가지 않는다면 트위터가 문명의 미래에 위험을 제기할 것이라는 결론을 내렸습니다."

머스크는 대중에게 언론의 자유를 돌려주는 것에도 그 나름의 인과응보가 따른다는 점을 인정했다. 그는 이로써 자신이 살해당할 수도 있다고 말했다. "내게 어떤 나쁜 일이 벌어질 수 있다는 위험, 심지어 내가 문자 그대로 총격을 당할 수도 있다는 위험은 상당히 중대합니다. 나는 분명 오픈카를 타고 퍼레이드를 하지는 않을 겁니다. 이렇게만 말하기로 하죠. 누군가 나를 죽이고 싶어한다면 그건 어려운 일이 아닙니다. 그러니 아무도 그러지 않았으면 좋겠네요."

로스, 표적이 되다

머스크가 실제로 위험한 상태였는지는 분명하지 않다. 그러나 아이러니하게도 머스크 자신의 트윗은 다른 사람의 안전을 중대하게 위협하기 시작했다. 12월 10일, 트위터의 누군가가 전직 신뢰 및 안전팀 경영진인 요엘 로스의 오래된 트윗을 하나 더 발굴했다. 2010년에 작성된 이 트윗에서 로스는 질문을 제기했다. "고등학생이 교사와의 성관계에 유의미하게 동의할 수가 있을까?"[13] 그의 트윗은 같은 질문을 던진 《살롱》이라는 간행물의 기사를 링크한 것이었다.

그러나 머스크는 이 오래된 트윗을 맥락과 상관없이 언급했다. 그는 로스의 대학 시절 논문을 발췌해 트윗했다. 논문의 내용은 그라인더 등의 게이 데이트 앱이, 연령 제한과는 관계없이 이미 해당 서비스를 이용하고 있는 십대 사용자에게 안전 정책을 적용해야 한다는 내용이었다. "요엘은 박사 논문에서 아동이 성인 인터넷 서비스에 접근할 수 있어야 한다고 주장한 것 같네요."[14] 머스크는 1억 2100만 명의 팔로워에게 이런 트윗을 보냈다. 트위터의 CEO가 별다른 증거도 없이 로스를 소아성애자라고 암시한 것이다.

머스크의 팔로워들이 밀려들면서, 로스는 갑자기 강도 높은 괴롭힘과 학대의 표적이 되었다. 로스가 도널드 트럼프의 트윗에 경고 딱지를 붙인 이후, 폭스 뉴스에서 켈리앤 콘웨이가 그의 이름을 큰 소리로 불러주었던 때와 비슷하게 으스스한 일이었다. 그러나 로스가 더이상 트위터에서 일하거나 회사의 보호 조치를 받지 못하고 있었던 만큼 더 나쁜 일이기도 했다. 그의 친구와 가족까지 괴롭힘을 당했다. 위협이 너무 심해져 로스와 그의 남편은 안전을 위해서라도 집을 떠나 어딘가에 은신할 수밖에 없었다.[15] 그들은 결코 돌아오지 않았다. 몇 달 뒤, 로스는 집을 팔고 영원히 다른 곳으로 떠났다.

도시의 변명

트위터 파일은 잭 도시의 관심을 끌었다. 전 트위터 CEO는 트위터 파일이 현재 해부하고 있는 거의 모든 결정에 책임이 있었다. 첫번째 파일이 발표되고 며칠 뒤, 도시는 자기 나름의 블로그 게시물을 올렸다.

그는 트위터의 실패에 관해 썼다. 광고에 대한 의존 등 외부의 압력이라는 현실이 회사를 압박해, 자신이 꼭 동의하지는 않는 콘텐츠 관련 결정을 내릴 수밖에 없다는 내용을 포함했다. 광고사업을 한다는 것은 돈을 내는 고객들에게 안전한 공간을 만들어준다는 뜻이었다(물론, 머스크는 어렵사리 이 점을 학습해가고 있었다). 그 말은 때로 어떤 종류의 콘텐츠를 삭제할 것인가에 대해 지나치게 방어적인 태도를 보여야 한다는 뜻이기도 했다. 도시는 이렇게 썼다. "나는 일반적으로 회사들이 지나친 힘을 갖게 되었다고 생각합니다. 우리가 트럼프 계정을 정지했을 때, 내게는 이 점이 완전히 자명해졌습니다. 전에도 말했지만 우리는 당시 상장사로서 올바른 일을 했으나 인터넷과 사회를 위해서는 잘못된 결정을 내렸습니다."

도시는 자신이 책임자로 있는 동안 트위터가 특정 정당을 옹호했다는 생각에는 반론을 펼쳤다. "악의나 숨겨진 목표는 없었습니다." 그는 이렇게 썼지만, "실수가 있었다"는 점을 인정하기도 했다. 이번에도 도시는 탈중앙화된 소셜 네트워크라는 아이디어를 밀어붙였다. 그는 이렇게 썼다.

> 당연하게도, 정부에서는 대중의 대화를 틀짓고 통제하고 싶어합니다. 그렇게 하기 위해서라면 언론을 포함해 쓸 수 있는 모든 수단을 다 쓸 것입니다. 같은 일을 할 수 있는 기업의 영향력도 점점 커져갈 뿐입니다. 민중이 이런 일에 저항할 도구를 가지는 것, 그리고 그 도구가 궁극적으로 민중의 소유가 되는 것은 중요한 일입니다. 정부나 소수의 기업이 공론을 소유하도록 허락하는 것은 중앙화된 통제로 가는 길입니다.

도시는 그와 일했던 모든 사람이 이미 알고 있던 점도 인정했다. 그가 사임하기 약 20개월 전, 엘리엇 매니지먼트가 트위터의 문 앞에 나타난 이후 그가 대체로 트위터에서 손을 뗐다는 사실 말이다. 그때 도시는 자신이 믿는 수많은 원칙을 위한 싸움을 포기했다. "2020년, 행동주의 투자자들이 우리 회사 주식에 개입하면서부터 나는 이런 원칙을 완전히 포기했습니다." 그는 콘텐츠 관리에 관한 자신의 비전이 상장사에서는 통하지 않는다고 말했다. "나는 당시에, 내가 더이상 회사에 어울리는 인물이 아니라는 것을 알고 퇴장을 계획했습니다."

머스크의 아이러니

세계에서 가장 성공한 코미디언 중 한 사람인 데이브 샤펠은 12월 11일 일요일, 깜짝 손님을 무대로 불러올리며 쇼를 마무리했다. 그는 한 손에 술잔을 들고 말했다. "신사 숙녀 여러분, 세계에서 가장 큰 부자를 큰 소리로 맞아주십시오."

일론 머스크가 매진된 객석을 향해 두 팔을 뻗으며 무대 위에 올라왔을 때쯤에는 이미 야유가 세차게 몰아치고 있었다. 머스크는 NBA의 골든스테이트 워리어스의 홈경기장인 체이스 센터에 들어와 있었다. 트위터의 샌프란시스코 본부와는 겨우 3.2킬로미터 떨어진 곳이었다. 고향의 환영 인사와는 정반대 분위기가 그를 맞이했다. 대부분의 억만장자와 마찬가지로 머스크는 대중 앞에 모습을 드러낼 때마다 보통 영웅 대접을 받았다. 샤펠 옆에 있으니 아마 그 이상의 대우를 기대했을 것이다. 대신 그는 직업 인생에서 가장 불편한 5분을 마주했다.

야유는 일단 시작되자 멈추지 않았다. 샤펠은 상황을 가볍게 해보려 노력했다. "당신이 해고한 사람들이 객석에 있나보네요." 그는 이렇게 말하며 야유하는 사람들이 싸구려 좌석에 있다고 꼬집었다. 2분이, 또 3분이 지났지만 군중은 계속 야유했다. 샤펠은 화성에 첫번째 코미디 클럽을 개업하겠다는 농담으로 어색함을 깨보려 노력했다. 3분 30초가 지나자, 몇 마디 이상을 하지 않던 머스크가 결국 샤펠에게 무슨 말을 해야 하느냐고 물었다. 관객은 더욱 시끄럽게 야유했다. 샤펠이 농담했다. "아무 말도 하지 마세요. 이 순간의 기쁨이 망가질 뿐이니까요." 결국 샤펠은 머스크를 구슬려, 자신의 유행어인 "난 부자다, 쌍것들아!"[16]라고 소리치게 했다. 정확한 말이어서 더 부자연스럽게 느껴졌다. 카메오는 완전한 재앙이었다.

트위터 사용자가 머스크의 출연은 당혹스러운 일이라면서 관객의 80퍼센트가 야유하고 있다고 주장하자 머스크가 받아쳤다.[17] "엄밀히 말하면 환성이 90퍼센트, 야유가 10퍼센트였습니다." 머스크는 이런 트윗을 올렸다가 나중에 삭제했다. "그래도 야유가 많긴 했죠. 현실에서는 처음 겪은 일입니다(트위터에서는 자주 있었던 일이지만요). 제가 샌프란시스코의 나사 빠진 좌파들을 불쾌하게 한 것 같은데…… 안 될 말이죠."

머스크에게는 끔찍한 한 주의 시작이었다. 이틀 뒤, 로스앤젤레스 근처 사우스패서디나의 주유소에서 머스크의 보안 요원 중 한 사람이 누군가와 싸움을 벌였다. 상대는 머스크와 그의 전 파트너인 가수 그라임스 모두에게 관심이 있는 스토커라고 했다. 머스크는 나중에 '미친 스토커'가 그가 타고 있다고 생각되는 테슬라를 미행했으나[18] 사실 차에는 그의 두 살배기 아들 X가 타고 있었다는 트윗을 남겼다. 머스크는 스토커가 "나중에 자동차를 가로막고 보닛에 올라탔다"는 트윗을 올렸다. 그러나 공식적으로 신고를 하지는 않았다. 나중에 스토커 혐의를 받던 이 사람은 《워싱턴 포스트》에 자신은 우버 이츠 기사였다고 주장했다. 그러나 그라임스가 인스타그램 게시물을 통해 자신에게 암호를 보내고 있으며,[19] 머스크가 자신의 위치를 추적하고 있다고 생각한다는 점을 인정하면서 이런 진술은 무너졌다.

이때의 사건으로 머스크는 확실히 겁을 먹었다. 사건 발생 다음날, 그는 트위터 정책을 빠르게 변경했다.[20] 그는 "누군가의 실시간 위치 정보를 해킹하는 계정"은 모두 삭제하겠다고 했다. 그는 이를 "신체적 안전에 대한 침해"라고 불렀다. 두번째 트윗에서, 머스크는 이런 행위에 그의 전세기를 추적하는 계정 @ElonJet도 포함된다는 점을 분명히 밝혔다. 머스크는 스토커 혐의자가 자동차 위치를 알았던 것이 단지 전세기 계정 때문이라고 말한 셈이었다. 그러나 주유소 사건은 머스크가 로스앤젤레스에 착륙했다는 내용이 @ElonJet에 올라오기 거의 24시간 전에 일어났다. 게다가 주유소 자체가 공항에서 42킬로미터쯤 떨어져 있었다.[21] 상관없었다. 머스크는 @ElonJet을 정지했고, 스무 살짜리 계정 주인 잭 스위니에게 법적 조치를 취하겠다고 말했다.

이 사건은 상당한 언론의 관심을 끌었다. 머스크를 담당하는 기자 몇 명은 사람들이 지금도 인스타그램이나 마스토돈 같은 다른 서비스에서 이 억만장자의 전세기에 관한 정보를 얻을 수 있다고 지적했다. 이에 머스크는 더욱 선을 넘어, @ElonJet의 다른 소셜미디어 페이지로 통하는 링크를 트윗하는 기자들의 트위터 계정을 정지하기 시작했다. 《뉴욕 타임스》, 《워싱턴 포스트》, CNN 등의 기자 계정이 모두 정지되었고, 스포츠 해설자인 키스 올버먼의 계정도 정지되었다.[22] 머스크는 이런 정지 조치를 변호하는 트윗을 남겼다. "이들은 나의 실시간 위치를 게시했습니다. 사실상 암살 좌표를 찍은 것입니다."[23] 머스크의 말은 그의 비행기 정보 링크가, 설령 트위터에 올라온 것이 아니더라도, 하루 전에 그가 직접 만든 새로운 정책에 따라 계정을 정지할 이유가 된다고 말한 것이다.

아이러니를 무시하기는 불가능했다. 머스크는 몇 달 동안 트위터를 매입한 이유라고는 언론의 자유를 지키는 것뿐이라고 주장해왔다. 그는 **불법만 아니면 트위터에서는 괜찮다**고 거듭 말했다. 머스크는 심지어 트위터 사람들이 뭐든 하고 싶은 말을 할 수 있다는 이념에 얼마나 진심인지 보여주는 사례로서 스위니의 계정을 활용하기까지 했다. "언론의 자유에 관한 나의 헌신은 내 전세기를 추적하는 계정을 금지하지 않는 데까지 이어집니다. 이런 행위가 개인 안전에 직접적인 위험인데도 말입니다."[24] 불과 한 달쯤 전인 11월 6일, 그는 이런 글을 남겼었다. @ElonJet을 정지하고, 그런 다음에는 합법적인 다른 기자들의 계정도 정지하는 무리한 조치를 하면서 머스크는 위선자처럼 보이게 되었다. 그는 자신이 인수하기 전의 트위터가 계정을 정지하거나 삭제해 고압적인 모습을 보여왔다는 사실을 싫어했다. 그런데 지금은 그의 비행기에 관한 공개 정보를 올린다는 이유로 계정을 정지하고 있었다. 규칙은 모든 사람에게 적용되지만, 트위터의 새 소유주에게만은 예외인 듯했다.

제가 내려와야 할까요?

며칠 후, 머스크는 다시 전세기에 올라 대서양을 건너 동쪽으로 향했다. 연료를 보충하기 위해 런던에 잠시 들른 뒤, 머스크의 비행기는 남동쪽으로 방향을 틀어 카타르의 수도 도하로 향했다. 새너제이에서 처음 이륙한 지 거의 17시간 후, 그가 착륙했을 때쯤에는 월드컵 결승전이 시작되기 겨우 몇 시간 전이었다.

월드컵은 언제나 트위터에 중요한 순간이었다. 올림픽과 함께, 월드컵은 정말로 세계적인 몇 안 되는 행사 중 하나였다. 월드컵은 언제나 트위터의 사용자 수와 광고수익을 크게 증가시켰다. 사람들이 하이라이트를 보고 경기 해설을 따라가느라 트위터에 모여들었기 때문이다. 머스크는 그 중요성을 이해하고 있었으며, 한 달 전 토너먼트가 시작되었을 때 모든 직원 또한 이 사실을 인식하도록 이메일을 보냈다.

제목: 이번 주말의 최우선 과제

……는 트위터가 월드컵을 멋지게 지원하는 것입니다. 이것이 사용자들에게 최고의 경험이 될 수 있도록 최선을 다하기 바랍니다.

감사합니다.

– 일론

이제 머스크는 월드컵 결승전에서 아르헨티나가 프랑스와 맞서는 모습을 지켜보려고 도하까지 날아갔다. 그는 골대 근처의 박스석에 앉았다. 다른 저명한 투자자와 사업 관계자 몇 명이 그와 함께했다. 그중에는 카타르 국부 펀드의 CEO 만수르 빈 에브라힘 알-마흐무드도 있었다. 카타르 국부 펀드는 머스크의 트위터 인수에 3억 7500만 달러를 투자[25]한 바 있었다(머스크는 투자 계약의 일부로서 이 경기에 참석하기로 했다[26]). 전 대통령 트럼프의 사위인 재러드 쿠시너도 박스석에 있었다. 머스크는 튀르키예의 대통령 레제프 타이이프 에르도안과도 잠시 만났고,[27] '솔트 베이'라고 알려진 유명 셰프와도 셀카를 찍었다. 머스크는 경기 내내 트윗을 올렸다. 결승전을 최대한 띄우고 관심을 끌어오기 위해 최선을 다했다. "아르헨티나 골!"[28] 그는 축구 스타 라이오넬 메시의 영상과 함께 이런 글을 올렸다. "비등한 경기네요!!"[29] 그는 프랑스의 포워드 킬리안 음바페의 다른 영상에 이런 코멘트를 덧붙였다. 또 킴 닷컴이나 컴퓨터 과학자이자 인기 있는 팟캐스트 진행자인 렉 프리드먼 같은 사람들이 경기에 대해 한 말에 댓글을 달기도 했고, 얼마나 많은 다른 사람들이 트윗을 올리는지에 관해서도 트윗했다. 사용자들은 머스크가 경기장에서 트윗을 올려 자기도 모르게 '암살 좌표'를 찍고 있다는 조롱조의 트윗을 올렸다.

경기가 연장전에 접어들고, 결국 승부차기까지 이어지고 있을 때였다. 트위터의 주요 회사 계정 중 한 곳에서 새로운 정책을 연달아 게시했다. 이제 페이스북, 인스타그램, 마스토돈, 심지어 트럼프의 트루스 소셜에 이르기까지 다른 소셜미디어 사이트로 링크를 올리는 행위는 트위터 규정 위반[30]이었다. 나중에 삭제된 어느 트윗에는 이렇게 적혀 있었다. "우리는 많은 사용자들이 다른 소셜미디어에서도 활동하고 있다는 것을 압니다. 그러나 더이상은 트위터에서 특정 소셜미디어 플랫폼의 무료 홍보를 허용하지 않겠습니다."

트위터 사용자들은 즉시 경악했다. 기업용 소프트웨어 회사인 박스의 CEO이자 열정적인 트위터 사용자였던 에런 레비는 이렇게 썼다. "그냥 딱하네요."[31] 머스크에게 종종 트윗을 보내던 실리콘밸리의 유명 투자자 폴 그레이엄은 이 조치에 대해 "나한테는 이게 한계다"라고 말하면서, 사람들에게 자신을 따라 마스토돈으로 가자는 링크를 올렸다(이때 그의 트위터 계정은 일시적으로 정지되었다). 에드워드 스노든까지 끼어들었다. "이건 나쁜 정책입니다. 뒤집어야 합니다."[32]

머스크에게 이 정책은 당연하게 보였다. 처음에, 그는 '전통적인' 언론사라면 경쟁 회사가 공짜로 광고하게 놔두지 않을 거라며 이런 조치를 방어하려 했다.[33] 물론, 트위터는 전통적인 미디어 회사가 아니었고 사람들이 다른 웹사이트로 링크를 올리지 못하게 한 조치는 언론의 자유와 가장 먼 행동으로 느껴졌다. 기자들의 계정을 정지한 지 얼마 되지도 않아서 한 이런 행동은 머스크의 또 한번의 실수였다. 그는 자신만의 왕국을 운영하듯 트위터 규정을 만들어내고 있었다.

몇 시간 뒤, 머스크는 물러났다. 다만 완전히 물러난 것은 아니었다. "계정의 *주된* 목적이 경쟁사에 대한 홍보인 경우에만 계정을 정지하도록 정책을 조정하겠습니다.[34] 이런 경우에는 본질적으로 스팸 금지 규정이 적용됩니다." 그는 트위터에 이렇게 썼다. 정책을 취소한 것은 올바른 행동이었지만, 머스크는 여전히 폭군처럼 보였고 트위터는 여전히 약해 보였다. 자신의 인스타그램 계정 링크를 올리는 것이 갑자기 트위터의 사업에 대한 심각한 위협처럼 보였으니 말이다. 월드컵 결승전과 엉망이 된 링크 정책 사이에서, 머스크는 하루 중 상당 시간을 트위터에서 보냈다. 그는 24시간 동안 30번 이상 트윗을 올렸다.

도하 시각으로 새벽 2시 20분, 경기가 끝난 지 한참 뒤에도 머스크는 나쁜 정책에 대해 생각하고 있었다. "앞으로, 중요한 정책 변경에 대해서는 투표를 실시하겠습니다. 사과드립니다. 다시는 이런 일이 없을 겁니다."[35]

그리고 3분 뒤, 머스크는 가장 잘하는 일을 했다. 트윗을 올려 논쟁을 시작한 것이다. "제가 트위터 수장 자리에서 내려와야 할까요?"[36] 그는 이렇게 물으며 팔로워들에게 설문조사를 올렸다. 한 달 전의 트럼프 설문조사와 마찬가지로, 머스크는 사람들에게 두 가지 선택지를 주었다. "예" "아니요". 나중에 그는 이렇게 덧붙였다. "설문조사 결과에 따르겠습니다. 소원이 이루어질지도 모르니, 소원을 빌 때는 조심하세요."[37]

머스크가 결국 트위터의 고삐를 넘겨주게 되리라는 추정은 이미 있었다. 어쨌거나 그는 여전히 테슬라와 스페이스X를 둘 다 운영하고 있었다. 이 둘은 역사상 어느 순간의 트위터보다도 훨씬 더 가치가 높은 회사들이었다. 그러나 아무도 머스크가 이렇게 빨리 물러나리라고 생각하지는 않았다. 특히 트위터 사용자들의 변덕에 따라서는 말이다. 표가 쏟아지기 시작하면서, 머스크는 새벽이 될 때까지 계속 트윗을 올렸다. 그의 게시물은 점점 더 사기를 떨어뜨렸다.

그는 팔로워들에게 이렇게 썼다. "문제는 CEO를 찾는 것이 아니라 트위터를 살려둘 수 있는 CEO를 찾는 것입니다.[38] 실제로 트위터를 살려둘 수 있는 사람은 아무도 이 일을 원하지 않습니다. 후계자가 없습니다.[39]" 팟캐스트 진행자 프리드먼은 머스크에게 답장을 보내 CEO 자리에 자원했다. 머스크는 이렇게 답했다. "고통을 아주 좋아하시나보네요. 한 가지 걸리는 점이 있는데, 평생의 저금액을 트위터에 투자해야 합니다. 트위터는 5월 이후 파산으로 가는 고속도로를 타고 있었고요. 그래도 하실래요?"[40]

도하 시각으로 새벽 4시 30분경, 머스크는 메시지를 하나 더 띄웠다. "권력을 원하는 자는 누구보다도 권력을 누릴 자격이 없는 자다."[41] 6시간 뒤, 아직 투표가 쏟아지는 가운데 머스크의 비행기는 미국으로 떠났다.[42]

날개를 접은 파란 새

1750만 명 이상의 사용자가 투표했다. 그중 다수인 57.5퍼센트는 머스크가 사직하는 데 찬성했다.[43] 그는 이틀 내내 설문조사의 결과를 공개적으로 인정하지 않았으나 결국 물러나겠다고 약속했다. "이 일을 맡을 만큼 멍청한 사람을 찾는 대로 CEO 자리에서 물러나겠습니다! 그런 다음에는 그냥 소프트웨어, 서버팀만 운영하죠."[44] 마침내 그가 트윗을 올렸다.

머스크는 결과에 놀랐을지 몰라도 공개적으로 감정을 드러내지는 않았다. 하긴, 충격을 받으면 안 되었다. 트위터 상황이 끔찍하게 돌아가고 있었으니 말이다. 회사의 수익은 2022년 12월 40퍼센트 하락했다.[45] 크리스마스 기간이 일반적으로는 1년 중 가장 큰 성수기였기에 이는 곤란한 징조였다. 이런 이익 감소는 그달에 월드컵이라는 주요 광고사를 끌어들이는 이벤트가 있었다는 점을 생각하면 더욱 실망스러웠다. 광고 문제는 트위터에 더 많은 돈이 필요하다는 의미이기도 했다. 약 3억 달러로 추산되는[46] 머스크의 첫 이자 지급일이 1월 말로 예정되어 있었다. 머스크는 12월 중순에 테슬라 주식 36억 달러어치를 더 팔았다.[47] 4월에 더이상 테슬라 주식을 팔지 않겠다고 약속한 이후 세번째로 수십억 달러 규모의 매각을 진행한 것이다. 그는 또한 다른 투자자들을 찾아보기 시작했다. 그는 몇 달 전, 트위터를 인수했을 때 지불한 주당 54.20달러의 가격으로 트위터를 살 사람이 있기를 바랐다. 힘든 매각이었다. 12월 30일, 피델리티에서는 보유하고 있던 트위터 지분 가치를 절반으로 하향 조정[48]했다. 그 말은 이 은행에서 트위터의 가치가 두 달 전 머스크가 치른 값에 비해 현저하게 떨어졌다고 생각한다는 뜻이었다.

그래서 머스크는 계속 비용을 감축했다. 크리스마스가 되기 이틀 전, 그는 즉흥적으로 북쪽 새크라멘토로 날아가[49] 트위터의 데이터 센터 세 곳 중 한 곳에 있던 수백 개의 서버 제거 작업을 직접 감독했다. 비용 절감의 일환이었다(머스크는 나중에 이런 즉흥적인 결정을 후회한다고 말했다.[50] 이 조치로 몇 달 동안 문제가 생겼고, 트위터가 몇 차례 심각하게 다운되기도 했다). 샌프란시스코에서 그는 트위터 본부의 8층을 임시 변통 호텔로 만들었다. 회사에서 일하는 사람이 적어졌으므로 트위터에는 공간이 남았다. 그래서 회의실 몇 곳을 침실로 바꾼 것이다.[51] 이렇게 하면 머스크의 다른 회사에서 손님들이 도와주러 왔을 때 값비싼 호텔 방 대신 사무실에서 잘 수 있었다.

그러나 가장 중요한 건 머스크가 청구된 금액을 지급하지 않았다는 것이다. 그는 직접 와서 수금하라고 협력사와 건물주를 도발했다. 트위터는 이제 세계적으로 임대료를 내지 않고 있었다. 트위터의 사무실 임대료는 연간 1억 3천만 달러로 추산되었다.[52] 트위터는 12월, 샌프란시스코 건물주 중 한 명에게 임대료 13만 6천 달러를 내지 않았다는 이유로 소송당했다. 나중에는 샌프란시스코 본사 건물주에게서 거의 700만 달러에 이르는 임대료를 체불했다는 이유로 소송을 당했다.[53] 머스크와 소송을 벌이던 중 회사에서 고용했던 두 개의 서로 다른 컨설팅 회사도 트위터가 자신들에게 각기 220만 달러, 190만 달러의 빚을 지고 있다고 주장했다. 트위터는 심지어 머스크가 세면대를 들고 트위터의 사무실에 들어온 날, CMO인 레슬리 벌랜드를 샌프란시스코로 태워 가기 위해 썼던 전세기 비용도 지급하지 않았다.

설상가상으로 머스크는 규제 당국의 관심을 끌었다. 샌프란시스코 시 당국에서는 8층의 침실에 관해 더 많은 정보를 달라는 서신을 보냈다. 허가 없이 사무실 공간을 '호텔' 방으로 바꾸는 것은 당연히 위법이었다. 하지만 규제 당국이 몰랐던 점이 있었다. 머스크가 그보다도 더 나갈 계획이었다는 사실이다. 그는 새로 만든 '호텔' 방에 화장실을 추가하고 싶어했다. 한밤중에 소변을 봐야 할 경우, 보안팀을 깨워 건물을 가로질러 갈 필요가 없도록 자기 사무실 바로 옆에 독립된 화장실을 만드는 것도 포함해서 말이다. 트위터 사무실 설계와 건설을 맡은 직원 조지프 킬리언이 샌프란시스코 건축법 위반을 걱정했다. 그는 이메일, 즉 서면으로 이런 우려를 남겼다는 이유로 질책당했다. 나중에 킬리언과 동료들이 트위터를 상대로 제기한 소송에서 이 사실이 드러났다. 보어링 컴퍼니의 사장으로서 머스크가 비용 절감 업무를 맡겼던 스티브 데이비스는 킬리언에게 트위터는 규칙을 따를 필요가 없다고 말했다 한다.[54]

킬리언의 소장에 따르면, 머스크와 그의 팀원들은 킬리언에게 건축법에 맞지 않는데도 호텔 방에 새로운 자물쇠와 히터를 설치하라고 요구했다.[55] 킬리언은 항의의 뜻으로 사직했다.

트위터는 연방통상위원회의 관심도 새로 끌었다. 통상위원회에서는 트위터가 몇 달 전에 서명한 개인정보 보호 협약 준수 여부를 감시할 경영진이 전부 그만두었다는 걸 빠르게 알아차렸다. 적어도 그중 두 사람, 개인정보 보호 최고책임자 다미언 키런과 정보 보안 최고책임자 레아 키스너는 사임 직후 연방통상위원회에 소환되어 면담을 거쳤다.[56]

이 모든 문제가 쌓여가고 있다는 점을 생각했을 때, 트위터는 또 한번 거액의 벌금을 내거나 파산할지도 몰랐다. 최악은 트위터의 거의 모든 문제가 스스로 초래한 것이었다는 점이다. 머스크는 자기 손에 맡겨진 환자를 쏘아버리고, 이제는 그 사람을 살리겠다며 수술대를 내려다보고 서 있는 것 같았다. 그가 트위터에서 벌인 장난은 너무 심각해서, 테슬라 이사회조차 12월 총회 때는 트위터의 실수가 테슬라의 브랜드에도 악영향을 끼치고 있다고 불평했을 정도다. 머스크의 동생이자 굳건한 지지자인 킴벌은 이 모든 꼴을 지켜보는 게 힘들다고 느꼈다. 그는 트위터의 머스크 계정 팔로우를 취소했다. CEO의 트윗을 읽는 게 너무 신경에 거슬렸기 때문이다. “모두가 못 본 척하는 크나큰 문제는 머스크가 똥멍청이처럼 굴고 있다는 사실이었습니다."[57] 킴벌은 머스크의 전기 작가인 월터 아이작슨에게 이렇게 말했다.

일반적인 상황에서 이런 실수의 연발은 회사와 그 CEO의 파멸을 야기했을 것이다. 그러나 트위터는 일반적인 회사와는 거리가 멀었다. 트위터의 CEO에게는 불려갈 이사회나 주주가 없었다. 오히려 그에게는 절대적으로 필요하다면야 계속 엔진을 돌리는 데 쓸 수 있는, 무한하게만 느껴지는 돈이 있었다. 게다가 머스크는 맷집이 좋았다. 그는 전에도 스페이스X와 테슬라 모두에서 파산을 맞을 뻔했고, 회사를 재앙 직전까지 몰아갔다가 어떻게든 방향을 튼 전적이 있었다. 언젠가 머스크는 스페이스X와 테슬라가 둘 다 생존 확률 10퍼센트 미만[58]으로 보이기도 했다고 말했다. 두 회사는 모두 살아남았을 뿐 아니라, 모두의 예상을 훨씬 넘어섰다. 2022년 말, 이제는 트위터가 재앙을 맞기 직전인 회사가 되었다.

12월 후반, 크리스마스 며칠 전에 머스크는 데이비드 색스와 제이슨 칼라카니스 등 고문 몇 사람과 함께 인기 팟캐스트 〈올인〉에 특별 출연했다. 색스는 트위터 사무실에서 영상으로 팟캐스트에 참여했다. 그는 사무실 내의 카페인 퍼치 근처에 앉아 있었는데, 퍼치는 머스크가 두 달 전 세면대를 들고 들어와 왕이라도 된 듯 직원회의를 열었던 곳이었다. 색스가 카메라를 돌려 나머지 사람들에게 거의 비어 있는 사무실을 보여주자 다른 진행자 중 한 명인 투자자 겸 창업가 데이비드 프리드버그는 농담하듯 물었다. "여기서 일하는 사람들은 다 어디 있죠?"[59] 그들은 웃었다. "너무 이른 시각이라." 칼라카니스가 말했다.

머스크는 팟캐스트가 시작되고 한 시간 뒤에 들어왔다. 피곤해 보이기는 했지만 그를 사방에서 압박해 들어가는 장벽에도 놀랍도록 기가 꺾이지 않은 모습이었다. "트위터 고객 지원 서비스 왔습니다." 그는 카메라 앞에서 색스 옆에 앉으며 말했다. 머스크는 트위터를 운영하는 것이 어려운 경험이었다고 인정했다. "롤러코스터 같았죠. 신나기는 했지만, 뭐랄까, 최소한 기복이 있었던 것 같습니다." 그는 트위터의 비용이 통제되고 있다고 말을 이었다. "그게, 이 회사는 더이상 파산으로 가는 고속도로를 달리고 있지 않습니다."

지난 두 달간 충격적일 정도로 낮은 자기 인식을 보여주었던 남자치고, 머스크는 사람들이 이미 알고 있던 것을 쉽게 인정했다. 트위터의 성공도, 실패도 이제는 온전히 그의 어깨에 달려 있다는 사실을 말이다. 그는 지금도 이사회를 두지 않고 있었다. 주주도 없었다. 몇 년이나 트위터에서 근무해온 고위직 경영진 대부분을 해고하거나 쫓아냈다. 트위터가 유튜브의 경쟁사, 은행, 또는 만물 앱 등 앞으로 어떤 기업이 되든 그건 일론 머스크 때문일 터였다.

머스크는 이렇게 말했다. "저는 그냥 이대로 극적인 행동을 할 수 있습니다. 물론, 제가 여러 실수를 저지르면 트위터는 성공하지 못하겠죠. 꽤 창피하고 슬플 겁니다."[60]

결론

일론 머스크는 2023년 7월 말에 공식적으로 트위터를 죽여버렸다. 트위터의 상징적인 새 모양 로고는 앱스토어에서도 지워졌고, 샌프란시스코 본사 벽에서도 긁혀나갔다. 머스크는 대신 단 한 글자만을 원했다. X.

머스크는 언제나 X라는 글자를 좋아했다. X는 그의 아들 이름이었다. X.com은 그가 처음으로 만든 스타트업 이름이기도 했다. 이제 X는 그가 가장 좋아하는 소셜 네트워크의 이름이기도 하다. 그렇게 7월 23일, 인수 후 거의 9개월이 지나서 머스크는 17년 이상 존재해온 트위터 브랜드를 지우기 시작했다. 언제나 푸른 배경의 흰색 새였던 트위터 앱 로고는 갑자기 검은색 배경의 흰색 X가 되었다. 머스크는 X라는 글자를 샌프란시스코 트위터 본사 외벽에 비추게 하고, 거대한 금속 X를 마켓 스트리트 시내가 내려다보이는 높은 건물 지붕에 세워두었다(물론, 머스크는 적합한 허가증을 전혀 받지 않았고, 이 간판은 시 공무원들이 수십 건의 민원을 접수하고 회사에 안전 규정을 위반했다고 알린 뒤[1] 사흘 만에 철거되었다).

세계적으로 인정받고, 속보 그 자체였던 브랜드를 버리겠다는 머스크의 결정은 의문스러운 것이었다. 수많은 사람들에게 이는 그저 형식적인 행동에 불과하기도 했다. 머스크는 세면대를 가지고 문으로 들어온 순간부터 트위터의 문화, 직원, 뉴스 가치 등 트위터를 트위터로 만드는 것들을 해체해왔다. 머스크는 트위터를 새로운 무언가로 바꿔놓겠다는 비전을 가지고 있었으며, 예전의 새를 기꺼이 날려보낼 생각이었다.

그 새로운 것이 정확히 무엇인지는 그의 임기가 시작되고 9개월이 지나서도 여전히 불분명했다. 머스크가 알아보기 힘든 다른 변화를 주긴 했지만, 여러 측면에서 서비스 자체는 트위터 1.0 때와 거의 비슷했다. 머스크는 X가 지불 서비스를 제공할 수 있도록 송금 면허를 신청했다.[2] 이는 X를 '만물 앱'으로 변화시키겠다는 그의 희망에 따른 조치였다. 그는 또한 인기 사용자 일부와 광고수익을 나누기 시작했는데,[3] 이는 그들이 서비스를 더 많이 사용하도록 하는 유인책이었다. 가장 눈에 띄는 것은 머스크가 X를 발언의 자유에 더욱 친화적인 공간으로 만들겠다는 약속에 치우쳤다는 점이다. 그는 이 서비스의 코비드-19 허위정보 규제 정책을 없애고[4] 몇몇 보수파 사용자의 계정 정지를 취소했다. 1월 6일에 '스톱 더 스틸' 시위를 조직하는 데 참여했던 알리 알렉산더가 돌아왔다. 잘 알려진 백인 민족주의자 닉 푸엔테스도 복귀했다(둘 다 빠르게 다시 정지당했다[5]). 2023년 4월, 폭스 뉴스에서 놀랍게도 자사의 최고 스타 중 한 명인 터커 칼슨과 갈라섰을 때, 머스크는 칼슨의 인기 있는 토크쇼를 대신 X에 유치하며[6] 그를 응원했다. 잠시였지만, 도널드 트럼프 대통령도 돌아왔다. 2023년 8월에, 트럼프는 조지아주 대선 결과를 뒤집으려 시도했다는 혐의로 풀턴 카운티 구치소에 수감되었다. 그는 이때 찍은 자신의 머그샷을 트윗했다.[7] 이 트윗을 이용해 선거운동 기부금을 모았다. 머스크는 자신의 모든 팔로워에게 이 게시물을 리트윗[8]하면서, "레벨이 다르다"라고 썼다.

머스크가 '트위터'를 떠나보내고 싶어한 이유는 거의 이해할 만했다. X는 새출발이자, 머스크가 열을 내게 만든 트위터의 모든 것과의 결별이었다. X는 또한 머스크가 지휘봉을 잡은 첫 9개월이 그야말로 사업상의 재앙이었다는 사실에서 모두의 관심을 돌릴 기회였다. 머스크 인수 이후 처음 몇 주 동안 겁을 먹은 수많은 광고주들은 아직 돌아오지 않았고, 돌아왔다 한들 훨씬 적은 돈만을 지출했다. 머스크 자신이 여전히 그의 최대의 적이었다. 2023년 11월, 어떤 사용자가 "유대인들은 사람들이 유대인에게 사용하지 않았으면 좋겠다고 주장하는 바로 그런 이분법적 혐오를 백인들에게 적용하고 있다"는 글을 썼다. 머스크는 이를 응원하는 트윗을 올렸다. 그는 "진실을 말하셨네요"[9]라는 댓글을 달아 사용자와 광고주로부터 광범위한 역풍을 맞았다. 애플, IBM, 디즈니를 비롯한 주요 브랜드는 항의의 표시로 X에서 광고를 중단했다.[10] 얼마 지나지 않아 머스크는 《뉴욕 타임스》 딜북 정상회의에서 무대에 올라 광고주들이 자신의 서비스를 보이콧해도 신경쓰지 않는다고 말했다. "누가 광고로 나를 협박하려 한다면, 돈으로 나를 협박하려 한다면, 엿이나 처먹으라고 하세요." 그는 자랑스럽게 선언했다.

머스크의 익살은 X의 사업상 파멸을 의미했다. 머스크는 2023년 7월, 광고수익이 50퍼센트 줄었다고 말했다.[11] 9월에는 미국 광고수익이 60퍼센트 하락했다.[12] X는 여전히 현금 적자를 기록하고 있었으며, 머스크는 인수 거래에 돈을 대기 위해 냈던 빚에 어마어마한 이자를 지불하고 있었다. 설상가상으로, 대규모 구독 서비스를 만들어 X의 수익을 다양화하겠다는 그의 계획은 전혀 실현되지 않았다. 알고 보니, 파란색 체크 표시를 달겠다고 한 달에 8달러를 내고 싶어하는 사람은 극소수였다.

머스크가 X로 브랜딩을 다시 했을 때쯤 이 회사의 가치는 겨우 200억 달러로,[13] 지난 가을 그가 지불한 440억 달러의 절반에도 못 미쳤다. 적어도 머스크는 이 점에 대해 유머 감각을 발휘했다. "맘대로 생각하세요, 난 세계 최대의 비영리단체를 440억 달러에 인수한 사람입니다. ㅋ"[14] 그는 팔로워들에게 이렇게 농담했다.

X의 문제 대부분은 머스크 자신에게서 나왔다. 그는 계속해서 자신의 결정에 아무런 결과가 따르지 않을 것처럼 회사를 운영했다. 4월에, 그는 결국 본사 바깥의 트위터 간판 w를 페인트로 칠해 '트위터'를 '티터'로 바꿔놓았다. 다음날, 그는 자신의 사용자 이름을 '해리 볼즈(Harry Bolz)'•로 바꾸었다. 머스크는 홍보팀 전체를 해고했으므로, 언론에서는 누군가가 회사의 홍보팀에 이메일을 보낼 때마다 똥 이모지가 들어 있는 자동 답장을 받게 되었다. 이런 장난은 머스크의 이력을 추적해온 사람이라면 누구에게나 익숙한 것이었으며, X가 수익 대부분을 브랜드 의식이 강한 광고주에게 의존한다는 사실만 아니었다면 별다른 해를 끼치지 않았을 것이다.

다른 결정은 그보다 큰 영향을 끼쳤다. 머스크는 트위터 블루 구독료를 내지 않는 모든 사용자의 파란색 체크 표시를 없애버렸는데, 그 말은

• '털 많은 고환'이라는 뜻의 hairy balls와 발음이 비슷해서 하는 말장난이다.

수천 명의 기자, 연예인, 언론사가 더이상 인증받지 못했다는 뜻이다. 이는 세계적인 뉴스의 출처라는 트위터의 명성을 빠르게 갉아먹었다. 이런 조치는 머스크를 너무도 오래 괴롭혀온 '이중 계급' 시스템을 제거해버렸다. 이제는 8달러를 낸 사람은 누구나 파란색 체크 표시를 받을 수 있었다. 그러나 이 결정은 트위터의 가장 귀중한 활용법, 즉 빠르고 신뢰할 만한 속보의 전달 창구라는 역할을 부식시켰다. 파란색 체크 표시는 더이상 사용자의 신원을 확인해주지 못했다. 그래서 어느 계정에서든, 실제로 트윗하는 사람이 누구인지 알기가 사실상 불가능해졌다. 동시에, 이는 전문 기자와 언론사가 더이상 대중과 구분되지 않으면서 신뢰할 만한 정보를 빠르게 찾기가 어려워졌다는 뜻이었다. 《뉴욕 타임스》, 《폴리티코》, 《워싱턴 포스트》 같은 주요 간행물은 체크 표시에 돈을 내지 않을 것이며, 기자들에게 그 비용을 치르게 하지도 않겠다고 밝혔다. "인증 체크 표시가 더이상 권위와 전문성을 나타내지 않는다는 점은 명백합니다."[15] 《포스트》의 성명이다. 세계에서 무슨 일이 일어나고 있는지 가장 빨리 알아볼 수 있는 곳이라는 트위터의 명성은 대체로 증발해버렸다. 몇 달 뒤, 이스라엘이 테러 조직 하마스와 전쟁에 돌입했을 때 X는 허위정보로 어수선했다. 머스크 본인부터가 허위정보를 전파하는 것으로 알려진 계정을 팔로우하라고 사람들을 부추겼다.[16] (나중에 그는 이 트윗을 삭제했다.)

머스크는 다른 면으로도 신뢰를 부식시켰다. 2023년 2월 피닉스에서 열린 슈퍼볼 경기에 참석한 이후, 머스크는 자신이 필라델피아 이글스에 대해 올린 트윗이 조 바이든 대통령이 이글스에 대해 올린 트윗에 비해 적은 조회수를 기록했다는 사실에 격분하며 캘리포니아주로 돌아왔다. 이에 직원들은 머스크의 트윗이 위에 뜨도록 알고리즘을 수정하느라 수선을 떨었다. 이들이 실수로 너무 심하게 작업을 진행하는 바람에 모두의 트위터 피드에 머스크의 게시물이 넘쳐났다.[17] 머스크는 웃어넘기며 이 문제를 소프트웨어 버그 탓으로 돌렸지만, 이 사건은 모두에게 머스크가 원할 때마다 자기 이익에 맞게 서비스를 재단할 수 있고, 그렇게 하리라는 점을 떠올리게 했을 뿐이다.

트위터가 고군분투하는 가운데 다른 회사들이 피비린내를 맡았다. 몇몇은 2023년 전반기에 트위터 복제 회사를 만들려 했다. 감지된 공백을 채우고, 트위터를 떠나온 불만 가득한 사용자들을 잡기 위한 노력이었다. 새로운 경쟁사 중에는 마크 저커버그와 인스타그램이 만든, 트위터와 비슷해 보이는 서비스 '스레드'가 있었다. 저커버그는 출범 당시 이렇게 말했다. "나는 10억 명 이상이 사용하는, 공론을 위한 앱이 있어야 한다고 생각합니다. 트위터는 그런 앱을 만들 기회를 누렸지만 성공하지 못했습니다."

저커버그와 머스크는 스레드가 등장하기 몇 년 전부터 반목해왔다. 그들은 미래 AI의 위험성에 관해 대놓고 의견을 달리했다. 머스크는 AI가 위험하다고 생각했고, 저커버그는 머스크가 공연히 소란을 피운다고 생각했다.[18] 머스크는 저커버그의 소셜 네트워크 서비스에도 경멸감을 품고 있었으며, 인스타그램이 사람들을 우울하고 슬프게 만든다고 생각했다.[19] 이 둘은 스레드 이전에 한 번도 직접적으로 경쟁한 적이 없지만, 단순한 사업상의 라이벌 관계로는 충분치 않다는 것이 빠르게 명백해졌다. 머스크는 저커버그에게 케이지•에서 한 판 붙자는 도전장을 날렸고, 종합격투기에 푹 빠져 있던 저커버그는 이를 받아들였다. 이후 며칠간 온라인에서 쇼가 벌어진 끝에, 머스크가 가장 잘하는 일을 했다. 터무니없는 트윗을 올린 것이다. 그는 스레드가 출범하고 얼마 지나지 않아 X에 이렇게 썼다. "저크는 커크다. 문자 그대로 거시기 크기 측정 대회를 제안한다."•• 저커버그는 며칠 뒤 싸움을 취소했다. 그는 이렇게 썼다. "일론이 진심이 아니며, 이제는 앞으로 나아가야 할 시간이라는 점에 우리 모두 동의할 것으로 생각합니다."[20]

일론에게는 공감 능력이 없습니다

처음 트위터를 인수했을 때, 머스크는 이 앱을 '최대한의 신뢰를 받으며' '광범위하게 모두를 포괄하는' 앱으로 만들겠다는 목표를 세웠다. 트위터 2.0이 시작되고 1년 만에, 머스크는 두 목표에 모두 실패했다. 이제 X가 된 트위터는 뉴스를 위한 가장 중요한 소셜 네트워크로서의 입지를 잃었다. 오히려 머스크가 피리 부는 사나이 역할을 하는, 충격과 경탄을 이끌어내는 서비스로서의 역할만 확대되었다. 때로는 머스크가 진심인 건지, 자신의 힘을 이해하기는 하는 건지 알기가 어렵다. 머스크는 지금

• 종합격투기 경기에서 사용되는 팔각형 철제 경기장.

•• '저크'는 저커버그를 말한다. '커크'는 cuckold(부정한 아내를 둔 남자)의 줄임말로, 인터넷 밈에서는 '겁쟁이' '순종적이고 무기력한 남자'라는 모욕적인 의미로 사용된다.

도 어마어마한 수의 팔로워들을 위험한 방식으로 활용한다. 요엘 로스가 소아성애자라고 말해 그가 집을 팔 수밖에 없도록 한 뒤 거의 10개월이 지나 머스크는 또 한번 전 트위터 직원에 대한 트윗을 올렸다. 로스가 테크 컨퍼런스에 연사로 등장한 다음이었다. "나는 요엘 로스 같은 순수한 악을 본 적이 거의 없습니다."[21] 머스크는 거의 1억 6천만 명에 이르는 팔로워들에게 이런 글을 썼다. 이번에 로스는 그를 향한 모든 공격을 보지 못했다. 더는 트위터를 사용하지 않았기 때문이다.

지금이라도 머스크는 모든 것을 뒤집을 수 있다. 그는 테슬라에서도, 스페이스X에서도 그렇게 해왔다. 확실히 X에서도 다시 상황을 반전시킬 만큼의 돈을 가지고 있다. 첫해는 재앙이었지만, 머스크는 1년짜리 시간표에 따라 움직이지 않는다. 어쩌면 이것은 그의 다음번 위대한 전환점의 시작일 뿐인지도 모른다. 대체로, 그러한 결과를 가로막는 사람은 머스크 자신뿐인 것처럼 보인다. 머스크가 초기에 설정한 마감 기한을 맞추기 위해 사무실 바닥에 침낭을 깔고 잤던 서비스 개발팀 간부 에스터 크로퍼드는 이렇게 썼다. "나는 일론을 가까이에서 지켜보며 아주 많은 것을 배웠습니다. 좋은 것, 나쁜 것, 추한 것을요." (그녀는 또 한번 비용 삭감이 이루어지면서 몇 달 뒤 해고당했다.) "머스크의 대담함과 열정, 스토리텔링 능력은 고무적이지만, 그에게 체계도 없고 공감 능력도 부족하다는 점은 고통스럽습니다."

그녀는 이어서 말했다. "일론에게는 어려운 물리학 기반 문제를 다루는 특출한 재능이 있습니다. 하지만 인간의 연결과 의사소통을 도와주는 서비스에는 다른 종류의 사회-감정 지능이 필요합니다."[22]

도시의 마지막 변

잭 도시가 트위터의 몰락에 대해 정확히 어떻게 느꼈을지 알기란 어렵다. 그는 더이상 거의 트윗을 올리지 않는다. 도시는 2022년 중반에 트위터 이사회에서 내려온 이후 대체로 스포트라이트를 피했다. 하지만 머스크에게 트위터를 매입해 자신이 창립한 회사를 구해달라고 촉구했을 때 도시가 상상한 것이 바로 이것이라고 생각하는 건 힘든 일이다. 머스크는 세계의 언론에 대해 권력과 통제력을 행사하는 것이 대부분 사람들의 생각보다 훨씬 부담스러운 일임을 어렵사리 배워가고 있는 것으로 보인다.

이런 상황에는 아이러니가 있다. 트위터에 대해 도시가 가장 크게 문제삼았던 것은, 트위터가 세계의 언론에 대해 지나치게 큰 힘과 통제력을 행사한다는 것이었다. 지금 X는 여전히 그 힘을 가지고 있다. 다만 그 힘을 단 한 사람이 통제하고 있을 뿐이다. 이사회도, 주주도 없는, 겉보기에는 변덕에 따라 세계적으로 중요한 언론 관련 정책을 만드는 데 아무런 우려도 없어 보이는 세계에서 가장 돈 많은 사람이 말이다. 도시가 너무도 걱정했던 권력은 더욱 중심화되기만 했다.

도시는 모든 상황에 적어도 부분적으로는 실망감을 느꼈다. 머스크가 인수 거래를 완료하고 6개월이 지난 2023년 4월에, 도시는 블루스카이에 트위터에 관한 몇 가지 성찰적 게시물을 올렸다. 그가 CEO 자리를 내려놓기 몇 년 전부터 상상해온, 탈중앙화된 소셜 네트워크가 2023년 초에 마침내 출범했다. 공교롭게도, 블루스카이는 머스크의 실수 이후 빠르게 돋아난 수많은 트위터 유사품 중 하나가 되었다. 도시는 게시물에서 트위터에 일어난 일에 대해 사과하지 않았다. 대신, 그는 다시 한번 상장사였던 트위터의 존재를 통탄하며 이 회사의 법인 구조와 월스트리트의 요구로 인해 매각은 불가피했다고 주장했다.

"우리는 행동주의 투자자들로부터 전혀 보호받지 못했습니다. 더 많은 투자자들이 기회를 노리고 있었습니다." 도시는 엘리엇 매니지먼트 같은 투자사를 가리켜 이렇게 썼다. "시장[의 침체], 그리고 광고사업의 붕괴는 그들이 다시 들어올 중대한 기회를 만들었을 것입니다. 나는 트위터가 또 한번 공격받고도 살아남을 수 있었으리라고는 생각하지 않습니다."

그는 이렇게 말을 이었다. "일론이든 누구든, 이사회에 회사가 독립적으로 낼 수 있는 성과보다 더 괜찮게 들리는 가격을 부르기만 하면 트위터를 살 수 있었습니다. 이는 모든 상장사의 현실입니다."

트위터 초기 이사회의 구성원인 제이슨 골드먼은 도시의 게시물에 단순하지만 많은 무게가 실린 질문으로 답했다. "일론이 이 플랫폼에 가장 좋은 관리자였음이 증명됐다고 생각합니까?"

도시는 그의 성향대로 진정성 있게 대답했다. 그는 이렇게 답장했다.

"아니요. 머스크가 타이밍이 나빴다는 것을 깨달은 뒤에 제대로 행동했다고 생각하지도 않습니다. 이사회에서 인수를 강요해야 했다고도 생각하지 않고요. 모든 게 어긋났습니다."

도시는 말을 이었다. "하지만 그렇게 됐죠. 지금 우리가 할 수 있는 일은 다시 그런 일이 일어나지 않도록 무언가를 만드는 것뿐입니다."

감사의 말

이 책을 쓰고 이 이야기를 전할 기회를 누린 것은 그야말로 특권이었다. 처음에, 나는 이 프로젝트가 매우 다른 모습이 되리라 생각했다. 2021년 후반에 나는 트위터와 당시의 CEO인 잭 도시에 관한 책을 쓰기 시작했다. 그해 말, 도시가 예상치 못하게 사임하면서 나는 프로젝트가 마무리되었다고 생각했다. 몇 달 뒤, 책의 기획서를 제출하고 출판사와 만나고 있을 때 일론 머스크가 등장했다. 나머지는 사람들 말처럼 역사가 되었다. 나는 언제나 타이밍이야말로 모든 것이라고 믿어왔으며, 이 책이 확실히 그 점을 증명했다.

나는 이 이야기를 전해줄 만큼 나를 신뢰했던 트위터의 직원들과 모든 정보원에게 크나큰 빚을 지고 있다. 기자들은 사람들을 성가시게 굴면서 계속해서 시간, 관심, 소개, 정보 등 이것저것 요구하는 데 유독 뛰어나다. 나는 지난 두 해의 대부분을 타인에게 도움을 요청하면서 보냈고, 기꺼이 그 도움을 제공해준 사람들에게 무척 감사한다. 그중 다수는 내가 이 이야기를 이해할 수 있도록 몇 시간이나, 때로는 몇 번에 걸쳐 나와 이야기를 나눴다. 그 사람들이 없었다면 이 책과 이런 버전의 트위터 역사는 애초에 존재하지 않았을 것이다.

이 책이 재미있을 것 같다고 판단했을 때 내가 처음으로 전화를 건 두 사람은 블룸버그의 편집자 브래드 스톤과 세라 프라이어였다. 첫 대화부터, 아무 망설임 없이 이들은 내 편에 서서 이 프로젝트를 추진하라고 용기를 주었다. 둘은 뛰어난 기자 겸 작가일 뿐 아니라, 훌륭한 멘토이자 리더이기도 하다. 나는 이들의 도움에 언제까지나 감사하며, 이들을 동료라고 부를 수 있는 내가 행운아라고 생각한다.

UTA의 에이전트 필라 퀸은 처음부터 이 이야기를 신뢰했고, 위대한 에이전트라면 모두가 하는 일을 해주었다. 내가 정신을 잃지 않게 도와주고, 가장 중요한 일에 집중하도록 용기를 북돋워준 것이다. 그녀가 나의 팀원이라는 점이 고맙다.

아마르 디올과 아트리아의 훌륭한 팀에게도 데뷔 작가에게 기회를 준 것에 감사한다. 아마르는 이 책의 잠재력, 그리고 작가로서 내가 가진 잠재력을 처음부터 알아봐주었다. 그가 내게 기회를 준 것은 행운이다. 스테파니 히치콕은 성자다. 그녀는 이 프로젝트가 가장 중요한 시기에 도달했을 때 합류해, 모든 것이 결승선을 넘도록 도와주었다. 그녀는 침착하고 단호하며 지략이 풍부하다. 모든 조각이 제자리를 찾아가면서 내가 심야에 보낸 모든 이메일과, 끝도 없는 질문을 참아준 것에 감사한다. 해너 프랭클과 에리카 시우드진스키는 둘 다 믿음직스럽고 든든한 동맹이다. 모든 일정이 예상대로 진행되도록 하는 이들의 능력은 정말이지 인상적이었다.

블룸버그에서 일할 때 가장 좋은 점은 자기가 하는 일에서 최고인 동료들에게 둘러싸여 있다는 점이다. 2022년 여름은, 머스크가 트위터를 인수했다가, 인수하지 않았다가, 다시 인수하기로 결정했던 시기로 우리 편집실에서는 그야말로 비상 상황이었다. 그 상황이 펼쳐지는 동안에, 혹은 이후의 몇 주, 혹은 몇 달 동안에 내가 그 이야기를 다루면서 거둔 모든 성공은 훌륭한 팀 동료들 덕분이다. 에드 러들로는 의심의 여지 없이 블룸버그 최고의 노력가다. 그의 투지와 협력 의지는 내게 용기를 주었다. 대나 헐과 맥스 채프킨은 내가 머스크에 대해, 또 그가 기능하는 세상에 대해 이해하는 데 도움을 주었다. 제프 필리는 델라웨어 형평 법원에 대해 나와 이야기하며 무수히 많은 시간을 보냈다. 나는 이 주제에 내가 관심을 가지게 될 줄은 꿈에도 몰랐다. 에밀리 창은 강력한 인터뷰와 보도로 이 이야기에 생명을 불어넣었으며, 언제나 기꺼이 협력하고 안내자가 되어주었다. 편집자인 톰 가일스와 질리언 워드는 우리 모두가 집중력과 강한 동기를 가지고, 때로는 이야기가 하루에도 몇 번씩 꼬여가는 와중에도 계속 프로젝트를 밀고 나가주었다.

알렉사 바링카와 아이샤 카운츠에게도 감사한다. 이들은 소셜미디어의 내 파트너로서, 내가 보도하는 동안 도와주었을 뿐 아니라 이 책을 쓰느라 정신없는 뉴스의 세계에서 벗어나 있을 때 나를 대신해주었다. 둘 모두에게 칵테일을 몇 잔 사야 한다. 마크 버건, 브로디 포드, 데이비 알바, 맥스 애들러 등 다른 동료들은 각자의 강력한 보도와 동료애로 트위터에 대한 취재를 더 쉽고 즐거운 경험으로 만들어주었다.

나는 이 책을 쓰면서 책을 몇 권 읽었는데, 특히 세 권에 심히 의존했다. 애슐리 반스의 『일론 머스크, 미래의 설계자』는 내게 경전이나 마찬가지였다. 이 책은 내가 처음으로 머스크를 다루기 시작했을 때 어마어마한 토대가 되어주었다. 애슐리는 집필 과정 내내 믿음직스러운 나의 조언자이자 용기의 원천이었고, 나는 그가 블룸버그에서 일한다는 사실이 다행스럽다. 닉 빌턴의 『해칭 트위터(Hatching Twitter)』도 비슷하게 중요했다. 나는 작년에만 이 책을 세 번은 읽은 것 같다. 또한 나는 트위터의 어지럽고도 중요한 초창기를 이해할 때 이 책과 닉의 훌륭한 보도를 일상적으로 참조했다. 마지막으로, 월터 아이작슨이 쓴 일론 머스크 전기는 다채로운 시각과 트위터 거래가 진행되던 시기 이 CEO의 세상에 대한 통찰력을 제공해주었다. 나는 월터의 보도에서 많은 것을 배웠으며, 『트위터 X』는 그 덕분에 더 강력한 이야기가 되었다.

소셜미디어를 다루는 것은 보람 있으면서도 답답한 일이다. 보람이 있는 까닭은, 세상에서 가장 중요한 이야기와 기업을 다루게 되기 때문이다. 답답한 이유는 나름의 특종으로 나만의 하루를 망칠 기회만 노리고 있는, 재능 있고 정보원도 많은 기자들이 잔뜩 포진해 있기 때문이다. 미주에서 보다시피, 나는 이 이야기를 전하기 위해 훌륭한 다른 기자들에게 깊이 의존했다. 나는 그들이 더 많은 휴가를 떠나길 바라지만, 그들이 앞으로도 개인적으로 나를 압박하고 쉼없이 일해 이런 기업들에 책임을 물리길 바란다.

직장 밖에도 훌륭한 지지 체계가 있었다. 친구와 가족 몇 명은 출간 전에 이 책을 읽으며 조언과 피드백을 해주었고, 이는 편집 과정에서 큰 도움이 되었다. 시간을 내서 피드백해준 데렉, 타이, 리지, 케이시, 스펜서, 제이슨에게 감사한다. 내게는 상상할 수 있는 최고의 응원단도 있었다. 내 부모님이다. 나와 내 직업을 신경쓰는 여섯 명의 부모가 있다는 건 다행이다. 이들은 내가 이 프로젝트를 해나가는 동안 무조건적 사랑과 지지를 보내주었다.

마지막으로, 나의 훌륭한 아내 제시카에게. 이 이야기는 당신 없이 존재할 수 없었을 것이다. 당신은 우리 가족의 단단한 반석이며, 나는 당신이 내 배우자라는 점이 무척 고맙다. 책을 쓰는 것은 감정의 롤러코스터를 타는 일이다. 어떤 날에는 세상 최고의 직업처럼 느껴지고, 다른 날에는 내가 한 모든 결정을 의심하게 한다(애 둘을 키우면서 책을 쓰겠다는 건 재미있는 아이디어였다! 아닐까?). 당신은 그동안 내내 내 곁에 있어주었고, 내가 이 프로젝트를 앞세워 모든 것을 쏟아부을 수 있도록 희생해주었다. 사랑한다.

주

서론

1 Jack Dorsey (@jack), "[Tidal Link]," Twitter, April 25, 2022, 6:41 p.m., https://twitter.com/jack/status/1518767238081171456.

2 Jack Dorsey (@jack), "내게 중요한 것은 아이디어와 서비스뿐입니다. 둘 모두를 지키기 위해 필요한 일은 뭐든지 하겠습니다. 회사로서의 트위터는 언제나 나의 유일한 문제이자 가장 큰 후회였습니다. 트위터는 월스트리트와 광고 모델에 소유되었습니다. 트위터를 월스트리트에서 되찾는 것은 올바른 첫걸음입니다." Twitter, April 25, 2022, 7:03 p.m., https://twitter.com/jack/status/1518772754782187520.

3 TED, "Elon Musk Talks Twitter, Tesla and How His Brain Works-Live at TED2022," YouTube, 2022, https://www.youtube.com/watch?v=cdZZpaB2kDM.

4 Jack Dorsey (@jack), "원칙적으로, 나는 누구도 트위터를 소유하거나 운영해서는 안 된다고 생각합니다. 트위터는 기업이 아니라, 프로토콜 차원의 공공재여야 합니다. 하지만 트위터가 기업이어서 발생하는 문제를 해결할 때는 일론이 내가 신뢰하는 유일한 답입니다. 나는 의식의 빛을 확장하겠다는 그의 사명을 믿습니다." Twitter, April 25, 2022, 7:03 p.m., https://twitter.com/jack/status/1518772756069773313.

5 Twitter Inc. v. Elon R. Musk, X Holdings I Inc., and X Holdings II Inc. (Court of Chancery of the State of Delaware, July 12, 2022), Exhibit H, 27.

6 Bloomberg, "Twitter Founders on Musk's Tumultuous Takeover | The Circuit," YouTube, 2023, https://www.youtube.com/watch?v=SKia5QUiGkE.

7 Jack Dorsey (@jack.bsky.social), "아니요. 머스크가 타이밍이 나빴다는 것을 깨달은 뒤에 제대로 행동했다고 생각하지도 않습니다. 이사회에서 인수를 강요해야 했다고도 생각하지 않고요. 모든 게 어긋났습니다. 하지만 그렇게 됐죠. 지금 우리가 할 수 있는 일은, 다시 그런 일이 일어나지 않도록 무언가를 만드는 것뿐입니다." Bluesky, April 28, 2023, 6:13 p.m., https://bsky.app/profile/jack.bsky.social/post/3juhx7ctgsk2k.

8 Casey Newton, "Inside Twitter's Emotional Friday All-Hands," Platformer, April 29, 2022, https:// www.platformer.news/p/inside-twitters-emotional-friday?s=w.

1장 잭, 돌아오다

1 "Dick Costolo: How Twitter's CEO Jumpstarted a Social Media Revolution," Bessemer Venture Partners, March 2, 2023, https://www.bvp.com/wish-i-knew/dick-costolo.

2 Michael Arrington, "Oh, RSS Is Definitely Dead Now: Feedburner CEO Dick Costolo to Become Twitter COO," TechCrunch, September 2, 2009, https://techcrunch.com/2009/09/02/oh-rss-is-definitely-dead-now-feedburner-ceo-dick-costolo-to-become-twitter-coo/.

3 Emily Jane Fox, "Former Twitter C.E.O. Dick Costolo Has Dreams of Being a Fitness Guru," Vanity Fair, September 29, 2016, https://www.vanityfair.com/news/2016/09/dick-costolo-fitness-chorus.

4 Catherine O'Don-nell, "New Study Quantifies Use of Social Media in Arab Spring," UW News, September 12, 2011, https://www.washington.edu/news/2011/09/12/new-study-quantifies-use-of-social-media-in-arab-spring/.

5 Facebook Inc., Annual Report Form 10-K for the Fiscal Year Ended December 31, 2014 (filed January 29, 2015), 35, from Meta Investor Relations, https://s21.q4cdn.com/399680738/files/doc_financials/annual_reports/FB2014AR.pdf.

6 Ben Popper, "Twitter's User Growth Has Stalled, but Its Business Keeps Improving," The Verge, February 5,

2015, https://www.theverge.com/2015/2/5/7987501/twitter-94-2014-earnings.

7 "Dick Costolo: How Twitter's CEO Jumpstarted a Social Media Revolution."

8 Kara Swisher, "Twitter's Former C.E.O. Has a 'Too Bad, So Sad' Approach to Content Moderation," New York Times, January 3, 2022, https://www.nytimes.com/2022/01/03/opinion/sway-dick-costolo-kara-swisher.html?showTranscript=1.

9 Stanford Graduate School of Business, "Jack Dorsey: The Future Has Already Arrived," YouTube, 2013, https://www.youtube.com/watch?v=AckvbL5Tfic.

10 Mella TV, "Mella Special featuring Jack Dorsey: Founder and CEO of Twitter," YouTube, 2020, https://www.youtube.com/watch?v=nN3aTTHL1c4.

11 David Kirkpatrick, "Twitter Was Act One," Vanity Fair, March 3, 2011, https://www.vanityfair.com/news/2011/04/jack-dorsey-201104.

12 Jack Dorsey, "The Orange Moon of New Amsterdam," Gu.st, http://gu.st/writ/orange_moon_of_york.

13 Jack Dorsey, twttr sketch, photograph, July 5, 2006, Flickr, https://www.flickr.com/photos/jackdorsey/182613360/in/photostream/.

14 D. T. Max, "Two-Hit Wonder," New Yorker, October 14, 2013, https://www.newyorker.com/magazine/2013/10/21/two-hit-wonder.

15 Nick Bilton, "@Jack," in Hatching Twitter: A True Story of Money, Power, Friendship, and Betrayal (New York: Portfolio Penguin, 2013), 34.

16 Berkeley Engineering, "View from the Top: Jack Dorsey, Square & Twitter," YouTube, 2013, https://www.youtube.com/watch?v=rn9lTpD-yKc.

17 Berkeley Engineering.

18 Bilton, "@Jack," 31.

19 Tony Stubblebine, "What Was It Like to Work with Jack Dorsey on the Early Versions of Twitter?" Quora, https://quorasessionwithcoachtony.quora.com/Tony-Stubblebine-What-was-it-like-to-work-with-Jack-Dorsey-on-the-early-versions-of-Twitter.

20 "Apple Takes Podcasting Mainstream," Apple Newsroom, June 28, 2005, https://www.apple.com/newsroom/2005/06/28Apple-Takes-Podcasting-Mainstream/.

21 Nick Bilton, "Status," in Hatching Twitter, 56-59.

22 Nick Bilton, "Just Setting Up My Twttr," in Hatching Twitter, 69.

23 Max, "Two-Hit Wonder." it was fewer than 140 characters: Dan Fost, "Austin's SXSW Festival Atwitter over Twitter / Conference-Goers Use It, Give It 'Best Blog' Award," SFGATE, January 16, 2012, https://www.sfgate.com/business/article/Austin-s-SXSW-festival-atwitter-over-Twitter-2569138.php.

24 Nick Bilton, "The First CEO," in Hatching Twitter, 102.

25 Bloomberg, "Twitter Founders on Musk's Tumultuous Takeover || The Circuit," YouTube, 2023, https://www.youtube.com/watch?v=SKiaSQUiGkE.

26 Nick Bilton, "The Dressmaker," in Hatching Twitter, 120.

27 Lara Logan, CBS News, "The Innovator: Jack Dorsey," YouTube, 2013, https://www.youtube.com/watch?V=eKHOTOYTFH8.

28 Mark Kukis, "Is Iraq Ready for Twitter? New Media in a War Zone," Time, April 23, 2009, https://content.time.com/time/world/article/0,8599,1893244,00.html

29 Jackson West, "Twitter Cofounder Hangs with Hillary," NBC Bay Area, January 8, 2010, https://www.nbcbayarea.com/news/local/twitter-cofounder-hangs-with-hillary-jw/1884420/.

30 Joab Jackson, "Twitter in China? In Due Time, Twitter Founder Promises," Computerworld, March 16, 2010, https://www.computerworld.com/article/2756197/twitter-in-china--in-due-time--twitter-founder-promises.html.

31 Nick Bilton, "Secret Meetings," in Hatching Twitter, 245. Williams was fired and replaced by Dick Costolo:

Claire Cain Miller, "Shift at the Top of Twitter as a Founder Steps Aside," New York Times, October 4, 2010, https://www.nytimes.com/2010/10/05/technology/05twitter.html.

32 Jim McKelvey, "Bob and the Pyramids," in The Innovation Stack: Building an Unbeatable Business One Crazy Idea at a Time (New York: Portfolio Penguin, 2020), 11.

33 McKelvey, 16.

34 McKelvey, 17.

35 McKelvey, 53.

36 Square Inc., Form S-1 (filed October 14, 2015), 148, https://www.sec.gov/Archives/edgar/data/1512673/000119312515343733/d937622ds1.htm

37 Laura Lorenzetti, "Square Worth $6 Billion after Latest $150 Million Fundraising Round," Fortune, October 6, 2014, https://fortune.com/2014/10/06/square-worth-6-billion-after-latest-150-million-fundraising-round/.

38 Square Inc., Form S-1. "As I said last week... that won't change": Jason Del Rey, "Jack Dorsey Says He Will Not Leave His Role as Square CEO," Recode, June 16, 2015, https://www.vox.com/2015/6/16/11563620/jack-dorsey-says-he-will-not-leave-his-role-as-square-ceo.

39 Twitter, Inc., Annual Report Form 10-K for the Fiscal Year Ended December 31, 2015 (filed February 29, 2016), 43-47, https://www.sec.gov/Archives/edgar/data/1418091/000156459016013646/twtr-10k_20151231.htm.

40 Matt Day, "Absolutely a Sprint': How Andy Jassy Raced to the Top of Ama-zon," Bloomberg, July 2, 2021, https://www.bloomberg.com/news/articles/2021-07-02/after-bezos-new-ceo-inherits-amazon-on-a-roll-but-roiled-by-labor-unrest?sref=dZ65CIng.

41 Amazon.com Inc., Annual Report Form 10-K for Fiscal Year Ended December 31, 2015 (filed January 28, 2016), 2, from Amazon Investor Relations, https://s2.g4cdn.com/299287126/files/doc_financials/annual/2015-Annual-Report.pdf.

42 Nick Bil-ton, "Twitter Is Betting Everything on Jack Dorsey. Will It Work?" Vanity Fair, June 1, 2016, https://www.vanityfair.com/news/2016/06/twitter-is-betting-everything-on-jack-dorsey.

43 Abhirup Roy and Yasmeen Abutaleb, "Twitter Appoints Jack Dorsey CEO, Seeks New Chairman," Reuters, October 5, 2015, https://www.reuters.com/article/uk-twitter-ceo-dorsey-idUKKCNORZ16720151005.

44 Ian Mohr, "Power Crowd Fêtes New Twitter CEO Jack Dorsey," PageSix.com, October 8, 2015, https://pagesix.com/2015/10/07/power-crowd-fete-new-twitter-ceo-jack-dorsey/

2장 #우리뿐이라고쌍

1 "Jack Dorsey Live Chat on Product Hunt," Product Hunt, December 22, 2015, https://www.producthunt.com/live/jack-dorsey#comment-201387.

2 Mike Isaac and Leslie Picker, "Shares of Square Soar by 45% After Public Offering," New York Times, November 19, 2015, https://www.nytimes.com/2015/11/20/business/dealbook/square-ipo.html.

3 CNN Business, "Dorsey Unfazed by Square's Lower IPO Price," YouTube, 2015.

4 Jack Dorsey (@jack), "트위터가 더 집중력 있게 움직이며 우리의 성장에 재투자할 수 있도록 힘들지만 필요한 결정을 내렸습니다." Twitter, October 13, 2015, 5:35 a.m., https://twitter.com/jack/status/653912031997751296.

5 Kurt Wagner, "Project Morale Boost! Jack Dorsey Is Giving Away Nearly $200 Million of His Twitter Stock to Employees," Recode, October 22, 2015, https://www.vox.com/2015/10/22/11619968/project-morale-boost-jack-dorsey-is-giving-away-nearly-200-million-of.

6 Twitter, Inc., Annual Report Form 10-K for the Fiscal Year Ended December 31, 2015 (filed February 29, 2016), 43, https://www.sec.gov/Archives/edgar/data/1418091/000156459016013646/twtr-10k_20151231.htm.

7 Jen Wieczner, "Twit-ter's Stock Has Fallen to Its Lowest Point Ever," Fortune, February 8, 2016, https://www.fortune.com/2016/01/08/twitter-stock-low/.

8 Kurt Wagner, "Twitter Considering 10,000-Character Limit for Tweets," Recode, January 5, 2016, https:// www.vox.com/2016/1/5/11588480/twitter-considering-10000-character-limit-for-tweets.

9 Kurt Wagner, "Jack Dorsey Returned to Twitter Two Years Ago—but He Still Hasn't Saved the Company," Recode, October 4, 2017, https:// www.vox.com/2017/10/4/16382954/jack-dorsey-twitter-ceo-progress-stock-tweets-140-video-live-users.

10 Alexei Oreskovic, "Twitter's Anthony Noto Was Reportedly on the Shortlist to Be the Next Commissioner of the NFL," Business Insider, June 15, 2015, https://www.businessinsider.com/fired-twitter-cfo-elon-musk-deal-period-pulled-mental-muscles-2022-10.

11 Niketa Patel (@Niketa), "오늘 트위터 뉴욕 사무실(@TwitterNYC)에 이게 생겼다니 멋진데요!! #우리뿐이라고썅 #원팀." Twitter, February 1, 2016, 9:02 a.m., https://twitter.com/Niketa/status/694204212796866561?s=20.

12 "140 Characters 'Is Staying,' CEO Says While Looking at Twitter's History," Today, NBC, 2016, https://www.today.com/video/140-characters-is-staying-ceo-says-while-looking-at-twitter-s-history-647319107566.

13 Wagner, "Jack Dorsey Returned."

14 Alex Hern, "Jack Dorsey Calms #RIPTwitter with Carefully Worded Non-Denial," Guardian, February 8, 2016, https://www.theguardian.com/technology/2016/feb/08/jack-dorsey-riptwitter-timeline-twitter.

15 "Twitter Q4 2015 Quarterly Results Transcript," Twitter Investor Rela-tions, February 10, 2016, https://s22.g4cdn.com/826641620/files/doc_financials/2022/q1/Final-Q1%E2%80%9922-earnings-release.pdf.

16 Felix Gillette and Sarah Frier, "#GrowthStall: Twitter's Moment of Solemn Reflec-tion," Bloomberg, March 21, 2016, https://www.bloomberg.com/features/2016-twitter-turns-ten/?sref=dZ65CIng.

17 Richard Sandomir, "CBS and NBC Will Split a Bigger Deal for Thursday N.F.L. Games," New York Times, February 1, 2016, https://www.nytimes.com/2016/02/02/sports/football/nfl-thursday-cbs-nbc-networks.html.

18 Scott Soshnick, Sarah Frier, and Scott Moritz, "Twitter Gets NFL Thursday Night Games for a Bargain Price," Bloomberg, April 5, 2016, https://www.bloomberg.com/news/articles/2016-04-05/twitter-said-to-win-nfl-deal-for-thursday-night-streaming-rights?sref=dZ65Cing

19 Kurt Wagner, "Twitter Will Livestream Some MLB and NHL Games Starting This Fall," Recode, July 25, 2016, https://www.vox.com/2016/7/25/12260820/twitter-livestream-mlb-nhl-games-mlbam.

20 Kurt Wagner, "Twitter Wants to Sell Its NFL Ad Spots for More than $50 Million," Recode, June 22, 2016, https://www.vox.com/2016/6/22/12006468/twitter-nfl-ad-deal-50-million-dollars.

21 Twitter, "Twitter: See What's Happening," YouTube, 2016, https://www.youtube.com/watch?v=kle5CHbOZVE.

22 Michael Keany, "The 25 Most Expensive Homes in Hawaii," Honolulu Magazine, September 19, 2010, https://www.honolulumagazine.com/the-25-most-expensive-homes-in-hawaii/.

23 J. P. Mangalindan, "Vote: Businessperson of the Year 2014, Reader's Choice | Tech Edition," Fortune, November 6, 2014, https://fortune.com/2014/11/06/vote-businessperson-year-tech/.

24 Nico Grant, "Salesforce's Success Rides on One Man's Gut," Bloomberg, May 23, 2019, https://www.bloomberg.com/news/articles/2019-05-23/this-software-giant-runs-on-one-man-s-gut?sref=dZ65CIng.

25 Mark Bergen, "The Tick-Tock Story of How LinkedIn Shopped Itself to Microsoft, Salesforce and Google," Recode, July 2, 2016, https://www.vox.com/2016/7/2/12085428/linkedin-microsoft-salesforce-google-deal-timeline.

26 Marc Benioff and Monica Langley, "Trust," in Trailblazer: The Power of Business as the Greatest Platform for Change (New York: Currency, 2019), 55.

27 Robert Iger, "If You Don't Innovate, You Die," in The Ride of a Lifetime (New York: Random House, 2019), 190.

28 Twitter Inc., Proxy Statement: Notice of 2016 Annual Stockholders' Meeting (filed May 25, 2016), 62, Securities and Exchange Commis-sion, https://d1lge852tjjqow.cloudfront.net/CIK-0001418091/dbfc1c62-2b4d-4d75-b39c-f95e3fa2ed2e.pdf.

29 Maureen Dowd, "The Slow-Burning Success of Disney's Bob Iger," New York Times, September 22, 2019,

https://www.nytimes.com/2019/09/22/style/disney-bob-iger-book.html.

30 Kurt Wagner, "Twitter will cut 9 percent of its workforce, or roughly 350 people," Recode, October 27, 2016, https://www.vox.com/2016/10/27/13399872/twitter-layoffs-93-earnings.

3장 @realDonaldTrump

1 Jennifer Agiesta, "Poll: Donald Trump Surges to 32% Support," CNN, September 10, 2015, https://www.cnn.com/2015/09/10/politics/donald-trump-ben-carson-cnn-poll/index.html.

2 Kurt Wagner, "Jack Dorsey's Stand Against Trump Marks a Long-Debated Red Line," Bloomberg, June 10, 2020, https://www.bloomberg.com/news/features/2020-06-10/inside-twitter-and-jack-dorsey-s-stand-against-donald-trump?sref=dZ65CIng.

3 Nick Gass, "Trump, in Twitter Q&A, Promises to Solve America's Prob-lems," Politico, September 21, 2015, https://www.politico.com/story/2015/09/donald-trump-twitter-q-and-a-213884.

4 Michael Bar-baro, "Pithy, Mean and Powerful: How Donald Trump Mastered Twitter for 2016," New York Times, October 5, 2015, https://www.nytimes.com/2015/10/06/us/politics/donald-trump-twitter-use-campaign-2016.html.

5 Oren Tsur, Katherine Ognyanova, and David Lazer, "The Data Behind Trump's Twitter Takeover," Politico, April 29, 2016, https://www.politico.com/magazine/story/2016/04/donald-trump-2016-twitter-takeover-213861/.

6 Barbaro, "Pithy, Mean and Powerful."

7 Quealy, "The Complete List of Trump's Twitter Insults (2015-2021),"New York Times, January 19, 2021, https://www.nytimes.com/interactive/2021/01/19/upshot/trump-complete-insult-list.html.

8 Donald Trump (@real-DonaldTrump), "아리아나 허핑턴(@ariannahuff)은 안팎이 다 못생겼다. 허핑턴의 전 아내가 허핑턴을 버리고 남자한테 간 이유를 알겠다. 좋은 판단이었다." Twitter, August 28, 2012, 7:54 a.m., https://twitter.com/realDonaldTrump/status/240462265680289792.

9 Donald Trump (@realDonaldTrump), "(지금까지는) 아카데미 시상식 보는 게 정말로 힘들다. 마지막 노래는 끔찍했다! 킴은 성형외과 의사를 고소해야겠는데! #오스카." Twitter, March 2, 2014, 6:30 p.m., https://twitter.com/realDonaldTrump/status/440313189062823937.

10 Barbaro, "Pithy, Mean and Powerful."

11 "Twitter Profile: Recipients," OpenSecrets, https://www.opensecrets.org/orgs/twitter/recipients?toprecipscycle=2022&id=D000067113&candscycle=2016.

12 Jeffrey Siminoff, "Building a More Inclusive Twitter in 2016," Twitter Blog, Twitter, January 19, 2017, https://blog.twitter.com/en_us/topics/company/2017/building-a-more-inclusive-twitter-in-2016.

13 "Donald Trump on CNN's State of the Union," CNN Pressroom (blog), June 28, 2015, https://cnnpressroom.blogs.cnn.com/2015/06/28/donald-trump-on-cnns-state-of-the-union-im-in-it-to-win-it-i-will-make-our-country-great-again.

14 Vijaya Gadde, "Twitter Executive: Here's How We're Trying to Stop Abuse While Preserving Free Speech," Washington Post, April 16, 2015, https://www.washingtonpost.com/posteverything/wp/2015/04/16/twitter-executive-heres-how-were-trying-to-stop-abuse-while-preserving-free-speech/.

15 Lauren Johnson, "Twitter's Branded Emojis Come with a Million-Dollar Com-mitment," Adweek, February 2, 2016, https://www.adweek.com/performance-marketing/twitters-branded-emojis-come-million-dollar-commitment-169327L.

16 Gary Coby, "A Call with Jack: How Twitter CEO, Jack Dorsey, Restricted Advertising for Trump's Campaign," Medium, November 18, 2016, https://medium.com/@garycoby/twitter-restricts-trump-eb7e48ccf5ff.

17 Coby.

18 Coby.

19 Nancy Scola, "Source: Twitter Cut Out of Trump Tech Meeting over Failed Emoji Deal," Pol-itico, December 14, 2016, https://www.politico.com/story/2016/12/donald-trump-twitter-emoji-crooked-hillary-232647.

20 "How America Changed During Donald Trump's Presidency," Pew Research Center, January 29, 2021, https://www.pewresearch.org/2021/01/29/how-america-changed-during-donald-trumps-presidency/.

21 Donald Trump (@realDonaldTrump), "가짜 뉴스 언론사(미국 민중을 실망시키는 @nytimes, @NBCNews, @ABC, @CBS, @CNN)는 내 적이 아니라 미국 민중의 적!" Twitter, February 17, 2017, 1:48 p.m., https://twitter.com/realDonaldTrump/status/832708293516632065.

22 Donald Trump (@realDonaldTrump), "……미안하지만 트랜스젠더가 군대에서 일으킬 소동과 어마어마한 의료적 비용이라는 부담을 질 수 없습니다." Twitter, July 26, 2017, 6:08 a.m., https://twitter.com/realDonaldTrump/status/890197095151546369.

23 Glenn Thrush and Maggie Haberman, "Trump Gives White Supremacists an Unequivocal Boost," New York Times, August 15, 2017, https://www.nytimes.com/2017/08/15/us/politics/trump-charlottesville-white-nationalists.html.

24 David Duke (@DrDavidDuke), "샬러츠빌의 진실을 정직하고 용감하게 밝히고 블랙 라이브 매터/안티파의 좌파 테러리스트들을 비난한 트럼프 대통령님께 감사합니다." Twitter, August 15, 2017, 1:45 p.m., https://twitter.com/DrDavidDuke/status/897559892164304896.

25 Robert S. Mueller, Report on the Investigation into Russian Interference in the 2016 Presidential Election, U.S. Department of Justice, March 2019, https://www.justice.gov/archives/sco/file/1373816/download.

26 Tony Romm, "A Top Democratic Senator Briefed by Twitter on Russia and the 2016 Election Called the Company's Explanation 'Frankly Inadequate,'" Recode, September 28, 2017, https://www.vox.com/2017/9/28/16381296/senate-congress-warner-twitter-russia-fake-news-2016-election.

27 Kashmir Hill, "Meet Del Harvey, Twitter's Troll Patrol," Forbes, July 20, 2014, https://www.forbes.com/sites/kashmirhill/2014/07/02/meet-del-harvey-twitters-troll-patrol/?sh=2de93d1232da.

28 Amir Efrati, "Twitter CEO Costolo on Apple, Privacy, Free Speech and Google; Far from IPO," Wall Street Journal, October 18, 2011, https://www.wsj.com/articles/BL-DGB-23367.

29 Kurt Wagner, "Twitter's Top Lawyer Is Final Word on Blocking Tweets —Even Donald Trump's," Bloomberg, January 15, 2020, https://www.bloomberg.com/news/articles/2020-01-15/twitter-s-gadde-is-final-word-on-blocking-tweets-even-trump-s?sref=dZ65CIng.

30 Kurt Wagner, "Twitter CEO Jack Dorsey Wants Donald Trump to Keep Tweeting," Recode, May 11, 2017, https:// www.vox.com/2017/5/11/15624874/president-donald-trump-twitter-jack-dorsey-tweet.

31 Donald Trump (@realDonaldTrump), "방금 북한 외무성 장관이 UN에서 한 발언을 들었다. 이 말이 꼬마 로켓맨의 생각을 반영한 거라면 둘 다 오래 살아남진 못할 듯!" Twitter, September 23, 2017, 8:08 p.m., https://twitter.com/realDonaldTrump/status/911789314169823232.

32 Peter Baker and Choe Sang-Hun, "Trump Threatens 'Fire and Fury' Against North Korea If It Endangers U.S.," New York Times, August 8, 2017, https://www.nytimes.com/2017/08/08/world/asia/north-korea-un-sanctions-nuclear-missile-united-nations.html.

33 Bill Chappell, "Declaration of War' Means North Korea Can Shoot Down U.S. Bombers, Minister Says," NPR, September 25, 2017, https://www.npr.org/sections/thetwo-way/2017/09/25/553475174/declaration-of-war-means-north-korea-can-shoot-down-u-s-bombers-minister-says.

4장 로즈 맥가윈 회의

1 Ryan Parker and Chris Gardner, "Rose McGowan: Harvey Weinstein Raped Me," Hollywood Re-porter, October 12, 2017, https://www.hollywoodreporter.com/news/general-news/rose-mcgowan-confirms-claim-harvey-weinstein-raped-me-1048343/.

2 Rose McGowan (@rosemcgowan), "트위터가 내 계정을 정지했습니다." Instagram, October 11, 2017, https://

www.instagram.com/p/BalmG1Mle7b/.

3 Jessica Chastain (@jes_ chastain), " 이봐요, @Twitter. @rosemcgowan이 어긴 게 어떤 규정인지 좀 알려주시죠. 성폭력 피해자 여러 명을 대신해서 묻습니다. https://support.twitter.com/articles/18311." Twitter, October 12, 2017, 5:21 a.m., https://twitter.com/jes_chastain/status/918451606030618624

4 Jamie Lee Curtis (jamieleecurtis), "이젠 이렇게 나오신다? 우리의 대통령에게는 트위터를 할 자유를 허락하지만, 성희롱에 대해 목소리를 내는 여성은 침묵시키겠다는 건가? @rosemcgowan." Twitter, October 12, 2017, 7:09 a.m., https://twitter.com/jamieleecurtis/status/918478792498208770.

5 Anna Codrea-Rado and Amie Tsang, "Twitter Users Split on Boycott over Platform's Move Against Rose McGowan," New York Times, October 13, 2017, https://www.nytimes.com/2017/10/13/technology/twitter-boycott-rose-mcgowan.html.

6 Seth Rogen (@Sethrogen), "지난 8개월 동안 트위터에서 백인 우월주의자들을 인증해주려 했던 이상한 집착에 대해 @jack과 DM을 주고받은 결과, 나는 이 친구가 이런 문제에 눈곱만큼도 신경 쓰지 않는다는 결론을 내렸습니다." Twitter, July 3, 2018, 8:28 a.m., https://twitter.com/Sethrogen/status/1014168992376766470.

7 Seth Rogen, "Verification," in Yearbook (New York: Crown, 2021), 206-15.

8 "Troll Patrol Findings," Troll Patrol Report, 2018, https://decoders.amnesty.org/projects/troll-patrol/findings.

9 Donald Trump (@realDonaldTrump), "정신이 나가서 울부짖는 그 비천한 인간에게 쉴 기회를 주고 백악관에서의 일자리를 주면, 내 생각에는 그냥 안 되는 것 같다. 켈리 장군이 그 개 같은 것을 빠르게 해고한 건 잘한 일이다!" Twitter, August 14, 2018, 4:31 a.m., https://twitter.com/realDonaldTrump/status/1029329583672307712.

10 Erin Griffith, "Here Are Twitter's Latest Rules for Fighting Hate and Abuse," Wired, October 17, 2017, https://www.wired.com/story/here-are-twitters-latest-rules-for-fighting-hate-and-abuse/.

11 Jack Dorsey (@jack), "1/우리는 매일 트위터에서 여러 목소리가 침묵당하는 모습을 봅니다. 우리는 이를 막으려 지난 2년간 노력해왔습니다." Twitter, October 13, 2017, 7:35 p.m., https://twitter.com/jack/status/919028949434241024.

12 Jack Dorsey (@jack), "4/오늘은 목소리가 스스로 침묵하고 있군요. 그런데도 우리가 '여전히' 충분한 조치를 하지 않는다고 외치는 목소리도 들립니다." Twitter, October 13, 2017, 7:35 p.m., https://twitter.com/jack/status/919028953284673536

13 Jack Dorsey (@jack), "6/우리는 규정과 집행 방식에서 좀더 적극적인 입장을 취하기로 했습니다." Twitter, October 13, 2017, 7:35 p.m., https://twitter.com/jack/status/919028955226636288.

14 Jack (@jack), "이 문제에 관해 하루종일 의논했으며 대책이 준비되는 대로 발표하고 싶었기 때문입니다." Twitter, October 13, 2017, 9:50 p.m., https://twitter.com/jack/status/919062878103023618?s=20.

15 TwitterGov (@TwitterGov), "조사를 통해, 우리는 이런 일을 저지른 사람이 퇴사 직전에 이런 일을 저지른 트위터의 고객 지원 부서 직원임을 알게 되었습니다. 내부적으로 전면 검토를 실시하고 있습니다." Twitter, November 2, 2017, 7:00 p.m., https://twitter.com/TwitterGov/status/926267806261407744.

16 David Jolly (@DavidJollyFL), "할말은 해야겠네요. 11분간 트럼프의 계정을 정지시킨 트위터 직원은 노벨평화상 후보가 되어야 합니다." Twitter, November 2, 2017, 6:19 p.m., https://twitter.com/DavidJollyFL/status/926257441817415685.

17 Sarah Hagi (@geekylonglegs), "그 트위터 직원하고 결혼하기로 했어요. 부모님한텐 뭐라고 말해야 하나?" Twitter, November 2, 2017, 7:36 p.m., https://twitter.com/geekylonglegs/status/926276751323430913.

18 Ingrid Lunden and Khaled "Tito" Hamze, "Meet the Man Who Deactivated Trump's Twitter Account," TechCrunch, November 29, 2017, https://techcrunch.com/2017/11/29/meet-the-man-who-deactivated-trumps-twitter-account/.

19 Donald Trump (@realDonaldTrump), "내 트위터 계정이 어느 못된 직원 때문에 11분간 정지됐다. 이제야 이 소식이 알려져 충격을 주고 있는 것 같다." Twitter, November 3, 2017, 3:51 a.m., https://twitter.com/realDonaldTrump/status/926401530013642765.

20 Nick Wingfield, "Amazon Will Stream N.F.L.'S Thursday Night Games," New York Times, April 4, 2017, https://www.nytimes.com/2017/04/04/business/media/amazon-stream-nfl-thursday-night-football.html.

21 Trump (@real-DonaldTrump), "북한 지도자 김정은이 방금 '핵 발사 버튼은 언제든 내 책상에 있다'라고 말했다. 자원도 없고 식량조차 없는 김정은의 왕국에 사는 사람이 있다면 나한테도 핵 발사 버튼이 있다는 걸 김정은에게 알려주기를 바란다. 내 핵무기는 김정은의 핵무기보다 훨씬 더 크고 강력하며, 내 버튼은 작동한다!" Twitter, January 2, 2018, 4:49 p.m., https://twitter.com/realDonaldTrump/status/948355557022420992

22 "World Leaders on Twitter," Twitter Blog, Twitter, January 5, 2018, https://blog.twitter.com/en_us/topics/company/2018/world-leaders-and-twitter.

5장 #OneTeam, 1부

1 Berland (@leslieberland), "@jack #oneteam." Twit-ter, July 31, 2018, 11:18 a.m., https://twitter.com/leslieberland/status/1024358637999779840.

2 Candi Castleberry (@candi), "@Jack과 하는 10분의 명상. 하루의 첫 30분 동안 1) 레몬과 소금을 넣은 물 2) 햇빛 3) 움직임 4) 감사 그리고 3) 승리 #PrettyAwesome CEO #OneTeam." Twitter, July 31, 2018, 9:59 p.m., https://twitter.com/Candi/status/1024519975195697152.

3 Victoria Najjar (@victorianajjar), "오늘 하루를 열어준 @jayrock에게 감사합니다! @jack은 당신이 함께 노래해주기를 정말로 바랐어요! #원팀." Twitter, July 31, 2018, 9:32 a.m., https://twitter.com/victorianajjar/status/1024332091641585664.

4 Del Harvey (@delbius), "@Twitter에서 보낸 시간 내내, 나는 사람들이 #OneTeam 이후만큼 에너지 넘치고 열정적이고 협동할 준비가 되어 있는 모습을 본 적이 없는 것 같다. 또한 이제야 내가 몇 년 동안 함께 일해온 트윕을 만나게 되어 기쁘다! 모두 집까지 안전히 가시길 [GT]." Twitter, August 3, 2018, 3:17 p.m., https://twitter.com/delbius/status/1025505873215479808.

5 Tom Randall, "The Last Bet-the-Company Situation': Q&A With Elon Musk," Bloomberg, July 13, 2018, https://www.bloomberg.com/news/features/2018-07-13/-the-last-bet-the-company-situation-q-amp-a-with-elon-musk?sref=dZ65CIng.

6 Jon Carmichael, "Jack Dorsey Commentary on Jon Carmichael Eclipse Photograph— Full Version," YouTube, 2021, https://www.youtube.com/watch?y=2SfPogWOu9k.

6장 아프리카

1 Tony Romm, "Inside Facebook and Twitter's Secret Meetings with Trump Aides and Conservative Leaders Who Say Tech Is Biased," Washington Post, June 27, 2018, https://www.washingtonpost.com/technology/2018/06/27/inside-facebook-twitters-secret-meetings-with-trump-aides-conservative-leaders-who-say-tech-is-biased/.

2 Jack Dorsey (@jack), "최근에 간단한 질문을 받았습니다. 트위터에서 오가는 대화의 '건강함'을 측정할 수 있을까요? 문제적 과거만이 아니라 시스템 전체를 이해하는 문제인 만큼 이는 즉시 명백한 질문으로 다가왔습니다." Twitter, March 1, 2018, 7:33 a.m., https://twitter.com/jack/status/969234282706169856.

3 Del Harvey and David Gasca, "Serving Healthy Conversation," Twitter Blog, Twitter, May 15, 2018, https://blog.twitter.com/en_us/topics/product/2018/Serving_Healthy_Conversation.

4 Hayley Tsukayama, "Twitter Blocked a Congresswoman's Antiabortion Ad over 'Baby Body Parts.' But It Allowed an Identical Tweet," Washington Post, October 10, 2017, https://www.washingtonpost.com/news/the-switch/wp/2017/10/10/twitter-blocked-a-congresswomans-antiabortion-ad-over-baby-body-parts-but-it-allowed-an-identical-tweet/.

5 Jon Levine, "Roger Stone Says He Will Sue Twitter Over Account Suspension (Exclusive)," The Wrap, October 29, 2017, https://www.thewrap.com/exclusive-roger-stone-says-he-will-sue-twitter/.

6 Guy Benson (@guyp-benson), "오늘 밤 워싱턴 D.C.에서 보수주의자들과 만나준 것에 대해 @jack에게 감사합니다. 신뢰를 쌓고, 다시 쌓기 위해서는—우리가 길게 논의했듯—많은 일을 해야만 합니다. 그래도 그 첫발은 실제

로 대화를 나누는 것입니다. 감사합니다." Twitter, June 19, 2018, 6:40 p.m. https://twitter.com/guypbenson/status/1009249487511080961.

7 Kirsten Grind and John D. McKinnon, "Facebook, Twitter Turn to Right-Leaning Groups to Help Referee Political Speech," Wall Street Journal, January 8, 2019, https://www.wsj.com/articles/facebook-twitter-solicit-outside-groups-often-on-the-right-to-referee-political-speech-11546966779?mod=hp_lead_pos5.

8 Sean Rossman, "Candace Owens' Rapid Rise Defending Two of America's Most Complicated Men: Trump and Kanye," USA Today, October 19, 2018, https://www.usatoday.com/story/news/investigations/2018/10/19/candace-owens-found-her-place-conservative-politics-age-donald-trump-alongside-kanye/1521771002/.

9 Jonathan Swan, "Trump Huddles with Charlie Kirk and Candace Owens," Axios, May 25, 2018, https://www.axios.com/2018/05/25/trump-huddles-with-charlie-kirk-and-candace-owens.

10 Joe Rogan, interview with Jack Dorsey, The Joe Rogan Experience, #1236, podcast audio, February 2, 2019, https://www.jrepodcast.com/episode/joe-rogan-experience-1236-jack-dorsey/.

11 Guy Trebay, "The San Vicente Bungalows: Hollywood's New Clubhouse," New York Times, February 23, 2019, https://www.nytimes.com/2019/02/23/style/san-vicente-bungalows-jeff-klein.html.

12 Kurt Wagner and Lucas Shaw, "Square to Buy Jay-Z's Music Service Tidal, Appoint Him to Board," Bloomberg, March 4, 2021, https://www.bloomberg.com/news/articles/2021-03-04/square-to-buy-music-service-tidal-make-jay-z-a-board-member?sref=dZ65CIng.

13 Emma Stefansky, "Rick and Morty, a Mountain Cake, and Jack Dorsey: Inside Kanye West's 41st Birthday Party," Vanity Fair, June 10, 2018, https://www.vanityfair.com/style/2018/06/kanye-west-41-birthday-party-kim-kardashian.

14 Jack Dorsey (@jack), "와우." Twitter, June 1, 2018, 10:45 p.m., https://twitter.com/jack/status/1002788214518657024.

15 Peter Kafka, "Twitter CEO Jack Dorsey Talked to NYU's Jay Rosen for an Hour, on the Record," Recode, September 14, 2018, https://www.vox.com/2018/9/14/17857486/twitter-jack-dorsey-nyu-jay-rosen-bias-neutrality-presence-politics-recode-media-podcast.

16 Bryan Menegus and Tom McKay, "Twitter May Be Demoting Controversial Accounts in Search Results," Gizmodo, July 22, 2018, https://gizmodo.com/twitter-may-be-demoting-controversial-accounts-in-searc-1827788070.

17 Alex Thompson, "Twitter Appears to Have Fixed 'Shadow Ban' of Prominent Republicans like the RNC Chair and Trump Jr's Spokesman," VICE, July 25, 2018, https://www.vice.com/en/article/43paqq/twitter-is-shadow-banning-prominent-republicans-like-the-rnc-chair-and-trump-jrs-spokesman.

18 Donald Trump (@realDonaldTrump), "트위터가 유명 공화당 정치인들에게 '쉐도우 밴'을 때리고 있다는데 좋지 않다. 우리는 당장 이 차별적이고 불법적인 관행을 들여다볼 것이다! 불만이 아주 많다." Twitter, July 26, 2018, 4:46 a.m., https://twitter.com/realDonaldTrump/status/1022447980408983552

19 Liam Stack, "What Is a 'Shadow Ban,' and Is Twitter Doing It to Republican Accounts?" New York Times, July 26, 2018, https://www.nytimes.com/2018/07/26/us/politics/twitter-shadowbanning.html.

20 Vijaya Gadde and Kayvon Beykpour, "Setting the Record Straight on Shadow Banning," Twitter Blog, Twitter, July 26, 2018, https://blog.twitter.com/en_us/topics/company/2018/Setting-the-record-straight-on-shadow-banning.

21 Cecilia Kang and Kate Conger, "Twitter Suspends Alex Jones and Infowars for Seven Days," New York Times, August 14, 2018, https://www.nytimes.com/2018/08/14/technology/twitter-alex-jones-suspension.html.

22 Donald Trump (@realDonaldTrump), "소셜미디어는 공화당원/보수주의자의 목소리를 심각하게 차별하고 있다. 트럼프 정부를 대표해 분명히 말하건대, 우리는 그런 일을 가만히 두고 보지 않을 것이다. 소셜미디어에서는 우파의 수많은 사람들이 내는 의견을 차단하고 있다. 한편으로 다른 사람들에게는 아무 일도 하지 않으면서……" Twitter, August 18, 2018, 4:23 a.m., https://twitter.com/realDonaldTrump/status/1030777074959757313.

23 Jack Dorsey (@jack), "월든 위원장님, 팔론 간사님, 그리고 위원회 여러분, 트위터를 대표하여 미국 국민들께 말씀드릴

기회를 주셔서 감사합니다. 오늘 이 자리에서 공정성, 투명성, 그리고 책임에 대한 저희의 의지에 대해 논의할 수 있기를 기대합니다." Twitter, September 5, 2018,10:56 a.m., https://twitter.com/jack/status/1037399063447121922.

24 Megan Specia, "The Rohingya in Myanmar: How Years of Strife Grew Into a Crisis," New York Times, September 13, 2017, https://www.nytimes.com/2017/09/13/world/asia/myanmar-rohingya-muslim.html.

25 Jack Dorsey (@jack), "사람들은 흔히 명상이란 종종 차분하게 긴장을 풀어주는, 세상 모든 소음을 해독해주는 행위라고 생각합니다. 비파사나는 그렇지 않습니다. 비파사나는 신체적으로나 정신적으로나 극도로 고통스럽고 부담이 심한 일입니다. 작년, 처음으로 시도했을 때는 이런 걸 예상하지 못했습니다. 올해는 더 깊이 들어가면서 더 힘들어졌습니다." Twitter, December 8, 2018, 5:19 p.m., https://twitter.com/jack/status/1071575105065500672.

26 Jack Dorsey (@jack), "나는 미얀마 삔우린에 있는 담마 마히마 센터에서 명상 수련을 했습니다. 여기가 내가 머문 방입니다. 아주 기본적이죠. 10일 동안은 어떤 기기도 사용할 수 없고, 책을 읽거나 글을 쓰는 것도 금지됩니다. 운동, 음악, 술이나 고기 섭취, 말하기, 심지어 눈을 마주치는 것조차 허용되지 않습니다. 참가비는 없습니다. 필요한 모든 것은 자발적인 기부로 마련되어 수련자들에게 제공됩니다." Twitter, December 8, 2018, 5:19 p.m., https://twitter.com/jack/status/1071575116796973056

27 Jack Dorsey (@jack), "우리는 어느 날 저녁, 만달레이의 한 동굴에서 명상을 하기도 했습니다. 명상을 시작한 지 10분 만에 모기한테 117방을 물렸습니다. 전기 퓨즈가 나가서 불이 꺼진 다음에야 모기들이 날 내버려두더군요. 그 순간 내 심박수가 낮아지는 걸 보면 아시겠죠." Twitter, December 8, 2018, 5:21 p.m., https://twitter.com/jack/status/1071575413804064768

28 Nellie Bowles, "Jack Dorsey Is Gwyneth Paltrow for Silicon Valley," New York Times, May 2, 2019, https://www.nytimes.com/2019/05/02/fashion/jack-dorsey-influencer.html?smid=tw-nytstyles&smtyp=cur.

29 Ben Greenfield and Jack Dorsey, "The Jack Dorsey Podcast: Advanced Stress Mitigation Tactics, Extreme Time-Saving Workouts, DIY Cold Tubs, Hormesis, One-Meal-A-Day & More," Ben Greenfield Life, March 16, 2019, https://bengreenfieldlife.com/podcast/time-saving-workouts/.

30 Abigail Tracy, "Twitter's Cursed Head-of-Product Role Claims Another Victim," Vanity Fair, June 7, 2016, https://www.vanityfair.com/news/2016/06/twitter-head-of-product-jeff-seibert.

31 Brad Stone, "The Secret Origins of Amazon's Alexa," Wired, May 11, 2021, https://www.wired.com/story/how-amazon-made-alexa-smarter/.

32 Mella TV, Mella Special featuring Jack Dorsey: founder and CEO of Twitter, You-Tube, 2020, https://www.youtube.com/watch?v=nN3aTTHL1c4.

33 Edgar Alvarez, "Twitter's Revamped Camera Is Its Answer to Stories," Engadget, March 13, 2019, https://www.engadget.com/2019-03-13-twitter-camera-redesign-snapchat-instagram-stories.html.

34 Sarah Perez, "Twitter's New Prototype App 'TWTTR' Launches Today," TechCrunch, March 11, 2019, https://techcrunch.com/2019/03/11/twitters-new-prototype-app-twttr-launches-today/.

35 "Product Introducing Topics," Twitter Blog, Twitter, November 11, 2019, https://blog.twitter.com/en_us/topics/product/2019/introducing-topics.

36 Tony Romm, "Trump Met with Twitter CEO Jack Dorsey-and Complained about His Follower Count," Washington Post, April 23, 2019, https://www.washingtonpost.com/technology/2019/04/23/trump-meets-with-twitter-ceo-jack-dorsey-white-house/.

37 Donald Trump (@realDonaldTrump), "@Twitter의 @Jack과 오늘 오후 @WhiteHouse에서 훌륭한 회의를 했다. 플랫폼과 소셜미디어의 세계 전반에 관한 수많은 주제를 다루었다. 열린 대화를 계속할 수 있길 바란다!" Twitter, April 23, 2019, 1:54 p.m., https://twitter.com/realDonaldTrump/status/1120793199650463747.

38 Donald Trump (@realDonaldTrump), "강력하면서도 책임감 있는 보수파 제임스 우즈(말고도 많은 사람들)가 어떻게 트위터에서 금지당할 수 있는 건지? 소셜미디어와 가짜뉴스 미디어는 동업자인 민주당이 그렇듯 스스로 초래한 문제를 전혀 모르고 있다. 매우 불공평!" Twitter, May 4, 2019, 11:31 a.m., https://twitter.com/realDonaldTrump/status/1124743267873116160.

39 Rachel Tashjian, "What Was Jack Dorsey Doing at Paris Fashion Week?" GQ, June 28, 2019, https://www.gq.com/story/fashion-news-6-28-19.

40 Derek Cheng, "Twitter Boss Jack Dorsey Meets Jacinda Ardern at the Beehive," NZ Herald, September 8, 2019, https://www.nzherald.co.nz/nz/twitter-boss-jack-dorsey-meets-jacinda-ardern-at-the-beehive/CGMBFTCY203QKS2WC2HBKVIYHE/.

41 Sara Salinas, "Twitter Stock Plunges as Company Blames Ad Targeting Problems for Earnings Miss," CNBC, October 24, 2019, https://www.cnbc.com/2019/10/24/twitter-twtr-earnings-q3-2019.html.

42 Kurt Wagner and Ben Brody, "Twitter CEO Dorsey Bans Political Ads in Swipe at Facebook," Bloomberg, October 30, 2019, https://www.bloomberg.com/news/articles/2019-10-30/twitter-to-ban-political-advertising-globally-ceo-dorsey-says?sref=dZ65CIng.

43 Population Facts, United Nations Department of Economic and Social Affairs, December 2019, https://www.un.org/en/development/desa/population/publications/pdf/popfacts/PopFacts_2019-6.pdf.

44 Ngozi Okonjo-Iweala, "Great to welcome Jack Dorsey and the fantastic Twitter team Parag, Kayvon, TJ, Michael, Sierra, to Nigeria and Africa for their first visit to discuss entrepreneurship and how the Twitter platform can help young people create digital jobs." Facebook, November 11, 2019, https://www.facebook.com/NgoziOkonjoIweala/posts/2730637583653155/.

45 Jack Dorsey (@jack), "트위터는 최대 5명 규모의 소규모 독립 팀을 지원하고 있습니다. 이 팀은 오픈 소스 아키텍트, 엔지니어, 디자이너들로 구성되며, 소셜 미디어를 위한 개방적이고 탈중앙화된 표준을 개발하는 것을 목적으로 합니다. 트위터는 장기적으로 이 표준을 사용하는 하나의 클라이언트가 되는 것을 목표로 하고 있습니다." Twitter, December 11, 2019, 6:13 a.m., https://twitter.com/jack/status/1204766078468911106.

46 "Twitter CEO Jack Dorsey Reacts to GOT7 & Meditating with Spiders," YouTube, The CouRage and Nadeshot Show, 2020, https://www.youtube.com/watch?V=A12wAWyaR1s.

47 Jack Dorsey (@jack), "아프리카를 떠나서 슬픕니다. ……당분간 떠나는 거지만요. 미래는 아프리카가 결정할 겁니다(특히 비트코인의 미래를요!). 정확히 어디서 살지 확실히 정해진 건 아니지만, 2020년 중반쯤 여기서 3~6개월 지낼 생각입니다. 작은 부분이나마 경험한 건 고마운 일이었습니다." Twitter, November 27, 2019, 11:39 a.m., https://twitter.com/jack/status/1199774792917929984.

7장 #OneTeam, 2부

1 Shefali Shah Mirakhur (@shahst), "Best party invite. Ever. @TwitterOneTeam." Twitter, January 14, 2020, 3:11 p.m., https://twitter.com/shahsi/status/1217222720972378112.

2 Raymond Wong, "Lady Gaga Performed Private Apple Concert as a Tribute to Steve Jobs," Mashable SE Asia, May 19, 2019, https://sea.mashable.com/tech/3879/lady-gaga-performed-private-apple-concert-as-a-tribute-to-steve-jobs.

3 Arielle Pardes and Annie Goldsmith, "The Buzz Is Gone: Tech Companies (with a Few Exceptions) Are Reining in Once-Legendary Holiday Parties," The Information, December 16, 2022, https://www.theinformation.com/articles/the-buzz-is-gone-tech-companies-with-a-few-exceptions-are-reining-in-once-legendary-holiday-parties.

4 Andy (@andysaurusrex), "우리 모두가 소금 주스의 부작용을 뒤늦게 경험하는 걸까? #OneTeam." Twitter, January 14, 2020, 8:38 a.m., https://twitter.com/andysaurusrex/status/1217123748098297856.

5 Aanu Adeoye and Bukola Adebayo, "Bring Back Our Girls Activist Oby Ezek-wesili Vows to Disrupt 'Nigeria's Politics of Failure,'" CNN, November 22, 2018, https://www.cnn.com/2018/11/22/africa/nigeria-oby-ezekwesili-politics/index.html.

6 Donald Trump (@realDonaldTrump), "……지금은 뮤지션 @johnlegend와 입이 더러운 그의 아내가 얼마나 이게 훌륭한 일인지 떠들고 있지만, 정작 우리가 법안을 통과시키려 애쓸 때는 코빼기도 안 보였다. 진행자 @LesterHoltNBC는 이 주제를 다루면서도 트럼프 대통령이나 공화당에 대해서는 단 한 마디도 안 한다." Twitter, September 8, 2019, 8:11 p.m., https://twitter.com/realDonaldTrump/status/1170897586364006405.

7 Chrissy Teigen (@chrissyteigen), "ㅋㅋ 참 소심한 놈이네. 나 빼고 모든 사람을 태그하다니. 영광이에요, 대통령님."

Twitter, September 8, 2019, 9:17 p.m., https://twitter.com/chrissyteigen/status/1170914148919590914.

8 Bess Levin, "Yes, the Trump White House Demanded Twitter Remove Chrissy Teigen's Tweet Calling Trump a 'Pussy Ass Bitch,'" Vanity Fair, February 8, 2023, https://www.vanityfair.com/news/2023/02/chrissy-teigen-donald-trump-tweet-removed.

9 Edvard Pettersson and Dana Hull, "Musk Says 'Pedo Guy' Tweet Was Response to Unprovoked At-tack," Bloomberg, December 3, 2019, https://www.bloomberg.com/news/articles/2019-12-03/elon-musk-was-hurt-by-caver-s-p-r-stunt-insult-lawyer-says?sref=dZ65CIng.

10 Dana Hull and Benjamin Bain, "Elon Musk Can Stay Tesla CEO, but Not Chairman, Under SEC Settlement," Bloomberg, September 29, 2018, https://www.bloomberg.com/news/articles/2018-09-29/elon-musk-and-sec-reach-settlement-on-fraud-charges?sref=dZ65CIng.

11 "Twitter CEO Jack Dorsey Reacts to GOT7 & Meditating with Spiders," YouTube, The CouRage and Nadeshot Show, 2020, https://www.youtube.com/watch?V=A12wAWyaR1s.

12 Dana Hull, "The Tesla Skeptics Who Bet Against Elon Musk," Bloomberg, January 22, 2020, https://www.bloomberg.com/news/features/2020-01-22/the-tesla-tslaq-skeptics-who-bet-against-elon-musk?sref=dZ65CIng.

13 Ariadna Font Llitjós (@quicola), "일론 머스크(@elonmusk)가 접속해서 @jack과 @Twitter와 대화를 나누었습니다. #원팀2020." Twitter, January 16, 2020, 2:19 p.m., https://twitter.com/quicola/status/1217934515953377283.

8장 엘리엇

1 "Inside the Swanky Private Club Where Bill Gates, Eric Schmidt, and Justin Timberlake Go to Ski," Private Club Marketing, November 20, 2019, https://privateclubmarketing.com/inside-swanky-private-club-bill-gates-eric-schmidt-justin-timberlake-go-ski/.

2 Kurt Wagner, "Twitter Beats Revenue, User Growth Estimates; Shares Rally," Bloomberg, February 6, 2020, https://www.bloomberg.com/news/articles/2020-02-06/twitter-beats-revenue-user-growth-estimates-in-fourth-quarter?sref=dZ65CIng.

3 Facebook Inc., Proxy Statement: Notice of Annual Meeting of Stockholders to Be Held on May 27, 2020 (filed April 10, 2020), 46, Securities and Exchange Commission, https://www.sec.gov/Archives/edgar/data/1326801/000132680120000037/facebook2020definitiveprox.htm.

4 Renae Merle, "How One Hedge Fund Made $2 Billion from Argentina's Economic Collapse," Washington Post, March 29, 2016, https://www.washingtonpost.com/news/business/wp/2016/03/29/how-one-hedge-fund-made-2-billion-from-argentinas-economic-collapse/.

5 Sheelah Kolhatkar, "Paul Singer, Doomsday Investor," New Yorker, August 20, 2018, https://www.newyorker.com/magazine/2018/08/27/paul-singer-doomsday-investor.

6 Nathan Vardi, "Meet Jesse Cohn, the 33-Year-Old Hedge Fund Investor Laying Siege to Silicon Valley," Forbes, February 3, 2014, https://www.forbes.com/sites/nathanvardi/2014/02/03/the-33-year-old-hedge-fund-investor-shaking-up-silicon-valley/?sh=6aba46f93411.

7 Katherine Clarke and Cara Lombardo, "As Wall Street Migrates to Florida, Hedge-Funders Move to Offload Manhattan Homes," Wall Street Journal, February 22, 2021, https://www.wsj.com/articles/wall-street-moves-to-florida-nyc-real-estate-11614020268.

8 "EBay C.E.O. Steps Down, Citing Differences with Board," Reuters, September 25, 2019, https://www.reuters.com/article/ebay-ceo/ebay-ceo-devin-wenig-steps-down-idUSL3N26G330.

9 Scott Deveau and Ed Hammond, "Singer's Elliott Seeks to Replace Twitter CEO Dor-sey," Bloomberg, February 28, 2020, https://www.bloomberg.com/news/articles/2020-02-29/singer-s-elliott-is-said-to-seek-to-replace-twitter-ceo-dorsey?sref=dZ65CIng.

10 Tyler Clifford, "Jim Cramer Sides with Elliott Management over Jack Dorsey, Says Twitter Needs a New CEO,"

CNBC, March 2, 2020, https://www.cnbc.com/2020/03/02/jim-cramer-is-with-elliott-on-jack-dorsey-says-twitter-needs-new-ceo.html.

11 Antoine Gara, "Silver Lake's Egon Durban Says Firm Focused on 'All-in Bets," Financial Times, June 28, 2023. https://www.ft.com/content/5c19de5d-6ff4-40fb-87b7-16c65bfde320.

12 TJ Adeshola (@TJay), "더 자주 이 말을 했어야 하는데…… @jack은 특별한 리더야. 공감 능력이 있고, 투명하고, 결단력도 있어. 사람을 진심으로 대해…… 걍 쩔어. 몇 년 동안 도시를 지켜보면서 너무 많은 것을 배웠어. 의리, 투지, 인내심, 그것 말고도 더. #WeBackJack." Twitter, March 2, 2020, 4:38 p.m., https://twitter.com/TJay/status/1234639218888126464.

13 Dalana Brand (@DalanaBrand), "최전방에서 앞장서고, 목적의식에 따라 움직이고, 트윕을 다른 무엇보다도 가치 있게 여기는 회사에서 일할 수 있어 자랑스러워요. 우리 모두에게 역할 모델이 되어준, 언제나 놀라운 우리의 리더 @jack의 가치관이 트위터에 직접적으로 반영된 덕분이에요. #WeBackJack #LoveWhereYou Work." Twitter, March 2, 2020, 5:54 p.m., https://twitter.com/DalanaBrand/status/1234658371979972609.

14 Elon Musk (@elonmusk), "나는 트위터 CEO로서 @jack을 지지합니다. 잭은 마음이 착해요. ♥ [하트 이모지]." Twitter, March 2, 2020, 5:21 p.m., https://twitter.com/elonmusk/status/1234650006117867520/.

15 Nick Bilton, "In the Coronavirus Era, the Force Is Still with Jack Dorsey," Vanity Fair, April 20, 2020, https://www.vanityfair.com/news/2020/04/in-the-coronavirus-era-the-force-is-still-with-jack-dorsey.

16 Kurt Wag-ner, "Facebook Worker in Seattle Is Diagnosed with the Coronavirus," Bloomberg, March 4, 2020, https://www.bloomberg.com/news/articles/2020-03-05/facebook-says-employee-in-seattle-diagnosed-with-coronavirus?sref=dZ65Cing.

17 Jennifer Christie, "Keeping Our Employees and Partners Safe during #coronavirus," Twitter Blog, Twitter, May 12, 2020, https://blog.twitter.com/en_us/topics/company/2020/keeping-our-employees-and-partners-safe-during-coronavirus.

18 Brian Nowak and Jack Dorsey, "Morgan Stanley Technology, Media & Telecom Conference 2020: Jack Dorsey," Twitter IR, Twitter, March 5, 2020.

19 "Twitter, Inc. Announces Partnership with Silver Lake and Elliott Management," PR Newswire, March 9, 2020, https://www.prnewswire.com/news-releases/twitter-inc-announces-partnership-with-silver-lake-and-elliott-management-301019725.html.

9장 크게 가거나 집에 가세요

1 Tina Le (@tinap00), "네, 저는 가족도, 아이도 없어요. 하지만 @jack과의 이야기 시간은 정말 즐거웠어요. '오늘의 너는 너야. 이건 진실보다 더한 진실이지. 오늘 살아있는 사람 중에 너만큼 너다운 사람은 없단다!' – 닥터 수스" Twitter, April 24, 2020, 9:51 a.m., https://twitter.com/tunap00/status/1253728313106788357.

2 Aditi Shorewal (@aditishorewal), "금요일 밤 계획: @jack과의 이야기 시간." Twitter, April 24, 2020, 10:05 a.m., https://twitter.com/aditishorewal/status/1253731836422877196.

3 "WHO Director-General's Opening Remarks at the Media Briefing on COVID-19—11 March 2020," World Health Organization, March 11, 2020, https://www.who.int/director-general/speeches/detail/who-director-general-s-opening-remarks-at-the-media-briefing-on-covid-19---11-march-2020.

4 Steve Holland, Jeff Mason, and Makini Brice, "Trump Declares Coronavirus National Emergency, Says He Will Most Likely Be Tested," Reuters, March 13, 2020, https://www.reuters.com/article/us-health-coronavirus-usa-emergency/trump-declares-coronavirus-national-emergency-says-he-will-most-likely-be-tested-idUSKBN2102G3.

5 Governor Gavin Newsom, Executive Order N-33-20, March 4, 2020, https://www.gov.ca.gov/wp-content/uploads/2020/03/EO-N-33-20-COVID-19-HEALTH-ORDER-03.19.2020-002.pdf.

6 Vijaya Gadde and Matt Derella, "An Update on Our Continuity Strategy during COVID-19," Twitter Blog, Twitter, March 16, 2020, https://blog.twitter.com/en_us/topics/company/2020/An-update-on-our-continuitystrategy-during-COVID-19.

7 Sara Fischer, "Exclusive: Facebook Adding Part-Time FactChecking Contractors," Axios, December 17, 2019, https://www.axios.com/2019/12/17/facebook-fact-checking-contractors.

8 Gadde and Derella, "An Update on Our Continuity Strategy."

9 Yoel Roth and Nick Pickles, "Updating Our Approach to Misleading Informa-tion," Twitter Blog, Twitter, May 11, 2020, https://blog.twitter.com/en_us/topics/product/2020/updating-our-approach-to-misleading-information.

10 Musadiq Bidar, "Newsom Signs Executive Order Declaring California a Vote-by-Mail State," CBS News, May 9, 2020, https://www.cbsnews.com/news/newsom-signs-executive-order-declaring-california-a-vote-by-mail-state-2020-05-08/.

11 Elise Vieb-eck, "Mailing of Ballots to All Voters in Las Vegas Area Puts Sharp Focus on Election Safeguards," Washington Post, May 29, 2020, https://www.washingtonpost.com/politics/mailing=of-ballots-to-all-voters-in-las-vegas-area-puts-sharp-focus-on-election-safeguards/2020/05/28/912c099a-9f63-11ea-b5c9-570a91917d8dstory.html.

12 Daniel Dale, Ryan Nobles, and Abby Phillip, "Fact Check: Trump Falsely Claims Michigan Sent Out Absentee Ballots and Broke the Law," CNN, May 20, 2020, https://www.cnn.com/2020/05/20/politics/fact-check-trump-michigan-nevada-ballots-voting/index.html.

13 Donald Trump (@realDonaldTrump), "부재자 투표는 투표소에 갈 수 없는 많은 노년층, 군인, 그리고 다른 사람들에게 훌륭한 투표 방법이다. 하지만 이 방식은 100% 우편 투표와는 전혀 다르다. 전면적인 우편 투표는 사기에 최적이다. 허용되어서는 안 된다!" Twitter, April 8, 2020, 4:34 p.m., https://twitter.com/realDonaldTrump/status/1248031484532928514.

14 Donald Trump (@realDonaldTrump), "공화당 지지자들은 전국 단위 우편 투표 문제에서 매우 열심히 싸워야 한다. 민주당 지지자들이 우편 투표를 지지하며 시끄럽게 굴고 있다. 유권자 사기가 일어날 가능성이 어마어마하게 크다. 무슨 이유든 간에, 공화당 지지자들에게는 좋지 않을 것이다. @foxandfriends." Twitter, April 8, 2020, 5:20 a.m., https://twitter.com/realDonaldTrump/status/1247861952736526336.

15 Donald Trump (@realDonaldTrump), "네바다 주정부는 우편으로 불법적인 투표 용지를 보낼 수 있다고 '생각한다'. 이걸로 주정부와 연방 정부에서 엄청난 유권자 사기를 저지를 수 있다고 생각하는 것이다. 오산이다! 만일 네바다주에서 그렇게 나온다면, '내 생각에는' 주 정부에 대한 자금 지원을 중단할 수 있을 것 같다. 미안하지만 선거에서는 부정 행위를 하면 안 된다. @RussVought45 @USTreasury." Twitter, May 20, 2020, 6:11 a.m., https://twitter.com/realDonaldTrump/status/1263094958417985538.

16 Donald Trump (@realDonaldTrump), "미국은 절대 전면 우편 투표로 가선 안 된다. 그건 역사상 최악의 조작 선거다. 사람들은 우편함에서 투표용지를 가져다 수천 장씩 위조한 다음 다른 사람들에게 서명하라고 '강요할' 거다. 이름까지 막 위조하고. 부재자 투표는 필요할 때만 허용해야 한다. 이 모든 걸 코로나를 핑계로 밀어붙이려는 사기극일 뿐이다!" Twitter, May 24, 2020, 7:08 a.m., https://twitter.com/realDonaldTrump/status/1264558926021959680.

17 Twitter Safety, "Strengthening Our Approach to Deliberate Attempts to Mislead Voters," Twitter Blog, Twitter, April 24, 2019, https://blog.twitter.com/en_us/topics/company/2019/strengthening-our-approach-to-deliberate-attempts-to-mislead-vot.

18 Donald Trump (@realDonaldTrump)," ……그 주에 사는 사람이라면 누구든지, 어떻게 거기까지 왔든 간에, 전부 투표 용지를 받게 된다. 그리고 나서 프로페셔널들이 찾아가 평생 투표란 걸 한 번도 생각해본 적 없는 수많은 사람들을 포함한 이 사람들에게 어떻게, 누구한테 투표해야 하는지를 알려줄 거다. 중대한 사기가 확실함(절대로 안 된다!)" Twitter, May 26, 2020, 5:17 a.m., https://twitter.com/realDonaldTrump/status/1265255845358645254.

19 Ben Christopher, "California's (Mostly) All-Mail 2020 Election, Explained," CalMatters, June 25, 2020, https://calmatters.org/explainers/california-all-mail-election-explained-november-2020/.

20 Kurt Wagner and Alex Wayne, "Twitter Adds Fact-Check Label to Trump Tweets for First Time," Bloomberg, May 26, 2020, https://www.bloomberg.com/news/articles/2020-05-26/trump-s-tweets-on-mail-in-voting-fact-checked-by-twitter?sref=dZ65CIng.

21 Donald Trump (@realDonaldTrump), "@Twitter가 이제 2020 대선에 개입하고 있다. 내가 우편 투표가 대규모 부패와 사기로 이어질 거라고 한 말이 틀렸다는데, 그 근거라는 게 고작 가짜뉴스 CNN하고 아마존이 소유한 워싱턴 포스트의 팩트체크다…… 정말 가소롭다." Twitter, May 26, 2020, 4:40 p.m., https://twitter.com/realDonaldTrump/status/1265427538140188676.

22 Donald Trump (@realDonaldTrump)," ……트위터는 언론의 자유를 완전히 질식시키고 있다. 대통령으로서 가만두지 않겠다!" Twitter, May 26, 2020, 4:40 p.m., https://twitter.com/realDonaldTrump/status/1265427539008380928.

23 Tony Romm and Elizabeth Dwoskin, "Trump Signs Order That Could Punish Social Media Companies for How They Police Content, Drawing Criticism and Doubts of Legality," Washington Post, May 28, 2020, https://www.washingtonpost.com/technology/2020/05/28/trump-social-media-executive-order/.

24 Bobby Lewis (@revrrlewis), "폭스 & 프렌즈에 출연한 켈리앤 콘웨이가 트위터 사이트 무결성 책임자 요엘 로스에 대한 온라인 괴롭힘을 부추기는 듯한 발언을 했다: '샌프란시스코의 누군가 가서 이 사람을 깨우고, 팔로워가 더 생기려 한다고 말해주세요.'" Twitter, May 27, 2020, 5:20 a.m., https://twitter.com/revrrlewis/status/1265618948726435842.

25 Jason Lemon, "Twitter's Head of Site Integrity Compares Kellyanne Conway to Joseph Goebbels in Resurfaced Tweets: 'Actual Nazis in the White House," Newsweek, May 27, 2020, https://www.newsweek.com/twitters-head-site-integrity-compares-kellyanne-conway-joseph-goebbels-resurfaced-tweets-1506801

26 Gregg Re, "Twitter Exec in Charge of Effort to Fact-Check Trump Has History of Anti-Trump Posts, Called McConnell a 'Bag of Farts," Fox News, May 27, 2020, https://www.foxnews.com/politics/twitter-exec-in-charge-of-effort-to-fact-check-trump-has-history-of-anti-trump-posts-called-mcconnell-a-bag-of-farts.

27 Donald Trump (@realDonaldTrump), "우편 투표가 사기에 취약하지 않다는 트위터의 주장은 그야말로 터무니없다. 웬 멍청한 소리인가? 사방에 부정선거 사례와 예시가 있다. 우리 선거는 심각하게 얼룩져 전 세계의 웃음거리가 될 것이다. 혐오론자 @yoyoel한테 한번 말해보자." Twitter, May 28, 2020, 9:44 a.m., https://twitter.com/realDonaldTrump/status/1266047584038256640.

28 Derrick Bryson Taylor, "George Floyd Protests: A Timeline," New York Times, November 5, 2021, https://www.nytimes.com/article/george-floyd-protests-timeline.html.

29 Donald Trump (@realDonaldTrump), "이 깡패들은 조지 플로이드의 기억을 모독하고 있다. 나는 이런 일을 방치하지 않겠다. 방금 주지사 팀 월즈에게 군대가 전면적으로 협조할 거라고 말했다. 조금이라도 어려운 점이 있으면 우리가 사태를 통제할 것이다. 약탈이 시작되면 총격도 시작되는 것이다!" Twitter, May 28, 2020, 9:53 p.m., https://twitter.com/realDonaldTrump/status/1266231100780744704.

30 Kate Conger, "Twitter Had Been Drawing a Line for Months When Trump Crossed It," New York Times, May 30, 2020, https://www.nytimes.com/2020/05/30/technology/twitter-trump-dorsey.html.

31 Nate Lanxon and Vlad Savov, "Twitter-Trump Tension Mounts on Warning Over Shooting Tweet," Bloomberg, May 29, 2020, https://www.bloomberg.com/news/articles/2020-05-29/twitter-trump-minneapolis-post-broke-rules-glorified-violence?sref=dZ65CIng.

32 "Twitter Analyst Day-Transcript," Twitter IR, Twitter, February 25, 2021, https://s22.q4cdn.com/826641620/files/doc_downloads/2021/02/Twitter-Analyst-Day-2021-Prepared-Remarks.pdf.

33 Kurt Wagner, "Twitter Aims to Double Revenue in 3 Years; Shares Surge," Bloomberg, February 25, 2021, https://www.bloomberg.com/news/articles/2021-02-25/twitter-sets-target-to-double-annual-revenue-in-next-three-years?sref=dZ65CIng.

34 Kurt Wagner, "Twitter Aims to Double Revenue in 3 Years; Shares Surge," Bloomberg, February 25, 2021, https://www.bloomberg.com/news/articles/2021-02-25/twitter-sets-target-to-double-annual-revenue-in-next-three-years.

10장 트럼프 퇴출

1 Emma-Jo Morris and Gabrielle Fonrouge, "Smoking-Gun Email Reveals How Hunter Biden Introduced

Ukrainian Businessman to VP Dad," New York Post, October 14, 2020, https://nypost.com/2020/10/14/email-reveals-how-hunter-biden-introduced-ukrainian-biz-man-to-dad/.

2 Donald Trump (@realDonaldTrump), "리피 조 바이든과 우리나라를 둘러싼 엄청난 부패 사건을 폭로한 @nypost에게 축하를 전한다. 바이든은 언제나 부패한 정치인이었다. 수치스럽다!" Twitter, October 14, 2020, 8:22 p.m., https://twitter.com/realDonaldTrump/status/1316580278568022016.

3 Raphael Satter, Jeff Donn, and Chad Day, "How Russian Hackers Pried into Clinton Campaign Emails," Associated Press, November 4, 2017, https://apnews.com/article/moscow-north-america-ap-top-news-hillary-clinton-phishing-addc2727b0b04c1d80ab6ca30c4dc77e.

4 Knight Foundation, "Session 10—On with Kara Swisher, Yoel Roth and the Crisis at Twitter," Vimeo, 2022, https://vimeo.com/776426548.

5 Matt Taibbi (@mtaibbi), "26. 이 시점에는 모두가 이번 일이 망했다는 걸 알고 있었다고, 전 직원이 말했다. 그런데도 대응은 결국…… '계속 말아먹는 쪽으로 조심스럽게 실수하자'는 식이었다." Twitter, December 2, 2022, 4:24 p.m., https://twitter.com/mtaibbi/status/1598835411262279680.

6 Matt Taibbi (@mtaibbi), "25. 이어지는 긴 내부 대화에서 혼란스러워하는 모습이 그대로 드러난다. 이 대화에는 비자야 가데와 전 신뢰 및 안전팀 책임자 요엘 로스도 결국 참여하게 된다. 커뮤니케이션팀 직원 트렌턴 케네디는 이렇게 말한다: "이 기사를 안전하지 않은 콘텐츠로 표시하는 정책적 근거를 잘 모르겠습니다." Twitter, December 2, 2022, 4:21 p.m., https://twitter.com/mtaibbi/status/1598834882414727168.

7 Matt Taibbi (@mtaibbi), "27. 전직 세계 커뮤니케이션팀 부팀장 브랜던 보어먼은 이렇게 묻는다. '이게 우리 정책에 해당하는 내용이라고 정말 말할 수 있나요?'" Twit-ter, December, 2, 2022, 4:26 p.m., https://twitter.com/mtaibbi/status/1598836068282814464.

8 Craig Timberg, Matt Viser, and Tom Hamburger, "Here's How the Post Analyzed Hunter Biden's Laptop," Washington Post, March 30, 2022, https://www.washingtonpost.com/technology/2022/03/30/hunter-biden-laptop-data-examined/.

9 Kurt Wagner, "Twitter Allows Links to N.Y. Post Story, Backtracking Again," Bloomberg, October 16, 2020, https://www.bloomberg.com/news/articles/2020-10-16/twitter-allows-links-to-n-y-post-story-backtracking-again?sref=dZ65CIng.

10 Vijaya Gadde (@vijaya), "어제 피드백과 통찰을 제공해준 모든 분께 감사합니다. 콘텐츠 관리는 대단히 어렵습니다. 선거라는 중대한 맥락에서는 특히 그렇습니다. 우리는 피해를 예방하기 위해 책임감 있고 빠르게 행동하려고 노력하고 있으나 아직 배울 것이 많습니다." Twitter, October 15, 2020, 7:06 p.m., https://twitter.com/vijaya/status/1316923560175296514.

11 Jack Dorsey (@jack), " URL을 바로 차단하는 것은 잘못된 일입니다. 이런 잘못을 바로잡기 위해, 정책과 실행 방침을 업데이트했습니다. 우리 목표는 맥락을 추가하는 것이며, 이제는 그렇게 할 능력이 생겼습니다." Twitter, October 16, 2020, 5:35 a.m., https://twitter.com/jack/status/1317081843443912706.

12 Kurt Wagner and Scott Deveau, "Dorsey Keeps Twitter CEO Job on El-liott, Silver Lake Review," Bloomberg, November 2, 2020, https://www.bloomberg.com/news/articles/2020-11-02/twitter-s-jack-dorsey-to-keep-ceo-job-after-board-panel-review?sref=dZ65CIng.

13 Zeve Sanderson, Megan A. Brown, Richard Bonneau, Jonathan Nagler, and Joshua A. Tucker, "Twitter Flagged Donald Trump's Tweets with Election Misinformation: They Continued to Spread Both on and off the Platform," Misinformation Review, August 24, 2021, https://misinforeview.hks.harvard.edu/article/twitter-flagged-donald-trumps-tweets-with-election-misinformation-they-continued-to-spread-both-on-and-off-the-platform/.

14 Todd Spangler, "Twitter Has Flagged 200 of Trump's Posts as 'Disputed' or Misleading Since Election Day. Does It Make a Difference?" Variety, November 27, 2020, https://variety.com/2020/digital/news/twitter-trump-200-disputed-misleading-claims-election-1234841137/.

15 Brian Naylor, "Read Trump's Jan. 6 Speech, a Key Part of Impeachment Trial," NPR, February 10, 2021, https://www.npr.org/2021/02/10/966396848/read-trumps-jan-6-speech-a-key-part-of-impeachment-trial.

16 "Civic Integrity Misleading Information Policy," Twitter Help Center, https://help.twitter.com/en/rules-and-policies/election-integrity-policy.

17 Kat Lonsdorf, Courtney Dorning, Amy Isackson, Mary Louise Kelly, and Ailsa Chang, "A Timeline of How the Jan. 6 Attack Unfolded—Including Who Said What and When," NPR, June 9, 2022, https://www.npr.org/2022/01/05/1069977469/a-timeline-of-how-the-jan-6-attack-unfolded-including-who-said-what-and-when.

18 Donald Trump (@realDonaldTrump), "[영상]." Twitter, January 6, 2021, 1:17 p.m., https://twitter.com/realDonaldTrump/status/1346928882595885058.

19 Chris Cameron, "These Are the People Who Died in Connection with the Capitol Riot," New York Times, January 5, 2022, https://www.nytimes.com/2022/01/05/us/politics/jan-6-capitol-deaths.html.

20 "A World Away, Yet Well Within Reach," The Brando, https://thebrando.com/location/.

21 Twitter Safety (@TwitterSafety), " 현재 워싱턴 D.C.에서 벌어지는 전례 없는 폭력적 상황의 결과로, 우리는 오늘 이른 시각에 사회 통합 정책을 반복적으로 심각하게 위반한 @realDonaldTrump 트윗 세 건의 삭제를 요청했습니다." Twitter, January 6, 2021, 4:02 p.m., https://twitter.com/TwitterSafety/status/1346970430062485505.

22 Twitter Safety (@TwitterSafety), " 차후 사회 통합 정책을 포함한 트위터 규정 위반은 @realDonaldRtump 계정의 영구 삭제로 이어질 것입니다. " Twitter, January 6, 2021, 4:02 p.m., https://twitter.com/TwitterSafety/status/1346970432017031178.

23 "Letter to Jack Dorsey from Twitter Employees Asking to Permanently Suspend Donald Trump's Account," Washington Post, January 8, 2021, https://www.washingtonpost.com/context/letter-to-jack-dorsey-from-twitter-employees-asking-to-permanently-suspend-donald-trump-s-account/d9b84fa1-c7cb-4c5b-a90a-fdf167ff0c7a/.

24 Donald Trump (@realDonaldTrump), "[영상]." Twitter, January 7, 2021, 4:10 p.m., https://twitter.com/realDonaldTrump/status/1347334804052844550.

25 Donald Trump (@realDonaldTrump), "내게 표를 준 7500만 명의 위대한 미국인 애국자들, AMERICA FIRST와 MAKE AMERICA GREAT AGAIN은 앞으로 오래도록 크나큰 목소리로 남아있을 것이다. 어느 방법이나 형식, 형태로도 모욕당하거나 불공정한 대우를 받지 않을 것이다!!!" Twitter, January 8, 2021, 6:46 a.m., https://twitter.com/realDonaldTrump/status/1347555316863553542.

26 Donald Trump (@realDonaldTrump), "질문한 모든 사람에게 답합니다. 나는 1월 20일 취임식에 가지 않을 것입니다." Twitter, January 8, 2021, 7:44 a.m., https://twitter.com/realDonaldTrump/status/1347569870578266115.

27 Bari Weiss (@bariweiss), "16. 그녀는 이렇게만 말했다: '참고로, 안전팀에서는 위의 DJT 트윗을 평가하고 이번에는 우리 정책이 위반되지 않았다고 판단했습니다.'" Twitter, December 12, 2022, 10:23 a.m., https://twitter.com/bariweiss/status/1602368444485148672.

28 Bari Weiss, Isaac Grafstein, Suzy Weiss, Michael Shellenberger, Peter Savodnik, and Olivia Reingold, "Why Twitter Really Banned Trump," The Free Press, December 15, 2022, https://www.thefp.com/p/why-twitter-really-banned-trump.

29 "Glorification of Violence Policy," Twitter Help Center, https://help.twitter.com/en/rules-and-policies/glorification-of-violence.

30 Bari Weiss (@bari-weiss), "31. 도시는 트럼프의 계정 삭제를 더 간단한 언어로 설명해달라고 했다. 로스는 이렇게 썼다. '아, 세상에. 도시가 이 문서를 공개하고 싶어하는 것 같아.'" Twitter, December 12, 2022, 10:45 a.m., https://twitter.com/bariweiss/status/1602374115867754496.

11장 맥시멀리스트 잭

1 Sarah Frier, "Trump Banned from Snapchat for Trying to Incite Violence," Bloomberg, January 13, 2021, https://www.bloomberg.com/news/articles/2021-01-14/trump-is-banned-from-snapchat-for-trying-to-incite-violence?sref=dZ65CIng.

2 Mike Isaac and Kate Conger, "Reddit Bans Forum Dedicated to Supporting Trump, and Twitter Permanently Suspends His Allies Who Spread Conspiracy Theories," New York Times, January 8, 2021, https://www.nytimes.com/2021/01/08/us/politics/reddit-bans-forum-dedicated-to-supporting-trump-and-twitter-permanently-suspends-his-allies-who-spread-conspiracy-theories.html.

3 Lindsey Graham (@LindseyGrahamSC), "이 트윗 때문에 트위터가 날 정지시킬지도 모르지만, 기꺼이 받아들이겠다. 트럼프 대통령을 영구 정지시킨 당신들의 결정은 심각한 실수다. 이란의 최고지도자는 트윗할 수 있는데, 미국 대통령은 안 된다고? 이런 결정은 트위터를 운영하는 사람들이 누구인지 많은 걸 말해준다." Twitter, January 8, 2021, 5:15 p.m., https://twitter.com/LindseyGrahamSC/status/1347713459874627588.

4 Andrea Navarro and Maya Averbuch, "Facebook Ban on Trump Is 'Holy Inquisition,' Mexico's AMLO Says," Bloomberg, January 8, 2021, https://www.bloomberg.com/news/articles/2021-01-08/facebook-ban-on-trump-is-holy-inquisition-mexico-s-amlo-says?sref=dZ65CIng.

5 Dave Lawler, "Emmanuel Macron Blasts Social Media Platforms for Banning Trump," Axios, February 4, 2021, https://www.axios.com/2021/02/04/macron-social-media-bans-trump-twitter-facebook.

6 Jack Dorsey (@jack), "나는 @realDonaldTrump 계정을 트위터에서 정지시켜야만 했던 결정도, 이런 결정으로 이어진 과정을 기리지도 않습니다. 자랑스럽게 여기지도 않습니다. 우리는 이러한 조치를 할 것이라는 명백한 경고를 전한 다음, 트위터 내외에서 이루어지는 신체적 안전에 대한 위협에 근거해, 우리가 가진 최선의 정보로 결정을 내렸습니다. 그게 옳은 결정이었을까요?" Twitter, January 13, 2021, 4:16 p.m., https://twitter.com/jack/status/1349510769268850690.

7 Jack Dorsey (@jack), "나는 이것이 올바른 결정이었다고 믿습니다. 우리는 특수하고도 지지할 수 없는 상황에 직면해, 어쩔 수 없이 우리의 모든 행위 초점을 공공의 안전에 맞추었습니다. 온라인 발언으로 인한 오프라인에서의 피해는 명백한 현실입니다. 다른 무엇보다도 이 점이 우리의 정책과 그 집행을 추동합니다." Twitter, January 13, 2021, 4:16 p.m., https://twitter.com/jack/status/1349510770992640001.

8 Jack Dorsey (@jack), "그와는 별개로, 계정을 정지해야 했다는 사실에는 현실적이고 중대한 결과가 따릅니다. 분명하고 명백한 예외는 있지만, 나는 계정 정지란 궁극적으로 건전한 대화를 촉진하지 못한 우리의 잘못이라고 느낍니다. 우리의 운영 방식에 대해서, 또한 우리를 둘러싼 환경에 대해 숙고할 시간이기도 하고요." Twitter, January 13, 2021, 4:16 p.m., https://twitter.com/jack/status/1349510771928010753.

9 Jack Dorsey (@jack), "이러한 행위를 할 수밖에 없었다는 사실은 공공의 대화를 파편화시킵니다. 이런 조치는 우리를 분열시킵니다. 설명과 사과, 학습의 잠재력을 제한합니다. 또한 내가 위험하다고 느끼는 선례를 세우게 됩니다. 개인이나 회사가 세계의 공적 대화에 권력을 행사하게 되기 때문입니다." Twitter, January 13, 2021, 4:16 p.m., https://twitter.com/jack/status/1349510772871766020.

10 Elizabeth Culli-ford, "Twitter's Dorsey Called out for Trolling Congress during Hearing," Reuters, March 25, 2021, https://www.reuters.com/world/us/twitters-dorsey-called-out-trolling-congress-during-hearing-2021-03-25/.

11 Kate Sheehy, "Twitter CEO Jack Dorsey Spotted with Swimsuit Model Flora Carter in Miami," Page Six, June 7, 2021, https://pagesix.com/2021/06/07/twitter-ceo-jack-dorsey-spotted-with-swimsuit-model-flora-carter/.

12 Daniel Rodri-guez, "Jack Dorsey at Papi Steak," World Red Eye, June 4, 2021, https://worldredeye.com/2021/06/jack-dorsey-at-papi-steak/.

13 Samuel Rivas, "Marshmello, G-Eazy, & Jack Dorsey at Liv," World Red Eye, June 4, 2021, https://worldredeye.com/2021/06/marshmello-g-eazy-jack-dorsey-at-liv/.

14 Zachary Weiss, "The Wild, Wild World of David Grutman, the Secret King of Miami," British GQ June 21, 2021, https://www.gq-magazine.co.uk/culture/article/dave-grutman-interview.

15 Mara Siegler, "Miami Club E1 1EVEN Rakes in Six Figures of Bitcoin during Convention," Page Six, June 8, 2021, https://pagesix.com/2021/06/08/miami-club-e1leven-rakes-in-six-figures-of-bitcoin-during-convention/.

16 David Grutman (@DaveGrutman), "TMT 경기 전 @FloydMayweather @jack @TanzWatson." Twitter, June 6, 2021, 7:16 p.m., https://twitter.com/DaveGrutman/status/1401724796648448002.

17 Dave Portnoy (@stoolpresidente), "So about that time I stormed into @twitter HQ's. @DaveGrutman @jack @komodomiami." Twitter, June 4, 2021, 6:10 a.m., https://twitter.com/stoolpresidente/status/1400802162918182912.

18 Barstool Sports, "Dave Portnoy Destroys Summer Intern-The Dave Portnoy Show w/ Eddie and Co.—Episode 37," YouTube, 2021, https://www.youtube.com/watch?v=XpIEVWwVEJo.

19 Full Send Podcast, "The Secret King of Miami Talks Nightlife & Relationship with Kim Kardashian," YouTube, 2021, https://www.youtube.com/watch?v=1zwSZwP1O0c.

20 Africa Fintech Summit, "Fireside Chat with Jack Dorsey-Africa Fintech Summit 2020," YouTube, 2021, https://www.youtube.com/watch?v=fJqq3STBTgg.

21 "Square, Inc. Invests $50 Million in Bitcoin," press release, Square, October 8, 2020, https://squareup.com/us/en/press/2020-bitcoin-investment.

22 Jay Peters, "Square Is Going to Make a Hardware Wallet for Bitcoin," The Verge, July 8, 2021, https://www.theverge.com/2021/7/8/22569309/square-hardware-wallet-bitcoin-jack-dorsey.

23 Jack Dorsey (@jack), "스퀘어는 새로운 사업 부문을 출범합니다(기존의 Seller, Cash App, Tidal에 이어 네 번째). 이 부문은 비관형, 허가 불필요, 탈중앙화된 금융 서비스를 누구나 쉽게 만들 수 있도록 돕는 개방형 개발자 플랫폼을 구축하는 데 전념할 예정입니다. 우리의 최우선 초점은 #BitCoin입니다. 이름은 아직 미정(TBD)입니다." Twitter, July 15, 2021, 1:11 p.m., https://twitter.com/jack/status/1415765941904941061.

24 Doha Madani and Shoshana Wodinsky, "Far-Right Activist Laura Loomer Handcuffed Herself to Twitter's NYC Build-ing; Police Removed Her," NBC News, November 29, 2018, https://www.nbcnews.com/news/us-news/far-right-activist-laura-loomer-handcuffs-herself-twitter-s-new-n941891.

25 Bitcoin Magazine, "Bitcoin 2021: Banking the Unbanked," YouTube, 2021, https://www.youtube.com/watch?v=rSSnyJpFNZU.

26 Casey Newton, "Jack Steps Back," Platformer, November 29, 2021, https://www.platformer.news/p/jack-steps-back.

27 ARK Invest, "The Word," YouTube, 2021, https://www.youtube.com/watch?v=Zwx_7XA]3p0&t=518s.

28 Jack Dorsey (@jack), "@elonmusk와 @SpaceX에 감사합니다." Twitter, August 29, 2021, 5:24 p.m., https://twitter.com/jack/status/1432137059666378755.

29 Stephen Clark, "SpaceX Launches Resupply Mission to International Space Station," Spaceflight Now, August 29, 2021, https://spaceflightnow.com/2021/08/29/spacex-launches-resupply-mission-to-international-space-station/.

30 Evan Real, "Amelia Hamlin 'Looked Ready to Date Again' at Paris Fashion Week Party," Page Six, October 4, 2021, https://pagesix.com/2021/10/04/amelia-hamlin-spotted-flirting-at-paris-fashion-week-party/.

31 Kurt Wagner and Scott Deveau, "Elliott's Cohn Plans to Step Down from Twitter Board," Bloomberg, April 1, 2021, https://www.bloomberg.com/news/articles/2021-04-01/elliott-s-cohn-plans-to-step-down-from-twitter-board?sref=dZ65CIng.

32 Mike Isaac, Kate Conger, and Cade Metz, "Who Is Parag Agrawal, Twitter's New C.E.O.?," New York Times, November 29, 2021, https://www.nytimes.com/2021/11/29/technology/parag-agrawal-twitter.html.

33 Jeff Green and Kurt Wagner, "Twitter's Agrawal Is Youngest CEO in S&P 500, Nudging Out Zucker-berg," Bloomberg, November 29, 2021, https://www.bloomberg.com/news/articles/2021-11-30/twitter-s-agrawal-is-now-youngest-ceo-in-s-p-500?sref=dZ65CIng.

34 Jack Dorsey (@jack), "들으셨는지 모르겠지만 나는 트위터에서 사임했습니다." Twitter, November 29, 2021, 7:48 a.m., https://twitter.com/jack/status/1465347002426867720.

35 Elon Musk (@elonmusk), "[이미지]." Twitter, December 1, 2021, 8:00 a.m., https://twitter.com/elonmusk/status/1466074646240014340.

36 Erin Blakemore, "How Photos Became a Weapon in Stalin's Great Purge," History.com, April 20, 2018, https://www.history.com/news/josef-stalin-great-purge-photo-retouching.

12장 트위터는 죽어가고 있을까?

1 Walter Isaacson, "Active Investor," Elon Musk (New York: Simon & Schuster, 2023), 442.

2 Twitter Inc., Elon Musk Form 13D (filed April 5, 2022), Schedule I, https://www.sec.gov/Archives/edgar/data/1418091/000110465922042863/tm2211757d1_sc13d.htm.

3 Kurt Wagner, "Twitter's New CEO Aims to Move Faster, Not Change Course," Bloomberg, February 10, 2022, https://www.bloomberg.com/news/articles/2022-02-10/twitter-gains-as-ad-revenue-holds-up-after-apple-changes?sref=dZ65CIng.

4 Wagner, "Twitter's New CEO Aims to Move Faster, Not Change Course."

5 Kurt Wagner, "Face-book Users Said No to Tracking. Now Advertisers Are Panicking," Bloomberg, July 14, 2021, https://www.bloomberg.com/news/articles/2021-07-14/facebook-fb-advertisers-impacted-by-apple-aapl-privacy-ios-14-changes?sref=dZ65CIng.

6 Twitter Inc., Annual Report Form10-K for the Fiscal Year Ended December 31, 2021 (filed February 16, 2022), 40-44, https://www.sec.gov/ix?doc=/Archives/edgar/data/0001418091/000141809122000029/twtr-20211231.htm.

7 "Meet USA TODAY's Women of the Year," USA Today, March 28, 2022, https://www.usatoday.com/storytelling/grid/women-of-the-year-2022/.

8 Suzette Hackney, "Be True to Yourself": A Message from the Nation's Highest-Ranking Openly Transgender Official," USA Today, March 13, 2022, https://www.usatoday.com/in-depth/opinion/2022/03/13/rachel-levine-honoree-usa-today-women-of-the-year/6600134001/.

9 Katie Zezima, "Meet Rachel Levine, One of the Very Few Transgender Public Officials in America," Washington Post, June 1, 2016, https:// www.washingtonpost.com/politics/meet-rachel-levine-one-of-the-very-few-transgender-public-officials-in-america/2016/06/01/cf6e2332-2415-11e6-8690-f14ca9de2972_story.html.

10 "Rookie Mistake: Man Becomes Transgender After Holding Wife's Purse for More Than 10 Seconds," Babylon Bee, February 18, 2021, https://babylonbee.com/news/man-becomes-transgender-after-accidentally-holding-wifes-purse-for-more-than-20-seconds.

11 "M&Ms Introduces New Trans Character Who Identifies as a Skittle," Babylon Bee, January 20, 2022, https://babylonbee.com/news/mm-introduces-new-trans-character-who-identifies-as-a-skittle.

12 "The Babylon Bee's Man of the Year Is Rachel Levine," Babylon Bee, March 15, 2022, https://babylonbee.com/news/the-babylon-bees-man-of-the-year-is-rachel-levine.

13 Seth Dillon, "Twitter Suspends the Babylon Bee," Babylon Bee, March 22, 2022, https://babylonbee.com/news/twitter-has-shut-down-the-bee.

14 Dana Hull and Lisa Fleisher, "Musk's Texts Over Twitter Deal Included Ex-Wife Talulah Riley," Bloomberg, October 3, 2022, https://www.bloomberg.com/news/articles/2022-10-04/musk-s-texts-over-twitter-deal-included-ex-wife-talulah-riley?sref=dZ65CIng.

15 Twitter, Inc. v. Elon R. Musk, X Holdings I, Inc., and X Holdings II, Inc. (Court of Chancery of the State of Delaware, July 12, 2022), Exhibit H, 4.

16 Oli Coleman, "Elon Musk and Talulah Riley Are Officially Divorced-Again," Page Six, November 17, 2016, https://pagesix.com/2016/11/17/elon-musk-and-talulah-riley-are-officially-divorced-again/.

17 Twitter, Inc. v. Elon R. Musk, X Holdings I, Inc., and X Holdings II, Inc., Exhibit H, 4.

18 Elon Musk (@elonmusk), "언론의 자유는 제대로 기능하는 민주주의에 필수적입니다. 여러분은 트위터가 이 원칙을 엄격하게 지킨다고 생각하시나요?" Twitter, March 25, 2022, 12:34 a.m., https://twitter.com/elonmusk/status/1507259709224632344.

19 Elon Musk (@elonmusk), "이 투표의 결과는 중요합니다. 신중하게 투표해주세요." Twitter, March 25, 2022, 1:26 a.m., https://twitter.com/elonmusk/status/1507272763597373461.

20 "Officers, Directors and 10% Shareholders," U.S. Securities and Exchange Commission, April 6, 2023, https://

www.sec.gov/education/smallbusiness/goingpublic/officersanddirectors.

21 Elon Musk (@elonmusk), "트위터가 사실상 공공의 광장 역할을 한다는 점을 생각했을 때, 트위터가 언론의 자유 원칙을 고수하지 못한다는 점은 민주주의를 근본적으로 약화합니다. 어떻게 해야 할까요?" Twitter, March 26, 2022, 10:51 a.m., https://twitter.com/elonmusk/status/1507777261654605828.

22 Elon Musk (@elonmusk), "새로운 플랫폼이 필요할까요?" Twitter, March 26, 2022, 10:54 a.m., https://twitter.com/elonmusk/status/1507777913042571267.

23 Twitter, Inc. v. Elon R. Musk, X Holdings I, Inc., and X Holdings II, Inc., Exhibit H, 4-5.

24 Twitter, Inc. v. Elon R. Musk, X Holdings I, Inc., and X Holdings II, Inc., Exhibit H, 5.

25 Twitter, Inc. v. Elon R. Musk, X Holdings I, Inc., and X Holdings II, Inc., Exhibit H, 5.

26 Twitter, Inc. v. Elon R. Musk, X Holdings I, Inc., and X Holdings II, Inc., Exhibit H, 8.

27 Twitter, Inc. v. Elon R. Musk, X Holdings I, Inc., and X Holdings II, Inc., Exhibit H, 5.

28 Brody Ford and Kurt Wagner, "Twitter Chairman Keeps Calm in Chaos of Musk's Bid to Scrap Deal," Bloomberg, September 14, 2022, https://www.bloomberg.com/news/features/2022-09-14/who-is-twitter-chairman-bret-taylor-elon-musk-s-opposite?sref=dZ65CIng.

29 Isaacson, "Active Investor," 445.

30 Twitter, Inc. v. Elon R. Musk, X Holdings I, Inc., and X Holdings II, Inc., Exhibit H, 9.

31 Isaacson, "Active Investor," 445.

32 Twitter, Inc. v. Elon R. Musk, X Holdings I, Inc., and X Holdings II, Inc., Exhibit H, 10.

33 Twitter, Inc., Elon Musk Form 13G (filed April 4, 2022), 2-3, https://www.sec.gov/Archives/edgar/data/1418091/000110465922041911/tm2211482d1_sc13g.htm.

34 Reed Albergotti, "Elon Musk Delayed Filing a Form and Made $156 Million," Washington Post, April 6, 2022, https://www.washingtonpost.com/technology/2022/04/06/musk-twitter-sec/.

35 Twitter, Inc. v. Elon R. Musk, X Holdings I, Inc., and X Holdings II, Inc., Exhibit H, 10.

36 Twitter, Inc. v. Elon R. Musk, X Holdings I, Inc., and X Holdings II, Inc., Exhibit H, 12.

37 Parag Agrawal (@paraga), "머스크는 트위터 서비스의 열정적인 신봉자인 동시에 강렬한 비판자입니다. @Twitter가 장기적으로 강해지려면 우리에게, 또 이사회에 필요한 바로 그 사람이죠. 환영합니다, 일론!" Twitter, April 5, 2022, 5:32 a.m., https://twitter.com/paraga/status/1511320964813910017

38 Jack Dorsey (@jack), "일론은 우리 세상과 트위터가 그 세상에서 하는 역할에 깊은 관심을 가지고 있습니다. 파라그와 일론은 둘 다 진심 어린 지도자이며, 놀라운 한 팀이 될 것입니다." Twitter, April 5, 2022, 6:06 a.m. https://twitter.com/jack/status/1511329369473564677.

39 Twitter, Inc. v. Elon R. Musk, X Holdings I, Inc., and X Holdings II, Inc., Exhibit H, 13.

40 Twitter, Inc., Proxy Statement Form 14-A (filed May 2022), 44, https://www.sec.gov/Archives/edgar/data/1418091/000119312522152250/d283119dprem14a.htm.

41 Twitter, Inc. v. Elon R. Musk, X Holdings I, Inc., and X Holdings II, Inc., Exhibit H, 14.

42 Twitter, Inc. v. Elon R. Musk, X Holdings I, Inc., and X Holdings II, Inc., Exhibit H, 14.

43 Twitter, Inc. v. Elon R. Musk, X Holdings I, Inc., and X Holdings II, Inc., Exhibit H, 16.

44 Elizabeth Dwoskin, "Elon Musk to Address Twitter Staff after Internal Outcry," Washington Post, April 7, 2022, https://www.washingtonpost.com/technology/2022/04/07/musk-twitter-employee-outcry/.

45 Twitter, Inc. v. Elon R. Musk, X Holdings I, Inc., and X Holdings II, Inc., Exhibit H, 16.

46 Isaacson, Elon Musk, 451.

47 Elon Musk (@elonmusk), "대부분의 '톱' 계정은 트윗을 거의 하지 않고 내용도 거의 없습니다. 트위터는 죽어가는 걸까요?" Twitter, April 9, 2022, 6:32 a.m., https://twitter.com/elonmusk/status/1512785529712123906.

48 Ginger Adams Otis and Salvador Rodriguez, "Elon Musk Suggests Changes to Twitter, Takes Barbs at Company," Wall Street Journal, April 11, 2022, https://www.wsj.com/articles/elon-musk-suggests-changes-to-twitter-blue-subscription-service-11649605777.

49 Twitter, Inc. v. Elon R. Musk, X Holdings I, Inc., and X Holdings II, Inc., Exhibit H, 17-18.

50 Twitter, Inc. v. Elon R. Musk, X Holdings I, Inc., and X Holdings II, Inc., Exhibit H, 17-18.

51 Twitter, Inc. v. Elon R. Musk, X Holdings I, Inc., and X Holdings II, Inc., Exhibit H, 18.

52 Parag Agrawal (@paraga), "일론은 이사회에 합류하지 않기로 했습니다. 회사에 짧은 메모를 보냈고, 그 내용을 여러분 모두에게 공유합니다." Twitter, April 10, 2022, 8:13 p.m., https://twitter.com/paraga/status/1513354622466867201

13장 @elonmusk

1 Ashlee Vance, Elon Musk: Tesla, SpaceX, and the Quest for a Fantastic Future (New York: Ecco, 2015), 33-39.

2 Vance, Elon Musk, 23-31.

3 Vance, Elon Musk, 36.

4 Derek Blasberg, "Maye Musk: Mother of Elon, Model of the Moment," Vanity Fair, March 14, 2017, https://www.vanityfair.com/style/2017/03/maye-musk-model.

5 Vance, Elon Musk, 36-38.

6 Walter Isaacson, Elon Musk, 469.

7 Andrew Court, "Elon Musk's Dad, 76, Confirms Secret Second Child—with His Stepdaughter," New York Post, July 14, 2022, https://nypost.com/2022/07/14/elon-musks-dad-76-confirms-secret-child-with-stepdaughter/.

8 Vance, Elon Musk, 40.

9 Full Send Podcast, "Elon Musk Reveals His Knowledge on Aliens, Challenges Putin to UFC, and Predicts WW3," YouTube, 2022, https://www.youtube.com/watch?v=fXS_gkWAIsO.

10 Vance, Elon Musk, 38-45.

11 Robin Keats, "Rocket Man," Queen's Alumni Review, February 2, 2013, https://www.queensu.ca/alumnireview/articles/2013-02-01/elon-musk.

12 Vance, Elon Musk, 50-55.

13 Lisa Napoli, "Compaq Buys Zip2 to Enhance Altavista," New York Times, February 17, 1999, https://www.nytimes.com/1999/02/17/business/compaq-buys-zip2-to-enhance-altavista.html.

14 Vance, Elon Musk, 72.

15 CNN, "Watch a Young Elon Musk Get His First Supercar in 1999," YouTube, 2021, https://www.youtube.com/watch?v=s9mczdODqzo.

16 Vance, Elon Musk, 86.

17 Vance, Elon Musk, 87-89.

18 Vance, Elon Musk, 154.

19 Vance, Elon Musk, 115.

20 Ze'ev Drori, "We Have Begun Regular Production of the Tesla Roadster," Tesla Blog. Tesla, March 17, 2008, https://www.tesla.com/blog/we-have-begun-regular-production-tesla-roadster. Vance, Elon Musk, 187-210.

21 Eva Mathews, "Factbox: Tesla Market Cap Eclipses That of Top 5 Rival Carmakers Combined," Reuters, October 26, 2021, https://www.reuters.com/business/autos-transportation/tesla-market-cap-eclipses-that-top-5-rival-carmakers-combined-2021-10-26/.

22 "Tesla Vehicle Production & Deliveries and Date for Financial Results & Webcast for Fourth Quarter 2022," Tesla Investor Relations, January 2, 2023, https://ir.tesla.com/press-release/tesla-vehicle-production-deliveries-and-date-financial-results-webcast-fourth-quarter.

23 Chavi Mehta and Rachael Levy, "Factbox: Neuralink: What You Need to Know about Elon Musk's Brain Chip Company," Reuters, December 7, 2022, https://www.reuters.com/technology/what-does-elon-musks-brain-chip-company-neuralink-do-2022-12-05/.

24 Sam Shead, "Elon Musk Says 'Civilization Is Going to Crumble' If People Don't Have More Children," CNBC,

December 7, 2021, https://www.cnbc.com/2021/12/07/elon-musk-civilization-will-crumble-if-we-dont-have-more-children.html.

25 Valeriya Safronova, "How Many Children Does Elon Musk Have?" New York Times, July 7, 2022, https://www.nytimes.com/2022/07/07/style/elon-musk-children.html.

26 Dana Hull, "Tesla Races Against the Clock to Hit Record Deliveries Before the New Year," Bloom-berg, December 31, 2021, https://www.bloomberg.com/news/articles/2021-12-31/tesla-has-busy-new-year-s-eve-plans-in-push-to-record-deliveries?sref=dZ65CIng.

27 Joe Rogan, "Joe Rogan Experience #1169-Elon Musk," YouTube, 2018, https://www.youtube.com/watch?v=ycPr5-27vSI.

28 Full Send Podcast, "Elon Musk Reveals His Knowledge on Aliens, Challenges Putin to UFC, and Predicts WW3," YouTube, 2022, https://www.youtube.com/watch?v=fXS_gkWAIsO.

29 TED, "Elon Musk Talks Twitter, Tesla and How His Brain Works—Live at TED2022," YouTube, 2022, https://www.youtube.com/watch?v=cdZZpaB2kDM.

30 Dana Hull and Benjamin Bain, "Elon Musk Can Stay Tesla CEO, but Not Chairman, Under SEC Settlement," Bloomberg, September 29, 2018, https://www.bloomberg.com/news/articles/2018-09-29/elon-musk-and-sec-reach-settlement-on-fraud-charges?sref=dZ65CIng.

31 Twitter, Inc. v. Elon R. Musk, X Holdings I, Inc., and X Holdings II, Inc., Exhibit H, 19-20.

32 David Yaffe-Bellany, Matthew Goldstein, and J. Edward Moreno. "Sam Bankman-Fried Is Found Guilty of 7 Counts of Fraud and Conspiracy," New York Times, November 2, 2023, https://www.nytimes.com/2023/11/02/technology/sam-bankman-fried-fraud-trial-ftx.html.

33 Anna Mazarakis and Alyson Shontell, "How a Steak Dinner with Elon Musk in 2008 Scored This Man the Very First Tesla Model S, Serial Number 00001," Business Insider, August 4, 2017, https://www.businessinsider.com/jason-calacanis-owns-first-tesla-model-s-after-dinner-with-elon-musk-2017-8#.

34 Twitter, Inc. v. Elon R. Musk, X Holdings I, Inc., and X Holdings II, Inc., Exhibit H, 21-26.

35 Matt Levine, "Elon Got His Deal," Bloomberg, April 26, 2022, https://www.bloomberg.com/opinion/articles/2022-04-26/elon-got-his-deal?sref=dZ65CIng#footer-ref-footnote-1.

36 Lauren Hirsch, "Elon Musk Races to Secure Financing for Twitter Bid," New York Times, April 19, 2022, https://www.nytimes.com/2022/04/19/technology/elon-musk-twitter.html.

37 Liana Baker, Michelle F. Davis, and Kurt Wagner, "Musk's Twitter Pitch Featured Job Cuts, Ways to Make Money," Bloomberg, April 28, 2022, https://www.bloomberg.com/news/articles/2022-04-28/musk-s-twitter-pitch-featured-job-cuts-other-ways-to-make-money?sref=dZ65CIng.

38 Twitter, Inc. v. Elon R. Musk, X Holdings I, Inc., and X Holdings II, Inc., Exhibit H, 22-23.

39 Brian Chappatta, Jack Witzig, Pei Yi Mak, Andrew Heathcote, and Tom Maloney, eds., "Bloomberg Billionaires Index: Larry Ellison," Bloomberg, accessed June 13, 2023, https://www.bloomberg.com/billionaires/profiles/lawrence-j-ellison/?sref=dZ65CIng.

40 Twitter, Inc., Elon Musk Form 13D (filed May 5, 2022), 2-3, https://www.sec.gov/Archives/edgar/data/1418091/000110465922056055/tm2214608-1_sc13da.htm.

41 Jack Dorsey (@jack), "상장사로서, 트위터는 언제나 '판매용'이었습니다. 그게 진짜 문제입니다." Twitter, April 15, 2022, 7:46 a.m., https://twitter.com/jack/status/1514978366558019598.

42 Jack Dorsey (@jack), "늘 회사에 역기능적이었다." Twitter, April 16, 2022, 9:35 p.m., https://twitter.com/jack/status/1515549577352564740.

43 X Holdings I, Inc., Project X Commitment Letter, Exhibit C (filed April 20, 2022), https://www.sec.gov/Archives/edgar/data/1418091/000110465922048128/tm2213229d1_ex99-c.htm

44 Matt Levine, "Elon Got His Money," Bloomberg, April 21, 2022, https://www.bloomberg.com/opinion/articles/2022-04-21/elon-got-his-money?sref=dZ65CIng.

45 "FTC Sues Facebook for Illegal Monopolization," Federal Trade Commission, December 9, 2020, https://www.

ftc.gov/news-events/news/press-releases/2020/12/ftc-sues-facebook-illegal-monopolization.

46 "Justice Department Sues Google for Monopolizing Digital Advertising Technologies," press release, January 24, 2023, https://www.justice.gov/opa/pr/justice-department-sues-google-monopolizing-digital-advertising-technologies.

47 Twitter, Inc., Proxy Statement Form 14-A (filed May 2022), 81, https://www.sec.gov/Archives/edgar/data/1418091/000119312522152250/d283119dprem14a.htm.

48 Isaacson, Elon Musk, 459.

49 Twitter, Inc., Form 8-K (filed April 25, 2022), 70, https://www.sec.gov/Archives/edgar/data/1418091/000119312522120474/d310843ddefa14a.htm.

50 Twitter, Inc., Proxy Statement Form 14-A (filed May 2022), 54, https://www.sec.gov/Archives/edgar/data/1418091/000119312522152250/d283119dprem14a.htm.

51 Jack Dorsey (@jack), "내게 중요한 것은 아이디어와 서비스뿐입니다. 둘 모두를 지키기 위해 필요한 일은 뭐든지 하겠습니다. 회사로서의 트위터는 언제나 나의 유일한 문제이자 가장 큰 후회였습니다. 트위터는 월스트리트와 광고 모델에 소유되었습니다. 트위터를 월스트리트에서 되찾는 것은 올바른 첫걸음입니다." Twitter, April 25, 2022, 7:03 p.m., https://twitter.com/jack/status/1518772754782187520.

52 Jack Dorsey (@jack), "원칙적으로, 나는 누구도 트위터를 소유하거나 운영해서는 안 된다고 생각합니다. 트위터는 기업이 아니라, 프로토콜 차원의 공공재여야 합니다. 하지만 트위터가 기업이어서 발생하는 문제를 해결할 때는 일론이 내가 신뢰하는 유일한 답입니다. 나는 의식의 빛을 확장하겠다는 그의 사명을 믿습니다." Twitter, April 25, 2022, 7:03 p.m., https://twitter.com/jack/status/1518772756069773313.

53 Twitter, Inc. v. Elon R. Musk, X Holdings I, Inc., and X Holdings II, Inc., Exhibit H, 27.

14장 거래 보류

1 Twitter, Inc. v. Elon R. Musk, X Holdings I, Inc., and X Holdings II, Inc., Exhibit H, 29-30.

2 Twitter, Inc. v. Elon R. Musk, X Holdings I, Inc., and X Holdings II, Inc., Exhibit H, 30.

3 Elon Musk (@elonmusk), "사실에 근거한 기사를 냈다는 이유로 주요 언론사의 트위터 계정을 일시정지한 것은 대단히 부적절한 일임이 명백합니다." Twitter, April 26, 2022, 2:56 p.m., https://twitter.com/elonmusk/status/1519073003933515776.

4 Elon Musk (@elonmusk), "[이미지]." Twitter, April 27, 2022, 11:06 a.m., https://twitter.com/elonmusk/status/1519377424437243904.

5 Kurt Wagner and Maxwell Adler, "Twitter Legal Executive Hit with Online Abuse Following Musk Tweet," Bloomberg, April 27, 2022, https://www.bloomberg.com/news/articles/2022-04-27/musk-s-tweet-on-twitter-legal-executive-presages-wave-of-abuse?sref=dZ65CIng.

6 Dawn Chmielewski and Hyunjoo Jin, "Musk's Criticism of Twitter Staff Triggers Backlash," Reuters, April 27, 2022, https://www.reuters.com/article/twitter-musk-moderation-idCAKCN2MKOOU.

7 Ev Williams (@ev), " 콘텐츠 조정에 대해서는 미묘하게 다른 수많은 입장이 있고, 이런 입장 모두가 나름대로 정당합니다. @vijaya는 제가 아는 사람 중 가장 사려 깊고 원칙적인 사람 중 하나입니다" Twitter, April 26, 2022, 10:05 p.m., https://twitter.com/ev/status/1519180793729363968.

8 Jack Dorsey (@jack), "최근 트위터에서 잠시 거리를 두려 했지만, 한 가지는 분명히 말하고 싶습니다. 트위터는 언제나, 당시 우리가 가진 정보 안에서 최선을 다하려고 노력해왔습니다. 우리가 한 모든 결정은 결국 나의 책임*입니다. 그리고 우리가 잘못 판단했거나, 도를 지나쳤던 경우에는, 그 사실을 인정하고, 바로잡기 위해 노력했습니다." Twitter, April 29, 2022, 1:40 p.m., https://twitter.com/jack/status/1520140974801924096.

9 Jack Dorsey (@jack), "*또한, 개인이나 회사가 이런 책임을 진다는 것은 말도 안 되게 잘못된 일입니다. 이전에도 말했듯이, 나는 불법 행위가 있었던 게 아니라면 어떤 영구 삭제도 정당하지 않으며, 그런 조치가 가능해서도 안 된다고 생각합니다. 바로 그렇기 때문에, 상위 계층의 권한이나 통제에 흔들리지 않는 강건한 프로토콜이 필요합니다." Twitter, April 29, 2022, 1:40 p.m., https://twitter.com/jack/status/1520140996641624064

10 Jack Dorsey (@jack), "나는 우리가 그런 조치를 했다는 걸 알고 바로 그 결정을 번복했습니다. 우리는 트윗의 삭제를 요구하지 말고 계정을 복원했어야 합니다." Twitter, April 29, 2022, 2:10 p.m., https://twitter.com/jack/status/1520148497252552705.

11 Josh Eidelson, "Tesla Is Ordered to Rehire Worker, Make Musk Delete Tweet," Bloomberg, March 25, 2021, https://www.bloomberg.com/news/articles/2021-03-25/tesla-illegally-fired-worker-and-must-kill-musk-tweet-nirb-says?sref=dZ65CIng.

12 Jo Yurcaba, "Some Trans Twitter Users Say Platform under Elon Musk Would Be 'Terrifying,'" NBC News, April 27, 2022, https://www.nbcnews.com/nbc-out/out-news/trans-twitter-users-say-platform-elon-musk-terrifying-rcna26085.

13 Andy Ngo, "Twitter Workers Freaking Out over Elon Musk in Internal Slack Messages," New York Post, April 27, 2022, https://nypost.com/2022/04/27/twitter-workers-freak-out-over-elon-musk-in-internal-slack-messages/.

14 Casey Newton, "Inside Twitter's Emotional Friday All-Hands," Platformer, April 29, 2022, https://www.platformer.news/p/inside-twitters-emotional-friday?s=w.

15 Kurt Wagner and Dana Hull, "Twitter Works to Soothe Anxious Staffers Wondering 'Why Bother?'" Bloomberg, May 4, 2022, https://www.bloomberg.com/news/articles/2022-05-04/twitter-works-to-soothe-anxious-staffers-wondering-why-bother?sref=dZ65CIng.

16 "Blake Lively Transforms Her Met Gala 2022 Dress on the Red Carpet," NBC New York, 2022, https://www.nbcnewyork.com/news/local/blake-lively-transforms-her-met-gala-2022-dress-on-the-red-carpet/3671879/.

17 Emily Kirkpatrick, "Kim Kardashian Lost 16 Pounds in 3 Weeks to Fit into Marilyn Monroe's Dress for the 2022 Met Gala," Vanity Fair, May 2, 2022, https://www.vanityfair.com/style/2022/05/kim-kardashian-2022-met-gala-marilyn-monroe-dress-jfk-happy-birthday-diet-weight-loss.

18 Christi Carras, "AOC Defends Polarizing 'Tax the Rich' Met Gala Dress: 'The Medium Is the Message,'" Los Angeles Times, September 14, 2021, https://www.latimes.com/entertainment-arts/story/2021-09-14/met-gala-2021-aoc-tax-the-rich-dress.

19 Jada Yuan, "In Austere Times, the Met Gala Returns to 'Gilded' Era," Washington Post, May 3, 2022, https://www.washingtonpost.com/lifestyle/2022/05/02/met-gala-gilded-age-2022/.

20 NBC New York, "Elon Musk at 2022 Met Gala: 'I Love Fashion,'" YouTube, 2022, https://www.youtube.com/watch?v=-VC1SKD9e6Q.

21 Yuan, "In Austere Times."

22 Dana Hull, "Musk's Tesla-Stock Sales Double to $8.5 Billion in Latest Tally," Bloomberg, April 29, 2022, https://www.bloomberg.com/news/articles/2022-04-29/musk-s-tesla-stock-sales-top-8-billion-with-latest-filings?sref=dZ65CIng.

23 Elon Musk (@elonmusk), "오늘 이후로, 더 이상의 TSLA 매각은 계획되어 있지 않습니다." Twit-ter, April 28, 2022, 6:25 p.m., https://twitter.com/elonmusk/status/1519850299757846530.

24 Twitter, Inc. v. Elon R. Musk, X Holdings I, Inc., and X Holdings II, Inc., Exhibit H, 29.

25 Twitter, Inc. v. Elon R. Musk, X Holdings I, Inc., and X Holdings II, Inc., Exhibit H, 31-33.

26 Twitter, Inc. v. Elon R. Musk, X Holdings I, Inc., and X Holdings II, Inc., Exhibit J, 2-3.

27 Isaacson, Elon Musk, 510.

28 Dana Hull, "Musk's Tesla-Stock Sales Double to $8.5 Billion in Latest Tally," Bloomberg, April 29, 2022, https://www.bloomberg.com/news/articles/2022-04-29/musk-s-tesla-stock-sales-top-8-billion-with-latest-filings?sref=dZ65CIng.

29 Brian Chappatta, Tom Maloney, Jack Witzig, Pei Yi Mak, and Andrew Heathcote, "Bloomberg Billionaires Index: Elon Musk," Bloomberg, accessed June 13, 2023, https://www.bloomberg.com/billionaires/profiles/elon-r-musk/?sref=dZ65CIng.

30 "Consumer Prices up 8.6 Percent over Year Ended May 2022," U.S. Bureau of Labor Statistics, June 14, 2022, https://www.bls.gov/opub/ted/2022/consumer-prices-up-8-6-percent-over-year-ended-may-2022.htm.

31 Matt Levine, "Elon Called Off His Margin Loan," Bloomberg, May 26, 2022, https://www.bloomberg.com/opinion/articles/2022-05-26/elon-called-off-his-margin-loan?sref=dZ65CIng.

32 Shaun Maguire, "Partnering with the Boring Company: The Promise of Subspace," Sequoia Capital, April 2, 2022, https://www.sequoiacap.com/article/partnering-with-the-boring-company-the-promise-of-subspace/.

33 Twitter, Inc., Elon Musk Form 13D (filed May 5, 2022), 2-3, https://www.sec.gov/Archives/edgar/data/1418091/000110465922056055/tm2214608-1_sc13da.htm.

34 Elon Musk Jet (@elonmuskjet), "Landed in San Francisco, Califor-nia, US. Apx. flt. time 9 Mins." Instagram, May 6, 2022, https://www.instagram.com/p/CdPBHz2s1Yb.

35 Twitter, Inc. v. Elon R. Musk, X Holdings I, Inc., and X Holdings II, Inc., 54.

36 Isaacson, Elon Musk, 463.

37 Twitter, Inc. v. Elon R. Musk, X Holdings I, Inc., and X Holdings II, Inc., Exhibit J, 4.

38 Elon Musk (@elon-musk), "스팸/가짜 계정이 사용자의 5퍼센트 미만이라는 계산을 뒷받침할 자료가 아직 마련되지 않아, 트위터 인수를 잠시 보류했습니다." Twitter, May 13, 2022, 2:44 a.m., https://twitter.com/elonmusk/status/1525049369552048129.

39 Isaacson, Elon Musk, 464.

40 Twitter, Inc. v. Elon R. Musk, X Holdings I, Inc., and X Holdings II, Inc., 31.

41 Elon Musk (@elonmusk), "알아보기 위해 나의 팀에서 @twitter의 팔로워 100명을 무작위로 추출할 겁니다. 여러분도 같은 방법을 써서 어떤 결과가 나오는지 살펴보기를 권합니다……" Twitter, May 13, 2022, 6:47 p.m., https://twitter.com/elonmusk/status/1525291586669531137.

42 Elon Musk (@elonmusk), "트위터 법무팀에서 방금 전화를 걸어, 내가 봇 확인을 위한 샘플의 크기가 100개라는 점을 폭로했다는 이유로 비밀 유지 조항을 어겼다고 했습니다! 실화입니다" Twitter, May 14, 2022, 4:15 p.m., https://twitter.com/elonmusk/status/1525615849167589380

43 Elon Musk (@elonmusk), "봇이 일일 활성 사용자의 90퍼센트를 넘을 가능성도 어느 정도 존재합니다. 이 수치는 광고주들이 가장 중요하게 여기는 지표이기도 하죠. 그런데도 트위터 역사상 가장 인기 있는 트윗조차 DAU의 약 2퍼센트만 좋아요를 눌렀다는 건 매우 이상합니다. " Twitter, May 14, 2022, 11:39 p.m., https://twitter.com/elonmusk/status/1525727450872926209.

44 Dana Hull, Nathan Crooks, and Kurt Wagner, "Musk Says Twitter Deal at Lower Price Is 'Not Out of the Question," Bloomberg, May 16, 2022, https://www.bloomberg.com/news/articles/2022-05-16/musk-says-twitter-bots-likely-account-for-at-least-20-of-users?sref=dZ65CIng.

45 Parag Agrawal (@paraga), "곤란하게도, 표면적으로 가짜처럼 보이는 수많은 계정이 진짜 사람입니다. 실제로는 가장 위험하며, 우리 사용자에게 가장 큰 피해를 주는 스팸 계정이 정상 계정으로 보일 수도 있고요." Twitter, May 16, 2022, 9:26 a.m., https://twitter.com/paraga/status/1526237583843287040.

46 Elon Musk (@elon-musk), "[똥 이모지]." Twitter, May 16, 2022, 10:03 a.m., https://twitter.com/elonmusk/status/1526246899606601730.

47 Rich McHugh, "A SpaceX Flight Attendant Said Elon Musk Exposed Himself and Propositioned Her for Sex, Documents Show. The Company Paid $250,000 for Her Silence," Business Insider, May 19, 2022, https://www.businessinsider.com/spacex-paid-250000-to-a-flight-attendant-who-accused-elon-musk-of-sexual-misconduct-2022-5.

48 Elon Musk (@elonmusk), "아뇨, 이들의 유일한 목표가 트위터 인수에 간섭하기 위해 목표가를 설정하는 것이었다는 점은 명백합니다. 나한테 이야기하기 전부터 각본을 써둔 겁니다." Twitter, May 19, 2022, 10:19 p.m., https://twitter.com/elonmusk/status/1527519328245059592.

49 Elon Musk (@elonmusk), "잭 이사회 퇴장!" Twitter, May 26, 2022, 10:00 a.m., https://twitter.com/elonmusk/status/1529869999803965446.

50 a horse emoji: Jack Dorsey (@jack), "[말 이모지]." Twitter, May 26, 2022, 12:16 p.m., https://twitter.com/jack/status/1529904396292739082.

51 Lydia Beyoud and Nicola M. White, "SEC Sent Query to Musk Last Month Over Major Twitter Stake," Bloomberg, May 27, 2022, https://www.bloomberg.com/news/articles/2022-05-27/sec-sent-query-to-musk-last-month-over-his-major-twitter-stake?sref=dZ65CIng.

52 Kurt Wagner and Maxwell Adler, "Elon Musk's Twitter Deal Is Proceeding, Not 'On Hold, Executives Tell Staff," Bloomberg, May 19, 2022, https://www.bloomberg.com/news/articles/2022-05-19/twitter-deal-is=proceeding-not-on-hold-executives-tell-staff?sref=dZ65CIng.

53 Andrew Kaczynski, "Newly Elected GOP Congresswoman Spread Capitol Riot Conspiracies and QAnon Hashtags in Now-Deleted Tweets," CNN, June 23, 2022, https://www.cnn.com/2022/06/23/politics/mayra-flores-capitol-riot-ganon-kfile/index.html.

54 Project Veritas, "Leaked Internal Slack Messages Show Twitter Employees Reaction to Elon Musk's #Twitter-AllHands Call," YouTube, 2022, https://www.youtube.com/watch?v=jvYF4HpitEU.

15장 트위터 대 일론 머스크

1 Jennifer Maas, "Elon Musk Makes Long-Awaited Arrival at Sun Valley Conference," Variety, July 7, 2022, https://variety.com/2022/tv/news/elon-musk-sun-valley-twitter-1235311152/.

2 Jennifer Maas, "Sun Valley Scene Day 2: Elon Musk Watch Begins, Rupert Murdoch and Mark Zuckerberg Lay Low," Variety, July 6, 2022, https://variety.com/2022/tv/news/sun-valley-elon-musk-murdoch-zuckerberg-sandberg-1235310007/.

3 "Sun Valley Lodge," SunValley.com, accessed June 13, 2023, https://www.sunvalley.com/lodging/sun-valley-lodge/.

4 Andrew Ross Sorkin and Tim Arango, "In Secret Meetings, Comcast Wooed G.E. and Won NBC," New York Times, December 2, 2009, https://www.nytimes.com/2009/12/03/business/media/03nbc.html.

5 Geraldine Fabrikant, "The Media Business: The Merger; Walt Disney to Acquire ABC in $19 Billion Deal to Build a Giant for Entertainment," New York Times, August 1, 1995, https://www.nytimes.com/1995/08/01/business/media-business-merger-walt-disney-acquire-abc-19-billion-deal-build-giant-for.html.

6 Paul Farhi, "Washington Post to Be Sold to Jeff Bezos, the Founder of Amazon," Washington Post, August 5, 2013, https://www.washingtonpost.com/national/washington-post-to-be-sold-to-jeff-bezos/2013/08/05/ca537c9e-feOc-11e2-9711-3708310f6f4d_story.html?hpid=z1.

7 Twitter, Inc., Letter from Elon Musk Lawyers (filed July 8, 2022), 1-3, https://www.sec.gov/Archives/edgar/data/1418091/000110465922078413/tm2220599d1_ex99-p.htm.

8 Twitter, Inc., Letter from Elon Musk Lawyers (filed July 8, 2022), 1-3.

9 Kurt Wagner and Sarah Frier, "Musk Backs Out of $44 Billion Twitter Deal Over Bot Accounts," Bloomberg, July 8, 2022, https://www.bloomberg.com/news/articles/2022-07-08/musk-says-he-s-terminating-44-billion-deal-to-buy-twitter?sref=dZ65CIng.

10 Edward Ludlow and Sonali Basak, "Musk Dodges Twitter Questions in Hot Sun Valley Speech," Bloomberg, July 8, 2022, https://www.bloomberg.com/news/articles/2022-07-09/twitter-deal-collapse-makes-musk-a-hot-ticket-at-sun-valley?sref=dZ65CIng.

11 Twitter, Inc., "Elon Musk to Acquire Twitter," PR Newswire, April 25, 2022.

12 Twitter, Inc. v. Elon R. Musk, X Holdings I, Inc., and X Holdings II, Inc., 1.

13 Twitter, Inc. v. Elon R. Musk, X Holdings I, Inc., and X Holdings II, Inc., 54.

14 Katrina Dewey, "Lawyer Limelight: William Savitt," Lawdragon, November 20, 2015, https://www.lawdragon.com/lawyer-limelights/2015-11-20-william-savitt.

15 "William Savitt," Wachtell, Lipton, Rosen & Katz, accessed June 13, 2023, https://www.wlrk.com/attorney/

wsavitt/.

16 Ed Hammond and Jef Feeley, "Twitter Assembles Legal Team to Sue Musk Over Dropped Takeover," Bloomberg, July 10, 2022, https://www.bloomberg.com/news/articles/2022-07-10/twitter-assembles-legal-team-to-sue-musk-over-dropped-takeover?sref=dZ65CIng.

17 Dewey, "Lawyer Limelight: William Savitt."

18 Tim McKeough, "Prewar, with a Twist," New York Times, December 8, 2017, https://www.nytimes.com/2017/12/08/realestate/prewar-with-a-contemporary-twist.html.

19 Twitter, Inc., Proxy Statement Schedule 14A (filed July 12, 2022), https://www.sec.gov/Archives/edgar/data/1418091/000119312522192972/d367858ddefa14ahtm219

20 Dan Adler, "How Alex Spiro Became Elon Musk's (and Megan Thee Stallion's and Jay-Z's) Go-To Lawyer," Vanity Fair, March 6, 2023, https://www.vanityfair.com/style/2023/03/alex-spiro-lawyer-elon-musk-megan-thee-stallion-jay-z.

21 Tom Hals, "Analysis: Twitter Has Legal Edge in Deal Dispute with Musk," Reuters, July 11, 2022, https://www.reuters.com/technology/twitter-has-legal-edge-deal-dispute-with-musk-2022-07-09/.

22 Jef Feeley, "Twitter Gets a Win Over Musk with Trial Fast-Tracked for Octo-ber," Bloomberg, July 19, 2022, https://www.bloomberg.com/news/articles/2022-07-19/twitter-gets-fast-track-for-musk-lawsuit-over-canceled-buyout?sref=dZ65CIng.

23 Kurt Wagner, "Twitter Pares Office Space to Save Cash, Deepen Remote-Work Tilt," Bloomberg, July 27, 2022, https://www.bloomberg.com/news/articles/2022-07-27/twitter-pares-back-office-space-in-new-york-san-francisco-in-remote-work-shift?sref=dZ65CIng.

24 Sheila Dang and Nivedita Balu, "Twitter Staff Exodus Accelerates amid Musk Battle, Whistleblower Complaint," Reuters, August 24, 2022, https://www.reuters.com/technology/twitter-ceo-tells-staff-whistleblower-claims-are-inaccurate-internal-meeting-2022-08-24/.

25 Bloomberg, "David Sacks Calls Twitter Subpoena 'Harassment," YouTube, 2022, https://www.youtube.com/watch?v=qzbS2Cwe0vo.

26 Jef Feeley, "Musk Says Twitter Is Hounding Him Over Every Chat About Buyout," Bloomberg, August 18, 2022, https://www.bloomberg.com/news/articles/2022-08-18/musk-says-twitter-is-hounding-him-over-every-chat-about-buyout?sref=dZ65CIng.

27 Peter Vercoe, "Musk Sells Another $6.9 Billion of Tesla Ahead of Twitter Trial," Bloomberg, August 9, 2022, https://www.bloomberg.com/news/articles/2022-08-10/elon-musk-sells-4-3-billion-of-tesla-shares-first-since-april?sref=dZ65CIng.

28 Elon Musk (@elonmusk), "네. 트위터가 거래를 억지로 마무리 짓고 "더 나아가" 일부 사모펀드에서 발을 뺀다면(그럴 가능성이 크지는 않기를 바랍니다만), 그때 가서 테슬라 주식을 비상 매도하지 않는 게 중요합니다." Twitter, August 9, 2022, 7:53 p.m., https://twitter.com/elonmusk/status/1557198421206769664.

29 Senate Judiciary Committee and Zatko Peiter, Written Statement of Peiter ("Mudge") Zatko § (2022), https://www.judiciary.senate.gov/imo/media/doc/Testimony%20-%20Zatko%20-%202022-09-13.pdf.

30 Nathaniel Popper, Kate Con-ger, and Kellen Browning, "From Minecraft Tricks to Twitter Hack: A Florida Teen's Troubled Online Path," New York Times, August 2, 2020, https://www.nytimes.com/2020/08/02/technology/florida-teenager-twitter-hack.html.

31 John N. Tye and Andrew P. Bakaj, "Whistleblower Report: Peiter 'Mudge' Zatko," Whistleblower Aid, July 6, 2022, 53.

32 Jeff Stone, "Twitter Whistle-Blower Won Hacker Kudos, Fired Over Performance," Bloomberg, August 23, 2022, https://www.bloomberg.com/news/articles/2022-08-23/twitter-whistleblower-mudge-has-distinguished-cyber-career?sref=dZ65CIng.

33 Tye and Bakaj, "Whistleblower Report," 9.

34 Tye and Bakaj, 11.

35 Jef Feeley and Kurt Wagner, "Twitter Whistle-Blower Never Flagged Spam, Company Tells Judge in Buyout Case," Bloomberg, September 6, 2022, https://www.bloomberg.com/news/articles/2022-09-06/twitter-whistle-blower-never-flagged-spam-company-tells-judge?sref=dZ65CIng.

36 Feeley and Wagner.

37 Tye and Bakaj, "Whistle-blower Report," 15.

38 "FTC Charges Twitter with Deceptively Using Account Security Data to Sell Targeted Ads," press release, Federal Trade Commission, May 25, 2022, https://www.ftc.gov/news-events/news/press-releases/2022/05/ftc-charges-twitter-deceptively-using-account-security-data-sell-targeted-ads.

39 Jef Feeley, "Musk Can Use Twitter Whistle-Blower Claims in Buyout Fight," Bloomberg, September 7, 2022, https://www.bloomberg.com/news/articles/2022-09-07/musk-can-use-twitter-whistle-blower-complaint-in-buyout-fight?sref=dZ65CIng.

40 Jef Feeley, "Judge Slams Musk for Not Handing Over Texts in Twitter Fight," Bloomberg, September 7, 2022, https://www.bloomberg.com/news/articles/2022-09-07/judge-slams-musk-for-not-handing-over-records-in-twitter-fight?sref=dZ65CIng.

41 Kurt Wagner, "Twit-ter Shareholders Approve Musk's $44 Billion Buyout as Trial Looms," Bloomberg, September 13, 2022, https://www.bloomberg.com/news/articles/2022-09-13/twitter-shareholders-approve-elon-musk-s-44-billion-buyout?sref=dZ65CIng.

42 Charlie Warzel, "Elon Musk's Texts Shatter the Myth of the Tech Genius," Atlantic, September 30, 2022, https://www.theatlantic.com/technology/archive/2022/09/elon-musk-texts-twitter-trial-jack-dorsey/671619/.

43 Jack Dorsey (@jack), "이건 오페라입니다. @kendricklamar는 시인이자 스승입니다. 들을 때마다 새로운 걸 배우게 되네요…… 다른 건 아예 들을 수가 없습니다. 계속 맴돌아요." Twitter, June 7, 2022, 2:54 p.m., https://twitter.com/jack/status/1534292777537884165.

44 Louis Vuitton, "Louis Vuitton Men's Spring-Summer 2023 Show," YouTube, 2022, https://www.youtube.com/watch?v=6SX50BOmArI&t=661s.

45 Kendrick Lamar, "Kendrick Lamar—Count Me Out," YouTube, 2022, https://www.youtube.com/watch?v=5GhhVHpPR_M.

46 Twitter, Inc., Letter from Elon Musk Lawyers (filed October 3, 2022), https://www.sec.gov/Archives/edgar/data/1418091/000110465922105787/tm2227435d1_ex99-s.htm.

16장 잘 생각해보세요!

1 Elon Musk (@elonmusk), "트위터 본부에 들어갑니다. 잘 생각해보세요!" Twitter, October 26, 2022, 11:45 a.m., https://twitter.com/elonmusk/status/1585341984679469056

2 Manu Cornet, "Bye Twitter," Manu Cornet's Website, November 1, 2022, https://ma.nu/blog/bye-twitter.

3 Walter Isaacson @wal-terisaacson), "At Twitter headquarters' coffee bar, @elonmusk." Twit-ter, October 27, 2022, 9:13 a.m., https://twitter.com/walterisaacson/status/1585666128713371649.

4 Elizabeth Dwoskin, Faiz Siddiqui, Gerrit De Vynck, and Jeremy B. Merrill, "Documents Detail Plans to Gut Twitter's Workforce," Washington Post, October 20, 2022, https://www.washingtonpost.com/technology/2022/10/20/musk-twitter-acquisition-staff-cuts/.

5 Ed Hammond and Edward Ludlow, "Musk Tells Twitter Staff He Doesn't Plan to Cut 75% of Jobs," Bloomberg, October 26, 2022, https://www.bloomberg.com/news/articles/2022-10-27/musk-tells-twitter-employees-he-doesn-t-plan-to-cut-75-of-jobs?sref=dZ65CIng.

6 "Twitter Skybridge," Bohlin Cywinski Jackson, accessed June 13, 2023, https://www.bcj.com/projects/corporate/twitter-skybridge/.

7 Isaacson, Elon Musk, 529.

8 Kurt Wagner and Edward Ludlow, "Elon Musk Asks Tesla Engineers to Meet with Product Leaders at Twitter,"

Bloomberg, October 27, 2022, https://www.bloomberg.com/news/articles/2022-10-27/tesla-engineers-visit-twitter-office-to-review-code-for-musk?sref=dZ65CIng.

9 Becky Peterson and Erin Woo, "Musk May Have Found a Hardcore Leader for Twitter," The Information, December 23, 2022, https://www.theinformation.com/articles/musk-may-have-found-a-hardcore-leader-for-twitter.

10 Kurt Wagner, Sarah Frier, and Brad Stone, "Elon Musk's Twitter Is a Shakespearean Psychodrama Set in Silicon Valley," Bloomberg, December 14, 2022, https://www.bloomberg.com/news/features/2022-12-14/elon-musk-twitter-ownership-full-of-firings-ad-cuts-chaos?sref=dZ65CIng.

11 Elon Musk (@elonmusk), "소프트웨어 엔지니어링, 서버 운영과 설계가 중심이 될 겁니다." Twitter, October 6, 2022, 5:42 p.m., https://twitter.com/elonmusk/status/1578184037776216064.

12 Dana Hull and Chunying Zhang, "Elon Musk Set Up His Shanghai Gigafactory in Record Time," Bloomberg, October 23, 2019, https://www.bloomberg.com/news/articles/2019-10-23/elon-musk-opened-tesla-s-shanghai-gigafactory-in-just-168-days.

13 Kurt Wagner and Ed Hammond, "Twitter CEO Among Top Executives Departing as Musk Takes Over," Bloomberg, October 27, 2022, https://www.bloomberg.com/news/articles/2022-10-28/twitter-ceo-among-top-executives-departing-as-musk-takes-over?sref=dZ65CIng.

14 Twitter, Inc., Amendment No. 2 to Schedule 13D/A (filed April 13, 2022), https://www.sec.gov/Archives/edgar/data/1418091/000110465922045641/tm2212748d1_sc13da.htm#ex-b_001.

15 Twitter, Inc., Proxy Statement Form 14-A (filed May 2022), 9, https://www.sec.gov/Archives/edgar/data/1418091/000119312522152250/d283119dprem14a.htm.

16 Anders Melin, "Twitter's Top Executives Are Set to Exit with $100 Million Payout as Musk Takes Over," Bloomberg, October 28, 2022, https://www.bloomberg.com/news/articles/2022-10-28/twitter-s-twtr-top-bosses-poised-to-exit-with-100-million-as-musk-takes-over?sref=dZ65CIng.

17 Elon Musk (@elonmusk), "새는 풀려났습니다." Twitter, October 27, 2022, 8:49 p.m., https://twitter.com/elonmusk/status/1585841080431321088.

18 Thomas Barrabi and Theo Wayt, "Pranksters Posing as Laid-off Twitter Employees Trick Media Outlets: 'Rahul Ligma,'" New York Post, October 28, 2022, https://nypost.com/2022/10/28/pranksters-posing-as-laid-off-twitter-employees-trick-media-outlets/.

19 Elon Musk (@elonmusk), "실수를 인정한다는 건 중요한 일입니다. 이 사람들을 해고한 건 분명 내가 저지른 가장 큰 실수였습니다." Twitter, November 15, 2022, 12:43 p.m., https://twitter.com/elonmusk/status/1592619267803185152.

20 Casey Newton, "Elon Takes Over Twitter," Platformer, October 28, 2022, https://www.platformer.news/p/elon-takes-over-twitter.

21 Elon Musk (@elonmusk), "가즈아!" Twitter, October 28, 2022, 5:09 a.m., https://twitter.com/elonmusk/status/1585966869122457600.

22 Elon Musk (@elonmusk), "오늘 더 알아보겠습니다." Twitter, October 28, 2022, 4:41 a.m., https://twitter.com/elonmusk/status/1585959864454459393.

23 Elon Musk (@elonmusk), "트위터는 매우 다양한 관점을 가진 콘텐츠관리위원회를 만들 것입니다. 어떤 중요한 콘텐츠 관련 결정이나 계정 복권도 위원회 개입 없이는 이루어지지 않을 것입니다." Twit-ter, October 28, 2022, 11:18 a.m., https://twitter.com/elonmusk/status/1586059953311137792.

24 Elon Musk (@elonmusk), "사소한 이유, 의심스러운 이유로 정지당한 모든 계정은 트위터 감옥에서 풀려날 것." Twitter, October 28, 2022, 2:21 p.m., https://twitter.com/elonmusk/status/1586105918143406080

25 Elon Musk (@elonmusk), "이제 트위터에서 코미디는 합법입니다." Twitter, October 28, 2022, 2:16 p.m., https://twitter.com/elonmusk/status/1586104694421659648.

26 Isaacson, Elon Musk, 521.

27 Vance, Elon Musk, 63.

28 Tom Randall, 'The Last Bet-the-Company Situation': Q&A With Elon Musk," Bloomberg, July 13, 2018, https://www.bloomberg.com/news/features/2018-07-13/-the-last-bet-the-company-situation-q-amp-a-with-elon-musk?sref=dZ65CIng.

29 Isaacson, Elon Musk, 557.

30 Twitter, Inc. v. Elon R. Musk, X Holdings I, Inc., and X Holdings II, Inc., Exhibit H, 21.

31 Alex Heath, "Twitter Is Planning to Start Charging Soon for Verification," The Verge, October 30, 2022, https://www.theverge.com/2022/10/30/23431931/twitter-paid-verification-elon-musk-blue-monthly-subscription.

32 Stephen King (@StephenKing), "파란색 체크 표시를 계속 달고 있겠다고 한 달에 20달러를 내란 말이야? 엿이나 먹으라고 해, 트위터에서 나한테 돈을 줘야지. 이걸 정말로 실행하면 난 트위터를 떠날 거야. 엔론처럼." Twitter, October 31, 2022, 4:23 a.m., https://twitter.com/StephenKing/status/1587042605627490304.

33 Elon Musk (@elonmusk), "우리도 먹고는 살아야죠! 8달러는 어때요?" Twitter, October 31, 2022, 10:16 p.m., https://twitter.com/elonmusk/status/1587312517679878144.

34 Elon Musk (@elonmusk), "파란색 체크 표시를 가진 사람과 못 가진 사람 사이에 존재하는 현재 트위터의 영주와 농노 시스템은 말도 안 됩니다. 민중에게 권력을! 블루는 한 달에 8달러입니다." Twitter, November 1, 2022, 10:36 a.m., https://twitter.com/elonmusk/status/1587498907336118274.

35 Heath, "Twitter Is Planning to Start Charging Soon for Verification."

36 Esther Crawford (@esthercrawford), "팀원들이 마감에 맞추려고 하루종일 일하고 있다면, 가끔은 나도 #일하는곳에서자야지" Twitter, November 2, 2022, 12:34 a.m., https://twitter.com/esthercrawford/status/1587709705488830464.

37 Esther Crawford (@esthercrawford), "나는 가족을 사랑하고, 목표를 실현하기 위해서는 무리해서라도 일을 밀어붙여야 할 때가 있음을 이해해주는 가족들에게 감사합니다. 트위터 규모에서 새로운 걸 만든다는 건 매우 어려운 일입니다. 나는 테크 업계 최고의 사람들과 이 일을 함께할 수 있어 행운입니다." Twitter, November 2, 2022, 7:53 a.m., https://twitter.com/esthercrawford/status/1587820101893378049.

38 Esther Crawford (@esthercrawford), "이 앱의 모든 사람이 그런 것 같은데, 나도 트위터 〉 X에 대해 많은 의견이 있어요. 지금이 회사에서 내가 한 경험에 대해 조금 공유할 만한 때인 것 같네요." Twitter, July 26, 2023, 12:54 p.m., https://twitter.com/esthercrawford/status/1684291048682684416.

39 Wolfram Arnold, Erik Froese, Tracy Hawkins, Joseph Killian, Laura Chan Pytlarz, and Andrew Schlaikjer v. X Corp. f/k/a Twitter, Inc. (U.S. District Court for the District of Delaware May 16, 2023), 26, https://int.nyt.com/data/documenttools/twitter-employee-lawsuit-v/e5d27a60a7b7d51e/full.pdf.

17장 열핵폭탄

1 Elon Jet (@ElonJet), "2,456 mile (2,134 NM) flight from HHR to TEB ~ 2,247 gallons (8,505 liters). ~ 15,058 lbs (6,830 kg) of jet fuel used. ~ $14,829 cost of fuel. ~ 24 tons of CO2 emissions." Twit-ter, October 31, 2022, 10:54 p.m., https://twitter.com/Elonjet/status/1586959701840830464.

2 Davey Alba, "Has Twitter Changed since Elon Musk Bought It?" Bloomberg, October 29, 2022, https://www.bloomberg.com/news/articles/2022-10-29/musk-s-twitter-roils-with-hate-speech-as-trolls-test-new-limits.

3 Anti-Defamation League (@ADL), "ADL 극단주의 대응 센터(Center on Extremism)**는 트위터에서 #반유대주의(#antisemitic) 콘텐츠를 조직적으로 퍼뜨리는 움직임을 포착했다고 밝혔다. 이들은 @elonmusk의 회사 인수에서 노골적으로 용기를 얻고 있다고 명시적으로 밝히고 있으며, 최근 24시간 동안에만도 1200건 이상의 트윗 및 리트윗을 통해 반유대주의 밈이 확산되었다고 한다." Twitter, October 28, 2022, 2:02 p.m., https://twitter.com/adl/status/1586101227041230848.

4 Gerrit De Vynck, Jeremy B. Merrill, and Luis Mel-gar, "High-Profile Republicans Gain Followers in First Weeks of Musk's Reign," Washington Post, November 28, 2022, https://www.washingtonpost.com/

technology/2022/11/27/musk-followers-bernie-cruz/.

5 Davey Alba and Daniel Zuidijk, "Elon Musk Posts Then Deletes Tweet Spreading Conspiracy Theory on Pelosi Attack," Bloomberg, October 30, 2022, https://www.bloomberg.com/news/articles/2022-10-30/musk-posts-then-deletes-tweet-spreading-conspiracy-theory-on-pelosi-attack.

6 Elon Musk (@elon-musk), "트위터 광고주님께." Twitter, October 27, 2022, 6:08 a.m., https://twitter.com/elonmusk/status/1585619322239561728.

7 @TwitterIR, "Q4 and Fiscal Year 2021 Letter to Shareholders," Twitter, February 10, 2022.

8 Kurt Wagner, Sarah Frier, and Brad Stone, "Elon Musk Twitter Ownership Full of Firings, Ad Cuts, Chaos," Bloomberg, December 14, 2022, https://www.bloomberg.com/news/features/2022-12-14/elon-musk-twitter-ownership-full-of-firings-ad-cuts-chaos.

9 "WPP 2022 Preliminary Results," WPP, February 23, 2023, https:// www.wpp.com/-/media/project/wpp/files/investors/2023/wpp-preliminary-results-2022-v2.pdf.

10 Wagner, Frier, and Stone, "Elon Musk Twitter Ownership."

11 Elon Musk (@elonmusk), "누가 나한테 트럼프가 이 플랫폼에 돌아올 것이냐고 물을 때마다 1달러를 저금했으면, 트위터는 돈을 찍어내고 있었을 겁니다!" Twitter, October 31, 2022, 10:10 a.m., https://twitter.com/elonmusk/status/1587129795732770824.

12 Sarah Personette (@SEP), "안녕하세요 여러분, 금요일부로 트위터에서 사임했으며 어젯밤부터 업무에 대한 접근 권한이 공식적으로 차단되었다는 걸 알리고 싶었어요." Twitter, November 1, 2022, 4:28 a.m., https://twitter.com/SEP/status/1587406184650358784.

13 Rebecca Kern and Mark Scott, "Musk Personally Led Call with Civil Rights Groups to Address Hate Speech on Twitter," Politico, November 2, 2022, https://www.politico.com/news/2022/11/02/musk-twitter-hate-speech-00064690.

14 Lora Kolodny, "Ad Giant IPG Advises Brands to Pause Twitter Spending after Musk Takeover," CNBC, November 1, 2022, https://www.cnbc.com/2022/11/01/ad-giant-ipg-advises-brands-to-pause-twitter-spending.html.

15 Elon Musk (@elonmusk), "광고주들은 둘 중 하나를 지지해야 합니다: 언론의 자유냐, 정치적 '올바름'이냐" Twitter, November 2, 2022, 1:09 p.m., https://twitter.com/elonmusk/status/1587899771091566595.

16 Elon Musk (@elonmusk), "트위터는 활동가들의 광고주 압박으로 인해 엄청난 수익 하락을 경험했습니다. 콘텐츠 관리와 관련해서는 아무것도 바뀌지 않았고, 트위터는 활동가들을 달래기 위해 할 수 있는 일을 모두 했음에도 말입니다. 그야말로 엉망진창입니다! 이들이 미국의 언론의 자유를 망치려 하고 있습니다." Twitter, November 4, 2022, 7:28 p.m., https://twitter.com/elonmusk/status/1588538640401018880.

17 Elon Musk (@elonmusk), "감사합니다. 이런 일이 지속된다면, 핵폭탄 급 조리돌림을 할 수밖에 없죠." Twitter, November 4, 2022, 4:37 p.m., https://twitter.com/elonmusk/status/1588676939463946241.

18 Kurt Wagner and Edward Ludlow, "Read the Twitter Memo Sent to Employees Ahead of Layoffs," Bloomberg, November 4, 2022, https://www.bloomberg.com/news/articles/2022-11-04/twitter-layoff-email-read-the-full-letter-as-elon-musk-cuts-jobs.

19 Kate Conger, Ryan Mac, and Mike Isaac, "Confusion and Frustration Reign as Elon Musk Cuts Half of Twitter's Staff," New York Times, November 4, 2022, https://www.nytimes.com/2022/11/04/technology/elon-musk-twitter-layoffs.html.

20 Kurt Wagner and Davey Alba, "Twitter Cuts Spur Concerns About US Midterms, Human Rights," Bloomberg, November 4, 2022, https://www.bloomberg.com/news/articles/2022-11-04/twitter-cuts-spur-concerns-about-us-midterms-human-rights?sref=dZ65CIng.

21 Yoel Roth (@yoyoel), "어제의 인원 감축은 우리 신뢰 및 안전 팀의 인력 15퍼센트에 영향을 미쳤습니다(전사 차원에서는 약 50퍼센트가 영향을 받았습니다). 최전방의 콘텐츠 관리 직원들은 최소한의 영향만을 받고 있습니다." Twitter, November 4, 2022, 3:19 p.m., https://twitter.com/yoyoel/status/1588657228462317568.

22 Elon Musk (@elonmusk), "실행중인 트위터의 인원 감축과 관련해서는, 불행하지만 회사가 하루 400만 달러 이상을

잃고 있기에 선택지가 없습니다. 퇴직한 모두에게는 3개월간의 퇴직수당이 제공됩니다. 법적 요건의 50퍼센트 이상입니다." Twitter, November 4, 2022, 4:14 p.m., https://twitter.com/elonmusk/status/1588671155766194176.

23 Ashley Belanger, "Twitter Offering Some Laid-off Staff Only Half What They're Owed, Lawsuit Says," Ars Technica, November 9, 2022, https://arstechnica.com/tech-policy/2022/11/twitter-offering-some-laid-off-staff-only-half-what-theyre-owed-lawsuit-says/.

24 Jack Dorsey (@jack), "과거에도, 현재도 트위터 사람들은 강하고 회복력이 있습니다. 지금 이 순간이 아무리 힘들어도 그들은 언제나 방법을 찾아낼 것입니다. 나는 수많은 사람들이 내게 화가 났다는 걸 압니다. 모두가 이 상황에 처한 것은 내 책임입니다. 내가 회사의 규모를 너무 빠르게 키웠습니다. 사과합니다." Twitter, November 5, 2022, 8:17 a.m., https://twitter.com/jack/status/1588913276980633600.

25 Ian Brown (@igb), "성질이 난다고 트위터의 투자자, 직원, 사용자를 기찻길로 밀어버렸어. 꺼져." Twitter, November 5, 2022, 10:05 a.m., https://twitter.com/igb/status/1588940613063704576.

26 Shiraz Siddiqui (@shiraz), "엿 먹어. 넌 운동화 센스도 거지 같아, 이 개 같은 코인 팔이 새끼야." Twitter, November 5, 2022, 12:12 p.m., https://twitter.com/shiraz/status/1588972462955704321.

27 Tiffany Hsu, "Twitter's Advertisers Pull Back as Layoffs Sweep Through Company," New York Times, November 4, 2022, https://www.nytimes.com/2022/11/04/technology/twitter-advertisers.html.

18장 트위터 블루스

1 Kurt Wagner, "Musk Starts Assembling New Cadre of Leaders Inside Twitter," Bloomberg, November 10, 2022, https://www.bloomberg.com/news/articles/2022-11-10/musk-starts-assembling-new-cadre-of-leaders-inside-twitter.

2 Kurt Wagner (@KurtWagner8), "트위터 CEO 일론 머스크가 지금까지 자위에 관한 농담 두 건을 올렸는데, 서부 표준시로 9시 정각도 되지 않았네요. 즐거운 월요일입니다!" Twitter, November 7, 2022, 8:30 a.m., https://twitter.com/KurtWagner8/status/1589656470114959360.

3 Elon Musk (@elon-musk), "트위터 사용량은 그 어느 때보다 높아졌습니다. ㅋ" Twitter, November 7, 2022, 4:57 p.m., https://twitter.com/elonmusk/status/1589784134691741696.

4 Elon Musk (@elonmusk), "서버가 녹지만 않았으면 좋겠네요!" Twitter, November 7, 2022, 5:00 p.m., https://twitter.com/elonmusk/status/1589784884666859520.

5 "Elon Musk Speaks at Twitter Advertiser Town Hall," Bloomberg, November 9, 2022, https://www.bloomberg.com/news/live-blog/2022-11-09/elon-musk-speaks-at-advertiser-town-hall?sref=dZ65CIng.

6 Johnna Crider, "Tesla's Twitter Impersonator Tells Tiktok Followers He Wanted to Create an Account for SpaceX," Teslarati, November 11, 2022, https://www.teslarati.com/teslas-twitter-impersonator-spacex/.

7 Lee Moran, "Verified Bush and Blair Profiles Work to Make Musk's Twitter 'Com-pletely Unusable,'" HuffPost, November 10, 2022, https://www.huffpost.com/entry/twitter-tony-blair-george-w-bush-iraq=fake_n_636cdclee4b021a403915b65.

8 Drew Harwell, "A Fake Tweet Sparked Panic at Eli Lilly and May Have Cost Twitter Millions," Washington Post, November 14, 2022, https://www.washingtonpost.com/technology/2022/11/14/twitter-fake-eli-lilly/.

9 Eli Lilly (@LillyPad), "허위 일라이 릴리 계정의 잘못된 메시지를 받은 모든 분께 사과를 전합니다. 우리 공식 트위터 계정은 @LillyPad입니다." Twitter, November 10, 2022, 1:09 p.m., https://twitter.com/LillyPad/status/1590813806275469333.

10 Elon Musk (@elonmusk), "더 정확하게 말하자면, 패러디를 위해 사칭하는 계정들입니다. 기본적으로, 사람을 속이는 행동은 좋지 않습니다." Twitter, November 10, 2022, 5:56 p.m., https://twitter.com/elonmusk/status/1590886170543915009.

11 "Major AD Firm Omnicom Recommends Clients Pause Twitter Ad Spend—Memo," Reuters, November 12, 2022, https://www.reuters.com/technology/major-ad-firm-omnicom-recommends-clients-pause-twitter-ad-spend-verge-2022-11-11/.

12 Elon Musk (@elonmusk), "굉장한 하루군요!" Twitter, November 10, 2022, 11:30 p.m., https://twitter.com/elonmusk/status/1590970255064854529.

13 Zoë Schiffer (@zoeschiffer), "새 소식: 트위터가 '사칭 문제를 해결하기 위해' 트위터 블루 출범을 중지하고, 구독을 막으려 애쓰고 있다는 내부 메모. 1/" Twitter, November 11, 2022, 6:54 a.m., https://twitter.com/ZoeSchiffer/status/1591081913166745601.

14 Alex Heath, "Inside Elon Musk's First Meeting with Twitter Employees," The Verge, November 11, 2022, https://www.theverge.com/2022/11/10/23452196/elon-musk-twitter-employee-meeting-q-and-a.

15 Edward Ludlow, Kurt Wagner, Davey Alba, and Paula Seligson, "Elon Musk Warns Twitter Bankruptcy Possible as Senior Executives Exit," Bloomberg, November 10, 2022, https://www.bloomberg.com/news/articles/2022-11-10/musk-tells-twitter-staff-social-network-s-bankruptcy-is-possible?sref=dZ65Cing.

16 Anders Melin, "Musk Sells Another Batch of Tesla Shares Despite Vow to Stop," Bloom-berg, November 9, 2022, https://www.bloomberg.com/news/articles/2022-11-09/musk-sells-3-95-billion-of-tesla-stock-after-twitter-takeover?sref=dZ65CIng.

17 Heath, "Inside Elon Musk's First Meeting."

18 Heath.

19 "FTC Accepts Final Settlement with Twitter for Failure to Safeguard Personal Information," Federal Trade Commission, March 11, 2011, https://www.ftc.gov/news-events/news/press-releases/2011/03/ftc-accepts-final-settlement-twitter-failure-safeguard-personal-information-0.

20 "Twitter to Pay $150 Million Penalty for Allegedly Breaking Its Privacy Promises-Again," Federal Trade Commission, May 25, 2022, https://www.ftc.gov/business-guidance/blog/2022/05/twitter-pay-150-million-penalty-allegedly-breaking-its-privacy-promises-again.

21 Damien Kieran and Rinki Sethi, "Our Continued Work to Protect Your Privacy and Security," Twitter Blog, Twitter, November 10, 2021, https://blog.twitter.com/en_us/topics/company/2021/our-continued-work-to-protect-your-privacy-and-security.

22 Marianne Fogarty (@mariannefogarty), "난 〈왕좌의 게임〉을 보지도 않습니다. 직장에서 그걸 하고 싶은 생각은 전혀 없어요." Twitter, November 7, 2022, 12:59 p.m., https://twitter.com/mariannefogarty/status/1589724275510226944.

23 Dan Adler, "How Alex Spiro Became Elon Musk's (and Megan Thee Stallion's and Jay-Z's) Go-To Law-yer," Vanity Fair, March 6, 2023, https://www.vanityfair.com/style/2023/03/alex-spiro-lawyer-elon-musk-megan-thee-stallion-jay-Z.

24 Elon Musk (@elonmusk), "그건 그렇고, 여러 나라에서 트위터가 엄청나게 느리다는 점에 사과하고 싶습니다. 앱이 홈 타임라인을 렌더링하기 위해 무려 1천 개가 넘는 RPC를 엉성하게 묶어서 처리하고 있네요!" Twitter, November 13, 2022, 10:00 a.m., https://twitter.com/elonmusk/status/1591853644944932865.

25 Eric Frohnhoefer, "Elon Musk Fired Me in a Tweet," Newsweek, December 4, 2022, https://www.newsweek.com/eric-frohnhoefer-fired-elon-musk-tweet-reaction-where-now-1764290.

26 Eric Frohnhoefer (@EricFrohnhoefer), "안드로이드 버전 트위터 작업을 6년간 해온 사람으로서, 이 말은 틀렸다고 말할 수 있습니다." Twitter, November 13, 2022, 1:14 p.m., https://twitter.com/EricFrohnhoefer/status/1591902285403418624.

27 Kurt Wagner, "Musk Steps Up Purge of Twitter Engineers Who Criticize Him," Bloomberg, November 14, 2022, https://www.bloomberg.com/news/articles/2022-11-14/musk-publicly-punishes-twitter-engineers-who-call-him-out-online?sref=dZ65CIng.

28 Frohnhoefer, "Elon Musk Fired Me in a Tweet."

29 Isaacson, Elon Musk, 549.

30 Sasha Solomon (@sachee), "직원 사기가 개선될 때까지 매일 전사 차원의 회의를 여러 차례 열어야겠네요." Twitter, November 10, 2022, 11:59 a.m., https://twitter.com/sachee/status/1590796308998422530.

31 Sasha Solomon (@sachee), "우리 일에 대해서는 쥐똥만큼도 모르고, 이미 해고한 사람들을 다시 고용하느라 허둥

대는 주제에 인프라에 똥을 싸면 안 되지." Twitter, November 13, 2022, 10:17 a.m., https://twitter.com/sachee/status/1591857907184070656.

32 Wagner, "Musk Steps Up Purge."

33 Jack Dorsey (@jack), "일반적 오해와 당신이 말한 현실 둘 다 틀렸습니다. 트위터는 살아남아 번창할 것입니다. 하지만 시간이 필요하겠죠" Twitter, November 16, 2022, 3:47 p.m., https://twitter.com/jack/status/1593027984575037440.

34 Jack Dorsey (@jack), "나는 트위터를 구했습니다." Twitter, November 16, 2022, 4:04 p.m., https://twitter.com/jack/status/1593032351671803906.

35 Ryan Mac, Mike Isaac, and Kellen Browning, "Elon Musk's Twitter Teeters on the Edge After Another 1,200 Leave," New York Times, November 18, 2022, https://www.nytimes.com/2022/11/18/technology/elon-musk-twitter-workers-quit.html.

36 Isaacson, Elon Musk, 547.

19장 복스 포퓰리, 복스 데이

1 Claire Gatinois and Philippe Ricard, "Emmanuel Macron's Unexpected Conversation with Elon Musk in New Orleans," Le Monde, December 3, 2022, https://www.lemonde.fr/en/international/article/2022/12/03/emmanuel-macron-s-new-orleans-trip-included-street-bands-promoting-the-french-language-and-an-unexpected-conversation-with-elon-musk_6006490_4.html.

2 Emmanuel Macron (@EmmanuelMacron), "바로 여기, 트위터에서 말합니다. 결국 모든 것은 이 파란 새에 관한 일이니까요. 오늘 오후, 저는 @elonmusk와 만나 선명하고도 정직한 대화를 나눴습니다." Twitter, December 2, 2022, 3:48 p.m., https://twitter.com/EmmanuelMacron/status/1598826588367470592.

3 Elon Musk Jet (@elonmuskjet), "Landed in Oakland, California, US. Apx. fit. time 4 Hours : 15 Mins." Instagram, December 2, 2022, https://www.instagram.com/p/ClsWLItIvNL/.

4 Nick Perry, "2 Make Deal, Leaving Just Kim Dotcom Facing US Extra-dition," Associated Press, May 9, 2022, https://apnews.com/article/technology-business-new-zealand-copyright-extradition-be77a708b74bb972048bb14f44a31615.

5 Elon Musk (@elonmusk), "트럼프 전 대통령 복권." Twitter, November 18, 2022, 4:47 p.m., https://twitter.com/elonmusk/status/1593767953706921985.

6 Elon Musk (@elonmusk), "민중이 의견을 냈습니다. 트럼프는 복권될 것입니다. 복스 포퓰리, 복스 데이." Twitter, November 19, 2022, 4:53 p.m., https://twitter.com/elonmusk/status/1594131768298315777.

7 Vlad Savov, "Musk Welcomes Ye Back to Twitter After Inviting Trump's Return," Bloomberg, November 20, 2022, https://www.bloomberg.com/news/articles/2022-11-21/musk-welcomes-ye-back-to-twitter-after-inviting-trump-s-return?sref=dZ65CIng.

8 Vlad Savov, "Musk Suspends Ye from Twitter After Offensive Image Post," Bloomberg, December 1, 2022, https://www.bloomberg.com/news/articles/2022-12-02/musk-to-suspend-ye-s-twitter-account-after-offensive-image-post?sref=dZ65CIng.

9 Bari Weiss, "Our Reporting at Twitter," Free Press, December 15, 2022, https://www.thefp.com/p/why-we-went-to-twitter.

10 Elon Musk (@elonmusk), "몇 가지 팩트를 이중으로 확인하고 있습니다. 생중계 트윗은 약 40분 뒤에 시작될 겁니다." Twitter, December 2, 2022, 2:21 p.m., https://twitter.com/elonmusk/status/1598804557722972160.

11 Kurt Wagner, "Musk Hails Release of Twitter Emails on Hunter Biden Story," Bloomberg, December 2, 2022, https://www.bloomberg.com/news/articles/2022-12-03/musk-hails-release-of-twitter-emails-on-hunter-biden-story?sref=dZ65CIng.

12 Bari Weiss, Abigail Shrier, Michael Shellenberger, and Nellie Bowles, "Twitter's Secret Blacklists," Free Press, December 15, 2022, https://www.thefp.com/p/twitters-secret-blacklists.

13 Yoel Roth (@yoyoel), "고등학생이 교사와의 성관계에 유의미하게 동의할 수가 있을까? http://bit.ly/bbpH68." Twitter, November 20, 2010, 5:41 a.m., https://twitter.com/yoyoel/status/5979003856879617.

14 Elon Musk (@elonmusk), "요엘은 박사 논문에서 아동이 성인 인터넷 서비스에 접근할 수 있어야 한다고 주장한 것 같네요." Twitter, December 10, 2022, 11:29 a.m., https://twitter.com/elonmusk/status/1601660414743687169.

15 Cat Zakrzewski, Joseph Menn, and Naomi Nix, "Twitter Dissolves Trust and Safety Council," Washington Post, December 12, 2022, https://www.washingtonpost.com/technology/2022/12/12/musk-twitter-harass-yoel-roth/.

16 Matt Novak, "Elon Musk Gets Booed by the Crowd at Dave Chappelle's San Francisco Show (Part 3 of 4)," YouTube, 2022, https://www.youtube.com/shorts/u1cl8UOUCMQ.

17 Jill Goldsmith, "Elon Musk Tweets 'The Woke Mind Virus Is Either Defeated or Nothing Else Matters' After Being Booed at a Dave Chappelle Show," Deadline, December 12, 2022, https://deadline.com/2022/12/elon-musk-booed-dave-chappelle-comedy-show-twitter-1235196727/.

18 Elon Musk (@elonmusk), "어젯밤에, LA에서 꼬마 X가 타고 있던 자동차를 미친 스토커가 미행했습니다(X를 저라고 생각한 겁니다). 이 사람은 나중에 자동차 이동을 막고 보닛에 올라탔습니다. 제 가족에 대한 위해를 지지한 스위니와 그 조직에 대해 법적 조치를 취하고 있습니다." Twitter, December 14, 2022, 4:48 p.m., https://twitter.com/elonmusk/status/1603190155107794944.

19 Drew Harwell and Taylor Lor-enz, "Musk Blamed a Twitter Account for an Alleged Stalker. Po-lice See No Link," Washington Post, December 18, 2022, https://www.washingtonpost.com/technology/2022/12/18/details-of-musk-stalking-incident/.

20 Elon Musk (@elonmusk), "누군가의 실시간 위치 정보를 해킹하는 계정은 모두 정지될 것입니다. 신체적 안전에 대한 침해이기 때문입니다. 여기에는 실시간 위치 정보가 들어있는 사이트로의 링크를 게시하는 행위도 포함됩니다. 누군가가 여행한 장소를 약간의 시차를 두고 올리는 것은 안전 문제가 아니므로 괜찮습니다." Twitter, December 14, 2022, 4:13 p.m., https://twitter.com/elonmusk/status/1603181423787380737.

21 Drew Harwell and Taylor Lorenz, "Musk Blamed a Twitter Account for an Alleged Stalker. Police See No Link," Washington Post, December 18, 2022, https://www.washingtonpost.com/technology/2022/12/18/details-of-musk-stalking-incident/.

22 Kurt Wagner, Davey Alba, and Vlad Savov, "Twitter Suspends Journalists Who Musk Says Imperiled His Safety," Bloomberg, December 15, 2022, https://www.bloomberg.com/news/articles/2022-12-16/twitter-suspends-accounts-of-mastodon-journalists-covering-musk?sref=dZ65CIng.

23 Elon Musk (@elonmusk), "이들은 나의 실시간 위치를 게시했습니다. 사실상 암살 좌표를 찍은 것입니다. (당연하지만) 이는 트위터 서비스 정책 위반입니다." Twitter, December 15, 2022, 7:09 p.m., https://twitter.com/elonmusk/status/1603587970832793600.

24 Elon Musk (@elonmusk), "언론의 자유에 관한 나의 헌신은 내 전세기를 추적하는 계정을 금지하지 않는 데까지 이어집니다. 이런 행위가 개인 안전에 직접적인 위험인데도 말입니다." Twitter, November 6, 2022, 4:30 p.m., https://twitter.com/elonmusk/status/1589414958508691456.

25 Twit-ter, Inc., Elon Musk Form 13D (filed May 5, 2022), 2-3, https://www.sec.gov/Archives/edgar/data/1418091/000110465922056055/tm2214608-1_sc13da.htm.

26 Isaacson, Elon Musk, 461.

27 Dalton Bennett, Samuel Oakford, Gerrit De Vynck, and Monique Woo, "From Jared Kushner to Salt Bae: Here's Who Elon Musk Was Seen with at the World Cup," Washington Post, December 20, 2022, https://www.washingtonpost.com/investigations/2022/12/20/elon-musk-spotted-world-cup-final/.

28 Elon Musk (@elonmusk), "아르헨티나 골!" Twitter, December 18, 2022, 7:27 a.m., https://twitter.com/elonmusk/status/1604498679234273286.

29 Elon Musk (@elonmusk), "잘했습니다 프랑스! 비등한 경기네요!!" Twitter, December 18, 2022, 8:54 a.m., https://twitter.com/elonmusk/status/1604520419515662337.

30 "Pro-motion of Alternative Social Platforms Policy," Twitter Help Center, Twitter, n.d., https://help.twitter.

com/en/rules-and-policies/social-platforms-policy.

31 Aaron Levie (@levie), "그냥 딱하네요." Twitter, December 18, 2022, 10:15 a.m., https://twitter.com/levie/status/1604540771951968260.

32 Edward Snowden (@Snowden), "트위터는 이 트윗 때문에 @paulg 계정을 정지시킨 듯합니다. 이 계정은 명백히 '다른 SNS 홍보만을 위한 계정'이 아니었고, 링크조차 올리지 않았습니다! @balajis가 말했듯이, 이건 나쁜 정책입니다. 뒤집어야 합니다." Twitter, December 18, 2022, 2:37 p.m., https://twitter.com/Snowden/status/1604606914372984832.

33 Elon Musk (@elonmusk), "바로 그겁니다. 트위터는 사용하기 쉬워야 하지만, 더 이상 경쟁사들이 무차별적으로 공짜 광고를 하게 둘 수는 없습니다. 전통적인 언론사라면 이런 일을 용납하지 않았을 겁니다. 트위터도 마찬가지입니다." Twitter, December 18, 2022, 1:26 p.m., https://twitter.com/elonmusk/status/1604588904828600320.

34 Musk (@elonmusk), "계정의 *주된* 목적이 경쟁사에 대한 홍보인 경우에만 계정을 정지하도록 정책을 조정하겠습니다. 이런 경우에는 본질적으로 스팸 금지 규정이 적용됩니다." Twitter, December 18, 2022, 3:12 p.m., https://twitter.com/elonmusk/status/1604615711036407809.

35 Elon Musk (@elonmusk), "앞으로, 중요한 정책 변경에 대해서는 투표를 실시하겠습니다. 사과드립니다. 다시는 이런 일이 없을 겁니다." Twitter, December 18, 2022, 3:17 p.m., https://twitter.com/elonmusk/status/1604616863673208832.

36 Elon Musk (@elonmusk), "제가 트위터 수장 자리에서 내려와야 할까요? 이 설문조사의 결과에 따르겠습니다" Twitter, December 18, 2022, 3:20 p.m., https://twitter.com/elonmusk/status/1604617643973124097.

37 Elon Musk (@elonmusk), "소원이 이루어질지도 모르니, 소원을 빌 때는 조심하세요" Twitter, December 18, 2022, 3:43 p.m., https://twitter.com/elonmusk/status/1604623424164282368.

38 Elon Musk (@elonmusk), "문제는 CEO를 찾는 것이 아니라, 트위터를 살려둘 수 있는 CEO를 찾는 것입니다." Twitter, December 18, 2022, 3:34 p.m., https://twitter.com/elonmusk/status/1604621101245419520.

39 Elon Musk (@elonmusk), "실제로 트위터를 살려둘 수 있는 사람은 아무도 이 일을 원하지 않습니다. 후계자가 없습니다." Twit-ter, December 18, 2022, 4:04 p.m., https://twitter.com/elonmusk/status/1604628761395138561.

40 Elon Musk (@elonmusk), "고통을 아주 좋아하시나 보네요. 한 가지 걸리는 점이 있는데, 평생의 저금액을 트위터에 투자해야 합니다. 트위터는 5월 이후 파산으로 가는 고속도로를 타고 있었고요. 그래도 하실래요?" Twitter, December 18, 2022, 3:54 p.m., https://twitter.com/elonmusk/status/1604626103326253056.

41 Elon Musk (@elonmusk), "권력을 원하는 자는 누구보다도 권력을 누릴 자격이 없는 자다." Twitter, December 18, 2022, 5:29 p.m., https://twitter.com/elonmusk/status/1604650028999405568.

42 Elon Musk's Jet "Tracking," "Took off from Doha, Ad-Dawhah Municipality, QA," Facebook, December 18, 2022, https://www.facebook.com/ElonJet/posts/pfbid025GvRHacGZgVvk88KnRV4Rt8Cy7BvvBu4WAUfXchu75VB-M9VSXiJifJyT7dSvw5tMl.

43 Elon Musk (@elonmusk), "제가 트위터 수장 자리에서 내려와야 할까요? 이 설문조사의 결과에 따르겠습니다." Twitter, December 18, 2022, 3:20 p.m., https://twitter.com/elonmusk/status/1604617643973124097.

44 Elon Musk (@elonmusk), "이 일을 맡을 만큼 멍청한 사람을 찾는 대로 CEO 자리에서 물러나겠습니다! 그런 다음에는 그냥 소프트웨어, 서버팀만 운영하죠." Twitter, December 20, 2022, 5:20 p.m., https://twitter.com/elonmusk/status/1605372724800393216.

45 Alexander Saeedy, Laura Cooper, and Alexa Corse, "Twitter's Revenue, Adjusted Earnings Fell about 40% in Month of December," Wall Street Journal, March 3, 2023, https://www.wsj.com/articles/twitters-revenue-adjusted-earnings-fell-about-40-in-month-of-december-ee91f1eb?mod=latest_headlines.

46 Paula Seligson, "Musk Has 'More to Lose' If He Tries to Skip Twitter Debt Payment," Bloomberg, January 18, 2023, https://www.bloomberg.com/news/articles/2023-01-18/elon-musk-has-more-to-lose-if-he-tries-to-skip-twitter-debt-payment?sref=dZ65CIng.

47 Dana Hull, "Elon Musk's Tesla Share Sales Approach the $40 Billion Mark," Bloomberg, December 14, 2022, https:// www.bloomberg.com/news/articles/2022-12-15/elon-musk-sells-at-least-3-6-billion-of-tesla-shares?sref=dZ65CIng.

48 Dan Primack, "Fidelity Slashes Twitter Value by 56%," Axios, December 30, 2022, https://www.axios.com/2022/12/30/twitter-fidelity-valuation

49 Isaacson, "Christmas Capers." Elon Musk, 584.

50 Isaacson, Elon Musk, 590.

51 Cyrus Farivar and Katharine Schwab, "Elon Musk Has Outfitted Twitter's Headquarters with Bedrooms for Employees," Forbes, December 5, 2022, https://www.forbes.com/sites/cyrusfarivar/2022/12/05/elon-musk-twitter-bedrooms/?sh=4dfabcf3d791.

52 Wolfram Arnold, Erik Froese, Tracy Hawkins, Joseph Killian, Laura Chan Pyt-larz, and Andrew Schlaikjer v. X Corp. f/k/a Twitter Inc. (U.S. District Court for the District of Delaware, May 16, 2023), 29-30, https://int.nyt.com/data/documenttools/twitter-employee-lawsuit-v/e5d27a60a7b7d51e/full.pdf

53 Roland Li, "Twitter Sued by Landlord at S.F. HQ after Alleged $6.8 Million in Missed Rent Payments," San Francisco Chronicle, January 23, 2023, https://www.sfchronicle.com/tech/article/Twitter-sued-by-landlord-at-S-F-HQ-after-alleged-17737102.php.

54 Wolfram Arnold, Erik Froese, Tracy Hawkins, Joseph Killian, Laura Chan Pytlarz, and Andrew Schlaikjer v. X Corp. f/k/a Twitter Inc., 31.

55 Wolfram Arnold, Erik Froese, Tracy Hawkins, Joseph Killian, Laura Chan Pytlarz, and Andrew Schlaikjer v. X Corp. f/k/a Twitter Inc., 34-35.

56 Kurt Wagner and Leah Nylen, "Musk's Twitter Draws Deeper FTC Scrutiny Over Rising Privacy, Security Concerns," Bloom-berg, December 20, 2022, https://www.bloomberg.com/news/articles/2022-12-20/musk-s-twitter-draws-deeper-ftc-scrutiny-over-rising-privacy-security-concerns?sref=dZ65CIng.

57 Isaacson, Elon Musk, 580-86.

58 Rory Cellan-Jones, "Tesla Chief Elon Musk Says Apple Is Making an Electric Car," BBC News, January 11, 2016, https://www.bbc.com/news/technology-35280633.

59 All-In Podcast, "E109: 2022 Bestie Awards Live from Twitter HQ," YouTube, 2022, https://www.youtube.com/watch?v=HE5CTKqWEVO&t=4481s.

60 All-In Podcast, "E109."

결론

1 Lauren McCarthy, "After Investigation and Complaints, Twitter Removes 'X' on Headquarters," New York Times, August 1, 2023, https://www.nytimes.com/2023/08/01/us/twitter-x-logo-sf-headquarters.html.

2 Pedro Solimano, "Twitter Awarded Three State Money Transmitter Licenses," Yahoo! Finance, July 5, 2023, https://finance.yahoo.com/news/twitter-awarded-three-state-money-022410075.html.

3 Sarah Frier, "Musk Offers to Share Twitter Ad Revenue with Blue Sub-scribers," Bloomberg, February 3, 2023, https://www.bloomberg.com/news/articles/2023-02-03/musk-offers-to-share-twitter-ad-revenue-with-blue-subscribers?sref=dZ65CIng.

4 Taylor Lorenz, "Twitter Ends Its Ban on Covid Misinformation," Washington Post, November 29, 2022, https://www.washingtonpost.com/technology/2022/11/29/twitter-covid-misinformation-policy/.

5 Nikki McCann Ramirez, "Kanye's 2024 Brain Trust Booted from Twitter (Again)," Rolling Stone, January 25, 2023, https://www.rollingstone.com/politics/politics-news/ali-alexander-nick-fuentes-rebanned-twitter-1234668251/.

6 Gerry Smith, "Tucker Carlson Says He's Launching a New Show on Twitter," Bloomberg, May 9, 2023, https://www.bloomberg.com/news/articles/2023-05-09/tucker-carlson-says-he-s-launching-a-new-show-on-twitter.

7 Dan Mangan and Kevin Breuninger, "Trump Arrest Full Recap: Mugshot, Surrender, What's Next in Georgia Election Case," CNBC, August 25, 2023, https://www.cnbc.com/2023/08/24/donald-trump-to-be-arrested-

in-georgia-live-updates.html.

8 Elon Musk (@elonmusk), "레벨이 다르다." Twitter, August 24, 2023, 7:46 p.m., https://twitter.com/elonmusk/status/1694903930981884041.

9 Elon Musk (@elonmusk), "진실을 말하셨네요." Twitter, November 15, 2023, 1:52 p.m., https://twitter.com/elonmusk/status/1724908287471272299.

10 Sara Fischer, "What Makes the X Advertiser Revolt Different from Other Boycotts," Axios, November 18, 2023, https://www.axios.com/2023/11/18/twitter-x-boycott-apple-ibm-advertisers.

11 Elon Musk (@elonmusk), "광고수익이 약 50퍼센트 감소한 데다 막대한 부채 부담까지 겹쳐 여전히 현금 흐름은 마이너스입니다. 다른 어떤 것을 논하려면 먼저 현금 흐름을 플러스로 돌려놓아야 합니다." Twitter, July 14, 2023, 10:08 p.m., https://twitter.com/elonmusk/status/1680082007873953794.

12 Elon Musk (@elonmusk), "미국 내 광고수익은 여전히 60퍼센트 감소한 상태입니다. 주된 이유는 @ADL의 압박 때문이었고(광고주들 말에 따르면), 그 결과 X/트위터를 거의 죽일 뻔했습니다!" Twitter, September 4, 2023, 10:52 a.m., https://twitter.com/elonmusk/status/1698755938541330907.

13 Kate Conger and Ryan Mac, "Elon Musk Values Twitter at $20 Billion," New York Times, March 26, 2023, https://www.nytimes.com/2023/03/26/technology/elon-musk-twitter-value.html.

14 Elon Musk (@elonmusk), "맘대로 생각하세요. 난 세계 최대의 비영리단체를 440억 달러에 인수한 사람입니다. ㅋ" Twitter, February 21, 2023, 6:41 p.m., https://twitter.com/elonmusk/status/1628117788857405461.

15 Oliver Darcy, "News Organizations Reject Elon Musk's Demand of Paying to Keep Checkmarks on Twitter," CNN, March 31, 2023, https://www.cnn.com/2023/03/30/media/news-organizations-elon-musk-twitter-checkmark/index.html.

16 Davey Alba, Daniel Zuidijk, and Isabella Ward, "Israel-Hamas Conflict Was a Test for Musk's X, and It Failed," Bloomberg, October 9, 2023, https://www.bloomberg.com/news/articles/2023-10-10/israel-hamas-conflict-was-a-test-for-musk-s-x-and-it-failed?sref=dZ65CIng.

17 Zoë Schiffer and Casey Newton, "Yes, Elon Musk Created a Special System for Showing You All His Tweets First," Platformer, February 14, 2023, https://www.platformer.news/p/yes-elon-musk-created-a-special-system.

18 Cade Metz, "Mark Zuckerberg, Elon Musk and the Feud Over Killer Robots," New York Times, June 9, 2018, https://www.nytimes.com/2018/06/09/technology/elon-musk-mark-zuckerberg-artificial-intelligence.html.

19 Beatrice Nolan, "Elon Musk Says Instagram Makes People Depressed and Twitter Makes Them Angry," Business Insider, January 16, 2023, https://www.businessinsider.com/elon-musk-instagram-depressed-twitter-angry-2023-1.

20 Mark Zuckerberg (@Zuck), "일론이 진심이 아니며, 이제는 앞으로 나아가야 할 시간이라는 점에 우리 모두 동의할 것으로 생각합니다." Threads, August 13, 2023, https://www.threads.net/@zuck/post/Cv5CV3-rMKb/?igshid=MTc4MmM1YmI2Ng%3D%3D.

21 Elon Musk (@elonmusk), "나는 요엘 로스 같은 순수한 악을 본 적이 거의 없습니다. 또한 카라 스위셔의 마음은 부글거리는 증오심으로 가득합니다." Twit-ter, October 2, 2023, 6:58 p.m., https://twitter.com/elonmusk/status/1709025216578335003.

22 Esther Crawford (@esthercrawford), "이 앱의 모든 사람이 그런 것 같은데, 나도 트위터 〉 X에 대해 많은 의견이 있어요. 지금이 회사에서 내가 한 경험에 대해 조금 공유할 만한 때인 것 같네요……" Twitter, July 26, 2023, 12:54 p.m., https://twitter.com/esthercrawford/status/1684291048682684416?s=46&t=FY5LfS3Q1bvn3Df5aolmCQ.

옮긴이 **강동혁**

서울대학교 영문학과와 사회학과를 졸업하고 동 대학원에서 영문학 석사학위를 받았다. 옮긴 책으로 에르난 디아스의 『트러스트』 『먼 곳에서』, 커트 보니것의 『타이탄의 세이렌』, 압둘라자크 구르나의 『그후의 삶』, 앤디 위어의 『프로젝트 헤일메리』, 토바이어스 울프의 『올드 스쿨』 『이 소년의 삶』, 바버라 킹솔버의 『내 이름은 데몬 코퍼헤드』, J. K. 롤링의 〈해리 포터〉 시리즈, 앤드루 숀 그리어의 『레스』, 진 필립스의 『밤의 동물원』, 말런 제임스의 『일곱 건의 살인에 대한 간략한 역사』(전 2권) 등 다수가 있다.

트위터 X

트위터를 둘러싼 440억 달러의 싸움

초판 인쇄 2026년 1월 13일
초판 발행 2026년 1월 27일

지은이 커트 와그너 | 옮긴이 강동혁
책임편집 김단비 | 편집 이은영 오동규 정선재
디자인 최윤미 이정민 | 저작권 박지영 형소진 주은수 오서영 조경은
마케팅 정민호 서지화 한민아 이민경 왕지경 정유진 한경화 정경주 김혜원 김예진 이서진
브랜딩 함유지 박민재 이송이 박다솔 조다현 김하연 이준희
제작 강신은 김동욱 이순호 | 제작처 한영문화사

펴낸곳 (주)문학동네 | 펴낸이 김소영
출판등록 1993년 10월 22일 제2003-000045호
주소 10881 경기도 파주시 회동길 210
전자우편 editor@munhak.com
대표전화 031)955-8888 | 팩스 031)955-8855
문학동네카페 http://cafe.naver.com/mhdn
인스타그램 @munhakdongne | 트위터 @munhakdongne
북클럽문학동네 http://bookclubmunhak.com

ISBN 979-11-416-1501-7 03320

www.munhak.com